淡江大學中文系主編

五四精神的解咒與重塑

海峽兩岸紀念五四七十年論文集

臺灣學生書局印行

「五四精神的解咒與重塑」序

自辛亥革命以來，五四運動一直是個「劃時代」的標幟。不論我們對近代史持何種看法，對五四運動本身如何評價，這個劃時代的歷史地位，沒有人能予以剝奪。

所謂劃時代，是暗示中國歷史經五四運動的衝擊之後，明顯地可以區分成兩個段落，有些人認爲：在此之前的中國，是封建、迷信、帝制的中世紀；五四以後的中國，才找到理性的光，引進了民主與科學，才進入現代化的歷程，走出封閉保守的世界，參與東西文化融合之大業。有些人則認爲五四之前的中國文化，自成體系，價值獨具；五四扇鼓狂飆，以致邪說橫行，棄置傳統文化於不顧，黃鍾毀棄，瓦釜雷鳴，故國族淪胥，流毒迄今。這些迥然不同的價值判斷，都顯示了五四運動那不可忽視的地位。歷史固然是延續的，五四運動也不可能與傳統文化無所繫聯，但總體來看，五四運動確實是帶來了中國文化從表達形式到文化內涵的變遷。這些變遷，深刻影響著中國近代史的各個細部環結。因此，活在這個時代中的人，除非對文化問題、對中國文化在現代社會中的處境，毫無感受或無所思考，否則他便不能不從五四開始談起。

民國三十八年以後，在臺灣，一方面有胡適、傅斯年、羅家倫等五四人物，繼續堅持五四的理想，顯示五四的人格典型；一方面有號稱「後五四人物」如雷震、殷海光等，自由主義的思潮與精神，繩武相繼，波瀾亦漸趨壯闊；而反對與批判五四者，如新儒家之唐君毅、牟宗三、徐復觀、錢穆等，也開展了不可忽視的文化力量。自六〇年代的「中西文化論戰」以來，彼此相激相盪，對中國文化的內涵，以及中國文化如何現代化之道，提供了深刻的探討。時至今日，固然臺灣新一代的知識份子已不再視五四爲近代文化的啓蒙圖騰，對於長期的五四崇拜，亦已漸感煩厭。然而，做爲文化思考的起點之一，五四運動仍具有其價值與魅力。只不過，回歸五四既無必要，新的歷史問題，就是如何開創新五四了。

大陸地區，情況與臺灣甚爲不同。中國共產黨向來以五四運動的繼承人自居，但其所推崇者，爲李大釗、爲魯迅。他們認爲五四運動的價值，主要是因爲引進了科學的馬克斯主義。故於五〇年代發起了大規模的批判胡適運動，對於從鴉片戰爭到五四、五四到「新中國」建立之歷史，亦有一套特定的解釋方式。這種歷史觀，歷經文化大革命之後，產生了深刻的反省，因此，在所謂社會主義建設新時期，最重要的思想指標，就是對五四精神之再認識。「回到五四」成爲新時期啓蒙的重要號召，相關著作及言論，不知凡幾。

這兩種不同的發展，大略可以說臺灣是在超越與揚棄五四，以開展新的文化運動，創造新的五四；大陸則是由回歸與發揚五四，來展開新的文化啓蒙。四十年來不同的歷史，形成了對應五四不同的態度。這其中不能說誰高誰低、誰對誰錯，由於歷史與社會不同，五四對我們的意義也不會一樣。而所謂「五四」，正應經由這番曲折與分歧的詮釋，方能透顯它的豐富蘊涵與歷史價值，故臺灣與大陸對五四的態度，其實是相輔相成的。

這本論文集，最能表現這種相輔相成之意義。

這本論集，是民國七十八年五月四日，由淡江大學和北京中國社會科學院、北京大學合辦的「海峽兩岸紀念五四七十周年學術研討會」論文結集而成。該次會議，不僅爲海峽兩岸高等學府第一次合作舉辦之研討會，亦爲四十年來兩岸知識份子第一次針對五四運動的討論，象徵意義之高，固然不言可喻，實質上的討論，亦彌足珍貴。

民國七十八年五月四日，是五四七十周年，也是大陸學生重提五四精神、發起民主運動風起雲湧之日。從四月初紀念胡耀邦，發展到五四，民主與自由的呼聲，與七十年前遙相應和，且更爲激昂嘹亮。在這個時候，本校教師們站在北大、站在天安門廣場上，談著五四，看著新的五四，歷史的追思、時代的激情，想必是一齊噴湧而至，令人難以忘懷的。因此，這似乎也不只是一本論文集，而更是一册歷史的證詞，它見證了那個激昂慷慨的時代，也再度揭示了五四運動的意義。

我個人雖因職務所繫，無法親自參與這次研討會，但對於能推動這項活動，我仍然感到欣慰與驕傲，對於本論文集之出版，也格外關切。爲自七十八年五月四日舉辦研討會以來，由於新五四運動立刻發展爲波瀾壯闊的民主浪潮，而遭到強力鎭壓，「六四事件」使得論述文化之環境產生了巨大的變化，曾經參與討論者，亦或遠走海外。輾轉聯繫，迭生波折，故這本論文集拖延迄今，方得編訂完成。茲値論集付梓，謹綴數語，略申感慨，並藉此感謝曾與我們合作的北京大學哲學系及中國社會科學院哲學所諸執事先生，是爲序。

張建邦　中華民國八十年八月

五四精神的解咒與重塑 目錄

甲編

乙編

甲編

晚清・五四「白話文」理論的源頭

淡江大學中文系教授　李瑞騰

一、前言

「改良」或者「革命」是歷史的傳承與創新過程中的手段或方式。在政治的層面，代表一種權力的對抗與衝突，可能會有殘酷的血腥戰鬥；在文化的層面，對抗與衝突的則是思想和觀念，往往是知識份子的一種醒覺運動，極其珍貴，不斷被後來的人去探索與研究。

任何一個運動都有各種內外與遠近成因，有的顯而易見，有的隱秘難尋，探索者必須傾全力在資料中去發現，而事實上許多探源工作都不夠徹底，觀其瀾而不能索其源，振其葉而無法尋其根，令人遺憾。

五四階段的新文學運動風起雲湧，白話文終成書寫的主流媒介，胡適說是「改良」（文學改良芻議）、陳獨秀說是「革命」（文學革命論），事實上這兩個名詞在晚清就已頻頻出現，而且已經用在語文上面了，像「詩界革命」，像「戲曲改良」，當然在晚清和在五四，革命或改良有其性質和程度上的不同，不過二者之間關係密切是不容置疑的。

就歷史的發展來說，五四的白話文運動已經到了開花結果的階段，種苗則是在晚清播下的，單說是胡適等人如何如何，正如同說唐代的古文運動只在韓愈、柳宗元一樣，難免受到執一隅之解以擬萬端之變的譏嘲。換句話說，晚清之際，語文已在運動，「白話」這個詞已普遍被運用，而且已相當流行。

我們可以這麼說，晚清白話文從興起到蔚然成爲一種運動乃是一種歷史的必然。今人侯健說：

國族的危機，使以天下為己任的士大夫人物，感覺拯救的努力，刻不容緩。在這最大的原因下，他們有了兩種主張和實際的反應。第一，對外他們希望能夠通洋務，因而要派遣留學生；第二，對內他們希望喚醒民心，因而要改革文字，倡導白話運動，使凡識字的國民，都能瞭解世界國家大事，擔負起救亡圖存的責任。①

同時他提及「王照、勞乃宣等倡白話，創字母，更屬（五四）白話運動的先驅」②，這種見解是對的。一般新文學史家在論及「文學革命」的「背景」或「成因」時，也曾經略述晚清的白話文理論對於五四階段新文學運動的影響③。中國近代思想史的研究者像王爾敏，則把晚清的這種白話文運動視爲清季知識份子自覺性反省所產生的新動向，而其本身的「知識內容」入於「文學領域」者④；另外王氏亦曾撰長文討論白話的運用對於當時通俗文學之興起以及知識普及彼此間互動的關係⑤。於此，筆者擬對晚清的白話文作一整合性的敍說，並綜合各家之說，討論其理論本身，並指出其內蘊思想。

二、白話文的基本思想

晚清白話文的出現，乃是相抗於中國士大夫書寫用的整個古文系統（在當時特指桐城派的古文），所謂的「白話」，首先我們必須瞭解，它並非是一個一成不變的詞彙。易言之，某個時間階段可能會有當時人所使用的白話，而此時與彼時，此地與彼地亦並非是判然二分的。

民國初年，胡適為了替他所鼓吹的改良文學尋找理論根據，遂放大「白話文學」的範圍，而為「白話」做了這樣的解釋：

> 一是舞台上說白的「白」，就是說得出，聽得懂的話；二是清白的「白」，就是不加粉飾的話；三是明白的「白」，就是明白曉暢的話。⑥

這當然是為了準確而周全地解釋「白話」所做的一番說詞，其實所謂「白話」，即是通行於民間的日常用語，嘴巴怎麼說，筆下就怎麼寫，寫出來的文字就是「白話文」。晚清之際，尤其是中日甲午戰爭以後，由於國族日漸加深的危機，造成知識界普遍的自覺運動，一些知識份子體會出要救亡圖存（不論是維新派或是革命派），必須要讓新思想普遍深入社會大衆的意識之中，而知識要能普及化，首先表達媒介便必須具有淺顯易懂的通俗性格，而傳統知識界書寫用的古文相當典雅，一般庶民大衆無法閱讀，所以比較困難擔負起傳播新思想的重責大任，在窮則變的情況下，終於有人開始徹底檢討語言和文字的存在之問題了。

遠在光緒之初，黃遵憲在《日本國志》⑦中即已暢論語言與文字之離合，有所謂「語言與文字離則通文者少，語言與文字合則通文者多，其勢然也」⑧，對於中國文字，他認為字體有趨於簡便之可能，字數有孳生之可能，而文字組成篇章，他說：

> 周秦以下，文體屢變，逮夫近世，章疏移檄，告諭批判，明白曉暢，務期達意，其文體絕為古人所無。若小說家言，更有直用方言，以筆之於書者，則語言文字，幾幾復合矣，余又烏知他日者，不更變一文體，為適用於今、通行於俗者乎！⑨

黃遵憲「明白曉暢，務期達意」、「適用於今、通行於俗」的文體之要求，何異前引胡適之於《

白話文學史》中所界定的「白話」。後來在光緒二八年（一九〇二），他在讀過嚴復所譯《天演論》、《原富》、《名學》之後，於〈致嚴復書〉中論著譯之事，關於《名學》一書，他說：「苟欲以通俗之文，闡正名之義，誠不足以發揮其蘊。」至於《原富》之篇，他說：「或者以流暢銳達之筆為之，能使人人同喻，亦未可定。」同時因為翻譯一事可以「通彼我之懷，闡新舊之學」，所以他大膽提出「造新字」與「變文體」的〈文界維新論〉⑩。

在《日本國志》中，黃遵憲已有反古文傾向，甲午戰後第二年（一八九五）五月，萬國公報⑪刊出以英傳教士傅蘭雅（John Fryer）具名的徵「時新小說」啓事⑫，言及中華三大積弊乃是：鴉片、時文、纏足，所謂「時文」即「八股文」，在徵選原則上，要求「辭句以淺明為要，語意以趣雅為宗，雖婦人幼子，皆能得而明之」⑬。

此二家之言，原只是鼓吹文章的辭句要淺顯易懂以便傳達，基本上已是一種文章工具改革的論調，當然是時代潮流使然，在往後的三、四年之間遂發展成為白話文的理論，並且有相當廣泛的推行。

王爾敏先生認為：白話文之濫觴，以光緒二十三年（一八九七）成立「蒙學會」與光緒二十四年（一八九八）成立之「白話學會」為重要里程碑⑭。前者是由無錫人裘廷梁（字保梁，號可桴）提議，上海「時務報」主持人汪康年邀集葉瀾、汪鍾霖、曾廣銓四人所創立，並在「時務報」之外另辦「文義淺顯」的「蒙學報」，鼓吹童蒙教育要改弦更張：「取淺明通變之法，切實易能之書，教之有道，輔之有序」⑮；後者乃裘廷梁約集同道顧述之、汪贊卿、丁福保等人在無錫所創辦，同時刊行「無錫白話報」（旋改為「中國官音白話報」），提倡白話文，將白話與維新運動結合起來，裘氏且發表「論白話為維新之本」⑯，揭櫫「崇白話而廢文言」的鮮明旗幟。

裘氏在這篇白話宣言裏，主要在談文言之害與白話之益，結論所謂「愚天下之具，莫文言若；智天下之具，莫白話若」，「文言興而後實學廢，白話行而後實學興」，頗能說明他的觀點，至於全篇內容，約略可做如下的歸納：

㈠智民之多少實關係著國之盛衰。

㈡中國人民之所以不智乃是文言之害，因爲語言與文字判然爲二。

㈢白話有八益：省日力、除憍氣、免枉讀、保聖教、便幼學、鍊心力、少棄才、便貧民。

㈣中國古時用白話，泰西與日本用白話，皆各有其效。

裘氏反對的是以文言做爲表達媒介，他並不反傳統，所以他主張將古書「譯以白話」，八益中所謂「保聖教」，便是指這一件事情。以今日的立場來看，我們或許不能完全同意他的論點，尤其是文言之害，極其誇張，但是在那樣的一個時代，非常時期要有非常手法，改革文字正是其中之一。

和裘廷梁大約同時，陳榮袞（字子褒）於光緒二十三年（一八九七）寫了一篇〈俗話說〉⑰，於光緒二十五年（一八九九）發表了一篇〈論報章宜用淺說〉⑱。在前文中，陳氏提出雅俗二元對立的語言論，他說：「人人共曉之話謂之俗，人人不曉之話謂之雅，十得二者亦謂之雅。今日所謂極雅之話，在古人當時俱俗話也，今日所謂極俗之話，在千百年之後又謂之雅也。」這裏的所謂「雅」有其特殊指涉，亦卽後文所說的「文言」，而「文言之禍亡中國」，理由很簡單，因爲能文言者少之又少，故民智不開，其時正是變法呼聲高張之後，陳氏的文字改革論遂與政治合而爲一，他說：「大抵變法，以開民智爲先，開民智莫如改革文言」，如何改法，他主張改爲淺說，以淺說去輸入文明。陳氏可說是近代第一位主張報章宜用淺說（白話）之人。

黃遵憲、裘廷梁和陳榮袞皆維新運動人物，有「白話」和「淺說」的認識自是理想當然。而革命派的章炳麟和劉師培，一方面從事國故國粹的探索、整理，另外一方面也瞭解到思想普及的重要性，譬如章氏就認爲「文字本以代言」[19]、「語言文字出於一本」[20]，主張方言亦合於文，而思賦予新的生命而作〈新方言〉[21]，而劉師培更進一步指出「宋代以下，文詞益淺，而儒家語錄以興；元代以來，復盛興詞曲，此皆語言文字合一之漸也，故小說之體卽由是而興，而水滸傳、三國演義，已開俗語入文之漸」[22]，由於看出這種發展趨向，而且能夠用嚴肅的態度去面對，從實用的立場，爲達「覺民」，所以要以「通俗之文推行書報」，所謂「修俗語以啓瀹齊民」卽是。不過，劉氏終究是一古文學家，一國粹運動家，所以要「用古文以保存國學」，對他來說，古文與俗語是並行不悖的，這種二元論主張亦頗爲實際，在過渡時代，未嘗不是一條可行之路。

語言、文字是人與人之間賴以溝通的媒介，知識份子更以它爲傳播思想的工具，晚清的政治家、思想家爲了「開民智」，崇白話而廢文言，或者主張古文與俗語分途運用，基本上是有其政治和社會功能的考慮，我們雖不一定要認同他們的見解，但是有必要用一種比較寬容的態度去面對這些言論，尤其要注意，五四人物像胡適之的白話文思想絕對可以在晚清找到其思想源頭。

三、白話報的出現

當白話文被如此談論之時，我們幾可斷言，那已可稱之爲運動——一種語言和文字的醒覺運動。然而，有理論必要有實踐，否則實難成爲氣候，於是我們發現白話文被大量運用，最明顯的是白話報紙的出現。

根據張玉法所編製《近代中國書報錄》（一八一一——一九一三）的記錄[23]，報名冠以白話（或相近語詞）者如下：

白話演義報　上海，一八九七，章仲和主之。
無錫白話報　無錫，一八九七，裘毓芳主之，五日刊。後改爲「中國官音白話報」，半月刊。
杭州白話報　杭州，一九〇一，旬刊。
蘇州白話報　蘇州，一九〇一，週刊。
中國白話報　上海，一九〇三，半月刊，林獬（白話道人）、劉師培主之，第十三期以後改爲月刊。
新白話報　上海，一九〇三，月刊。
湖南時務白話報　長沙，一九〇三。
白話　上海，一九〇四，月刊。
揚子江白話報　上海，一九〇四，杜課園編，倡君憲。
寧波白話報　上海，一九〇四，寧波同鄉會辦。
江西白話報　九江，一九〇四。
京話日報　北京，一九〇四。
俗話報　安慶，一九〇四，半月刊，科學圖書社辦。房秩五、陳仲甫主之，旋遷蕪湖，革命刊物。
白話報　東京，一九〇四，月刊，秋瑾等主之。
直隸白話報　天津，一九〇五，月刊，北洋官報局編。
白話普通報　北京，一九〇五，週刊。
普通京話報　北京，一九〇五，東文學社辦。
婦孺易知白話報　阜寧（山東），一九〇五。

通俗報　南通，一九〇五。

競業白話報　上海，一九〇六，競業學會辦，胡適等主之。

白話報　太原，一九〇六。

憲法白話報　北京，一九〇六。

地方白話報　保定，一九〇六。

河南白話演說報　開封，一九〇六，五日刊。

吉林白話報　吉林，一九〇七。

鐘聲白話報　哈爾濱，一九〇七。

白話小說　上海，一九〇八。

衞生白話報　上海，一九〇八。

京都白話報　北京，一九〇八。

安徽白話報　安慶，一九〇八，旬刊。

自治白話報　奉天，一九〇八。

通俗白話報　奉天，一九〇八，旬刊。

白話報　武昌，一九〇八，群治學社機關報。

白話報　錫金，一九〇八，月刊。

白話新報　杭州，一九〇九，日刊。

揚子江白話報　鎮江，一九〇九，半月刊。

長沙地方自治白話報　長沙，一九一〇，月刊。

湖南地方自治白話報　長沙，一九一〇，月刊。
大江白話報　漢口，一九一〇，胡爲霖主之。
法政淺說報　北京，一九一一，旬刊。
白話新報　漢口，一九一一，余慈航爲經理。

從光緒二十三年（一八九七）到宣統三年（一九一一）的十五年間，陸續出現的白話報當不止上列的四十一種㉔，而且不以白話爲名、實用白話者亦不在少數，像「蒙學報」（一八九七）、「中國女報」（一九〇七）等皆是㉕。另外亦有白話文言兼而有之者，如蔡元培主持的「俄事警聞」（一九〇三）和「警鐘日報」（一九〇四）㉖。

這些所謂的「報」，其實大部分是今日的「雜誌」。它們或因經費問題，或因當道者查禁，發行的時間大多不長；地區分佈頗廣，南北都有，而略爲集中在長江下游一帶以及北京，尤其是前者，從這裏約略可以看出社會經濟和文化發展之間互動的關係。同時，我們發現，兩個時間點的重大事件是這些白話報興盛的主導力量，一是光緒二十三、二十四年間，由於戊戌政變（光緒二十四年，一八九八），白話報普遍鼓吹維新，另一個是光緒三十、三十一年間，由於革命的醞釀已近成熟（光緒三十一年，即一九〇五年，中國同盟會成立於日本），白話報普遍皆有革命傾向，從這裏亦可看出政治與文化之間的關係也是非常緊密㉗。

四、晚清白話文運動的時代意義

晚清從白話理論的出現，到遍及全國的白話報爲其實踐，運動的本身可以說已具全民性。厥因複雜，上面所觸及的大抵是外在環境的刺激，歸結到知識份子爲對應變局所形成的一種集體的反省性行爲。這些複雜的環境外因，係指政治、社會等各層面的一些事項，包括八股、科舉的先後廢除㉘，翻譯事業的蓬勃發展㉙以及西藝教育的提倡㉚，都直接而有力的影響著白話文運動，此三者彼此間互相衝擊，關係密切，對於白話文運動的影響程度，則以前者爲最。

清初以降，知識份子的進身之階全在科舉，從明代傳下的八股制義，操控著讀書人的思考，阻礙了藝術文化創造活潑生命的各種可能，早就爲有識之士所不滿，從清初的顧炎武，一直到海禁始開的龔自珍，無不極力抨擊㉛，這一股反抗八股考試的潮流，到戊戌變法之際達於高潮，具體的理論可以康有爲「請廢八股試帖楷法試士改用策論摺」以及徐致靖「請廢八股疏」爲代表㉜，當光緒帝決定變法，曾兩次下詔廢八股取士，改試策論，戊戌政變後，雖復舊制，但清廷也不得不在光緒二十八年（一九〇二）以策論代替八股文，在光緒三十二年（一九〇六）正式廢除科舉制度。

如所周知，國家考試主要是爲了提舉人才，考試制度對於整體知識份子的學習、用心，有決定性的牽制和主導的作用，爲了科場上的勝利，讀書人不得不窮其心力以學習僵硬、機械的八股文，而一旦八股廢除，文體必然解放，白話文與新文體乃應運而生，在晚清之際，代表中國散文兩條新的走向。

「新文體」那種「務爲平易暢達，時雜以俚語韻語及外國語法，縱筆所至不檢束」㉝的特殊風格，和日文中譯及日文文體有其密切的關係，在前面第五章已有詳述，於此不贅。不過，我們需知，新文體打破一切古文（包括桐城古文、章炳麟的魏晉文、劉師培的駢文）的限制，表達新觀念，說明新事物，筆鋒帶著感情，在當時頗受歡迎，廢八股、改試策論，尤其對它有推波助瀾之功。但它不是白話，而是一種變體的淺近文言，已向口語快速接近。

比較起「新文體」，晚清的白話文在普及上更見功效，在理論層次的討論上更具體，可以這麼說，這是一次大規模的語文改革運動，目的是開啓民智，在運動的過程中，語言和文字逐漸朝向合一的途徑。不過，也由於白話文的運用和提倡，是從開啓民智的實用功能出發的，所以是向下層社會的運動，知識階層在立場和觀念上，則頗爲混淆，譬如章炳麟，他一方面以典雅深奧的魏晉文體，在「國粹學報」上發表國故論文，一方面也曾主辦「教育今語雜誌」（一九一〇），「提倡平民普及教育」㉞；又如劉師培，在前引文中已經指出，他一方面主張以俗語入文以醒覺民衆，一方面則强調要以古文保存國學㉟。

無疑地，晚清的白話文運動有其侷限性，主要是知識份子將白話視爲工具，只知利用它快速而普遍傳達新觀念。有人一味的要「崇白話，廢文言」（如裘廷梁和陳榮袞），有人認爲二者殊途而用，卻仍堅守古文陣營（如劉師培）。大部分還停留在「知道要用白話」的階段，尚未發展到「用什麼樣的白話」和「怎麼把白話用好」的階段，易言之，他們還沒有把做爲文學表現媒介的白話當作經之營之的對象。所以，眞正的白話文運動必須等到民初五四之前胡適的「文學改良」和陳獨秀的「文學革命」了。㊱

然而，我們要知道，晚清的白話文運動已爲五四白話文學奠定了很好的語言基礎，更培育了不少白話文學的健將，譬如陳獨秀在二十六歲時曾主辦過著名的「安徽白話報」（一九〇四）㊲；蔡元培在三十歲時曾與友人辦「俄事警聞」（一九〇五），次年改名「警鐘日報」，「每日也有白話文與文言文論說各一篇」㊳；而胡適也曾在「競業旬報」（一九〇六—一九〇八）撰寫過白話文章㊴。不過，最重要的是，廣大的白話文的讀者群已經形成。

註釋：

①侯健《從文學革命到革命文學》（臺北，中外文學，民國六十三年），頁四。

②同上，頁五。

③如胡適〈中國新文學運動小史〉、〈五十年來中國之文學〉（載《中國新文藝大系》文學論戰集，臺北，大漢，民國六十六年）；劉心皇《現代中國文學史話》（臺北，正中，民國六十年）；中華民國文藝史編纂委員會《中華民國文藝史》（臺北，正中，民國六十四年）；周錦《中國新文學史》（臺北，長歌，民國六十五年）；司馬長風《中國新文學史》（臺北，影印一九五五年香港昭明出版社本，不著出版社及時間）等。在溯源晚清上面以胡適最徹底，劉心皇和司馬長風亦著墨甚多。

④王爾敏〈清季知識份子的自覺〉，載《中國近代思想史論》（臺北，華世，民國六十六年），頁一四二。

⑤王氏此文題為〈中國近代知識普及運動與通俗文學之興起〉，為中研院近史所於民國七十二年召開「中華民國初期歷史研討會」所提論文，載於該次研討會的《論文集》（民國七十三年出版）。

⑥見《白話文學史》（香港，啓明，一九六二），頁九。

⑦此書於一八九〇年由廣州富文齋出版，全書四十卷，十二志，都五十餘萬言，翔實有體，海內奉為認識日本的一部經典，於其後的變法思想啓迪甚多。詳見吳天任《黃公度先生傳稿》

（香港，中文大學，一九七二年）第七章第二節。

⑧《日本國志》卷三三，學術志二。

⑨同上。

⑩見〈致嚴復書〉，載吳天任《清黃公度先生遵憲年譜》（臺北，臺灣商務，民國七十四年）

，頁一七八—一八一。

⑪「萬國公報」原名「教會新報」，於同治七年七月（一八六八年九月）創刊於上海，由美籍教士林樂知（Young J. Allen）主編。發行六年後於三〇一期起易名「萬國公報」，光緒九年（一八八三）宣布停刊，六年後復刊，改隸「廣學會」，光緒三十三年（一九〇七）重告停刊。詳見梁文生《林樂知在華事業與萬國公報》（香港，中文大學，一九七八年），李瞻與石麗東合著《林樂知與萬國公報》（臺北，臺北市新聞記者公會，民國六十六年）。

⑫傅蘭雅（John Fryer），英國人，咸豐十一年（一八六一）來華，同治三年（一八六四）任職京師同文館西學教席；同治八年（一八六九）至上海江南製造局翻譯館工作，主持西書翻譯歷時二十餘年。生平傳記見胡光麃《影響中國現代化的一百洋客》（臺北，傳記文學，民國七十二年），頁三七—三九；姚崧齡《影響我國維新的幾個外國人》（臺北，傳記文學，民國七十四年），頁三九—五六。

⑬「萬國公報」第七七卷，光緒二十一年（一八九五）五月號。該次徵文於八六卷（光緒二十二年二月）揭曉，傅蘭雅並有啓事。見王爾敏〈中國近代知識普及運動與通俗文學之興起〉，《論文集》頁九二四。

⑭王氏前揭文，兩學會之基本資料見王氏另文〈清季學會彙表〉，載《晚清政治思想史論》（

臺北，華世，民國五十八年），頁一四三—一四四；關於晚清學會的意義，詳王氏另文〈清季學會與近代民族主義的形成〉，載《中國近代思想史論》。

⑮ 見葉瀾《蒙學報緣起》，註五王文引《近代史資料》第二期（一九六二年）。

⑯ 載簡夷之編《中國近代文論選》（臺北，木鐸影印本，民國七十一年）。

⑰ 註五王文引《近代史資料》第二期。

⑱ 譚彼岸《晚清白話文運動》（湖北，人民，一九五六）引《陳子褒教育遺議》頁六—九。

⑲ 見〈文學總略〉，《國故論衡》（臺北，廣文，民國六十六年）頁七五。

⑳ 見〈駁中國用萬國新語說〉，載《太炎文錄》初編別錄卷二，《章氏叢書》頁八三二。

㉑ 〈新方言〉序、目錄及本文曾連載於「國粹學報」，收入於《章氏叢書》，前為章氏自序，後有劉師培、黃侃後序。章氏認為「今之里語，合於說文、三倉、爾雅、方言者正多」，「今世方言，上合周漢者衆」，他之所以作〈新方言〉，就是要審知條貫，求其根柢。見〈論漢字統一會〉，文載同上。

㉒ 《論文雜記》第二則，《劉申叔先生遺書》（臺北，華世，民國六十四年）頁八五一。本段引文皆出於此。

㉓ 載《新聞學研究》（臺北，政大新研所）七、八、九集，民國六十—六十一年。

㉔ 陳萬雄《新文化運動前的陳獨秀》（香港，中文大學，一九七九）頁三八—四五，曾將民國前國人所辦的六十八種白話報列表說明，可補張氏《近代中國書報錄》之不足。

㉕ 「蒙學報」係蒙學公會的機關刊物，葉瀾主持，光緒二十三年（一八九七）創刊，主要是譯述西文通俗兒童作品；「中國女報」，光緒三十三年（一九〇七）出版，秋瑾主持，以婦女

爲對象，提倡女權，鼓吹革命。見同註㉔。

㉖「俄事警聞」爲蔡元培、劉師培等人發起「對俄同志會」的機關報，旨在喚起國人注意並抵制俄兵佔我東北；「警鐘日報」，由「俄事警聞」擴張易名，時爲光緒三十年（一九〇四），詳見賴光臨〈民前鼓吹革命之報刊研究〉，載《中國近代報人與報業》（臺北，臺灣商務，民國六十九年），下册，頁三四七—三四八。

㉗陳萬雄曾指出有革命傾向的白話報，包括「杭州白話報」、「中國白話報」等多種，見同註㉔。

㉘關於科舉的廢止，詳王德昭《清代科舉制度研究》（香港，中文大學，一九八二）第六章〈新時勢、新教育與科舉的廢止〉。

㉙關於翻譯事業，詳劉琦言《中國近代之翻譯事業》（臺北，私立中國文化學院民國五十三年碩士論文）。

㉚關於西藝教育，詳瞿立鶴《清末西藝教育思潮》（臺北，中國學術著作獎助委員會，民國六十年）。

㉛同註㉘。

㉜楊家駱編《戊戌變法文獻彙編》（臺北，鼎文）第二册，康文見頁二〇八—二一一，徐文見頁三三九。

㉝《清代學術概論》（臺北，臺灣商務，民國六十六年臺一版），頁一四二。

㉞「教育今語雜誌」（一九一〇）係東京同盟會內鬨後所辦，因爲銷行不好，旋卽停刊。見王汎森《章太炎的思想》（臺北，時報，民國七十四年），頁一一。

㉟同註㉒。

㊱胡適首篇討論白話文學的論文是〈文學改良芻議〉，陳獨秀則是〈文學革命論〉，皆發表於「新青年」上。

㊲同註㉔，陳萬雄書，頁三七。

㊳蔡元培《中國新文學大系》總序。

㊴見胡適《四十自述》（臺北，遠流，民國七十五年，《胡適作品集》第一冊）頁六五—七三；另胡頌平編《胡適之先生年譜長篇初稿》（臺北，聯經，民國七十三年）頁六八—八四。

新文化運動反映下的文學史寫作

——劉大杰以民間文學為主流觀點的檢討

淡江大學中文系教授 王文進

自光緒年間黃人與林傳甲的《中國文學史》完稿以來①，這種體例的著作已多達兩百多部②。但是若欲論其篇幅之宏厚，結構之緊湊，影響之深遠，恐怕還是得首推劉大杰完成於一九四三至一九六三之際的《中國文學發展史》③。

劉書之所以有此吸引力，一方面固然是由於作者具有豐沛的才氣和善於煽情的筆觸，但是最主要的還是因為該書正好總結了五四以來新文化運動激盪下的文學觀。換句話說，五四新文化運動中的諸多訴求，經由劉氏之筆，透過史書的形式，穩定地籠罩了中國文學界數十年之久。

但是，從另一個角度而言，這也正是一項值得探討的問題：五四新文化運動發展至今，凡是浮現在外的論題，諸如反傳統、全盤西化、儒家文化的適用性，革命文學論……等等在這半個世紀中皆逐一受到不同程度的修正與質疑，而〈文學史〉的著作體例由於本身帶有史書的客觀假像——正如劉氏自己所云：「文學史的編著者，便要用冷靜的、客觀的頭腦，敘述已成的事實、環境、理由和價值」④——易於將其特定的文學觀點包裹在龐多的史料叢林中，反而令人習焉而不察，導致新一代的中國文學研究者無形中一直在運用五四觀點去選擇，詮釋中國文學史料卻絲毫無法自覺。

要知道：任何的史觀對史料而言，是一種秩序的整理，相對的也是一種視野的限制。為了使中國文學的歷史研究能邁向更廣濶的領域，將劉書中受五四新文化觀點制約的環扣解開，是本文的用意所在⑤。

劉書受五四新文化影響最明顯的一點是環繞「大衆文化」而來的「民間文學觀」。由於一九〇五年科舉制度的廢除，中國知識份子得以重新調整其認同的階級，於是以知識份子與百姓的關係來確立現代知識份子的新身份，成爲當時的新課題。順著這個趨勢而發展出來的就是胡適的《白話文學史》。《白話文學史》初稿寫於一九二一年，一九二八年再重新訂稿，是典型的五四時期代表作。全書最重要的觀點，正如該書第三章〈漢朝的民歌〉開章明義所云——「一切新文學的來源都在民間」⑥。這種觀點雖然很快就受到當時「學衡派」梅光廸諸君子的質疑⑦，但是時勢所趨，自有其沛然莫能禦之的條件，此說再經由其弟子顧頡剛的宣揚⑧，頓時成爲當代顯學。劉大杰顯然吸收了是項觀點，作爲其敍述文學演變的重要脈絡。

胡適《白話文學史》只寫到中唐詩爲止，僅二十萬字，就已漏洞百出，劉書居然欲以是項觀點來貫串長達七十萬字的鉅著，其結果是可以預料的。劉氏運用民間文學爲主的觀點所鑿入的第一個陷阱是將兩漢樂府、南朝樂府、明清小說放在同一個系統來敍述。

隨著大衆文化的來臨，就創作面而言，小說由歷史上不登大雅之堂的「稗官」「小道」搖身一變成爲主角，「急劇地從文學結構的邊緣移到了中心」⑨。這種情形也立刻反映到古典文學的硏究上，魯迅的《中國小說史略》代表了當時的趨勢。導致劉氏有義務以文學史家的立場替小說在文學史上安排恰當的位置。結果劉氏就在時代的氛圍中將明清小說、兩漢樂府强行連在民間文學的軸線上來討論。這是對文學歷史眞相的曲解。就南朝樂府詩的角度而言，吳歌西曲事實上並非純粹的民歌⑩。宋樵《通志》卽云：「宋代以荆、淮爲南方重鎭，皆王子爲之牧。江左辭詠，莫不稱之，以爲樂土。故宋隨王誕作襄陽樂，齊武追憶樊、鄧作估客樂」⑪。其他像臧質作〈石城樂〉，沈攸之作〈西烏夜飛〉

、梁武帝作〈襄陽踏銅蹄〉，簡文帝作〈雍州曲〉，均顯示出南朝樂府詩的貴族文士性格⑫。過份強調其民間性是極浮泛的。另一方面，這種「民歌爲主」的論點更易於扭曲南北朝至唐代詩歌發展的脈絡。

胡適《白話文學史》論及南北朝樂府詩就已極力强調北方民歌的「英雄」性。「天蒼蒼，野茫茫，風吹草低見牛羊」的〈敕勒歌〉一直被拿來和南朝〈子夜歌〉對照來看的代表作。就南北民歌的風格而言，這種推論大致是合理的。但是若就此推衍出：唐代文學係這種南北詩風的交融，那就掉到圈套裏了。劉書在〈唐代文學的新發展〉一章中，就認爲「唐詩風格的複雜，氣勢的雄奇，創造精神的豐富」，要從南北朝「溫柔敦厚」和「慷慨悲歌」的融合來解釋。換句話說，像唐代雄壯的〈邊塞詩〉，就是南北詩風交融的成果。這是極嚴重的錯誤。因爲邊塞詩並非來自北朝，而是來自一向被視爲柔媚綺麗的南朝詩人⑬。因爲邊塞詩是南朝詩人運用漢魏樂府古題寫成的，並且和當時宮廷唱和可能有密切的關係⑭，是屬於貴族文學。換句話說，帶來唐代詩歌新生命的，並不是北方的民歌，而是南朝詩人的傑作。由鮑照、孔稚珪、沈約、吳均，還有宮體詩人蕭繹、蕭綱，最後由庾信、王褒由江陵帶到北國去，北朝才開始有邊塞詩。胡適、劉大杰這項嚴重的錯誤，就連游國恩也跳不出來⑮。可見過份執著於民間文學的觀點，將會鈍化觀察文學演變的視角。其實對於民間文學是否具有如此魅力的質疑，早在五四當代已有人加以質詢。學衡派梅光廸就反對過份標擧「平民主義」，一再爲文抨擊新文化運動者「妄以平民主義，施之於天然不可平等之學術界，雅俗無分，賢愚夷視，以期打破知識階級」⑯。認爲這種主張有「反智」的傾向。一九二四年八月，學衡二十三期轉載《湘君季刊》劉樸的〈闢文學分貴族平民之譌〉一文，亦認爲「其作果合於文學者，其人無論所出社會之上流下流，必眞知文能文者，非農工商賈不學無術之所爲無往而不勝也」⑰。稍早周作人亦在一九二三年「自己的園地」中說道：「平民的精神可以說是叔本好耳所說的求生意志，貴族的精神便是尼采所說的求勝意志了。前者是要求有限的平凡的存在，後者是要求無限的超越的發展，前者完全是入世的，後者卻幾乎有點出世的了」⑱。照施耐德（Laurence A Schneiden）對周作人的看法，周氏認為平民主要地忙於日常生活上的瑣事，他們怎麼能提供整個社會的新形式？如果他們不能超越現在，如何能成為文學革新的泉源。所以周氏堅決擁護所謂的「滲漏理論」（Seepage theory），認為貴族從事試驗和發明，其成果漏到平民之手再作進一步的修飾⑲。可惜這些聲音在當時完全為澎湃的平民思潮所吞噬。

以「平民文學」的視角來觀察中國詩歌的發展，不但會誤解南北朝樂府的性質，也會埋沒部份南朝詩人在語言技巧上對唐詩的貢獻。雖然劉氏以「古詩的變體」、「長短體的產生」、「小詩的勃興」、「律體的漸漸形成」來肯定南朝詩在「形式」上的地位，可是又以「色情文學」這種強烈的字眼來抨擊「宮體詩」⑳。事實上如果從「巧構形式之言」這個角度來觀察，自東晉以來，「江左篇製，溺乎玄風」㉑，而「山水詩」、「詠物詩」、「宮體詩」則是以具體的寫物，使詩的語言由抽象概念的枯淡走向具象生動的豐腴㉑。可惜基於平民文學和貴族文學對立的假設，致使劉氏對「宮體詩」充滿成見，非但對這類作品風格大加撻伐，並且指斥其為宮廷貴族文人荒淫生活的反應。這種推論過份簡化了文學與現實生活之間的關係。

首先就宮體詩的核心作家——簡文帝蕭綱而言，〈南史．本紀〉云其：「器宇寬弘，未嘗見喜慍色，尊嚴若神……性恭孝，居穆貴嬪憂，哀毀骨立，所坐席霑濕盡爛……」㉒，而劉氏卻說「但看他的作品，卻可斷定他是一個色鬼」㉓。至於蕭繹，〈梁書．本紀〉亦云其：「性不好聲色，頗慕高名」㉔，可見南朝「宮體詩」並不盡然可以和荒淫劃上等號。既然邊塞詩可以形成於南朝，南朝何來長城？何來朔漠風沙？文學必須有相當比例的想像成分。民間文學主義的另一個併發症就是將文學與現實的關係過份簡化，過於執著於反映論，進而抹殺了作家想像的可能性。「宮體詩」就語言形式而言，是形似技巧沿著山水詩、詠物詩拓展而來，帶有極珍貴的「寫實技巧」的成份在內㉕，對於往後唐代詩畫交融的語言發展有極大的影響。

民間文學觀的過度引用不但使劉書在敍述詩歌演變的過程中處處掉入陷阱泥沼裏，就是在敍述較具民間性的小說時，也掌握不到重點。

在論及劉氏的小說觀之前，必須先論及五四人物與晚明公安思潮的關係。劉書有一些話極爲重要：

> 我們回顧中國過去的文學史上，真能形成有力的浪漫派的思潮的，只有三個時期，一個是魏、晉，一個是晚明，一個是五四。……晚明公安的議論，精神是浪漫的，態度是革命……把從來為人輕視的小說戲曲民歌，與六經、離騷、史記相提並論，給予文學上最高的評價……。㉖

將五四和晚明聯在一起的構思，應該是五四人物的普遍思考方式。周作人在一九三二年輔仁大學講「中國新文學的源流中」，就將胡適和三百年前的袁宏道視爲「根本的方向是完全相同的」㉗。關於晚明公安文學和公安「性靈說」有何不同，周質平已論之甚詳㉘，茲不再贅述。此處所欲提出討論的是劉書用晚明公安派的觀點來看待小說，是否妥當？的確，過份憑恃公安人物的小說觀是不周延的。因爲小說就漢書藝文志的傳統來說，乃是出於思想記事，是諸子略中的一環，而若就胡應麟《少室山房筆叢》的看法，亦列有「志怪」、「傳奇」、「雜錄」、「叢談」、「辯訂」、「箴規」，顯然兼有史、子、集的性質。和公安派所想像中的全屬民間性，並不相應。換句話說，五四新文化運動者由於受到西方小說文類的影響，回頭意欲在中國文學史中找出相對應的作品，於是反而狹化了中國小說的內涵。

另一方面由於過度迷信白話小說的「民間性」，對於有些資料的運用，往往失之於急切。最明顯的例子就是「京本通俗小說」的出現。以胡適考證的功夫，居然沒有想到「京本通俗小說」有可能就是繆荃孫僞託的㉙，原因在於胡適原本就期待歷史上能出現愈多「鄉村的說話人」㉚的作品愈好，結果眞的中了「目的熱，方法盲」的陷阱。因此，將小說和戲曲、民歌歸爲民間文學，和六經、離騷、史記對立來看是否適當，是一件值得重新思考的問題。

五四新文化運動另一項對文學史影響最大的是《進化論》。據郭正昭的說法，「達爾文主義」可能在嚴復（一八五三～一九二一）譯《天演論》之前傳入中國㉛，而將進化論用到文學史最力者當首推胡適。胡適在《四十自述》中就曾敍述《天演論》出版後風行全國的盛況。爾後胡適屢用此一進化觀點來解釋文學變遷的現象，鼓動所謂「一代有一代的文學」，希望今日的中國，創造今日之文學。當時主要是爲了鼓吹白話文學。事實上用達爾文生化觀來解釋文學發展現象，早在一八九〇年，布隆悌爾的《法國文學史》就首開其例。布氏想像文學類型可類比自然界的種別，而文學類型一旦達到某種程度的完美，一定會衰退、萎縮，最後終於消失。於是劉氏也在進化論的思潮下，結合了所謂「四言敝而有楚辭，楚辭敝而有五言，五言敝而有七言」一類的陳說來架設先秦以來文學演進的重點。但是這裏面出現兩項問題：首先我們應該要知道文學的進化和生物的進化是不能類比的。文類之間互相影響，互相滲透，互相吸納的現象極爲普遍，所以其進化的軌跡是多元化的，尤其劉氏在進化論中又不斷注入强烈的民間文學的信仰，致使其無法全面觀察到中國文學演變的軌道。過分推崇明代而低估了清代就是他的致命傷，明代的公安派推崇民間小說戲曲一事，一再爲其所渲染，而一個能產生《紅樓夢》的清代，卻成了「夕陽無限好」的代名詞。試看劉氏對《紅樓夢》的評語：

紅樓夢的價值，就在作者無意中暴露了貴族家庭的種種真相。那些公子小姐，不瞭解農民的生活，不知道一粒米一尺布的艱苦的來源，不知道耕牛犂鋤的功用……。㉜

這應該是普羅文學的最佳宣言了。將一部中國最偉大的作品如此「點金成石」，實在令人啼笑皆非。如果從整個中國文學史來觀察，《紅樓夢》絕對是北斗之作。就文學形式上而言，《紅樓夢》結合了中國文學各種文類的精華，無論是詩、詞、歌賦，以及口語的描人寫物均融鑄於一爐；就思想方面而言，紅樓夢也吸納了儒釋道各家的精神，像賈政所代表的儒家孝道精神，點出中國文化中人性最淳厚之美，而賈寶玉的焚花散麝，學的則是《莊子》的語調和氣魄，結尾的那段白茫茫大地則呈現了一切歸於佛國的大空境界。難怪紅書能吸引近百年來中國各個階層，各種性格的人士。劉氏手持進化論的尺標，但那是五四時期生硬的、由生物學借來的進化觀，我們需要有文學的進化觀來詮釋中國文學發展的軌跡。

關於文學史寫作的性質，龔鵬程在〈試論文學史之研究〉一文中已指出：

> 文學史知識的形成，深受各時代與個人價值判斷的不斷影響，其本身業已錯綜複雜難以浚理，而我們自己做文學史研究時，也必然會根據個人所處具體情況及特殊的價值觀點，而處理文學事實。㉝

明乎此，我們可以知道，文學史和時代性的關係，那麼勇敢地告別五四，似乎應先告別五四觀點中的文學史。臺灣的文學理論界向來朝氣蓬勃，新批評、神話批評、讀者反映論、現象學、詮釋學均絡繹奔赴，而大陸文學這幾年的發展，亦令人目不暇接。自傷痕文學的傷口癒合後，突然間所有各種文學像岩漿迸濺般耀眼奪目。而文學理論方面，自一九八〇年以後，文藝和政治的密切性被解開之後，西方先進的理論幾乎一下子四面八方湧來㉞，在這種背景之下，中國文學史當然不能停留在五四的莽原時期。而這項工作必須有文學理論家、文學專題研究者、文學史家這三種人才來共同合作。文學理論家由內負責文學本質問題的思考，文學專題研究者由外檢驗文學史中似是而非的結論，文學史家則綜合兩者的努力成果，重新去詮釋史料、排列史料。雖然這樣的一部文學史尚未問世，但是我們認為從事此項工作者應掌握下列幾項精神：

㈠首先要認清「文學史」和其他各類史的區別。文學史研究的對象，包括：⑴文學作家與作品；⑵文學思想與觀念；⑶整體文學活動與社會文化的關係㉟。簡言之，文學史同樣要處理「宇宙、作者、作品、讀者」四項要素，此一環的研究還相當粗糙。歷來學者對歷史背景的解釋，大都還停留在中國通史的層次，我們需要具備深一層的歷史知識，甚至發展出由文學出發的歷史運用學。

㈡既然文學史同時要處理宇宙、作者、作品、讀者四項要素，則應均勻分配各項要素的討論，過度將時代和作者或作者與作品的關係簡化的方式都是不周延的。

㈢對目前文學史工作者而言，關於宇宙（時代環境）的研究不可停留在通史的層次，應發展專屬文學的歷史學。

一部新的文學史的編寫若能掌握以上的精神，事實上我們就已邁出五四的格局了。

註釋：

① 林傳甲（一八七七～一九二一）之作原為京師大學堂講義，最先完稿於光緒三十年（一九〇四）。宣統二年（一九一〇）六月初版。黃人（一八六六～一九一三）之作原為蘇州東吳大學講義，據陳玉堂考訂，約出版於一九〇五年。

② 據梁容若、黃得時二氏考訂，至一九六〇年止，計有二百六十二種。

③ 劉大杰（一九〇四～一九七七）之作原為二卷。上卷成於一九三九年，一九四一年出版，約

二十萬字。下卷成于一九四三年，一九四九年出版，約三十八萬字。一九五七年增改為七十六萬字，一九六二至一九六三年間再擴增九十三萬字。本文所據卽為此台北中華書局版。又劉氏于一九七三和一九七六年曾再大加更動，據陳玉堂考察，劉書此版係出于「歷史原因」，觀點偏頗，故本文亦不列入討論。

④ 見劉大杰《中國文學發達史》第六章，第一節，頁一一六。臺北，中華書局版。

⑤ 雖然劉書出版距離五四有一段時間，但是劉氏此書受五四影響之處極為明顯。劉氏自己卽明言：「我們回顧中國過去的文學史上，眞能形成有力的浪漫派的思潮的，只有三個時期，一個是魏、晉，一個是晚明，一個是五四。」可見劉氏係用五四的觀點來詮釋魏晉、晚明，並經由此一途徑貫串中國文學發展的線索。以上引言見是書頁八六四～八六五。

⑥ 見胡適《白話文學史》第三章〈漢朝的民歌〉。文光圖書公司版，頁一三。

⑦ 有關「學衡」派對白話文學的攻擊，除分見「學衡」雜誌中外，並請參林麗月「『學衡』與新文化運動」一文。收入《中國現代史論集》，第六輯・五四運動。臺北，聯經出版社，一九八一。

⑧ 關於顧頡剛對大衆文化的研究，詳參施耐德（Laurence A Schneider）《顧頡剛與中國新史學》，第五章〈作為傳統文化取代方案的大衆文化〉，梅寅生譯，頁一六九～二〇三。臺北華世出版社，一九八四。

⑨ 用黃子平《中國小說：一九八六》一書序語。香港三聯書店，一九八八年版。

⑩ 王運熙《吳聲西曲雜考》云：「歷來正統的文人學士們，一向認六朝的清商曲為卑下猥瑣的靡靡之音，因而對它們忽視、蔑棄，不暇也不屑下一番史實的考證。『五四』以後，這觀念

轉變過來了，吳聲西曲在文學史中獲得了很高的評價，被珍視爲古代民歌中的瓌寶。然而，正因爲簡單地認爲它們是純粹的民歌，而忽略了實際上是經過貴族階級加工過的樂曲，它們的作者往往是一些文人學士達官顯宦，它們的創製和發展，和貴族階級的享樂生活有著密切相關的聯繫。」即持此觀。

⑪《通志》卷四十九〈樂略〉，《文淵閣四庫全書》，總頁三七四之一四。

⑫詳參王文進《荆雍地帶與南朝詩歌關係之研究》，第六章第二節〈南朝州、郡、縣三級制與樂府之貴族化〉。臺大博士論文，一九八七年，十二月。

⑬詳參王文進《邊塞詩形成於南朝論》。臺北古典文學第十集，一九八八年十月。

⑭此一觀點係筆者學長劉漢初〈梁朝邊塞詩初探〉所提出。此文尚未正式發表，劉學長親以手稿示余，特此誌謝。

⑮游氏《新編中國文學史》第二章〈隋及初唐文學〉，論及薛道衡時云：「他寫過一些婉轉華美的愛情詩，像〈昔昔鹽〉、〈豫章行〉；也寫了幾首較有魄力的邊塞詩，像〈出塞〉、〈渡河北〉。這兩種風格統一在他的身上，雖然齊梁詩風還相當濃厚，但總的看來，正是朝著清新剛健的方向發展，這是南北文風交流的結果。

⑯《梅光廸文錄》，頁一一，〈論今日吾國學術界之需要〉。

⑰《學衡》，第三十二期，劉樸，〈闢文學分貴族平民之譌〉，頁一。

⑱《周作人全集》，第二冊，〈自己的園地〉，頁一二。

⑲同註⑧，頁一八五。

⑳見劉書，頁二七〇。

㉑關於六朝詩中巧構形式之言的問題，詳參王文進《論六朝詩中巧構形式之言》，臺北，師範大學國研所集刊，一九七九。

㉒《南史》卷八，〈梁本紀下第八〉頁二三二〇，臺北，鼎文版二十四史。

㉓同註⑳，頁二七三。

㉔同註㉒，頁二四二。

㉕詳參林文月〈南朝宮體詩研究〉，收入《澄輝集》，臺北，洪範書局，一九八三。

㉖同註⑳，頁八六四～八六五。

㉗同註⑱，頁三五七。

㉘詳參周質平《胡適與魯迅》，〈胡適文學理論探源〉一章，臺北時報文化出版，一九八八。

㉙胡萬川認爲《京本通俗小說》係繆氏自《三言》中抄錄而委託宋代之作。見氏著《『京本通俗小說』的新發現》，臺北，中華文化復興月刊，十卷，十期。

㉚語出胡氏〈《宋人話本八種》序〉。收入《胡適文存》第三集第六卷，臺北，遠流公司版，一九八六。

㉛參見氏著〈達爾文主義與中國〉。收入時報文化公司編著《晚清思想》。臺北，一九八〇。

㉜見註④，頁一〇八〇～八一。

㉝《古典文學》第五集，頁三六三〇，臺北，一九八三。

㉞據白燁〈近年文學批評的歷史性演變〉一文所述，一九八四前後，大陸對現代西方文藝批評理論和方法的介紹頗興盛，有作者的角度（創作主體、主體表現），作品的角度（文本，形式結構，符號等方面），讀者的角度（闡釋學，閱讀現象學，接受美學）等方面，顯然大陸

的文學理論幾乎有和世界同步的速度。白文刊於《上海文論》，一九八八，四月，頁五二～五八。

㉟ 龔鵬程〈文學的歷史〉收入《文學散步》一書。臺北，一九八四。

晚清思想的批判意識對五四反傳統思想的影響

——以譚嗣同的變法思想爲例

淡江大學歷史系教授　王樾

第一章、引論

五四時期的反傳統思想是一極複雜的歷史問題。當時人們之所以熱烈地對傳統思想加以批判，並提出全面打倒、或局部調整、或批判後繼承或全盤西化等主張，事實上有它複雜的背景與多元的因素，並非僅僅只是因爲西方衝擊，或是由反帝、反軍閥的愛國政治抗議運動所引起全面對政治社會、文化作一反省所能解釋——當然，這是一項很重要的因素之一。

如果我們從晚清思想發展的趨勢及其對後來的影響這個角度來加以省察，將會發現事實上中國的思想界在晚清以來即孕藏了極強烈的批判意識，這些批判意識運用之於政治層面當然是提出變法圖强或排滿革命的訴求，但運用之於文化反省的層面，則對於中國的傳統文化亦造成相當强烈的衝擊，只是當時人們所關注的焦點大都集中在變法維新或排滿革命的爭論上，而忽略了晚清思想對中國傳統挑戰一面的力量。

在晚清思想界人物中，譚嗣同是一很好的案例可幫助我們了解晚清與五四的關係，本文之寫作，即藉對譚氏思想作一剖析，分析他的批判意識以及如何運用批判意識提出對現實的關切與對傳統的反省。精簡而言，譚嗣同的思想在政治變法或革命上固然影響很大，但對中國近代反傳統思想的啓發，影響似乎更爲鉅大而深遠，他以身殉的變法在實效上並不成功，但他的新倫理觀，對傳統名教的批評以及衝決網羅的反權威性格，還有他强調的心力……不僅直接影響到部份辛亥革命的志士，影響到五四時期的反傳統思想，甚至於深深影響了青年毛澤東。譚氏雖不是革命派的人物，但在文化革新的角度上看，他的影響是相當突出的，具有革命性的點火意義。

爲了分析上的方便，本文將依《仁學》的思想理則與批判意識、譚氏思想的現實關切及對傳統的反省（分就政治思想、經濟思想、社會倫理思想分析）、以及譚嗣同的變法策略、以及譚嗣同思想的歷史意義及其對後世的影響之秩序，逐一作一析論。藉此一析論，說明晚清思想的批判意識如何開啓五四反傳統思想的源頭。

第二章、仁學的思想理則與批判意識

《仁學》一書是譚嗣同一生中最重要的學術著作，不僅代表他個人的哲學思想，同時也是他變法思想重要的依據：其政治理念、經濟主張、歷史觀、社會倫理思想所流露出的批判意識與革新觀念，均係以仁學思想爲核心。然而《仁學》的思想淵源相當駁雜，涉獵的範圍又非常廣泛，初讀之時，似不免令人感到其思路錯綜複雜，千頭萬緒，但若仔細加以分析，當不難發現其理論的建立有一定的思想理則，作爲仁學學說的理論核心，以聯繫其各相關理念成一整體。

「仁——通——日新——平等」是《仁學》的思想理則，爲譚嗣同的哲學及一切學術思想的「道一以貫之」的原則。「仁爲天地萬物之源」，欲求「仁」的實現，則必須能「通」，而「通」的具體表現就是「平等」；惟有眞正做到平等，才算是「通」，才算達到「仁」的境界，然而求仁是一種值得大家終極關切、永久致力的神聖工作，因此必須不斷地自我惕勵，日新又新地實踐力行，所以必須「日新」，以「日新」的精神來貫徹實踐「通」的功夫，達到「平等」，實現「仁」的理想。

譚嗣同首先以物理學的「以太」（ether）及傳統的「仁」來建立其「仁一元論」的哲學思想，並以此「仁一元論」的思想爲基礎，來說明「仁——通——平等」之間的邏輯關係，以及現實宇宙中事物不停運動、發展、變化的「日新」觀念。最後，將這一切都歸之於人的「心力」，「心力」與「以太」、「仁」根本是相通的，一切「唯心」所造，所有問題都可由「心」解決，因而提出他一套「以心挽刼」的救世構想。

以下就分別以「仁一元論的建立」、「仁學的思想理則：仁——通——日新——平等」、「心力與衝決網羅」三節來逐一探討。

第一節 《仁學》基本理論之分析——「仁一元論」的建立

「嚴格言之，《仁學》作爲一本哲學作品而言，是相當的支蔓蕪雜。但是，儘管存在著這些缺陷，這本書大體上仍有其中心思想。什麼是《仁學》的中心思想？顧名思義，仁就是其中心思想。對於譚嗣同而言，仁首先是一種道德價值。……是儒家思想的精髓，是所有其他道德觀念的總滙」①。

仁在譚嗣同的思想裏，不僅代表一種道德觀，更重要的是，它也代表一種宇宙觀，誠如他强調仁爲諸德之冠時所云：「天地亦仁而已矣」②。這種仁的觀念，受張載和王夫之這一思想的傳承極深③。原本這條思想脈絡相當清晰，然而卻被譚嗣同借用西學的「以太」作爲說明工具而讓人發生疑惑，造成學者對譚氏思想究竟是唯心論或是唯物論的爭辯。在此，我們必須將譚氏的思想加以釐清，看一看譚氏所謂的「以太」是什麼？「以太」與「仁」到底是什麼關係？

「以太」是英文 ether 一字的翻譯，是西方近代科學的一個很重要的觀念。最先提出這個觀念的是十七世紀的笛卡兒（Rene Descartes 1596 — 1650），他認爲物質與物質間的傳達需要一個媒介，這個看不見的媒介，他稱之爲「以太」④。到了十九世紀英國物理學家馬克斯維爾（Max Well 1831 — 1879）在創立其電磁理論時，認爲太空中存在一種特殊的、無所不在的介質，是電磁過程的場所。這種理論在近代物理學中發生過很大的影響，當時的科學家相信它不但瀰布所有的空間，而且是傳播光、熱以及各種能量的媒介⑤。這種假說直到物理學家愛因斯坦（Einstein，1879 — 1955）的「相對論」提出後才被推翻。

譚嗣同受到傅蘭雅所譯《光學圖說》⑥的影響，借用物理學上的「以太」，來說明宇宙整體和宇宙中的萬物都是由一種基本質體所構成：

「徧法界、虛空界、衆生界，有至大之精微，無所膠粘，不貫粘，不筦絡，而充滿一物焉。目不得而色，耳不得而聲，口鼻不得而臭味，無以名之，名之曰『以太』。」⑦

在他的哲學思想中，「以太」是一種無色、無臭、無味、超感覺但卻充滿宇宙之間的最基本的「物」（具有物質性），宇宙中的一切都賴「以太」形成，「法界由是生，虛空由是立，衆生由是出」。以太是永恆存在的，因此萬物只有成毀和聚散，而無所謂生滅：

「不生不滅有徵乎？曰：彌望皆是也。如向所言化學諸理，窮其學之所至，不過析數原質而使之分，與並數原質而使之合。用其已然而固者，時其好惡，劑其盈虛，而以號曰某物某物，如是而已；豈能竟消磨一原質，與別創一原質哉？……譬如水加熱，則漸涸，非水滅也，化為輕（氫）氣養（氧）氣也，使收其輕氣氧氣，重與原水等，且熱去而化為水，無少減也。譬如燭久燃則盡跋，非燭滅也，化為氣質流質定質也（氣體、液體、固體）。故收其所含之碳氣，所燃之蠟淚，所餘之蠟媒，重與原燭等，且諸質散而滋育它物，無少棄也。譬如陶埴，失手而碎之，其為器也毀矣；然陶埴，土所為也，方其為陶埴也，在陶埴曰成，在土則毀；及其碎也，還歸乎土，在陶埴曰毀，在土又以成；但有回環，都無成毀……。」⑧

上述這段引言說明了譚氏認爲物無自性，一切物性都是由於原質的數量及組合而決定，而且基於「物質不滅定律」，萬物只有成毀、聚散，宇宙的本體是不生不滅的。而「以太」似乎是一客觀存在的物質，他說：「任剖某質點一小分，以至於無，察其何物所凝結，曰惟以太」⑨。由上述觀之，譚氏之哲學思想似應屬於唯物論。但未必如此，依據譚氏所著《以太說》，有關以太的定義、功用除前文所述外，尚有更深一層的說明。他說明以太除了是構成宇宙的基本質體一「物」外，它更是一種有生命、有精神性的東西：人的五官、知覺都賴「以太」而發生功能，「眼何以能視，耳何以能聞，鼻何以能嗅，舌何以能嘗，身何以能觸？曰惟以太⑩。就連個人骨肉血脈之「粘砌不散」，乃至於由一身所衍生出的人倫關係、社會組織、國家、天下也依賴「以太」之維繫。這些功能都不是以太的物質性所能做到的。因此，譚氏的以太所構成的宇宙觀是兼有物質性和精神性的。他藉西洋物理學的「以太」這個名詞來作說明其哲學思想的工具，同時也賦予「以太」一個中國哲學的內容——「仁」，並將「以太」與「仁」等同，認爲「以太」就是「仁」，「仁」就是「以太」：

「仁以通為第一義；以太也，電也，心力也，皆指所以通之具。」⑪

「以太也，電也，粗淺之具也，借其名以質心力。」⑫

「失仁，以太之用。」⑬

「仁」不僅是「以太」之用，而且是古今中外各思想家、各宗教所倡道德理想的同一內容，只是名稱各異而已。他說：

「名之曰『以太』，其顯於用也：孔謂之『仁』，謂之『元』，謂之『性』；墨謂之『兼愛』；佛謂之『性海』，謂之『慈悲』；耶謂之『靈魂』，謂之『愛人如己』，……咸是物也。」⑭

既然譚氏視「以太」與「仁」同一，而「以太」是萬物的根源，是形成萬物、維繫萬物，使萬物發揮應有功能的基本質體；那麼「仁」也就是萬物之根源，也就是維繫萬物，使萬物各盡其功能的基本質體了！所以，仁學的理論體系，就是要建立以「仁」形成一切、統攝一切的「仁」的一元論；在此理論中「仁」代表一種道德觀（精神價值），也代表一種「生動實有」、肯定宇宙是一個眞實存在的宇宙觀（兼有物質性和精神性），在這個宇宙之中，仁（亦可說以太）充滿一切、瀰貫一切，永恆普遍地充塞天地之間，構成圓融和諧的整體，故云：「天地之間亦仁而已矣」⑮。又云：「仁爲天地萬物之源，故唯心，故唯識」⑯。所以，譚嗣同的《仁學》，其中心思想係環繞「仁」這一觀念而展開，透過「仁」的觀念找到世界和生命的意義——「合天地人我爲一體」，以「仁」來做爲萬有世界存在的根源與維繫之道，而仁既具如此高度的精神性，那麼其對宇宙本體的看法似不宜以「唯物論」視之。相反地，其思想顯示出相當濃厚的唯心傾向。他說：

「以太者，亦唯識之相分。」⑰

「以太者，……藉其名以質心力。」⑱

「仁為天地萬物之源，故唯心，故唯識。」⑲

依此看來，「以太」只是用來彰顯「心力」的一個假借，亦卽是主觀意識之產物（唯識之相分），並不必是一客觀存在的物質，只是借來說明仁「所以通之具」而已。如此一來，似乎將「以太」的物質性一筆勾銷了；和前文引述「以太」爲一物的講法不免衝突。這種不統一的思想，適足以反應譚氏生存的時代背景與特色——西學傳入中國之初期，知識份子企圖調和中、西學術思想的嘗試。我們可看出譚氏想借物理學「以太」這個名詞進入他的哲學思想中來說明其合天地人我爲一體的理念，他企圖提昇「以太」爲精神的本體，但卻又無法完全擺脫它的物質性。所以在《仁學》中他都將「以太」與「仁」混雜使用，並沒有嚴格地加以劃分。然而，揭開他所用的科學語言的外衣（例如：以太、電、光、質點、原點、吸力、熱力等），我們不難發現他的基本論點似乎承襲了張載和王夫之所闡揚的「氣一元論」的傾向，幾乎可說是張載「氣一元論」的化身⑳。在傳統思想裏，「氣」是兼爲質體和力的一個觀念，而譚嗣同所說的「以太」既是一質體，又是一種力或能量，在這一點上「以太」就很似「氣」，此外，「以太」又是一種有生命、有精神性的東西，因此，我們可以這麼說，譚氏的「以太」是披著西方格致之學的外衣，其內涵係以中國傳統儒家「仁」的理想爲核心，其性質與宋儒所謂的「氣」很相似。因此，他的宇宙觀是建立在「仁」這個觀念的基礎上，以仁形成一切，統攝一切，並不僅是一物質架構而已，也同時代表一種道德理想。所以他的哲學，稱之爲「仁一元論」較爲恰當，其具備強烈的道德理想與唯心傾向就不難理解了。

「仁」既是譚氏哲學思想之核心，其《仁學》最基礎的理論是建立「仁一元論」，那麼以「仁」爲基本而展現的萬有世界應該爲何？透過什麼樣的思想理則才能達到「仁」的追求？下一節將繼續加以探討。

註釋：

①見張灝著：《烈士精神與批判意識——譚嗣同思想的分析》，臺北，聯經，七十七年五月初版，頁八十九。

②見《譚嗣同全集》、《仁學》，卷上，頁十三。

③同①，參見張著第六章〈譚嗣同的仁學〉，頁八九～一二九。在該章中，張灝將譚嗣同如何受到張載《正蒙》、王夫之「氣一元論」的影響作了詳細的分析，極具參考價值。另外，譚嗣同在《仁學》自敘出思想淵源亦坦承其學說深受張載、王夫之之影響，他說：「凡為仁學者，……於中國當通易、春秋公羊傳、論語、禮記、孟子、莊子、墨子、史記及陶淵明、周茂叔、張橫渠、陸子、王陽明及黃黎州之書。」譚氏不但在《仁學》中經常引用王夫之的言論，並特別將其收錄而合成〈王船山的學術思想與仁學〉一文（見湖南文獻季刊，第五卷第二期），其對船山之推崇可見一斑。

④參見 Encycolopedia Britannica 1959 年版，Vol.8，P747. London。

⑤參見 A.N. Whitehead, Science and the Modern World（Cambridge University Press, 1953），P163。

⑥「以太」說傳入中國較晚，光緒十六年傅蘭雅在他翻譯出版的《光學圖說》中曾簡略地介紹「以太」說，後來又陸續在《光學須知》、《熱學須知》等書中加以介紹，頗為當時維新派知識份子接受。

⑦ 見《仁學》，卷上，頁九。

⑧ 同⑦，頁廿二～廿三。

⑨ 見《仁學》，卷上，頁十。

⑩ 見《仁學》，卷上，頁九。

⑪ 見《仁學》，卷上，頁六。

⑫ 同⑪。

⑬ 見《仁學》，卷上，頁四八。

⑭ 見《仁學》，卷上，頁九。

⑮ 見《仁學》，卷上，頁十二。

⑯ 見《仁學》，卷上，頁七。

⑰ 見《仁學》，卷上，頁四八。

⑱ 同⑫。

⑲ 同⑯。

⑳ 同③。

第二節 《仁學》的思想理則——

「仁——通——日新——平等」

依據譚嗣同「仁一元論」，「仁爲天地萬物之源」，「仁」的性質和「以太」一樣，具永恆普遍性，充塞於天地之間，無所不在，故云：「天地亦仁而已矣。」但「仁」的具體內容是什麼？他對「仁」的界說是：

「仁以通為第一義，以太也，電也，心力也，皆指出所以通之具。」

「智慧生於仁。」

「仁為天地萬物之源故惟心，故唯識。」

「仁，一而已。凡對待之詞，皆當破之。」

「徧法界，虛空界、衆生界，有至大之精微，無所不膠粘，不貫洽，不筦絡，而充滿一物焉。目不得而色，耳不得而聲，口鼻不得而臭味，無以名之，名之曰以太。其顯於用也，孔謂之仁，謂之元，謂之性。墨謂之兼愛。佛謂之性海，謂之慈悲。耶謂之靈魂，謂愛人如己，視敵如友。格致家謂之愛力、吸力，咸是物也。法界由是生，虛空界由是立，衆生由是生。」①

他的「仁」統攝了一切道德、智慧，孔、墨、佛、耶……各家各派標榜的道德，都是「以太」（仁）顯於用，「仁同而所以仁不同」。而「仁」的基本內容就是「通」，故云：「仁以通爲第一義」。「通」的目的，在求宇宙萬有的平等，相通爲一體。所以他說：

「仁以通為第一義。」②

「通之義，以『道通為一』最為渾括。」③

「通有四義：中外通……，上下通，……男女內外通，人我通。」④

「通之衆為平等。」⑤

「平等者，致一之謂也。一則通矣，通則仁矣。」⑥

以上所引，是從正面來看。如從反面來看，什麼是「不仁」呢？譚氏指出：

「仁與不仁之辨，於其通與塞。通塞之本，惟其仁與不仁。通者如電線四達，無遠弗屆，異域如一身也。故易首言元，即繼言亨。元，仁也；亨，通也。苟仁自無不通，亦惟通而仁之量乃可完。由是自利利他，而永以貞固。」⑦

綜合前述引文，可見譚氏認爲「通」而仁，塞而「不仁」，因此，欲求仁之實現必須打破一切對待，也就是必須「通」，而「通」的具體表現就是「致一」、「平等」，惟有「平等」，才算「通」，才達到「仁」的追求。因此，將之歸納，我們可得到「仁——通——平等」此一思想理則。

那麼要如何才能將「仁——通——平等」的理念化爲具體的行動以求實踐呢？譚嗣同於此提出了「日新」的重要性：

「……日新……新而又新之謂也。」⑨

「夫善至於日新而止矣，夫惡亦至於不日新而止矣。天不新，何以生？地不新，何以運行？日月不新，何以光明？四時不新，何以寒暑發斂之迭更？草木不新，豐縟者歇矣；血氣不新，經絡者絕矣；以太不新，三界萬法皆滅矣。」⑨

「日新烏乎本？曰：『以太之動機而已矣』。」⑩

「夫大易觀象，變動不居，四房相宜，匪用其故。天以新為運，人以新為主，湯以日新為三省，孔以日新為盛德，川上逝者之歎，水哉水哉之取，惟日新故也。」⑪

「天地以日新，生物無一不瞬新也。今日之神奇，明日以腐朽，奈何自以為有得，而不思猛進乎？」⑫

譚氏强調「日新」的觀念是由其「微生滅」的觀點推出。他雖認爲宇宙的本體是「不生不滅」的，只有「聚散」而無「生滅」，但他仍肯定現實宇宙萬有是不停的變化與發展，而宇宙中一切的變動都是在「不生不滅」的「以太」中變化，他稱此爲「微生滅」⑬，並藉此「微生滅」而轉化出對現實宇宙中事物之不斷運動、變化、發展予以肯定的看法。他說：「求之過去，生滅無始，求之未來，生滅無終，求之現在，生滅息息」⑭。「日日生者，實日日死。天曰生生，性曰存存，繼繼承承，運以不停」⑮。既然，宇宙萬有之事事物物不停運動，所謂生滅息息，「運以不停」即是「日新」：「以太之動機，以成乎日新之變化，夫固未有能遏之者也」⑯。既然「天地以日新」，那麼在求仁、行仁的努力中，能不思猛進、日新又新嗎？因此，他非常强調日新。基於「日新」的體認，形成了譚氏進化的歷史觀，就整體而言，地球上的一切都是進化的，故云：「吾知地球之運；自苦向甘」⑰；就個別而言，人類也是進化的，所謂：「人之聰秀後亦勝前」⑱。這種進化的歷史觀使他對國人保守「崇古」的風氣表示不滿：「古而可好，又何必爲今日哉」⑲？而且一味的好古守舊實爲「不仁之甚」，「自斷……生……機，……終成……一殘朽不靈之廢物」⑳。對於老子「柔靜」的思想也病加撻伐，認爲老子倡柔靜思想，造成中國人不振作奮發，幾臨亡國滅種之危機㉑，而相反地，「西人喜動而霸五大洲」㉒。他因此希望以「動」、「日新」來激勵國人快快奮起革新。

綜合上述，我們可得知譚嗣同的《仁學》雖然內容駁雜，但仍有其一貫的脈絡可尋，其道一以貫之的思想理則可歸結爲「仁——通——日新——平等」這一形式。「仁」是一切之根本，也是必須全力追求的理想，欲求「仁」的實現，必須以「通」來打破一切不當的對待，而在實踐的過程中，須以「日新」之精神時時惕勵以求貫徹，而「通」的具體實現就是「平等」，如此，求仁而得仁，使天地萬物人我皆合於「仁」。

「仁——通——日新——平等」不僅是貫穿《仁學》思想理則，更同時是譚嗣同從事變法，提出各項政治、經濟、社會倫理改革的行動綱領；其變法思想的提出，政治參與的種種，及其對現實界流露出强烈的批判意識，幾乎都可從「仁——通——日新——平等」的思想理則中找到密切的關聯。因此，此一思維形式不僅是他《仁學》一書的思想理則，也同時提出種種變革方案的重要指導綱領，是其從思想邁向實踐不容忽視的重點。

註釋：

①《仁學》卷上，頁六。
②同①。
③同①。
④同①。
⑤同①。
⑥同①。
⑦《仁學》，卷上，頁五。
⑧《仁學》，卷上，頁卅五。
⑨同⑧。
⑩《仁學》，卷上，頁卅六。
⑪全集，頁三八七，〈報貝元徵書〉。
⑫全集，頁三一七，〈上歐陽瓣薑師書〉之廿二。
⑬所謂「微生滅」係「以太中自有之微生滅也」。見《仁學》，卷上，頁廿八。
⑭同⑬。
⑮《仁學》，卷上，頁卅二。

⑯《仁學》，卷上，頁卅八。
⑰《仁學》，自敍，頁五。
⑱《仁學》，卷上，頁四七。
⑲《仁學》，卷上，頁卅六。
⑳《仁學》，卷上，頁卅五。
㉑譚氏對老子的靜柔主張表示强烈的不滿，對「靜柔」有不少批評，例如：「李耳之術亂中國也，柔靜其易知也。（見《仁學》，卷上，頁卅八）「烏知有李耳出，言靜而戒動，言柔而毀剛！……卒使數千年來成乎……鄉愿天下！……教安得不亡，種類安得可保也！嗚呼！……哀中國之亡於靜」。（見《仁學》，卷上，頁卅六～卅七）。
㉒《仁學》，卷上，頁卅七。

第三節 《仁學》的道德理想與批判意識——心力與衝決網羅

「心力」在譚嗣同的《仁學》思想中佔有極重要的地位，是貫穿《仁學》的中心思想。他對心的重視，來自於他積極救世的淑世情懷及其由個人特殊生命處境所孕育出的宗教心靈。他在《仁學》界說中自敍其思想來源云：

「凡為仁學者，於佛書當通華嚴及心宗、相宗之書，於西書當通新約及算學、格致、社會學之書，於中國當通易、春秋公羊傳、論語、禮記、孟子、莊子、墨子、史記及陶淵明、周茂叔、張橫渠、陸子靜、王陽明、王船山、黃黎洲之書。」①

由這些思想來源來看，有關宗教及儒家「治心」的相關素養佔了相當大的比重。因此，在他《仁學》的思想中，常顯示出强烈的唯心傾向，例如佛教相宗的「三界唯心，萬法唯識」，華嚴的「一切入一，一入一切」，「一多相容」，「三世一時」等觀念②都在《仁學》中出現。

一八九六年譚嗣同北遊訪學時，道經上海，曾訪問英國學者傅蘭雅，「適值其回國，惟獲其所譯《治心免病法》一卷，讀之不覺奇喜」③，使譚氏對基督教的興趣也大為提高。這本書係美國人Henry Wood 原著，內容為宣揚「心靈治病」的觀念，認為「天父造身，所以為心也，心器身以行意，是以心為身之主」④，因此，「欲治身，必先治心」⑤，從而「復心之原，以合天心」⑥。因此，《治心免病法》强調：「考各國方藥，俱以為藥力，能加入人身，改弱為强，不知人心即天心之一小分，如能恃天理而爭阻，則自務恃天力而治病，又焉用藥」⑦。譚氏對「人心即天心」，「恃天理、天心而治病」的心力看法，十分激賞，認為其境界「已入佛家之小乘法，於吾儒誠之一字，亦甚能見到」⑧。

結束北遊訪學後，譚氏對「心」的信念益發堅定。他在與一封給老師歐陽瓣薑的信中，說明了他對「心力」所抱持的信念：

「人為至靈，豈有人所做不到之事？……因念人所以靈者，以心也。人力或做不到，心當無有做不到者。……自此猛悟，所學皆虛，惟一心是實，心之力量，雖天地不能比擬，雖天地之大，可以由心成之、毀之、改造之。」⑨

卅歲以後，譚氏與楊文會學佛，思想擴及大乘佛教，他更發現心靈的力量可促使我們認識生命的真諦，化解人類的痛苦，拯救人類與世界。因此，他認為「心力」的顯現是在以「斷意識」、「通人我」、「直見心之本源」，之後的「仁」的發揮，以對世人作積極服務的正面貢獻，正所謂：「腦氣所由不妄動，而心力所由顯，仁矣夫」⑩。如若妄動機心，則將「自攖攖人，……流衍無窮」，製造刼運，對世界有害。根據這種對心的信念，譚氏認爲當時中國之所以禍亂，卽因「人心多機械」而製造「刼運」，但這一切「既由心造，自可以心解之」，他說：

「大劫將至矣，亦人心製造而成也。西人以在外之機器製造貨物，中國以在心之機器製造大劫。無術以救之，亦惟以心救之，緣劫既由心造，亦可以心解之也。」⑪

具體之法在於「重發一慈悲之念，……則天下之機，皆可泯也」⑫。因爲「慈悲則我視人平等，而我以無畏；人視我平等，而人亦以無畏。無畏則無所用機矣」⑬。因「慈悲」能渡人出「機心」免「刼運」，故云：「慈悲爲心力之實體」⑭。由上引文看來，譚氏對心的信念是來自一種宗教情操與體驗，希望發揮對全人類的關懷，挽救整個世界。他對自己有一份自我期許：

「嗣同既得心源，使欲以心度一切苦惱衆生，以心挽劫者，不惟發願救本國，並彼極強盛之西國，與夫含生之類，一切皆度之。心不公則道不進也。佛說出三留，三界又何能出？亦言其識與度而已。」⑮

譚氏在這樣的宗教心靈的救世情懷下，認爲「三界爲心，萬法唯識」，一切既由心造，一切問題亦可由心解決。「心力」相通亦卽「仁」的實現，所以「心」就成爲「仁」具體而根本的內容，故云：「仁爲天地萬物之源，故唯心，故唯識」。而「以太」只是用來說明「心力」的一個假借，所以說：「以太也，電也，粗淺之具，借其名以質心力」。因此，「心力」（慈悲爲其實體）是《仁學》思想最高的要求與目標，既然一切皆決定於心，人就應盡心盡力奮鬥，以達仁的實現。然而何其不幸，在人世間處處都是「名」的籠罩和桎梏，彷彿佈下了一層層天羅地網，因此，如欲完滿地體現仁，救中國乃至救全世界之衆生，必須不惜「殺身破家」衝決網羅：

「網羅重重，與虛空而無極；初當衝決利祿之網羅，次衝決俗學若考據、詞章之網羅，次衝決全球群學之網羅，次衝決君主之網羅，次衝決倫常之網羅，次衝決之網羅，終將衝決佛法之網羅。」⑯

當重重網羅衝決、掃除後，仁的精神——「通天地萬物人我爲一身」，以及「以心挽劫」救中國、救世界人類的志業才得以實踐。由此可見譚嗣同的《仁學》含有一種强烈的批判意識與勇於實踐的性格，使得他對國家社會懷有一種强烈的使命感與參與感，「書齋式的思辨」與關懷是無法滿足他的，他必將走向從事實際變革的道路！

註釋：

①《仁學》，卷上，頁九。
②《仁學》，頁廿八～卅四。
③《全集》，〈上歐陽瓣薑師書〉，頁三二〇。
④《治國免病法》，傅蘭雅譯。上卷，序。
⑤同註④。
⑥同註④。
⑦同註④。
⑧同註③。
⑨同註③，頁三一九～三二〇。
⑩《仁學》，卷下，頁八十三。

⑪ 同註③，頁三二六～三二七。
⑫ 同註⑪。
⑬ 《仁學》，卷下，頁七四。
⑭ 同註⑬。
⑮ 同註③。
⑯ 《全集》，頁四，〈仁學自敍〉。

第三章　譚嗣同變法思想之剖析——現實關切及對傳統的反省

從《仁學》的思想理則及衝決網羅，以心挽刼的悲願中，我們可深刻地感受到譚嗣同對現實政治、社會懷著强烈的不滿、關懷以及變革的熱望。其「仁——通——日新——平等」的思想理則與其變法思想極有密切的關聯，可說是他種種變法思想形成的重要思維綱領。

譚嗣同的變法思想主要可分就三方面來探討：㈠反專制倡民權的政治思想。㈡「黜儉崇奢」的經濟思想。㈢基於平等、自主的社會倫理思想。三者息息相關，滙聚爲譚嗣同變法思想的內容。

值得注意的是，在譚嗣同的變法思想中常出現許多理想與現實差距尖銳的矛盾，譬如世界主義與種族主義的衝突、排滿革命與變法改革的衝突，嚮往法國式民主卻又深感中國民智低落而放棄民主革命……。他想盡力化解這些矛盾，但十分困難，最後迫於當時中國歷史條件的限制，在行動上，他選擇了改革的路線。然而，在他的思想中卻含有相當强烈的革命意識，可說是徘徊於變法與革命之間，既公開主張變法又暗中傳播革命思想的悲劇人物。或許，我們可以說他的思想矛盾與內心掙扎正代表了晚清政治思想發展趨向由變法走向革命的過渡？

以下我們分就政治、經濟、社會倫理三節來逐一剖析譚氏的變法思想。

第一節　譚嗣同政治思想之剖析

基於「仁——通——日新——平等」的思想理則，我們將之運用於政治層面來評析，將發現譚嗣同的政治思想將可區分爲兩個層次，一是「理想政治」的層次，亦即他所嚮往的最高政治境界；一是「實際政治」的層次，亦即依據他的思想理則，對當時實際的政治現象及具體問題提出批判、檢討及興革之道。

精簡而言，譚氏政治的最高理想是具濃厚理想主義色彩的大同世界，是一人人自由、平等、均貧富、無國界，一切衆生普遍成佛的理想世界。此一思想乃是深受康有爲的「大同思想」及佛敎世界主義精神的影響。這種烏托邦式的理想，在現實世界幾乎不大可能實現，因此，除高標理想之外，必須具體地就政治實況指出弊端，提出改革意見。其「實際政治」的主要思想內容爲：一、提倡「君爲末民爲本」的民檢思想，並對君主專制提出批判。二、進一步地對中國君主專制的思想基礎（支撐的理論）——名敎加以批判。三、激烈反對異族政權統治中國，主張排滿。四、同情基層民衆，並爲基層民衆武力反叛政府的行爲作辯護。五、主張以士階層爲主力從事變法以救國，寓革命思想於變法之中。

現分別析論如下：

首先，來看譚氏的最高政治理想。其政治理想係以「世界大同」爲最終目標。他描述其理想社會爲：

「地球之治也，以有天下而無國也。莊曰：『聞在宥天下，不聞治天下。』治者，有國之義也。曰在宥，蓋自由之轉音，旨哉言乎！人人能自由，是必為無國之民。無國則畛域化，戰爭息，猜忌絕，權謀棄，彼我亡，平等出，且雖有天下，若無天下矣。君主廢，則貴賤平，公理明，則貧富均。千里萬里，一家一人。視其家，逆旅也。視其人，同胞也。父無所用其慈，子無所用其孝。兄弟忘其友恭，夫婦忘其倡隨。若西書中百年一覺者，殆彷彿禮運大同之象焉。」①

他又說：

「吾言地球之變，非吾之言；而易之言也。……於春秋之世之義有合也。……天下之治也，則一切衆生，普遍成佛。不惟無教主，乃至無教。不惟無君主，乃至無民主。不惟渾一地球，乃至無地球。不惟統天，乃至無天。夫然後至矣，盡以，蔑以加矣。」②

他並將春秋三世以易乾卦來解釋，我們可將譚氏以乾卦六爻的內卦與外卦，來解釋春秋三世，並附以人的成長比擬，現以如下簡表說明之③：

卦名	三世名	時期	政治、社會現象	比擬於人
內卦（逆三世）	太平世（元統）	洪荒太古	無教主，亦無君主，氓之蚩蚩，互爲酋長	初生
	升平世（天統）	三皇五帝	漸有教主君主矣，然去民尚未遠也	童稚
	據亂世（君統）	三代	君主始橫肆，教主乃不得不出而劑其平，故詞多憂慮	冠婚
	據亂世	孔子之時至於今日	上不在天，下不在田，或者試詞也	壯年

外卦（順三世）	升平世（天統）	大一統	地球群教，將同奉一教主；地球群國，將同奉一君主	知天命
	太平世（元統）	民主	合地球而一教主，一君主，勢又孤矣。人人可有教主之德，而教主廢；人人可有君主之權，而君主廢	功夫純熟（從心所欲不踰矩）
用九	天德不可爲首	無迹	天下治也，則一切衆生，普遍成佛，不惟無教主，乃至無教，不惟無君主，乃至無民主，不惟渾一地球，乃是無地球，不惟統天，乃至無天；夫然後至矣盡矣，蔑以加矣。	

那麼要如何去實踐「世界大同」的理想呢？他指出應謀求教、政、學的統一。所謂「教」的統一，係主張以佛教爲世界統一之宗教：「言佛教，則地球之教，可合而爲一」④。所謂「政」的統一，係以三代「井田制」的理想來統一世界之政：「盡改民主以行井田，則地球之政，可合而爲一。」⑤所謂「學」之統一，係主張以拼音文字來統一世界之學：「盡改象形字爲諧音，各用土語，互譯其意，朝授而夕解，彼作而此述，則地球之學，可合而爲一」⑥。他認爲如透過政、教、學的統一，將可達到他世界大同的理想。

由譚氏的政治理想來看，他顯然深受康有爲以公羊春秋三世進化論來推究理想社會的影響，同時，佛教世界主義的精神也是極政治理想中不可缺少的重要依據。他說：「（政治理想）不惟發願救本國，並彼極強盛之西國，與夫含生之類，一切皆度之」⑦。可見他那種「通天地萬物人我爲一體」的世界精神及「慈悲爲心力之實體」的宗教意識。但畢竟烏托邦的色彩太濃，在現實世界殊難實現，因此，必須先就人力所及者，對實際政治提出改善主張。

譚氏所面臨的現實處境正是中國「國與教將皆亡矣」的危急之秋，而統治者滿淸政府又是一君主專制政體的異族政權，而且面對內憂外患均提不出一套有效的對策，因此，譚氏以其「仁——通——日新——平等」的思想理則，提出對政治問題的現實關切。

第一、發揮儒家優良傳統「君末民本」之思想，强力抨擊君主專制之不合理，打破「君權天授」觀念，而代之以「君權民授」的進步觀念。激勵人民有反對「君統」的勇氣。他說：

「君，末也，民本也；天下無有因末而累及本者，豈可因君而累及民哉！……故死節之說，未有如是之大悖者矣！君亦一民也，且較之尋常之民而更為末也。……請為一大言斷之曰：『止有死事的道理，決無死君的道理。』」⑧

他又說：

「生民之初，本無所謂君臣，則皆民也。民不能相治，亦不暇治，於是共舉一民以為君。」⑨「君也者，為民辦事者也；臣也者，助民辦事者也。賦稅之取於民，所以為民辦事之資也。」⑩

「夫曰共舉之，則且必可共廢之。」⑪

「非君擇民，而民擇君也！」⑫

由上述引言綜合看來，譚氏的民本思想有下列幾點特色：

㈠君爲末，民爲本。人民是構成國家的根本，「吾不知除民之外，國果何有？」⑬因此，「人民是政治的目的，人君不過是一種工具……而已，因此，一切政治活動當爲人民而非人君。」⑭

㈡君或臣，是爲民服務的，所謂「爲民辦事」。其權力來源係由人民推擧而來，所以眞正的主權在人民不在君主或官僚。而所謂「君權天授」的政治神話就不應存在了！正確的說法應是「君權民授」，因爲「夫曰共舉之，則且必可共廢之」。換言之，基於「君權民授」的理念，人民擁有「廢君」、「擇君」之權！因此，君之統治應基於民之同意，否則人民有權廢立君主。

(三)人民既爲國家根本，因此，君主行使權利爲民辦事有其一定限制，絕不可累及爲本的人民。

(四)因爲「君爲民辦事者也」，「臣助民辦事者也」，因此絕無「死君」的道理，只有殉事、爲民的道理。換言之，只有爲國、爲民、爲理想而犧牲的道理。

譚氏的「君權民授」、「民本君末」思想，大體而言係立論在儒家民本思想上進一步的發揮，此一傳統可上溯尚書「民惟邦本，本固邦寧」之語，及孟子「民貴君輕」的理論，於近世則承襲了黃宗羲的「原君」及王船山「天下非一姓之私」的公天下理想，在近代西方民主政治思想尚未傳入中國的時代背景下，譚氏的「君權民授」、「君末民本」、「擇君、廢君」的思想，可說是我國傳統民本思想中最具民權意識者！對摧毀專制君主「挾一天以壓制天下」的謬說極具震撼力，激勵了人們反抗君統的勇氣。

第二、强烈批判君主專制之不合理，並對君主專制的支撐理論——「名教」痛予批駁，以期徹底打破「君爲臣綱」的困厄，促使人們從不合理的名教束縛中掙脫出來，重新檢討政治上的本末關係。

譚氏指出君主專制私天下、逞慾妄爲的「黑暗否塞」：「(君主)視天下爲其囊橐中之私產，而犬馬土芥乎天下之民也」⑮。又說：「二千年來君臣一倫，尤爲黑暗否塞，無復人理，沿及今茲，方愈劇矣！」⑯其根本原因在於專制君主利用「名教」來作奴役人民的工具，以「三綱」壓制人民，「不惟關其口使不敢昌言，乃並固其心使不敢涉想」。他說：

「俗學陋行，重言名教，敬若天命，而不敢渝。……以名為教，……由人創造，上以制其下，而下不能不奉之，則數千年來，三綱五倫之慘禍酷毒由此矣。君以名桎臣，官以名軛民，父以名壓子，夫以名困妻，兄弟朋友各挾一名以相抗拒，而仁尚有存焉者得乎？……故不能不有忠孝廉節，一切分別等差之名。……忠孝既為臣子之專名，則終不能以此反之，雖或他有所據，意欲詰訴，而終不敵忠孝之名，為名教之所上。……名之所在，不惟關其口使不敢昌言，乃並錮其心使不敢涉想。」⑰

這種人爲的不平等，必須打破，因此，他主張以合於自由、平等精神的「朋友之倫」爲基礎，廢四倫以建立社會新倫理：

「五倫中於人生最無弊而有益，……其惟朋友乎？顧擇交何如耳，所以者何？一曰『平等』，二曰『自由』，三曰『節宣惟義』。總括其義，曰不失自主之權而矣。」⑱

因此，宜打破名教之不平等，重建自由、平等之新倫理，他說：「夫朋友豈眞貴於餘四倫而已，將爲四倫之圭臬。而四倫咸以朋友之道貫之，是四倫可廢也」⑲。而此一倫理的革新實爲政治革新的基礎，必須加以注意：「今中外皆侈談變法，而五倫不變，則與凡至理要道，悉無從起點，又況於三綱？」⑳因此，有打破名教的不合理，才能徹底打破君主專制的理論依據，才可改造人心，從事政治變革。

第三、激烈反對異族統治中國，主張排滿，高唱漢民族主義。

在譚嗣同的政治評價裏，君主專制固然「黑暗否塞，無復人理」，但還有比君主專制更壞的政治，那就是異族統治中國。因爲漢族的君主專制至少還「同爲中國人，同爲孔教人」，而異族則不然。他批判國史上異族統治之害：

「天下為君主之囊橐中之私產，不始今日；固數千年以來矣。然而有知遼金元之罪，浮於前此君主者乎？其土則穢壤也，其人則羶種也，其心則禽心也，其俗則毳俗也。一旦逞其凶殘淫殺之威，以攫取中之子女玉帛，……猶以為未饜，錮其耳目，桎其手足，壓制其心思，挫其氣節。」㉑

遼、金、元如此，滿清更是如此，以「素不知中國，素不識孔教之奇渥溫、愛新覺羅諸賤類異種」㉒，入侵中國，「馬蹴中原，中原墟矣，鋒刃擬華人，華人靡矣，乃猶以爲未饜」㉓；更施以暴虐高壓之政策：「固其耳固，極其手足，壓迫其心思，絕無心思，窘其生計，塞蔽其智術。……夫古之暴君，以天下爲己之私產止矣，彼起於游牧部落，直以中國爲其牧場耳，苟見水草肥美，將盡驅禽畜，橫來吞噬。」㉔因滿清不以平等待漢族，因此，譚嗣同也不以「仁——通——平等」的思維待滿清政權，而提出强烈地排滿思想。他說：「吾願華人，勿復夢夢謬引以爲同類」㉕。主張漢族民族自覺，劃清滿漢民族界限。同時指出滿清政府「寧爲懷愍徽欽（不惜亡國），而決不令漢人得志」㉖的心理，讓漢人了解漢清政府不僅是迫害漢族的異族政權，同時也是爲壓制漢人力量不惜斷送國家前途的腐敗政權。這種思想如再加推衍，很可能會爆發出種族革命；可說與「排滿革命」的主張僅僅一線之隔。

第四、同情基層民衆，並爲基層民衆以武力反抗政府統治的行爲加以辯護。他對洪楊革命予以同情：

「洪楊之徒，苦於君官，鋌而走險，其情良足憫焉。……且民而謀反，其政法之不善可知，為之君者，猶當自反。藉曰重刑之，則請自君始。」㉗

因此，他對於協助清廷擊敗太平軍的湘軍中興將領們表示憤慨，認爲湘軍自屠其民有餘，不足以禦外侮，令人恥惡：

「中國之兵，固禦外侮，而自屠其民則有餘。自屠割其民，而方受大爵，膺大賞，享大名，〇然驕居，自以為大功，此吾所以至恥湘軍不須臾忘也。」㉘

他甚至於主張「志士仁人」效法「陳涉之抗暴」、「楊玄感之起義」，以拯救苦難之民衆，「若其機不可乘，則莫若爲任俠，亦足以伸民氣，倡勇敢之風，是亦撥亂之具也。」㉙

譚嗣同的排滿思想以及爲平民反政府行爲作辯護，幾乎近於倡言種族革命及平民革命了，但畢竟不是革命，只能說有革命的强烈傾向，或高度的革命意識，但在具體的實踐方法上，他選擇了變法來作爲救國保教的手段。

第五、主張以士階層爲主力，從事變法以救國，但孕藏革命思想於變法之中。

甲午戰後，列强對中國侵略日益加深，時時均有被瓜分的危機，亡國滅種迫在眉睫。「師夷長技以制夷」的洋務運動，在甲午一征證實了僅靠「船堅礮利」的軍事西化，並不能拯救中國，根本之道，當於政治、制度層面作一革新。變，是必然的原則，但如何變呢？是採取激烈的喚起基層民衆，從事排滿革命呢？還是以士階層爲主力，主持既有政權，從事變法維新呢？在這一條交叉口上，譚嗣同面臨了抉擇。

如依據其《仁學》的强烈批判意識、衝決網羅的叛逆精神，「仁——通——日新——平等」的思想理則，以及反君主專制、反清、排滿的種種思想來推論，譚氏似應會主張排滿革命的；但爲什麼激進的步調到了「革命或變法」的交叉口，他反倒抉擇了變法？這很可能是迫於當時的歷史條件限制，不得不採變法之途。最主要的原因當在於民衆的知識水準普遍低落，愚昧的民衆不僅無法立刻成爲推動改革的主力，甚至於有時會成爲改革的阻力㉚，如當時我國民衆知識水準之高一如法國，或許譚氏有直接採革命之可能。他說：「法人之改民主也，其言曰：『誓殺盡天下君主，使流血滿地球，以洩萬民之恨。』……夫法人之學問，冠絕地球，故能唱民主之義」㉛。可是，民智未開的中國，實在不具備平民民主革命的條件，換言之，一般民衆在當時尚不足以爲革命之主力，惟一較可把握可將之塑造爲革新者的階層當爲士階層，因此，他主張以士爲變法主力：「欲議變法，必先自士始。欲自士始，必先變科舉。」㉜以新知、實學改造士階層來成爲推動變法的主力。更何況時代危機逼迫中國必須要變，革命，歷史條件不足，亡國，更非所願，於是唯一可以之道只有變法！才能將中國從「國與教將偕亡矣」的命運中解救出來。他肯定變法的價值，認爲可使民智、民富、民强、民生：

「方將愚民，變法則民智；方將貧民，變法為民富；方將弱民，變法則民強；方將死民，變法為民生。」㉝

如果實行變法，卽使不能扭轉大局，亦可以「開風氣、育人才，……留黃種之民於一線」㉞譚氏並提出他的變法主張：如興學校、開議院、變科舉、改官制、練海陸軍、開礦產、造鐵路輪船、立商部商會、更改刑律、預算、決算、稅制，進而去漕運、河工之弗，諸求鑄錢、鈔票之利。可說各種庶政改革均在其考慮之內。其中有兩點深值注意，一是說變法應改變「三綱五常」的關係爲起點，建立自由、平等的新人倫；一是說變法的實行應從「變衣冠」、「便言語」、「儉禮俗」、「去薙髮」㉟等習俗制度著手。自由、平等的新人倫的建立，已寓民主理想於其中，而「變衣冠」、「去薙髮」表面上看似乎只是禮俗改良，但在中國歷朝革命，改朝換代之後亦有變衣冠等革新事項，所以說，亦寓革命之意於禮俗革新之中。

總之，譚嗣同的政治思想，可說徘徊於變法與革命之間，是一位既倡變法又傾向於革命的人物，依其思想推衍，其終極意向是要走向排滿革命的道路，可是受到當時歷史條件的限制，才不得不變法，並寓革命思想於其變法主張之中，他自由平等及反清的思想，啓發了許多年輕的一代，日後紛紛成爲革命陣營中的鬥士。可說是一位促使晚清政治發展趨向由變法走向革命的過渡人物！（有關其變法的具體作法，留待本文第四章：「譚嗣同變法策略之分析」再作進一步地討論。）

註釋：

①《仁學》，卷下，頁八五。
②《仁學》，卷下，頁八七。
③見張家珍撰，《譚嗣同仁學思想研究》，頁五五。（69・文化哲研所碩士論文）
④《仁學》，卷下，頁六九。
⑤同註④。
⑥同註③。
⑦《仁學》，卷下，頁七九。
⑧《仁學》，卷下，頁五六。
⑨《仁學》，卷下，頁五六～六七。
⑩同註⑨。
⑪同註⑨。
⑫同註⑨。
⑬《仁學》，卷下，頁五八。
⑭金耀基，《中國民本思想之史底發展》。臺北，嘉新水泥公司文化基金會，研究論文，第三

種。民國五十三年八月，頁十一。
⑮《仁學》，卷下，頁五八。
⑯《仁學》，卷上，頁五五。
⑰《仁學》，卷上，頁十四～十五。
⑱《仁學》，卷下，頁六六。
⑲《仁學》，卷下，頁六六～六七。
⑳《仁學》，卷下，頁六八。
㉑《仁學》，卷下，頁五八。
㉒同註⑯。
㉓《仁學》，卷下，頁五八～五九。
㉔同註㉓。
㉕同註㉓。
㉖《仁學》，卷下，頁六〇。
㉗《仁學》，卷下，頁六二。
㉘《仁學》，卷下，頁六三。
㉙《仁學》，卷下，頁六一。
㉚譚氏在籌辦煤鐵事業時，曾與梁啓超通信討論，信中有云：「若慮愚民梗阻，則嗣同設法開導而彈壓之。」可見一般民衆在他心中是相當愚昧的，無法成爲改革的主力。
㉛《仁學》，卷下，頁六〇。

㉜《全集》，《報貝元徵書》，頁四〇七。

㉝同註㉛。

㉞同註㉜。

㉟同註㉜。

第二節　譚嗣同經濟思想之剖析

譚嗣同的經濟思想亦是其救國方案中極重要的一環。目前，學者們對於譚嗣同的經濟思想，尚未作過有系統與較深入的研究，因此筆者不揣淺陋，將其經濟作一探究①。譚氏的經濟思想最主要的內容，就是主張「黜儉崇奢」。這「黜儉崇奢」四字，與我國固有傳統經濟思想以及晚清以來如馮桂芬、湯壽潛、張之洞、嚴復……等大多數人主張的「黜奢崇儉」在字面上不僅相異，簡直相反！其所謂「黜儉崇奢」之經濟觀到底是另有深意或有何特殊解釋？其想法是否具有實用價值？是否合於時代需要？在中國近代經濟發展史上有何意義？相信這是值得關切的問題。

事實上，譚嗣同「黜儉崇奢」的經濟思想，有其一定的思想依據及基礎，並非空言幻想，而是基於其「仁——通——日新——平等」的思想理則，反省當時的經濟問題後所提出的求富策略。他以尚動的精神及樂利的觀念（追求財富與利潤），主張積極開發富源，創造財富來解決經濟問題，希望達到人人可奢，人之性盡、物之性盡，以諸經濟改革乃至於人性的提昇。其具體作法爲：一、强調應大量機器化，以惜時，並提高生產效率。二、主張對外通商，進而對外進行「商戰」，以爭取經濟權益的「反敗爲勝」。三、主張扭轉民衆不當觀念，力求實務之學，振興工商來救國。四、主張採國際合作方式來換取經濟建設之機會。五、除發展經濟之外，並以經濟發展帶動民權的發展，以求國家整體之進步。現逐一析論如下。

由於譚嗣同的思想崇尚「動」，因此，他對於自古以來中國傳統崇尚的「靜」大爲不滿，對此，他提出了强烈的批判：

「天行健，自動也。天鼓萬物，鼓其動也。輔相裁成，奉天動也。君子之學，恒其動也。……夫善治天下者，亦豈不由斯道矣！夫鼎之革之，先之勞之，作之興之，廢者擧之，敝者易之，飽食煖衣而逸居，則懼其淪於禽獸；烏知乎有李耳者出，言靜而戒動，言柔而毀剛！……以自適而苟視息焉，固亦術之工者矣；烏知乎學子術焉，士大夫術焉，諸侯王術焉，浸浸淫淫而天子亦術焉，卒使數千年來成乎似忠信似廉潔一無刺無非之鄉愿天下！言學術則曰『寧靜』，言治術則曰『安靜』。處事不計是非，而首禁更張；躁妄喜事之名立，百端由是廢弛矣。……力制四萬萬人之動，縶其手足，塗塞其耳目，盡驅以入契乎一定不移之鄉愿格式。夫群四萬萬之鄉愿以爲國，教安得不亡，種類安得可保也！嗚呼！……哀中國之亡於靜……。」②

不知創新求變的「柔」與「靜」，害得中國成一四萬萬人之鄉愿國，譚嗣同痛心地指出，中國亡於「靜」。這種「靜」反映於經濟活動及現象則是「儉」，譚氏對此提出更進一步的批判：

「李耳之術亂中國也，柔靜其易知矣。若夫足以殺盡地球含生之類，胥天地鬼神之淪陷於不仁，而卒無一人能少知其非者，則曰：『儉』。儉從人，僉聲；凡儉者皆僉人也。且夫儉之與奢也，吾又不知果何所據而得其比較，差其等第以定厥名，曰某為奢，某為儉也。今使日用千金，俗所謂奢矣，然而有倍苗者焉，有什百千萬者焉。奢至於極，莫如佛。金剛以為地，摩尼以為坐，種種寶結帝網，種種寶幢寶蓋，種種香花夜雲，種種飲食勝味。以視世人，誰能奢者？則奢之名不得而定也。今使日用百錢，俗所謂儉矣，然而流氓乞丐，有日用數錢者焉，有掘草根屑樹皮苟食以待盡，而不名一錢者焉。儉至於極，莫如禽獸。穴土棲木以為居，而無宮室；毛羽蒙茸以為燠，而無衣裳；特爪牙以求食，而無耕作販運之勞。以視世人，誰能儉者？則儉之名不得而定也。本無所謂奢儉，而妄生分別以為名，又為之敎曰：『黜奢崇儉』。雖唐虞三代之盛，不能辨去此惑，是何異搏虛空以為質，捫飄風而不釋者矣。」③

分析這段引言，他首先指出「儉」之害，足以殺盡地球含生之類，陷天地鬼神於不仁；次則指出所謂奢、儉，根本就沒有確切的標準，因此本應無所謂奢、儉；次則指出，既然本無奢、儉，而中國自古以來，偏偏設敎「黜奢崇儉」，這就犯了以名亂仁的錯誤。

繼而他又指出，所謂奢、儉，是違反自然的名亂之現象，同時所謂「崇儉」實係矛盾之說，不是適足以導之奢，就是一切爲之禁絕：

「雖然無能限多寡以定奢儉，然試量出入以定儉奢。俗以日用千金為奢，使入萬金焉，則固不名奢而名之儉，……俗以日用百錢為儉，使人不逮百錢，則不名之儉而名之奢。……溢則傾之，歙而納焉，是儉自有天然之度，無待崇也。……且所謂奢儉，抑又矛盾之說也。衣布集足矣，而遣使勸蠶桑胡為者？豈非導之奢乎？則蠶桑宜禁矣。通有無足以，而開礦取金銀胡為者？豈非示之汰乎？則金銀宜禁矣。惟此……一切制度文為，經營區畫，皆當廢絕。」④

站在「仁——通——日新——平等」的原則上，他反對因「儉」而導致天下財貨之不流「通」、不平均，同時，亦對因此而造成民智不開的現象感到悲憤：

「……力遏生民之大命而不使流通。今日節一食，天下必受其飢者，明日縮一衣，則天下必有受其寒者，家累巨萬，無異窮人，坐視羸瘠盈溝壑，餓殍蔽道路，一無所動於中，……自苦其身，以剝削貧民為務，……愈儉則愈陋，民智不興，物產凋窳，遂成至貧且窘之中國。」⑤

這種「靜」、「儉」，不知將財貨流通、共享的錯誤，譚氏對之痛加撻伐：

「不惟中國，彼非洲、澳洲及中亞之回族，美洲之土番，印度無來由之雜色人，越南、緬甸、高麗、琉球之藩邦，其亡之由，咸此而已矣。言靜者惰歸之暮氣，鬼道也；言儉者，齷齪之昏心，禽道也。率天下而鬼而禽，且美之曰：『靜德儉德』，夫果何取也？……惟靜故惰，惰則愚；惟儉固陋，陋又愚。兼此兩愚，固將殺盡含生之類，而無不足。故靜與儉，皆愚黔首之慘術，而擠之於死也。」⑥

因此，他反對靜、儉，主張動、奢，以積極的開發富源，創造財富來解決經濟問題。他認為「天理必存於人欲之中」，強迫富者一如貧者之勞、之苦，或令富者散財於貧者均非人事之常，因此，不如積極開源，以成就動機誘導富者出錢出力，創造就業機會，並採機器，一來惜時，二來大量生產以求富，將來至於人人可奢，則人之性盡，物之性盡，「仁——通——日新——平等」的原則，將可貫徹於經濟活動之中，以諸經濟改革乃至人性的提昇：

「夫豈不知奢之為害烈也。然害止於一身家，而利十百矣。錦繡珠玉棟宇車馬歌舞宴會之所集，是固農工商賈鑑而取贏，而轉移執事者所奔走而趨附。……奈何私壟斷天下之財，恝不一散，以沾潤於國之人也。……必令於富者曰：『而痒而形，而劬而力，而以而有之積蓄，而悉以散諸貧無貲者』，則為人情之大難。……富而能設機器廠，窮民賴以養，……故理財者慎毋言節流也，開源而已。源日開而日亨，流日節而日困。始之以困人，終必困乎。」⑦「夫治平至於人人皆可奢，則人之性盡；物物皆可貴，則物之性盡。然治平至於人人可奢，物物可貴，即無所用其歆羡畔援，相與兩忘，而歸於淡泊，不惟奢無所眩耀，而奢亦儉，不待勉強而儉，豈必過之抑之，積疲苦反極，反使人欲橫流，一發不可止，終釀為盜賊反叛，攘奪篡殺之禍哉？

故私天下者尚其財均以流，流故平。」⑧

人人可奢，物物可貴，人、物性盡，歸於淡獲，財均以流，社會因均流而平，這就是其黜儉崇奢說欲達之目的。

據此，我們不禁產生兩個疑問，第一、譚氏根據其「黜儉崇奢」說如何來解決當時中國的經濟問題呢？第二、譚氏對其「黜儉崇奢」的經濟主張是否有足夠的瞭解——瞭解該說之利弊得失呢？資料證明了譚氏對於資本主義式的「崇奢」的利弊得失，有相當明確的認識與瞭解。首先，他指出利的方面：

「西人於礦務鐵路及諸製造不問官民，止要我有山有地有錢，即可由我隨意開辦，官即予以自主以權，絕不來相禁阻，一人獲利，踵者紛出率作興事，爭先恐後，不防民之貪，轉因鼓舞其氣，使皆思出而任事，是以趨利若鶩禽獸之發，其民日富，其國勢亦勃興。此歐洲各國政府倚為奇策者也。……夾乎各大國之間，欲與之爭富強，舍此無以求速效也。」⑨

但是，這種資本主義社會全然開放，任由個人逐利以求富的方式，也有許多缺點：

「而其蔽也，惟富有財者始能創事，富者日盈，往往埒於國家，甚乃過之，貧者惟依富室聊為生活，終無自致於大富之一術。其富而奸者又復居積以待奇贏，相率把持行市，百貨能令頓空，無可購買，金鎊則能令陡漲至倍，其力量能令地球所有之國並受其損，而小民之隱受其害，自不待言，於事理最為失平。於是工與商積為深讎，而均貧富之黨起矣。其執政深厭苦而無如何，此黨亦日與執政為難。環地球各國之經濟家朝夕皇皇然，孜孜然，講求處置之法，而卒莫得要領。」⑩

譚嗣同雖看出利弊得失，但在「夾乎各大國之間，欲與之爭富强，舍此無以求速效」的壓力下，只得在明知有若干弊病的情況下，提出了他對於解決中國經濟問題的一些實際辦法。

第一、他强調應大量機器化：

「……然則機器固不容緩矣。」⑪

「……中國……國貧由於不得惜時之道。不得惜時之道，由於無機器……。」⑫

「惜時之義大矣哉！禹惜寸陰，陶侃惜分陰。自天子之萬機，以至於庶人之一技，自聖賢之功用，以至於庸衆之衣食，咸自惜時而有也。自西人機器之學出，以製以運，而惜時之具乃備。……一世所成就，可抵數十世，一生之歲月，恍閱數十年。……惜時無不給，猶一人併數十之力耳。記曰：『為之者疾』！惟機器足以當之。」⑬

機器化除了上述之好處之外，如善爲利用不僅不會導致迂儒所謂的與民爭利，反會爲貧弱的中國爭回若干利權：

「而迂儒睹凡機器不辨美惡，一詆以奇技淫巧，及見其果有實用也，則又仗義執言，別為一說曰：『與民爭利』。當西人之創為機器，亦有持是說阻之者，久之貨財〇溢，上下俱便，不惟本國廢棄之物，化為神奇，民間日見富饒，並鄰國之金錢，亦皆輸輦四至。各國大恐，爭造機器以相勝，僅得自保，彼此無所取贏，乃相率通商於中國，以中國無機器也。中國若廣造機器，始足以保利於民，而謂爭民之利何耶？」⑭

除了保民之利之外，欲達養民之目的，也惟有大量的機器化：

「……以養民為主義……，變人力而為機器，化腐朽而為神奇。」⑮

第二、他主張對外通商，進而對外進行「商戰」，以爭取經濟的「反敗爲勝」。

他對於當時守舊的反通商思想提出異議，同時指出不通商卽無法作到「中外商」、「通人我」與財流通，是「不仁」的行爲：

「數十年來，學士大夫，覃思典籍，極深研幾，固不自謂求仁矣，及語以中外之故，輒曰：『閉關絕市』，曰：『重申海禁』，抑何不仁之多乎！」⑯

在指出這些守舊觀念不對之後，他更進一步指出通商的必要性，以及因此而帶來的利益：

「夫財均矣，有外國焉，不互相均，不足言均也。通商之義，緣斯起焉。……故通商者，相仁之道也，兩利之道也，客固利，主尤利也。西人商於中國，以其貨物仁我，亦欲購我之貨物以仁彼也。則所易之金銀，將不復持去，然輒持去者，誰令我之工藝不興，商賈不恤，而貨物不與匹敵乎？即令中國長此黷黯，無工藝，無商賈，無貨物，又未嘗不益蒙通商之厚利也。已既不喜製造，愈不能不仰給於人。此其一利矣。彼所得者金銀而已，我所得乎百種之貨物；貨必周於用，金銀則飢不可食而寒不可衣。以無用之金銀，易有用之貨物，不啻出貨傭彼而為我服役也。此又一利也。……夫彼以通商仁我，我無以仁彼，既足愧焉；曾不之愧而轉欲絕之。是以不仁絕人之仁，且絕人之仁於我，先即自不仁與我矣。」⑰

「且夫絕其通商，匪惟理不可也，勢亦不行。……輪船鐵路電線德律風之屬，幾縮千程於咫尺，玩地球若股掌，梯山航海，如履戶閾，……無所謂中外之艮，……更烏從而絕之乎？為今之策，上馬者獎工藝，惠商賈，速製造，蕃貨物，而尤扼重於開礦……。」⑱

因此，惟有大大方方通商，紮紮實實努力，進而使自己實力增強，以與外人進行「商戰」，才是正途：

「且彼抑知天下之大患有不在戰者乎？西人雖以商戰為國，然所以為戰者，即所以為商。商之一道足以滅人之國於無形，其計巧而至毒，人心風俗皆敗壞於此。今欲閉關絕市，既終天地無此一日，則不能不奮興商務，即以其人之道還治其人之身，豈一戰能了者乎？」⑲

第三、他主張開啓民智，扭轉觀念，尤其是知識份子，更應力求實務之學，放棄虛矯身段與八股迷夢。

首先，他指出士大夫對洋務認識不夠，只知枝葉，不知根本：

「中國數十年來，何嘗有洋務哉？抑豈有一士大夫能講者？……所謂洋務，輪船已耳，電線已耳、火車已耳，槍礮水雷及織布鍊鐵諸機器已耳。於其法度政令之美備，曾未夢見……，凡此皆洋務之枝葉，非其根本。」⑳

同時，守舊陳腐的觀念造就了一批亡國之士、亡國之民，害得「中國舉事，著著落後，寢並落後之著而無之，是以凌遲至有今日」，於是，譚氏大聲疾呼，要知識份子快快覺醒，放棄虛矯身段，勿復作「坑儒之坑」，而以實學，以爲民導：

「……中國之士，志趣卑陋，止思作狀元宰相，絕不自謀一實在本領，以濟世安民。……故夫變科舉，誠為旋乾斡坤轉移風會之大權，而根本之尤要者也。……中國之考八股，於品行心術，即又何涉！……顧亭林悼八股之禍，謂不減於秦之坑儒。愚謂凡不依於實事，即不得為儒術，即為坑儒之坑。」㉑

即使不直接投入商務，亦應貢獻智慧，於心智上參預之：

「商務者，儒生不屑以為意，防士而兼商，有背謀道不謀食之明訓也，……但當精察其理，以為民導耳。」㉓

第四、他主張以國際合作方式，換取中國從事經濟建設之機會，並提出一套「籌變法之資、利變法之用、嚴變法之衞、求變法之才」㉓的完整救國辦法，以爲經濟救國之方案。他主張賣地，償賠款，遷都、變法，努力十年以自立，進而求富強：

「今天內外蒙古新疆西藏青海，大而寒瘠，毫無利於中國，反歲費數百萬金戍守之。地接英俄，久為二國垂涎，一旦來爭，度我之力，終不能守，不如及今賣於二國，猶可結其歡心，而坐獲厚利。二國不須兵力驟獲大土，亦必樂從。計內外蒙古新疆西藏青海不下二千萬方里，每方里得價五十兩，已不下十萬萬。除賠款外（按：係甲午戰後對日賠款），所餘尚多，可供變法之用矣。而英俄之出此款，亦自不易。吾則情願少取值。……請歸二國保護十年。於是遷都中原，與天下更始，發憤為雄，決去壅蔽，且無中外之見，何有滿漢之分？……廣興學校……，而群才奮；大開議院，……而民氣通。愼科擧……，分海軍陸軍為二部，將則必出於武學堂……，盡開中國所有之礦，以裕富強之源。多修鐵路，多造淺水輪船，以速征調，以便轉餉，以隆商務；商務則設商部……，精求工藝製造……，工與商通力合作，以收回利權。……凡利必興，凡害必除，如此十年，少可自立，不須保護，人自不敢輕視矣。每逢換約之年，漸改訂約章大有損者，援萬國公法，止許海口及邊口通商，不得闌入腹地。」㉔

上述除賣地並求英恂保護十年係不可行的書生之見外，其餘則的確有其瑰麗之遠景。

第五、除了發展經濟之外，並以經濟發展帶動民權之發展：

「今之策富強而不言敎化，不興民權者，……為助紂桀之臣也。」㉕

換言之，欲言富強必應言敎化，必應興民權，否則將無意義。

由上面的析論，使我們瞭解了譚嗣同根據「仁——通——日新——平等」的原則所提出的「黜儉崇奢」的經濟觀的內涵與意義。綜合看來，譚氏強調的樂利精神、創造財富、重商觀念可說是針對中國傳統農業經濟觀念作批判、反省後所提出的時代新見解，十分切合時代的需要。尤其難得的是，他認爲經濟發展必須要與知識發展及民權發展相互配合才易收效的整體建設觀念，實在是相當深入的一項看法！同時他對西方資本主義的利弊得失，也有正確的認識，認爲除「黜儉求富」之外，也應考慮均貧富的社會問題。可惜，他沒有進一步地對如何均貧富提出意見。大致而言，譚氏的經濟思想反映出中國傳統的經濟觀念必須徹底改變，才能順適新時代的需要，同時指出了「黜儉崇奢」的新經濟觀念，並不違反美德，相反地，不僅合於工商業日漸活動日益重要的現代社會，同時也合乎人性合理的要求，甚至於由於「盡物性」而「盡人性」，達到提昇人性的理想。

不過，其經濟思想中亦不無可議之處，例如其主張拉攏英、俄以國際合作來救亡的主張，雖理想甚佳，但顯然「與虎謀皮」，對帝國主義侵略中國的野心缺乏認識與瞭解。在現實利益第一優先的帝國主義國家中何曾有過以「仁」、以「平等」對待弱小的實際事例？譚氏賣地、聯英、俄，求保護並援萬國公法遏阻列强入侵的構想，可說完全是書生之見，充分暴露出他個人對國際政治認識的不足以及對西方列强的政治道德水準作了過高的期盼。

雖然如此，譚氏的經濟思想就整體而言，富有他進步、前瞻性的一面，在中國近代經濟思想發展史上，譚嗣同透露出中國知識份子對舊有農業經濟觀念的批評、反省，以及對近代西方經濟觀念的吸收與模倣，在大時代的鉅變中，其「黜儉崇奢」說透露出中國經濟由傳統農業經濟走向工商時代的轉動訊息。

註釋：

①參見拙文：〈從仁學的思想理則析論譚嗣同黜儉崇奢之經濟思想〉。發表於一九八八年十二月淡江大學主辦「第二屆晚清文化及文學思想研討會」。
②全集，頁三六～三七，仁學，卷上。
③全集，頁三八，仁學，卷上。
④全集，頁三八～三九。
⑤全集，頁三九～四〇。
⑥全集，頁四〇。
⑦同註⑳。
⑧全集，頁四三～四四。
⑨全集，頁四四四，〈報唐佛塵書〉。
⑩同註⑨。
⑪同註⑦。
⑫同註⑦。
⑬全集，頁四六，仁學，卷上。
⑭全集，頁四一五～六。〈思緯臺臺台短書——報貝元徵〉（以下簡稱〈短書〉）。
⑮全集，頁九九，〈壯飛樓治事十篇、治事篇第八、財用篇〉。
⑯全集，頁三〇。仁學，卷上。
⑰全集，頁四四，仁學，卷上。
⑱全集，頁四五。

⑲ 全集，頁二九二，〈興算學議〉。
⑳ 全集，頁三九六～七，〈短書〉。
㉑ 全集，頁四〇〇，〈短書〉。
㉒ 全集，頁四一八，〈短書〉。
㉓ 全集，頁四二七～四三〇，〈短書〉。
㉔ 全集，頁四〇七，〈短書〉。
㉕ 全集，頁三二六，〈上歐陽瓣薑書〉之廿二。

第三節　譚嗣同的社會倫理思想

基於「仁——通——日新——平等」的思想理則，譚嗣同主張以平等、自由爲基礎，重新衡量傳統的人倫關係「三綱五常」，認爲應全力破除「對待」不平等的「名教」，建立平等、自由的新人倫。他認爲這不僅是達到社會和諧之所需，也是維新變法的重要起點。我們必須加以重視。他說：

「今中外皆侈談變法，而五倫不變，則與凡至理要道，悉無從起點，又況於三綱？」①

他的倫理思想可分就下列幾點來看：

第一、對傳統的「名教」、三綱倫常提出嚴厲的批判，認爲所謂的名教、綱常都是一種人爲的不平等，是統治者用來奴役人民的工具，是在上者爲鞏固一己私利，用以壓迫在下者所捏造出來的教條，所以，應該予以打破，從這種不合理的束縛中掙脫出來。首先他對名教提出激烈地批評：

「俗學陋行，重言名教，敬若天命，而不敢渝。……以名為教，則其教已為實之賓，而決非實也。又況名者，由人創造；上以制其下，而下不能不奉之；則數千年來，三綱五倫之慘禍酷毒由此矣。君以名桎臣，官以名軛民，父以名壓子，夫以名困妻，兄弟朋友各挾一名以相抗拒，而仁尚有存焉者得乎？然而仁之見於名也，亦其勢自然耳。……故不能不有忠孝廉節，一切分別等差之名。……忠孝既為臣子之專名，則終不能以此反之，雖或他有所據，意欲詰訴，而終不敵忠孝之名，為名教之所上。……名之所在，不惟關其口使不敢昌言，乃並錮其心使不敢涉想。」②

他進一步對君臣一倫强烈抨擊：「二千年來君臣一倫，尤爲黑暗否塞，無復人理，沿及今茲，方愈劇矣。」③並具體指出君主本身卽無倫常：「而爲之君者，乃眞無復倫常，天下轉相習不知怪，獨何歟？尤可憤者，己則瀆亂夫婦之倫，妃御多至不可計，而偏喜絕人夫婦，如所謂閹寺與幽閉之宮人，其殘暴無人理，雖禽獸不逮焉。」④緊接君臣之倫之後，進而抨擊父子、夫婦二倫：

「君臣之禍亟，而父子、夫婦之倫遂各以名勢相制為當然矣。此皆三綱之名之為害也。……君臣之名，或尚以人合而破之；至於父子之名，則真以為天之所命，卷舌而不敢議。……若夫姑之於婦，顯為體魄之說所不得，抑何相待以暴也。……今則虜役之而已矣，鞭笞之而已矣，至計無復之，輒自引決，村女里婦，見戕於姑惡，何可勝道。」⑤

第二、在反對三綱的基礎上，譚嗣同更提出男女應該平等的進步主張。他指出「本非兩相情願」的傳統婚姻的不合理，斥「餓死事小，失節事大」爲謬論，對婦女受到歧視與壓制表示同情：

「若夫姑之於婦……抑何相待之暴也。……記曰：『婚姻之禮廢，夫婦之道苦。』本非兩情相願，而強合渺不相聞之人，繫之終身，以為夫婦。……宋儒煬之，妄為『餓死事小，失節事大』之瞽說，直於室家施申韓，閨闥為岸獄，是何不幸而為韓人。」⑥

為免婦人於不幸，當然要提倡男女平等，因此，他說：「男女同爲無量之盛德大業相均」⑦，認爲「重男輕女者，至暴無理之法」⑧！

第三、認爲傳統重視婦女「貞操」係男人自私的不合理觀念，並主張倡導開放的性教育。首先他指出，男女生理的需求，是發於自然的，不應基於名教以淫惡視之：

「（以名教觀之）惡莫大於淫殺，……男女構精名淫，此淫名也，淫名亦生民以來沿習既久，名之不改，習謂為惡。向使生民之初，即相習以淫為朝聘宴饗之鉅典，行諸朝廟，行諸都市，行諸稠人廣衆，如中國之長揖拜諸都市，行諸稠人廣衆，如中國之長揖拜跪，西國之抱腰接吻，則孰知為惡者？……是使生民之初，天不生其具於幽隱，而生於面額之上，舉目即見，將以淫為相見禮也，又何由知其為惡哉？」⑨

接著他譴責男人重視女人貞操的自私心態：「淫人者，將以人之宛轉痛楚奇癢殊顫，而爲己之至樂。……同一女色，尤流俗所涎慕，非欲創之至流哀啼而後快耶？」⑩

其實，「……男女之異，非有他，在牡牝數寸間耳。……今錮之，嚴之，隔絕之，……一旦瞥見，其心必大動不可止。……今懸爲厲禁，引爲深恥，沿爲忌諱，是明誨人此中之有至甘焉。」⑪反而誘人好淫。因此，倒不如以開放的態度，提倡性教育，使人人對此有正當之瞭解。所以他主張「多開考察淫學之館，廣布闡明淫理之書」⑫，「詳考交媾時，筋絡肌肉，如何動法，涎液質點，如何情狀，繪圖列說，畢盡無餘，兼範蠟肖人形體，可拆卸諦辨」，「使人人皆悉其所以然」⑬。

第四、主張以合於平等的朋友之倫，而貫通其他論倫，以解決三綱之害，建立平等和諧的社會。

他認爲五常之中，只有朋友之倫有益而無弊，符合平等、自由之原則：「五倫中於人生最無弊而有益，無纖毫之苦，有淡水之樂，其惟朋友乎？顧擇交何如耳，所以者何？一曰『平等』；二曰『自由』；三曰『節宣惟義』。總括其義，曰不失自主之權而已矣」⑭。

譚嗣同認為不單是耶教、佛教講求平等，就是孔教的眞精神也是以朋友之倫作基礎，再論及其他各倫：

「其在孔教，臣哉鄰哉，與國人交，君臣朋友也，不獨父其父，不獨子其子，父子朋友也；夫婦者，嗣為兄弟，可合可離，故孔氏不諱出妻，夫婦朋友也；至兄弟之為友于，更無論矣。」⑮

只是孔教的平等精神被荀學「冒孔子之名，敗孔子之道」，而使中國二千多年來，遭受綱常名教的束縛：

「方孔之初立教也，黜古學，改今制，廢君統，倡民主，變不平等為平等，亦汲汲然動矣。豈謂為荀學者，乃盡亡其精意，而泥其粗迹，反授君主以莫大無限之權，使得挾持一孔教以制天下，彼荀學者，必以倫常二字，誣為孔教之精詣，不悟其為據亂世之法。」⑯

所以，他對自秦漢以來的君主專制歷史批評道：「二千年來之政，秦政也，皆大盜也；二千年來之學，荀學也，皆鄉愿也；惟大盜利用鄉愿，惟鄉愿媚大盜」⑰。認清廷之所以敢「虐四萬萬之衆」，就是「賴乎早有三綱五倫字樣，能制人之身者，兼能制人之心」⑱，這種不平等、不合理的名教、綱常必須打破、重建，而重建之道，則應以朋友之倫為基礎，建立合乎平等、自主權利的新倫理：

「夫朋友豈眞貴於餘四倫而已，將為四倫之圭臬。而四倫咸以朋友之道貫之，是四倫可廢也。此非讕言也。」⑲

總之，譚嗣同基於他「仁——通——日新——平等」的一貫理念，提出了他的社會倫理主張。其倫理思想有消極、積極兩面。就消極面而言，他強烈批判封建倫常禮教的不合理，認為四倫可廢，因為這些名教、三綱，不僅違反人性，剝奪人的自主權，實則為統治者利用來奴役人民的工具而已。因此必須全力打破，以掙脫不合理的束縛。就積極面而言，仍就自主、平等出發，提出了極開明、進步的主張，那就是提倡男女平等、反對歧視婦女、批判不自主的婚姻、倡導性教育……等；最後，更呼籲以朋友之倫爲基礎，建立自由、平等、和諧的新倫理。繼之則以此一自由、平等的新倫理，作爲帶動變法維新，以爲政治變革之基礎；亦卽以倫理革新帶動社會、政治的整體革新，此一見解實在相當深刻，而且極富勇氣，其激烈處「較諸五四時代所有反禮教的文學亦未或多讓」⑳，但與五四時期全面破壞地反禮教來相比，譚氏的倫理思想對傳統既批判又繼承的態度，實與五四時期的反傳統有所不同（譚氏尊孔反荀，而五四時反而反孔）。不過，譚氏對名教的嚴厲批判，實爲晚清以來第一人，開啓近代反禮教爭自由、平等的潮流。誠如錢穆所評：「輓近世以來，學術之路益狹，而綱常名教之縛益嚴，然未有敢正面對面施呵斥者，有之，自譚氏始也」㉑。

註釋：

① 《仁學》，卷下，頁六八。
② 《仁學》，卷上，頁十四～十五。
③ 《仁學》，卷上，頁五五。
④ 《仁學》，卷下，頁六六。
⑤ 《仁學》，卷下，頁六五。
⑥ 同註④。
⑦ 《仁學》，卷上，頁十九。

⑧《仁學》，卷上，頁六五。
⑨同註⑧。
⑩同註⑧。
⑪同註⑧。
⑫同註⑧。
⑬《仁學》，卷下，頁六六。
⑭《仁學》，卷下，頁六七～六八。
⑮《仁學》，卷上，頁五四。
⑯《全集》，頁二六九。
⑰《仁學》，卷上，頁五五。
⑱《仁學》，卷下，頁六六～六七。
⑲楊一峯：《譚嗣同》。臺北，中央文物供應社，四十八年三月，頁七七。
⑳錢穆：《譚嗣同的仁學》。《中國近代史論叢》，第一輯，第七册，頁一四八。

第四章　譚嗣同變法策略之分析

譚嗣同的變法理想由上述章節對其政治、經濟、社會倫理思想之分析可知其大義，然而這些理想要透過那些實踐手段才可能落實呢？顯然有進一步析論的必要。

精簡地說，譚嗣同欲實現其變法理想必須有效地做好兩項工作，一項是他必須提出必須積極變革的理由以說服保守人士的反對，並爭取時人的認同；換言之，他必須提出一套理論來證明當時的中國必須積極求變。另一項重要的工作則爲他必須衡量當時的社會實際狀況，提出一套策略以達成變法的目的。關於這兩項工作，譚嗣同的做法以王船山「道器一體」論爲基礎，爲提出「器體道用」論來扭轉時人「中體西用」的中國本位思考習慣，進而以康有爲等「託古改制」爲過橋，主張「變法又適所以復古」，積極鼓吹變法。在雄辯滔滔確認變法的必要性與合理性之後，再進一步提出一套變法策略，包括：一、主張教育革新，講求實學，倡導知識報國。二、透過辦報紙、興學會啓廸民智，塑造新民，以爲建設新國家之基礎。三、提倡並强化紳權，培育社會中堅力量以促進民權，達到政治改良的目的。四、提倡倫理革新，以自由、平等的新人倫作爲政治平等之基礎。五、主張以樂利觀念爲基礎，振興經濟，講求商戰，以經濟力量配合政治革新。六、提倡日新的進化觀念，提醒國人勇於變革，因應時代挑戰。

綜合看來，其「器體道用」、「變法復古」的論調與時人相較顯得大膽而明快，一錘打破時人中體西用的中國本位觀念，促使國人樂於大量酌採西法以求變而不會良心不安感到愧對中國傳統；這方面的貢獻與勇氣，大約只有康有爲的「托古改制」可以與他比擬。至於其變法策略，除講求商戰與講求實學與其他一般的變法論者相同並無創見之外，其他各點均深具前瞻性，可謂超越時人的眼光，而且頗合中國的國情及當時的歷史條件。現逐一析論於後。

第一節　從「華夏之道不可變」到「法之當變」

一八九四年中日甲午戰爭爆發，中國節節挫敗，次年馬關條約簽訂，清廷徹底承認失敗，舉國激憤。譚嗣同受此刺激，其思想由保守轉爲激進。在此以前，譚氏與中國一般士大夫相比並無太大區別，一直抱著中國本位的守舊心態。

〈治言〉是譚嗣同現存最早的一篇政論文章，是他二十一歲時有感於中法戰爭的作品，表達了他對時局的關心及對中國處境的反省。就文化觀與世界觀來看，這篇文章帶有濃厚的中國本位文化色彩，反映出譚嗣同當時保守的心態。這篇文章雖然後為譚氏壯年時所愧棄，但卻最足以代表他三十歲以前的思想。他在〈治言〉中，首先提出「天之三變」，由夏后氏以後的「道道之世」，轉變為秦以後的「法道之世」，再轉變為當時的「市道之世」。而全世界可分為三個區域，首先是中國「華夏之國」，係「八荒風雨之所和會，聖賢帝王之所爰宅，而經緯風教禮俗於以敦，而三綱五常於以備也」①的禮義之邦，其範圍為「赤道以北，適居三百六十經度之中，西至於流沙，東南至於海，北不盡興安嶺」②。其二為「夷狄之國」，其文化水準及地域範圍為「東朝鮮，西回藏，洎越南、緬甸之遺氏，猶釐面內向，潛震先王之聲靈，以服敎而畏神者，咸隸焉。由是而東起日本以北，迤俄羅斯而西，折而南，而土耳其，而西印度，西北逾地中海，而布路亞，而西班牙，而德法英諸國。又西踰海而北亞美利加，其壤地不同，同於治治，其風俗不同，同於藝術。其禀於天而章於用，為人所以生，而國所以立，而上下之所以相援繫。視華夏則偏而不全，略而不詳，視禽獸則偏而固，為全之偏，略而固，為詳之略，是足以為一區」③。其三則為「禽獸之國」，其文化水準及範圍則是「南起阿非利加，西至南亞美利加，又西至澳大利亞，則有皆榛莽未闢之國也，又皆出夷狄下」④。他這種地理劃分的方式，充分代表了一個漢族中心的世界觀。依此一看法，他認為當時世界最大的危機在於「夷狄率禽獸以憑凌乎華夏」。他說：

> 「天之所變，而市不蘄乎法，法不蘄乎道而天窮，地之所區，而夷狄率禽獸以憑陵華夏而地亂。」⑤

同時他認爲「質文遞禪，勢所必變」，他指出：

「夏商之忠質，固已伏周之文；周之文，固已伏後世之文勝而質不存；周以降皆敝於文勝，質不存，今其加厲者也。審乎此而挽救而變通者可知，抑審乎此而夷狄之加乎華夏者皆可知。」⑥

因此，解決之道爲必須促使中國再返「忠」以救「文」勝之弊，恢復到「質存」的境域：

「華夏固可反之於忠，忠者，中心而盡乎己也。以言乎役己之己，則華夏之自治為盡己。」⑦

因此，他認爲當時致力於洋務運動的人犯了本末倒置的錯誤，他指責道：

「且世之自命通人，而大惑不解者，見外洋舟車之利，火器之精，劌心鉥目，震悼失圖，謂今之天下，雖孔子不治。噫！是何言歟？」⑧

那麼眞正務本踏實的解決之道，應在於做好誠意正心修身齊家治國平天下的儒家道德功夫，換言之，中國之道不可稍變：

「今之中國猶昔之中國也，今之夷狄之情，猶昔之夷狄之情也。立中國之道，得夷狄之情，而駕馭柔服之，方因事會以為變通，而道之不可變，雖百世而如操左劵。」⑨

這種華夏之道不可變的中國本位思想的言論，反映出譚氏年輕時傳統、保守的心態。這種思想延續到他二十七歲那年所寫的〈記洪山形勢〉一文中，他又再度提出了「道不可變」的觀點：

「變者日變，其不變者，亦終不變。」

「先立天下之不可變，乃可以定天下之變。」⑩

到三十歲那年所寫的〈石菊影廬筆識〉中才稍微有點轉變，一方面他仍主張「中國聖人之道，無可云變也」，但也對西學，尤其是格致之學流露出濃厚的興趣，認爲西方科技亦有一定程度之價值，不必一味排斥。因此，他對於當時認爲格致之學是奇技淫巧的看法表示不以爲然：

「……故中國聖人之道，無可云變也，而於衛中國聖人之道，以為撲滅之具，其若測算製造農礦工商者，獨不深察，而殊旌之，甚且恥言焉，又何以為哉？」⑪

顯然，其思想態度已略有轉變，已接近於「中體西用」的主張，和自稱「最少作」的〈治言〉已有相當距離了。

眞正促使譚嗣同思想由保守到激進，由不可變到積極求變的關鍵，當首推中日甲午戰爭中國戰敗的刺激。光緒二十一年馬關約成，譚氏感到萬般激憤，痛斥馬關條約「且合四百兆人民身家性命而亡之」⑫，在亡國滅種的危機壓迫下，遂益發憤，提倡新學，倡言變法。他在〈上歐陽瓣薑書〉中云：

「平日於中外事雖稍稍究心，終不能得其要領。經此創鉅痛深，乃始摒棄一切，專精致思，當饋而忘食，既寢而累興，繞屋徬徨，未知所出。既憂性分中之民物，復念災患來於切膚。雖躁心久定，而幽懷轉結。詳考數十年之世變，而切究其事理，遠驗之故籍，近咨之深識之士。不敢專己而非人，不敢諱短而疾長，不敢徇一孔之見而封於舊說，不敢不舍己從人，取於人以為善。設身處境，機牙百出，因有見於大化之所趨，風氣之所溺，非守文因舊所能挽回者，不恤首發大難，畫此盡變西法之策，而變法又適所以復古。」⑬

在這兒，譚嗣同已擺脫中國本位色彩，提出大化之所趨，必須積極求變，而變法又適所以復古的主張了。此外，他在〈報貝元徵書〉中，發揮王船山的道器致用說，提出了革命性的「器體道用」論，闡述必須變的理由，他說：

「聖人之道，無可疑也……特所謂道，非空言而已，必有所麗而後見。」⑭

「易曰：『形而上者謂之道，形而下者謂之器。』曰上曰下，明道器之相為一也。衡陽王子申其義曰：『道者器之道，器者不可謂之道器也。無其道則無其器，人類能言。雖然，苟有其器矣，豈患無其道在？君子之所不知而聖人知之，聖人之所不能而匹夫匹婦能之，人或昧於其道者，其器不成，不成非無器也。無其器則無其道，人鮮能言之，而固其誠然者也。洪荒無揖讓之道，唐虞無吊伐之道，漢唐無今日之道，則今日無他年之道多矣。未有弓矢而無射道，未有車馬而無御道，未有牢醴壁幣鐘磬管絃而無禮樂之道；則未有子而無父道，未有弟而無兄道，道之可有而無者多矣，故無其器則無其道，誠然之言，而人特未之察耳。故古之聖人，能治器而不能治道。治器者則謂之道，道得則謂之德，器成則謂之行，器用之廣則謂之變通，器效之著則謂之事業。故易有象，象者像器也；卦有爻，爻者效器者也；爻有辭，辭者辨器者也，故聖人者，善治器而已矣。』又曰：『君子之道，盡夫器而已矣。辭所以顯器，而鼓天下之動，使勉於治器也。』由此觀之，聖人之道，果非空言而已，必有所麗而見。麗於耳目，有視聽之道，麗於心思，有仁義智信之道；麗於倫紀，有忠孝友恭之道；麗於禮樂征伐，有治國平天下之道。故道，用也；器，體也，體立而用行，器存而道不亡。」⑮

既然「道，用也，器，體也」，那麼，西法、西學、西教自不可再不予重視，即使是西方科技、器物也有其道之依據，不可再依據保守的士大夫觀念，認為西方文明只是形而下的「器」，而只有中國的「道」才高高在上，不可稍變。因此，譚嗣同「器體道用」的看法，可說是在當時根本扭轉國人對道、器的傳統解釋，為盡採西法革新求變，找到理論的依據。他並強調「理一也」，認為中西在「至極之理」是相同的，因此，國人不必再抱持士大夫虛憍身段，以為中國文化惟我獨尊抗拒改變：

「故中國所以不振者，士大夫徒抱虛憍無當之憤激，而不察夫至極之理也。苟明此理，則彼既同乎我，我又何不可酌取乎彼？酌取乎同乎我者，是不啻自取乎我。」⑯

甚至於他指出以當時中西文化水準、政教風俗作一相比，到底孰爲夷、孰爲夏都已難論斷，華夏未必强過夷狄，夷狄未必不如華夏。他說：

「中國今日之人心、風俗、政治法度，無一可比數於夷狄，何嘗有一毫所謂夏者？即求並列於夷狄，猶不可得，乃云變夷乎？……公平言之，吾實夷也，彼猶不失為夏。」⑰

這眞是誠實檢討、切合實際而又極沈痛的一段評論！因而譚氏主張積極「變法圖治，……思以衞而存之也。」而變法，並不是變古法，而是變秦之暴法，復古法，譚氏在此借「托古改制」來鼓吹其「度法又適復古」的主張：

「故夫法之當變，非謂變古法，直變去今日以非亂是，以偽亂真之法，蘄蘄復於古耳。」⑱

而所謂的「古法」又何所指呢？譚嗣同的看法是：

「古法可考者六經尚矣，而其至實之法，要莫詳於《周禮》。」⑲

「西法博大精深，周密微至，按之《周禮》，往往而合。」⑳

由上述申論可看出譚嗣同由堅持道不可變到積極求變的轉變過程。綜合看來，其變法理論的主要論據來源有二，一是由王船山的道器致用論發揮出的「器體道用」論及「至極之理同一」的主張，將時人拘泥於中國本位的思考習慣加以扭轉，並肯定西方文化的價值與地位，同時辯解學習西方並非可恥的行爲，爲盡採西法以求變革找尋合理的說詞。另一論據來源則係採康有爲等「托古改制」的說法，說明變法並非離經叛道，而是恢復中國古法，因此國人應勇於變法圖强，不必因變法而感到愧對傳統。與康有爲不同的是，康的立論根據是《公羊春秋》，而譚的立論根據是《周禮》。

總之，當譚嗣同提出「道用器體」論及「變法復古」論之後，他已完成了他主張積極求變的理論基礎，尤其是器體道用的觀念，具有相當的衝鋒陷陣的撞擊力，粉碎了「道」的絕對權威，認爲客觀存在的外象改變了，作爲社會道德和文化內涵的「道」，也必須隨之改變，對於鼓吹積極變法，實具有相當强的說服力。待日後《仁學》完成後，他更提出了極具震撼力的口號——「衝決網羅」。譚氏的求變意識發展至此，勢必從議論層面在向實際政壇，以具體的行動參與從事他熱切關注的變法救國事業了。

註釋：

① 《全集》，〈治言〉，頁一〇四。
② 同註①。
③ 同註①，頁一〇四～一〇五。
④ 同註①，頁一〇五。
⑤ 同註④。
⑥ 同註①。
⑦ 同註①。
⑧ 同註①，頁一〇九。
⑨ 同註⑧。
⑩ 《全集》，〈記洪山形勢〉，頁十七。
⑪ 《全集》，《石菊影廬筆識》，〈學篇〉，頁二五三。
⑫ 〈報貝元徵書〉，《全集》，頁四〇七。

⑬《全集》，〈上歐陽瓣薑書〉，頁二九七。
⑭《全集》，〈短書〉，頁三八九～三九〇。
⑮同註⑭，頁三九〇～三九一。
⑯同註⑭。
⑰同註⑬，頁二九六。
⑱《全集》，〈上歐陽瓣薑書二〉，頁二九七。
⑲同註⑭，頁三九四～三九五。
⑳同註⑭，頁三九六。

第二節　譚嗣同的變法策略與實踐

前文提及譚氏認爲大化之所提，必須積極求變，以救亡圖存，並分就政治、經濟、社會倫理提出變法的理想，但要透過那些關鍵性的工作，才能將理念化爲眞實，達到其目的呢？

値得我們注意的是譚嗣同的變法策略除部份與一般變法論者相同之外，有好幾處前瞻性的看法，顯示出他除具救國的熱誠、哲學思辨的能力之外，尙有相當出色的策劃能力。此外，我們也必須重視的是，在戊戌變法諸人物中，譚嗣同除具足以自成系統的哲學思想、變法思想外，也深具實踐性格的特色。衆所週知，整個康梁所領導的戊戌變法，在理念意義上相當突出，但在具體政務的實際推行上，似乎除設立京師大學堂之外，很難找到具體的新政建設。換言之，戊戌變法在實務推動上，鮮有實效，幾乎可說是與皇帝詔令相始終。然而譚嗣同卻適足以補足了這一缺憾。譚嗣同曾在入京參與戊戌變法之前，在一八九五至一八九八年之間於湖南積極推動新政運動，抱著先小試一縣、一省的心理，將變法理念、透過策略、透過實踐，找尋並建立實際建設新中國的政治經驗，雖然不幸最後身殉變法，壯志未酬，但其在湖南推動新政的種種具體事實，卻留給我們後人在研究其變法思想時，提供了理念與實踐之間相互關係的珍貴史料，對於建立其完整的變法思想相當有幫助，同時也可間接證明康梁所領導的戊戌變法，其期盼的理想境界並非以皇帝下達詔書的紙上變法爲滿足，而是眞正有要求實踐的理想，只是受限於當時的政治環境，未能伸展抱負，力行實踐。

譚嗣同的變法策略，如加以分析，可分爲下列幾項要點：一、主張廢除科舉、革新教育、講求實學，倡導知識救國的新觀念。二、主張先塑造新民，啓廸民智，來作爲建設新國家的基礎，因此，主張辦報、興學會、立學校，來做好文化及社教工作。三、他瞭解推動改革需要社會力量的支持，但中國社會的民間力量要如何培育呢？他選擇了仕紳階層作爲社會的中堅，因此，培育紳權來作爲促進民權的手段。四、他認爲倫理革新乃政治革新的基礎，如果能先以自由、平等的新觀念建立人人自主、平等的社會，那麼在此基礎之上，政治的民主、平等、自由才能較順利的建立。五、主張捨棄保守的儉約經濟觀念，而代之以樂利、求富的工商社會積極精神，振興實業，講求對外商戰，對內則將配合經濟建設與民權相結合，以追求社會之合理與進步。六、提倡日新的進化觀念，提醒國人身處危機時代，當勇於變革，迎向時代挑戰。

現謹逐一分就其變法策略，並配合他在湖南推行新政的實踐經驗，加以申論。

第一、主張教育革新、講求實學，倡導知識報國。

譚嗣同認爲政治變革，應以開風氣、育人才爲首要考慮，而傳統中國的作育人才方式似乎並不能培育出眞正能經世濟民、匡時救弊的實才，因此，他主張革新教育，講求實學，欲講求實學，首先須將士大夫從「場屋」之中拔出，所以他主張首先應廢除科舉制度，作爲革新教育之起點，他說：

「欲議變法，必先自士始。欲自士始，必先變科擧。」①

廢除科擧只是消極地廢除舊式教育的追求誘因，那麼如何提倡新式教育，講求實學呢？譚氏有他革新教育的構想。他認爲應參考西方學堂模式，創建新式學堂，講求西學。而西學內容相當豐富，因此宜先擇其根本——算學、格致爲入手。他認爲「算學者，器象之權輿」，「西國興盛之本，雖在議院、公會之相互聯繫，互相貫通，而其格致、製造、測地、航海諸學，固無一不自測算而得」②，故宜先自算學入手。他曾在與其師歐陽中鵠的信函中，附有興算學議之副題，除陳述一般變法建議之外，並提出擬在其故鄉創立算學格致館的計畫。他說：

「先小試於一縣，邀集紳仕講明今日之時勢與救敗之道，設立算學格致館，招集聰穎子弟肄業其中。此日之唧石填海，他日未必不收人才蔚起之效。……而尤要者，除購讀譯出諸西書外，宜廣閱各種新聞紙，如申報、滬報、漢書、萬國公報之屬，公置數分，凡諭旨告示奏疏與各省時事外國政事與論說之可見施行者，與中外之民情嗜好，均令生徒分類摘抄。……嚴立課程，循名責實，每日止占一門，而皆從算學入手。」③

由這段引言可知，譚氏所認爲的新式教育，不僅從習八股應試求官的傳統陋習中掙脫出來，更講求西學根本——格致算學等實學，並鼓勵並協助求學者建立新的世界觀，關切中外大事及民情，使專業知識與現實切關兼顧。

隨後不久，歐陽中鵠、唐才常、譚嗣同等乃在瀏陽開始擬設「格致算學館」計畫。譚毫並手訂算學格致館開辦章程八條，經常章程五條，作爲設立之張本。並將章程彙刻成書，題爲「興算學議」，傳觀遠近，並稟請當時湖南學政江標，改南臺書院爲算學格致館。雖蒙贊許立案，但瀏陽適值嚴重旱災，南臺書院之經費移作賑災之用，算學格致館之創設乃因經費困難而暫告停頓。歐陽中鵠乃糾集同志十餘人，先行設立算學社，聘新化晏孝儒講授算學，以爲初基，此爲甲午戰後湖南維新人士所組成的第一個學術團體。其草創規模雖小，但意義及影響極大，瀏陽一隅興算，湖南向學風氣爲之大開，影響所及，東山書院、校經學會、德山書院、時務學堂、南學會……相繼設立，無一不受譚氏影響。誠如唐才常所評論：「湘省直中國之萌芽，瀏陽直湘省之萌芽，算學又萌芽之萌芽。」④又如梁啓超評論：「甲午戰役之後，湖南學政以新學課士，於是風氣漸開，而譚嗣同倡大義於天下，全省沾被，議論一變」⑤。足見譚氏的瀏陽興算有多麼深遠的影響及首創風氣之意義！

第二、主張塑造新民、啓廸民智，以爲建設新中國之基礎。

欲變法革新必須要喚醒民衆，啓廸民智，才能得到社會力量之支持，達到變法的目的。因此，譚氏主張塑造新民，他認爲「新民」的方法，最要者有三：「一曰創學堂，改書院……，二曰學會，三曰報紙」⑥。因爲「學堂之所敎，可以傳一省，是使一省之人，游於學堂矣。學會之所陳說，可以傳於一省，是使一省之人，晤言於學會矣」。而報紙不僅可以「開風氣，拓見聞」，更可作爲反映民意的工具，譚嗣同說：「報紙卽民史」，又說：「二十四家之撰述，極其指歸，要不過一姓之譜牒焉耳，於民之生業，靡得而詳也，於民之敎法，靡得而記也，於民通商惠工務材訓農之章程，靡得而畢錄也」，而報紙卽民史，因此，爲民喉舌，爲民衆新知、利益而服務，其功效之大，實爲現代社會最有用之傳播工具。現分就學堂、學會、報紙舉例說明。

首先談學堂方面，玆以時務學堂爲例。光緒二十二年十二月由王先謙領銜，熊希齡、張祖同、朱昌琳、湯聘珍等六位湖南士紳請求巡撫設立時務學堂，得到陳寶箴之贊同，光緒二十三年七月招考學生。其成立宗旨係培養學通中外，體用兼賅的新人才。陳寶箴於招考示中有云：「查泰西各學，均有精微，而取彼之長，輔我之短，必以中學爲根本。惟所貴者，不在務博貪多，而在修身致用」⑦。新學風的倡導由此可見。時務學堂創立後，由黃遵憲提議聘請梁啓超擔任中文總教習，李維格爲西文總教習，梁等雖欣然同意，但遭部份守舊人士反對，於是由當時在南京的譚嗣同親自赴上海疏通，力邀梁氏入湘講學。光緒二十三年十月，梁氏偕兩文總教習李維格、分教習韓文舉、葉覺邁同赴湖南就任。梁氏乃依〈萬木草堂小學學記〉爲藍本，撰寫時務學堂學約及章程，抵湘後復與譚嗣同等多人商議後始行公佈，其學術方針以經世救國與陶鑄政才爲宗旨「中學以經義掌故爲主，西學以憲法官制爲歸。」⑧梁氏當時主持時務報，撰變法通義十餘篇，立論切合時弊，筆端常帶感情，「舉國趨之，如飲狂泉」，「自通都大邑，下至窮鄉僻壤，無不知新會梁氏者」⑨。梁氏入湘於時務學堂講學，每日講課四小時，除借公羊、孟子發揮民權的開明思想外，並抨擊清廷錯失，傳播革命思想，造就出許多傑出的愛國青年，不僅「開中國近代學校之嚆矢」⑩，也使時務學堂名聲遠播，成爲新式學制中的典範。

至於學會方面，甲午戰後，全國各地學會如雨後春筍紛紛設立。學會之勃興代表知識份子救亡圖存心切，以及國家興亡匹夫有責的使命感，此外，亦反映出晚清思潮的轉變——由排斥西學到有原則的西化的傾向，例如「中體西用」說的流行，卽爲明證⑪。現謹以在湖南省最具代表性的學會之一——南學會爲例說明，南學會就是由譚嗣同等仕紳，基於禦侮救亡的愛國赤誠所創立。光緒二十三年十一月廿一日譚嗣同籲請設立南學會，次年二月一日正式成立，會址設於省城長沙，其組織係由巡撫陳寶箴遴選十位仕紳，繼由此十人各舉所知，輾轉相引，成爲學會會員。公舉「學問深邃，長於辯說」的學者爲講論會友主持講論會，以「開濬知識，恢復能力，開拓公益」爲宗旨⑫。當時公舉皮錫瑞主講學術，黃遵憲主講政教，譚嗣同主講天文，鄒代主講輿地。每七日集衆講學，析論萬國大勢及政學原理，啓導湖南人士從事新政運動⑬。遇有地方重大興革事項亦進行討論，提出具體方案，供省政當局參考採行，深具社會地位與影響力，入會者十分踴躍，計達一千二百餘人之多，儼然成為新政運動的領導中心⑭。南學會成立後效果極佳，湖南各州縣紛紛設立各類學會與之呼應，社會活力大為蓬勃，湖南尊新崇變之風氣為之大開。

至於報紙方面，謹以湘報為例作一說明。在南學會成立的同時，湖南士紳熊希齡、譚嗣同、唐才常等創刊湘報，每日一刊，以為維新志士發表言論的園地，於光緒二十四年二月開始發行，光緒二十四年五月間停刊。熊希齡為主持人，唐才常擔任主筆，譚嗣同等從旁協助。「專以開風氣，拓見聞為主。」⑮「義求平實，力戒游談，以輔時務、知新、湘學諸報所不逮，亦使圓顱方趾，能辨之無之人，皆易通曉」⑯，主要內容包括：論說、奏疏、電旨、公牘、本省新政、各省新政、各國時事、商務……等等。每日出刊，傳播效果遠較旬刊為著，益符日新又新的涵義。湘報創刊後，高唱民權平等，成為當時湖南線新份子宣揚變法的重要言論園地。梁啓超曾譽湘報云：「雖發行未匝歲，而見錮於清政府，然湖南人自此昭蘇；後此奇才蔚起，以締造我中華民國，湘場之賜也」⑰。

第三、提高紳權，以為社會中堅力量，藉以促進民權，達到政治革新的目的。

南學會的成立，不僅具開啓民智的一般學會功能，並蘊涵特殊的政治意義，乃有計畫地模仿地方議會的形式，培育紳權，消極地以防列强瓜分中國後，可保湖南自立，存黃種於一線，積極地可伸張民權，促進政治革新。

南學會成立之時，充滿了事先準備以有效因應瓜分危機禦侮救亡的時代使命感，關於這一點梁啓超說得很清楚：

「蓋當時正德人侵奪膠州灣之時，列强分割中國之論大起，故湖南志士人人作亡後之圖，思保湖南之獨立。而獨立之舉，非可空言，必其人民習於政術，能有自治之實際然後可，故先為此會以講習之，以為他日之基，且將因此而推諸於南部各省，則他日雖遇分割，而南支那猶可不亡，此會之所以名為南學也。」⑱

譚嗣同則較梁氏更爲大膽，明快了當地向巡撫陳寶箴提出所講「善亡」之策。其上陳寶箴書云：「亡者，地亡耳，民如故也，豈忍不一為之計耶？語曰：『善敗者不亡』。喪同諸續之曰：『善亡者不亂』。……國會者，群其才力，以抗壓制也。湘省請立南學會，……國會即於是植基，而議院亦且隱寓焉。……不幸而乜圖有驗，鐘簴無固，度力不能爭，即可由國會遣使，往所欲分之國，卑詞厚幣，陳說民情，問其何以待之？語合則訂約以歸，不合，然後言戰，亦未為晚。……無論如何天翻地覆，惟力保國會，則民權終無能盡失，於有民權之地，而敢以待非澳棕黑諸種者待之，窮古今，亙日月，可以斷其無是事矣。」⑲

由上述引文可知，譚嗣同的「善亡」之策的重點之一，在於紳權或民權的强化⑳。提昇紳權，强化民權的功效，在消極方面可作中國被瓜分後的救亡準備，因爲有民權的地方，民智及政治水準有一定的高度，當可受到列强的尊重，而不致淪爲被視爲文明落伍的非洲黑人而施以奴隸般的不當對待；積極地可作爲邁向政治民主化的推動力。

第四、提倡倫理革新，以自由、平等的新人倫作爲改革政治的基礎。（按：關於這點，請參閱本論文第五章、第一節「譚嗣同政治思想之剖析」及第三節「譚嗣同的社會倫理思想」，在此不作重複。）

第五、主張以積極求富的樂利觀念爲基礎，振興經濟，講求商戰，以經濟建設配合民權，達成政治改良。（按：關於這一點，已在本論文第三章、第二節「譚嗣同經濟思想之剖析」中詳加析論，在此不作累述）

第六、提倡日新的進化觀念，倡言「日新」之可貴，促成時人建立尊新崇變的積極心態，能夠勇於迎向危機時代的挑戰。

譚氏重視日新的觀念，在《仁學》中屢屢提及，例如：「天以新爲運，人以新爲生」、「天地以日新，生物無一不瞬新也。今日之神奇，明日之腐朽，奈何自以爲有得，而不思猛進乎」？（請參閱本論文第二章、第二節「仁學的思想理則：仁——通——日新——平等」，此處不再累述）。在湘報發行後，譚氏更撰文特別强調日新的涵義向一般民衆宣導，他甚至提出分辨中國與夷狄的標準，不在地域的不同，而在新、舊的差異。他說：「舊者，夷狄之謂也，新者，中國之謂也。若守舊，則爲夷狄，若開新，則爲中國」㉑，以此來激勵國人日新又新，勇猛精進，僇力革新，可以說是一種推動變法的心理建設。

以上，爲譚嗣同變法策略。綜合看來，譚嗣同的變法策略相當完整，就其內容和晚清以來的變法論者相較，雖有一些創見，但也有相當多重複的地方，我個人認爲這些重複並非代表他的策略不夠突出，而是這些重複的部份如廢科擧、興校、辦學會、辦報紙開風氣、主張商戰、高唱日新進化觀念……等，實爲晚清變法論者，長久思索後逐漸形成的共識。因爲人類的智慧除了獨創之外，尚須承續前人的經驗，要靠累積的功夫，這是不容否認的事實。對譚氏比較合理的評價方式，我認爲似乎應：一、我們應檢視一下譚氏的變法策略是否成其一套有系統的方案？其策略性思考能力及整合能力如何？二、我們應檢視在譚氏的變法策略中那些具有獨創性？而且對後世有深遠的影響？三、我們應看一看譚氏的策略到底反映出什麼樣的政治路線的特質？這些特質是否與他的政治主張吻合？四、他的變法策略從理論到實踐到底如何？是否具體可行？在戊戌變法乃至在晚淸政治思想史上有何特殊的歷史意義？關於這些，將於下一章「結論」中加以析論。

註釋：

①《全集》，〈報貝元徵書〉，頁四〇七。
②《瀏陽興算記》，湖南歷史資料，一九五九年第二期，頁一四四。
③《全集》，〈上歐陽瓣薑書〉，頁二九五。
④《瀏陽興算記》、湘報類纂甲集（中），頁一一九。
⑤梁啓超，《戊戌政變記》，頁一三〇。
⑥《全集》，〈湘報後敍下〉，頁一三八～一三九。
⑦陳寶箴，〈時務學堂招考示〉，湘學新報，頁二〇三。
⑧梁啓超，《飲冰室合集文集》卷二，頁二三，〈萬木草堂小學學記〉。
⑨胡思敬，〈梁啓超傳〉，戊戌履霜錄，卷四。
⑩梁啓超，〈時務學堂劄記殘卷序〉，丁文江《梁任公年譜長篇》（上），頁四三。
⑪參見王爾敏，《晚清政治思想史論》，頁一三四。
⑫梁啓超，《戊戌政變記》，頁一三七。
⑬同註⑫。
⑭林能士，〈清季湖南的新政運動〉（一八九五～一八九八），《臺大文史叢刊》頁五二。
⑮〈湘報館章程〉，刊報凡例第五條。
⑯唐才常，〈湘報序〉，《湘報類纂甲集》（上），頁一。

⑰ 梁啓超，《飲冰室文集》，卷七五，頁三。

⑱ 同註⑫，頁一三八。

⑲ 譚嗣同「秋雨年華之館叢脞書」，湖南歷史資料一九五九第四期，頁一三三。

⑳ 譚嗣同所提出的善亡之策有二，一曰「國會」，一曰「公司」。所謂「公司」，即湖南省內凡屬利源所在機構，一概以民間「公司」名義，避免亡國後被徵收；所謂「國會」，即以南學會隱寓議院，强化紳權，萬一中國滅亡，則作爲亡後湖南之領導機構。

第五章 結論

由上述之析論我們對於譚嗣同如何由《仁學》的批判意識出發，針對當時的歷史處境及現實環境，主張積極求變，並提出變法的理想及策略。

現精簡地作一歸納——譚嗣同的《仁學》雖然內容顯得蕪雜，而且含有唯心論與唯物論的矛盾、排滿革命與世界主義的衝突，但如去其枝葉，掌握主幹，我們仍能清楚地掌握他思想的主線：

㈠其學說精神在於以「仁」爲中心的展開，仁不僅是最高的道德價值，一切道德的總滙，人應追求的理想境界，同時亦是一種天人合一，通萬物人我於一體的宇宙觀。因此，其學說的根本精神在於基於仁爲核心的道德理想。因而，必須積極求仁，努力實踐，以行仁於天地之間，具有强烈地淑世性格及實踐理念，改革現況不妥之處的批判精神。

㈡譚嗣同的思想確有唯心與唯物之矛盾，但綜合觀之，唯心的色彩較濃。不過，我們在此不必要爭辯此一問題，倒不如跳開此一爭論，就其思想發展的根本——其思想理則來看，不難發現其思考的主要基幹爲：「仁——通——日新——平等」。通之象爲平等，因此要打破一切歧視、不合理的差別對待，要通內外、上下、男女、人我……，以達平等。通不僅是一時性的，更須恆久的努力，時時淬勵奮發，自强不息，於是指出日新的重要。在「仁——通——日新——平等」的思想理則中，尤以「通」具有相當令人震撼的實踐意義。因爲欲求仁，欲達平等，必須要能通，而通就必須勇於打破，衝毀一切「不通」的地方，也就是要打破或衝破「塞」的人爲不平等，因此，通不僅是求仁的手段，實踐仁的必經過程，也是向各種政治、社會、經濟、文化……一切人爲不平等、不合理現象或造成這些的權威挑戰，因此，通，就積極意義上，是求仁得仁的必經之路徑；就消極看，是欲行仁於天地萬物人我之過程中，必須打倒一切不合理的現象及支撐這些現象背後的權威，亦即具有一種反權威的衝撞精神。

㈢這種高度的抗議、反對精神，譚嗣同終於明確地提出「衝決網羅」的口號！要衝決一切舊包袱、舊思想、舊陋習……，如不能全力衝決，勇於批判、抗議，則積極求變四字永遠紙上談兵，因此，「衝決網羅」成了行動號召，成爲促成積極求變的手段。

㈣然而理想與現實中實有差距，人生不如意事，十常八九。豈能盡如人意，但求無愧我心。在現實步步危機，困阨重重的艱險奮鬥中，要如何完成心理建設，勇於以一己之力發揮「雖千萬人吾往矣」，「知其不可而爲之」的道德勇氣與理想的堅持呢？譚氏提出了一種近於宗教情操的心理依據——「心力」。一切由心成之，由心毀之，因此，只要本此心力，全力奮鬥，應可以心挽刼，拯救中國乃至世界人類。其思想發展至此，已呈完整之體系，從道德理想、宇宙觀落實到現實生存境界及提出須努力改善的道理。

因此，譚氏乃依據上述仁學的道德理想與批判意識，針對他當時身處的時代，分就政治、經濟、社會倫理提出批判及興革之道。其主要政治主張爲：一、發揮儒家「君末民本」思想，强烈抨擊君主專制之不合理，打破「君權天授」觀念，而代之以「君權民授」觀念，已孕藏一部份革命思想。二、徹底批判支撑君主專制的理論——名教，以期徹底打破「君爲臣綱」的不合理，促使國人重新檢討政治上孰爲本、孰爲末的關係。三、激烈批判異族入主中國，主張排滿，高唱漢民族主義，其激烈主張與革命僅隔一線。四、同情基層民衆，對洪楊等民間反政府行爲予以同情或加以辯護。五、選擇以士階層爲主力，從事變法，以圖政治改良，主要係有鑒於中國民智普遍低落，因而在革命與變法的交叉口，被迫選擇了變法。其經濟思想的主要論點爲本樂利原則，主張「黜儉崇奢」，積極發展工商求富，以謀根本之解決。其要點爲：一、主張應大量機器化，以惜時，並提高生產效率。二、主張開放對外通商，進行商戰，以爭取經濟權益上的反敗爲勝。三、主張扭轉民衆保守之不當觀念，力求實學，振興工商以救國。四、主張採國際合作的方式來換取中國經濟建設之機會。五、以經濟配合民權的發展，追求整體進步。其社會倫理思想尤其具有反傳統之特性，其要點爲：一、認爲名教乃在上者爲鞏固一己私利而壓迫在下者的統治工具，故應打破。二、對傳統婚姻及婦女受歧視表示抗議。三、反對貞操觀念，主張開放性教育。四、主張以合於自由、平等的朋友之倫爲基礎，重新建立新人倫，解決三綱之害，創建平等和諧之社會。

爲有效實現上述理念，化思想落實於實際，譚嗣同提出了一套變法策略，其策略分爲兩個層面，第一個層面在於提出一套中國必須積極求變的理由，第二個層面在於提出一套行動方案，作爲變法的政治綱領。關於前者，譚氏提出「器體道用」及「變法適又復古」的理論，扭轉了時人過於抱殘守缺，不敢突破中國本位的心態，促使國人樂於大量的採西法以求變，不必爲良心不安，因爲「變法適又復古」也！至於行動方案，其要點爲：一、主張教育革新、講求實學、倡導知識報國。二、主張塑造新民，啓廸民智，以爲建設新中國之基礎。三、提高紳權，藉以促進民權，爲社會塑造中堅力量。四、提倡倫理革新，以之作爲政治革新的基礎。五、以積極求富的樂利觀念，振興經濟，講求商戰，以謀經濟救國。六、提倡日新，貴今之進化觀念，提醒國人勇於變革，有效因應時代的新挑戰。

除提出變法思想，因何須變的理由，變法策略之外，譚嗣同尙藉在湖南推行新政之機會，將種種理念加以實踐，以作嘗試，先小試於一縣、一省，以爲日後全國變法革新之參考。在湖南推行新政工作，譚氏是最積極，也是開風氣之先的最重要士紳之一。他在瀏陽興算，首創湖南新學堂的起點，他力邀促成梁啓超入時務學堂講學，使時務學堂成爲作育英才的新學制的模範，開近代學校、學風之嚆矢。他請設南學會不僅爲湖南作「善亡」之應變準備，並提昇了民權，孕藏議會之規模，並推行講論會，促使社會教育之發展；再配合湘報之發行，啓廸民智，開創風氣，其貢獻不僅止於湖南，更可說是戊戌變法之先導。而其具體的實踐風格與事跡，適足以彌補部份康梁變法時期有志未伸，缺乏實際政績的缺憾。

綜觀譚嗣同從《仁學》的思想理則、批判意識出發，到對現實關懷、反省傳統，提出變法對策、行動方案，乃至嘗試實踐，我們發現，其變法思想從理論到實踐有其相當完整的連貫性，足以獨立成一系統。換言之，其《仁學》固然可自成一思想系統，其變法思想亦可獨立於康、梁之外，自成一完整系統。假設卽使沒有康有爲的影響，依據譚氏的思想發展過程及轉變來推論，譚氏也會走向變法，而且是積極求變的道路。

以上是對譚氏變法思想，從批判意識出發，由思想邁向實踐所作一精簡的歸納。現將進一步，將譚氏思想擺在晚淸政治思想發展史當中作一觀察，藉以突顯出他有何特殊意義。

從晚淸政治思想的發展趨勢看來，整個思想流變的大方向是由天朝觀逐漸邁出，作一些自覺性的調整，主要係由洋務論，走向變法論，再走向革命論。洋務論以同光時期的自强運動爲代表，主張國防科技的現代化，追求船堅礮利的器物層面的改進及努力；變法則逐漸藉道、器的討論，引伸出中學、西學孰爲本末、輕重、上下、體用的探討，並藉之探討，引出西學亦有可取之處之言論，西方科技在器物層面之外，亦可作學理，政制之依據，其關切重點，尤在政治層面之改變；而革命論起源較晚，主要以排滿革命，激烈急進手段和變法論有所差別，至於建設理想，在長遠方面比較，事實上殊途同歸。

當時一般變法論者所展現出法之當變的論點，似以下列幾項爲主：一、中體西用論：認爲西方文明注重物質層面，以技藝見長，中國傳統文化乃注重精神方面，以倫理道德見長，但畢竟技藝爲「末」，倫理道德爲「本」，因此，中學爲體、西學爲用，卽使酌採西學、西法，亦應以中國本位爲出發。二、西學源於中國說：當時人士每喜以中國固有之知識作爲瞭解西方之基礎，認爲西方一切進步的科技、學術、思想均源於中國古禮、古制、古法。這種說法有兩種可能，一則爲自我陶醉，拒不改變，一則爲「托古改制」，積極求變。三、變局思想：認爲中英鴉片戰爭之後，開三千年國史未有之變局，局勢已變，固應有應變之道，但如何應變，則各有不同主張。大致說來，變法論者，通常在政治主張上是溫和的漸進式改良派，在思想上是以中國爲本位的調和論者。在實際改革重點上，大致爲：一、主張知識實用論。二、崇尚上古借以貴今。三、抱持進步史觀。四、採漸進改革手段。五、主張透過商戰、兵戰、學戰，追求中國富强與世界大同。六、具體努力目標在於設立議會及對民衆啓蒙，或新民，以爲政治變革的社會基礎。

在此一共通性質來觀察譚氏的變法，除具一些與一般變法論的共通點外，他也具備了一些其他變法論者所沒有的特質，因而顯示出許多特殊的歷史意義：

第一、他的「器體道用論」可說是將變法論的理論推到了積極求變的最高峯，打破了舊的體用觀念，以樂於盡採西法的態度來融滙中、西，以謀興革。這一點徹底的改變守舊積習上的震撼力，大約只有康有爲的托古改制，復古更新可相比擬。

第二、變法論者基本特質之一，是與政權合作來謀改革，而譚氏此一變法論者卻極特別，他主張排滿又主張變法，這種矛盾性，一方面受限於當時的歷史條件，被迫作變法的選擇，但也可說明當時時代趨勢之走向，漸從溫和的改革走向激進的改革，而走向革命的大趨勢。而譚氏個人似乎也是一個介於從改革到革命的轉型期代表人物。

第三、譚氏的變法策略中，最應受重視而且有前瞻性的，當首推倫理革命與新民思想。其新民思想與嚴復主張的啓蒙、梁任公的新民可說英雄所見略同，甚具遠見。而倫理革命的主張，更爲突出，開啓了五四時期對傳統文化，對孔教的全面反省，影響極爲深遠。

第四、譚氏的實踐性格及在湖南推行新政的具體表現，可說是戊戌變法前後，最能身體力行的變法論者，這種力行實踐的風格，是其他坐而言，不知起而行的改良主義者所無法企及的。也因他這種實踐風格及烈士般的死難精神，使得他對時代青年有極大的啓發，有趣的是，受到他影響的青年，大多屬於革命派的仁人志士，諸如鄒容、黃興……等革命志士。反而，在譚氏死後，很少再有人立志變法，這是一個很有趣的現象。一個變法者的個人魅力，所影響到的卻是抱持革命主張的後起之秀。

第五、其衝決網羅的反傳統精神及强烈的道德理想、批判意識，對於近代反傳統、反權威的風潮有極大的啓導作用。梁啓超自承其一生志業深受譚氏《仁學》影響。而梁氏在變法失敗後，提筆高倡「破壞主義」，强調破壞乃是一種美德，必須有大破壞，才能有新建設，這種思想可說是譚嗣同衝決網羅的翻版。而梁任公的感情豐沛的筆端，風靡了多少熱血青年，胡適卽承認當年深深對梁氏的破壞主義所吸引，而五四時期的反傳統健將陳獨秀，也深受此一思想淵源之影響。李大釗亦是譚的崇拜者，甚至於連青年毛澤東也以譚爲其崇拜偶像之一，常常稱讚譚瀏陽英氣充塞於天地之間，並曾撰〈心力〉一文表示其對譚的尊崇，甚至在一些筆記中不僅意思與《仁學》所論相近，甚至用字筆法都甚相似……足證譚氏的「衝決網羅」，對於近代青年勇於反權威、反傳統有多麼深遠的影響。

總之，譚氏是一極佳的例證，其學說所呈現的批判精神，其現實關切的淑世特色，對於近代反傳統有極重大的影響。而譚氏僅是晚清思想界的一顆慧星，只是一個案而已，尙有許多其他的例子。本文之寫作，透過上述析論，相信可以將晚清思想的批判意識和五四反傳統思想之間，提供一些思想上傳承的依據，或可幫助一般論者，從五四的反傳統思想僅限於「政治一元論」的反帝、反軍閥、西力刺激的狹窄解釋中走出，重新看一看傳統與反傳統之間的聯繫。

傳統與反傳統

——以章太炎爲線索，論晚清到五四的文化變遷

淡江大學中文系教授　龔鵬程

一、向西方尋找眞理？

清朝末年幾位思想先鋒，如康有爲、嚴復等，後來都被批評爲「保守」或「倒退」。章太炎也是如此。五四新文化運動後，章氏在上海創辦《華國》月刊。九一八事變後，又在蘇州組國學會，辦《國學商兌》季刊，設置國學講習會、刊行《制言》半月刊。凡此，皆魯迅所謂：「既離民衆，漸入頹唐」之舉①。

故在研究章太炎思想時，一般都援引太炎自己在《荊漢微言》中的自述，認爲他：「始自轉俗成眞，終乃回眞向俗」。意卽先從傳統觀念的執迷中解脫出來，表彰老莊及荀韓墨子，以與儒家抗衡；然後再通過佛學的研究，復歸於儒術，或以莊證孔，得儒道之會通。

這個詮釋路向，一方面解析了章太炎晚年「思想趨於保守」的原因；另一方面也可以由太炎早年富革命性的攻擊傳統及儒家之言論，看出章氏思想對五四新文化運動反傳統精神的啓蒙意義。且正因爲新文化運動是順著太炎等人所開啓的道路向前發展，故章氏等人反而被拋在後面了。

根據這一理解，我們可以說章太炎思想有前後兩期不同的表現，但也不妨說它們並沒有根本的不同。因爲所謂後期的保守，卽是他思想中原已含藏的因素使然，或時代使然——在保守的時代中他顯

得激進，等到時代激進時他又似乎保守了。

有關章太炎的研究，基本解釋模型或詮釋的邏輯結構，大抵不脫上述。故將章太炎思想分爲兩期來看，就發生了有關分期年代的爭論：或以五四爲界、或溯至《民報》時期②。而此前後兩期，各將如何理解，亦有不同的看法。或云前期爲對儒家傳統之懷疑批判期，後期則復歸傳統；或云前期爲資產階級改良派，後期則封建色彩地主階級作用漸濃；或分前後期爲唯物主義及唯心主義思想。至於這兩期區分，是否能合理地解說章太炎「轉變」的原因，更是研究者聚訟之所在。有人說他是領受了佛學的影響；有人說是由於接觸到西方休謨、康德、叔本華、尼采之學說；有人說是因爲他原先的唯物主義並不徹底；有人又說封建地主因素在他身上逐漸起了作用；還有人覺得是革命形勢之受挫使然③；或「其父行刧，其子必且殺人」，形勢不斷激進發展，轉令長者驚愕而反趨保守。

這些轉變說或局限說，尋求了一切內在與外在原因來解釋太炎思想早晚期的變化。然而，由內在原因解說章氏思想者，也可以輕易地把「轉變」說成是「發展」，把所謂的「局限」換成另一種價值判斷，指出章太炎思想中本有的內在因素，使得他後來做了那樣的表現④。不過，有關太炎思想中哪些內在因素使其有此表現，當然又有不少爭論。至於晚期的章太炎，固然與新文化運動相枘鑿，但他的思想似乎又已成爲新文化運動的先鋒或啓蒙者。研究這位被稱爲保守主義的國學大師跟五四反傳統思潮間的關係，似乎也頗熱門⑤。

以上各說法之相關論述，篇幅有限，且亦無庸詳加徵述。我的意思是：這樣的研究途徑與詮釋邏輯，固然不乏精闢的論述成果，但基本上都建立在一個既定的價值體系上。這個體系，是不辯自明的、既存而穩定的。章太炎的思想，乃與此一體系對照時，才顯得出它的「進步」或「保守」、激進或頹唐。故五四運動以前，太炎之說，可以是五四的先聲；五四運動以後，該運動所揭櫫者，在反傳統方面，未必就遠超過章太炎，可是太炎卻已成爲保守了。這個價值體系，不僅是指馬克斯的唯物主義，更是一個與「進步」理念相關聯的、或以「進步」爲基本理念的西歐世界史觀⑥。整個晚清到民初的思想文化發展，亦依此而被解釋爲一種逐步趨近這一西歐世界的歷程。

也就是說，晚清以來的思想，被認爲是中國知識份子受西方之刺激後，逐漸由排斥、融合（洋務運動及「中體西用」說等）、到接受西洋文化的過程。這個過程是對中國傳統的逐步悖離，以漸趨於歐化或稱爲現代化。合於此一趨向者，謂爲進步，否則就是保守或後退了。舉個例子。早先毛澤東曾說：「鴉片戰爭失敗那時起，先進的中國人，經過千辛萬苦，向西方國家尋找眞理。洪秀全、康有爲、嚴復和孫中山,代表了在中國共產黨出世以前，向西方尋找眞理的一派人物」。近來李澤厚也說：「正如自鴉片戰爭以來，中國近代歷史無不客觀上帶有民主革命的性質一樣，近代中國的進步思想，更無不是在『向西方學習』這樣一個前提和環境下發展起來的」，故包括《國粹學報》都要表態：「夫歐化者，固吾人所禱祀以求者也」（第七期．論國粹無阻於歐化）。據此，李澤厚便把早期的章太炎理解爲：「是自然科學和民權思想的熱烈的學習者」「援引古典來倡導宣傳資本主義的政治、經濟、思想、文化……」，與嚴復、孫中山、康有爲、譚嗣同等相類似。而晚期的太炎，則因「走上了自己獨特的道路，卽反資本主義的道路，反對『委心向西』」，所以成爲保守落後的代表⑦。

「資本主義」的標籤，可以換貼成「唯物思想」等等，但這個基本詮釋邏輯是不變的。早期章太炎、康有爲的作爲，遂被解釋爲如馬克斯所說：借用古代亡靈和語言來進行革命，是一種託古改制。但此時就像一個人剛學會外國話，總要在心中先把外國話翻譯成中文一樣。等到後來，對外國話日漸熟稔而能運用自如了，便不再需要套穿古裝、運用傳統。章康之流，遂爲已陳之芻狗矣。

這樣理解晚清之傳統與反傳統，然乎？否乎？

二、文體日漸淺白化?

今仍以語言爲例。從晚淸到五四，常被看做一個古典語言體系逐漸瓦解的過程：傳統的文言文系統，隨著支撐它的科擧制度之崩潰，以及革命形勢的需要（宣傳、啓廸民智等等），逐步白話化，而趨近於西歐的語、文合一狀態。

依這個看法，我們可以看到梁啓超所提議的「小說界革命」、他與譚嗣同等人推動的「詩界革命」、裘廷梁汪贊卿等人辦的無錫白話學會、發行的《中國官音白話報》等白話報刊……等現象，而發現晚淸的文學語言，皆有逐漸倡導普遍化與平民化的趨勢，以致日益脫離傳統文學體系，跨入新文學的領域⑧。

然而，這個幾乎毫無可疑的論調，可說全是詮釋路向選擇出來的，猶如帶著某種有色眼鏡在看東西，東西當然要變些顏色。因爲，當我們說晚淸之文體日益淺俗，出現了新民叢報體，各式白話報刊，甚至章太炎劉師培等人也曾提倡過利用白話以便啓蒙與革命……等等事項時，我們都忽略了：在晚淸，也同時存在著文體艱深化的趨勢。

例如革命派的章太炎，其文章之古奧艱澀，是衆所周知的。與他並肩作戰過的劉師培，文章又何嘗淺俗？而這一派，在文宣工作上，顯然又勝過文體淺易的梁啓超新民叢報風格⑨。這一現象，是迷信爲了宣傳及普及思想，卽必須採用通俗淺顯語言的人，所宜深思的。整個晚淸，在大趨勢上說，恐怕正是這一艱深文風興盛的時代。例如詩歌，乾嘉時期的詩風，由於有袁枚、趙翼、蔣心餘等人的提倡，較爲淺易。同治以後，則不論是王闓運所代表的湖湘一派，專攻六朝；抑或曾國藩所開啓，而經陳三立、陳寶琛、鄭孝胥、沈曾植、林旭等人所推闡發揚的宋詩風氣，都遠較乾嘉深刻艱僻。所謂「

同光體」，張之洞曾有「張茂先我所不解」之嘆；陳衍弟子曾克耑也說這是揉合詩人與學人爲一體的詩。其奧衍艱深，似乎還要超過他們所效法的宋朝詩⑩。

詞，王鵬運、朱彊村、鄭文焯等人，在此時也發展出一種接近南宋的詞風。「一字不苟，覺厲氏於律之疏也；一往而深，覺張氏於意之淺也」，上追碧山、白石、夢窗，鎚幽鑿險，理隱而志微，講究「重、拙、大」。

文章方面，看來也是如此。自魏源、龔定庵以降，文章實在不是「形成一種平實的風格」，而是奇怪與艱澀。魏源序龔自珍集，謂其善於復古，且云：「錮之深淵，緘以鐵石，土花鏽蝕，千百載後發硎出之，相對猶如坐三代上」，自然很難說它是平實淺易的。故曹籀序，說龔氏「奧義深文，佶屈而聱牙也。」龔氏的影響，在晚清非常鉅大，吳宓曾提到當時稍稱新黨之家，案頭皆有定庵集⑪。所以這種佶屈聱牙的文風，實是晚清的一大特色。但這一受常州派影響下的文風，較爲奇麗恢瑰；另一支較爲雅正的文風，就是桐城派的發展。晚清桐城派如吳汝綸父子、馬其昶、姚永樸兄弟……等，勢力極大，即使章太炎也不敢忽視之。嚴復、林紓之介紹新思想、新文學作品，所倚賴的都是這一派文體。風格嶄向，乃在雅潔，而非平易。故《原富》等書初出，讀者已謂其艱深⑫。

即使是正面提倡詩界革命的譚嗣同，他的新體詩，也是堆垛新名詞、隱語、諸宗教經典中語，而具有「索解爲難」的效果。因此，整體地看，晚清文風，應當是趨向於艱深的。白話固已濫觴，實仍涓細不足道也。

而在這種趨向之中，值得注意的就是魏晉南北朝文風的復興。從阮元提出〈文言說〉、李兆洛編《駢體文鈔》以後，以汲源六朝來超越唐宋八大家以迄桐城派長期籠罩的文風，可說是一重要的傾向。王闓運暫且不論，激進者如譚嗣同，亦自謂：「嗣同少爲桐城所震，刻意規之數年，久自以爲似矣。出示人亦以爲似。誦書偶多，廣識當世淹通歸一之士，稍稍自慚又無以自達。或授以魏晉間文，乃大喜，時時籀繹，益篤嗜之」（全集，卷中、三十自紀）。梁起超也說：「啓超夙不喜桐城派古文，幼年爲文，覺晚漢魏晉，頗尚矜練」（清代學術概論）。維新派人士如此。在主張革命的陣營裏，亦有追躡服膺阮元之說的劉師培。他曾作〈廣阮氏文言說〉，撰《中古文學史》，講授《漢魏六朝專家文》，自己也擅長駢文。章太炎雖不相信阮元的說法，但他論文章，却特崇魏晉，以爲：

魏之末造、晉之盛德，鍾會、袁準、傅玄皆有家言，時時見他書援引，視荀悅、徐幹則勝。此其故何也？老莊形名之學，逮魏復作，故其言不牽章句；單篇持論，亦優漢世。……經術已不行於王路，喪祭猶在，冠昏朝覲，猶弗能替舊常，故議禮之文亦獨至。……（國故論衡・中・論式）。

主張「持論以魏晉爲法」「上法六代」，並謂魏晉之文勝於漢朝。可說是從另一個方向去師仿六朝文。這種作爲，應該是對唐宋以來文風的反撲。所以他把六朝文風視爲「雅」，唐宋文風稱爲「俗」。說：「並世所見，王闓運能盡雅，其次吳汝綸以下，有桐城馬其昶爲能盡俗」⑬。

太炎的文章，即是以這種「雅」自負的，頗不屑於淺易諧俗。雖然在〈鄒容傳〉中提到鄒容寫好《革命軍》以後，自覺「語過淺露，就炳麟求修飾」，而章氏以爲：「感恆民當如是」。但《與鄧實書》又云：

昨聞上海有人定近世文人筆語為五十家，以僕紆厠其列。僕之文辭為雅俗所知者，蓋論事數首而已。斯皆淺露，其辭取是便俗，無當於文苑。向作《訄書》，文實閎雅。篋中所藏，視此者亦數十首。蓋博而有約、文不掩質，以是為文章職墨，流俗或未之好也。（文錄・卷二）

可見爲了革命的需要，固然不妨運用白話或通俗的文詞，就文章的標準來說，卻得要上追六朝，力求閎雅。

這種上追六朝的做法，其實又不僅限於文學方面，而是與其學術嶄向相關聯的，所以他批評：「近代或欲上法六代，然不窺六代學術之本，惟欲厲其末流」。在提倡六朝文時，同時他也提倡「五朝學」⑭。

這些現象告訴了我們什麼？

從章太炎所影響的新舊派門人身上，我們都不應忽略這獨崇魏晉、上追六朝文風乃至學風的意義。例如舊派的黃侃，對《文選》極爲用功，又作《文心雕龍札記》，寫駢儷文，撰《漢唐玄學論》，顯然浸淫五朝學至深。新派的魯迅，也是以「魏晉文章」著名，對《嵇康集》及六朝碑拓等，下過很多功夫。甚至整個五四文學革命，劉大杰都曾表示它與魏晉文學具有相同的精神⑮。因此，艱深雅練的文風與主張白話淺俗，在效法魏晉這一點上，卻是可以相通的。

那麼，文章效法魏晉或其他各種艱深化的舉動，到底代表什麼意義呢？

三、復古以求新變

文體的艱深化，基本上是一種反對時代的表示；是對現存文風不滿之後的變革。爲了達成這種變革，思變者往往必須跨越一個文化世代，去尋找他所需要的典範來支持他的新變。

在中國史上，漢末至唐朝初期，可算是一個世代，即章太炎所說的六代或五朝學的時代。唐朝中葉之後，直到淸末，可算另一個文化世代⑯。唐宋元明淸各朝，在改革其時代文風時，往往都會上溯其前一世代。例如唐朝中葉的古文運動，是要跨越六朝，上追秦漢；明初館閣體「文章尙宋廬陵氏」，復古派遂上溯至「爲文法秦漢，其爲詩法漢魏李杜」；導致後來公安派出來，「辯歐韓之極寃」（袁中郎・答李元善書）；但復社繼起，又認爲「宋文最不足法」，而欲上溯秦漢。桐城以後，唐宋文的勢力逐漸鞏固，到了清末，思變者乃又跨越唐宋，上追漢魏六朝以變革之。文學當然也就比較古奧了⑰。

這個文學藝術變遷的模式，在書法上也是相同的。晚清在帖學（由宋朝開啓）長期籠罩下，阮元開始提出北魏碑刻的書風來尋求改革，到康有爲而發展成一個嚴密龐大的理論體系。主張「卑唐」，力貶唐以下書風，而上溯南北朝。書法遂擺脫了姸美姿媚的風格，而趨向於艱深化，表現出一種「艱難的美」⑱。

至於詩，王闓運的效法六朝，同樣具有這種意義。章太炎自己的詩也是崇法魏晉的。所謂「同光體」詩家，固然不法六朝，但一般均相信他們不是單純的宋詩，而是揉合消化了六朝的宋詩。例如陳散原早年的詩，深受選體影響；鄭孝胥則浸淫大謝極深；沈曾植對同光詩也有個「三關」的解釋，說詩人必須經元祐、元和，而上追到元嘉。故其古奧艱深亦遠超過乾嘉時期的詩⑲。他們不能追得太遠，因爲太遠了又與自己那個時代隔閡太甚。適當地從上一個文化世代中擷取某些價值，才可以安心地對身處的時代與傳統做一番改革。

這卽是魏源序龔定庵集時，特別強調「復古」的意義。復古的目的，正是爲了要創新、要改革。而復古的方式，則必須通過對古的重新理解、重新掌握，方能選擷出某些價值，以便依循。濃厚的歷史意識，遂在這種情況下形成。章太炎的「尊史」，就代表這種精神。

固然在章太炎的觀念中，歷史是已經客觀存在的，不容託古改制、古爲今用⑳。但是人在理解歷史的同時，實際上已替歷史做了新的詮釋；人的歷史知識，也必然與他個人存在的境遇感相綰合。從章太炎論「儒俠」等各篇，以及《訄書》幾次不同的修訂，我們就可以看出：他的歷史理解，是怎樣與他的現實境遇感分不開了。

因此，這種復古，不但在意義上代表一種革新與變遷。對「傳統」而言，所謂的傳統或歷史，也在內容上出現了新的變化，有了新的內容。可說是替傳統畫了新的地圖。而也正因爲傳統有了這些新內容，它才能做爲批判他身處那個時代的力量，進而顚覆那仍在他的時代中起作用的傳統。

這就是傳統的複雜性，及其內部辯證發展的邏輯。傳統與反傳統完全是糾合爲一的，傳統的深化與強化，同時卽構成了內在批判與重構的過程㉑。

在這個過程之中，改革者超越了自身所處時代及在那個時代中主要的文化勢力，溯尋古代文化因素。這些因素，在他們身處的那個時代，亦非毫無遺存，只不過跟當時主要的勢力相比，它們顯得微弱或非主流所在而已。例如古文運動以後，駢文就死亡了嗎？當然不！在宋朝，它仍以實用官文書公牘等形式存在著，爲宋代之「時文」；隨著唐宋八大家勢力日益鞏固強大，駢文雖日蹙日銷，然亦終未死絕，只是不復爲文章之主流罷了。明末張溥等人，在反對唐宋八大家所代表的文風時；清末從李兆洛阮元到章太炎劉師培，在反對桐城派時，都曾把這非主流因素找出來，特與標擧，俾便促進改革。

換句話說，溯求前一文化世代的行動，同時也可以理解爲：在傳統的主流之外，尋找旁支、非主流因素，來批判主流，而達成文化變遷。

晚淸維新派或革命派均常採用這種方式。如譚嗣同把兩千年來的文化，全部批判爲荀學、爲秦政。表現了濃厚的尊儒色彩，要把一切非儒的因素全部掃除，以恢復三代眞儒的精神。卽是溯求往古的模式。但在這同時，他的《仁學》又並非純宗周孔，而是孔墨並擧的。據《仁學》自序云：「墨有兩派，一曰任俠，吾所謂仁也。一曰格致，吾所謂學也」。墨家精神在他學說中地位可想而知。所以這是在事實上吸收了非主流因素來批判兩千年的傳統主流。

章太炎之「尊荀」，與譚嗣同迥異，但其對應時代問題的改革模式，實際上並無不同㉒。自宋明以來，儒家已爲中國文化的主流，儒家之中，又以孔孟爲主流。章太炎卻：「歷覽前史，獨於荀卿韓非謂不可易」（荊漢微言）「歸宿則在孫卿韓非」（自編年譜）。在儒家中抬高荀子，批評孟子的性善論（見〈五無論〉）、子思與孟子的五行說（見〈子思孟軻五行說〉）；並通過荀子連接到法家的傳統，寫〈儒法〉〈商鞅〉等文，以「不忘經國，尋求政術」。在哲學上，則標舉老莊與佛家，用以壓抑當時仍居主流地位的儒家，出現〈儒道〉〈訂孔〉及《諸子學略說》等激烈非儒反孔的文章。這跟康有爲在儒家傳統內部，尋找那久已「不絕者如縷」的公羊學，批判中國兩千年來皆屬「新學」、僞經與莽政，有什麼兩樣㉓？

四、複雜的傳統與反傳統關係

㈠復古與中西體用論

於此做法中，援引西學，亦無不可。因爲他們可以將西學視爲傳統的一部份，亦即傳統的非主流因素。說西學中某部份卽周孔之道或與周孔之道相合，只不過兩千年來居文化之主流的，都恰好不是周孔之道。所以必須提倡這些西學，以追復古道。

章太炎與康有爲、譚嗣同等人，均採此一模式。譚嗣同說：「勢不得不酌取西法，以補吾中國古法之亡。正使西法不類於古，猶自遠勝積亂二千餘年暴秦之弊法，且幾於無法。又況西法之博大精深，周密微至，按之《周禮》，往往而合，蓋不徒工藝一端足補〈考工〉而已。斯非聖人之道，中國亡之，獨賴西人以存者耶？」（思緯壹（臺短書），即是此意。

這類做法，無論談西學談得多還是少，整個理論的根本處，仍在傳統。西學不是被徹底吸收消化在傳統之中了，就是只具有輔助性或裝飾性的功能。章太炎和康譚一樣，都可以顯示出這一意義。故康終究只是提倡孔教，章也終究只是「國學大師」。

正因爲如此，所以他們的思想中，沒有「體／用」的糾纏。「體／用」問題，是從洋務運動中帶出來的。在洋務運動的改革中，因偏重西洋器械知識，所以認爲政教是道，機械是器。欲輸入西洋機械，以謀中國之富強，並藉以維持中國之政教，即是「求形而下之器，守形而上之道」。這種主張，後來徹底失敗了。於是學者又提出新的論據，謂道器並不對立，而是互爲表裏的，透過器即可表現道，只不過道與器有體用本末之異而已。陳熾《庸書》、鄭觀應《盛世危言》、湯震《危言》都提出了這類主張。張之洞的「中體西用」說，則具體總結了這一派應變模式的看法㉔。

然而，我們不要忘了張之洞提出這一說法，實乃用以對抗變法論。康譚以及後來更激烈化、走向革命的章太炎都不採取這一模式。他們的應變策略，反而是比較傳統的，與中國歷代之文化變遷經驗較爲忻合，而省去了中／西、體／用、道／器……等糾轕。從更深入傳統的方式，去解構傳統；又從對傳統的批判，來強化傳統，以使傳統在面臨新時代的變局時，能更具活力地成爲現存處境的指導。

㈡復古與修古論

這一模式，也與嚴復、林紓等人不同。

在章太炎等人溯求往古或擷取非主流文化因素來進行變革之際，那遭到正面冲擊的傳統勢力，亦必須對它本身做一些調整，並對自身存在的理由，做一辯護。林紓和嚴復，即代表了這一類型。嚴復精嫺西學，林紓不諳洋文，而兩人都從事了重要的翻譯事業。但是，我們不應只注意到翻譯，得更深一層看，看他們是如何做翻譯。因爲他們的譯著，雖然一偏於政法論述、一偏於小說，卻有個共同的地方，那就是運用桐城派古文。換言之，在桐城派受到魏晉文風復興的挑戰時，桐城派也相對地在變。以桐城派古文譯述西方著作，事實上即是豐富其本身傳統的一種方式㉕。這種行動，與桐城另一批人，如馬其昶、姚永樸、姚永概、吳闓生等人對韓柳古文的加強研治，以重新鞏固其傳統，意義實在是一樣的。所以，嚴復固然以譯介西學爲世所推重，他本人的文化理想卻是要「修古而更新」。他在譯《法意》第十七章的按語中說：

> 宗教、哲學、文章、藝術，皆於人心有至靈之效。……是故亞洲今日諸種，如支那、如印度，當不至遂爲異種所剋滅者，亦以數千年教化有影響效果之可言。特修古而更新，須時日耳。

這是企圖對傳統修整補葺，以展現新的活力，來應付變局。我們只看到他的修補整葺、只看到他譯介西學，便以爲他是激進的；因此又不免懷疑他之終究歸於傳統，是一種後退與保守。殊不知修古而更新，本來就是爲了要鞏固傳統，所以光緒廿七年嚴復有信寄給張元濟說：「不知教中國少年以西學，其門徑與西人從事西學者霄壤迥殊。故近日所成之材，其病有二：爲西人培其羽翼，一也；否則學非所用，知者屠龍之技，而當務之急則反茫然。……中國之舊，豈可一意抹煞？而西人則漫不經意，孰果斷因。官則無一非貪、政則無往非弊，而以貪、所以敝之故，又非異類所知也」。教中國人以西學，嚴復眞正的用意並非欲傳授西學，以變中國；而係旨在豐富中國的傳統以適變。故其門徑與目的均與西人從事西學不同，且西學與中國牴牾時，他大體也是主張保有中國之舊的。他的應變模式如此，則晚年的表現較偏向於守舊，甚至從事恢復帝制的活動，亦是十分自然的。對五四新文化運動，他與林紓，也都表示了相同的反對態度，重申唐宋古文家系統對文學的信念，以資對抗。

(三) 復古與傳統的深化

但這種修古而更新的模式，在章太炎看來，仍不甚妥。因爲他們所持之古，依太炎這一類型的人看，其實還不夠古；而且既修古以更新，則此不夠古之古亦已不能堅守。〈與人論文書〉謂：「下流所仰，乃在嚴復、林紓之徒。復辭雖飭，氣體比於制舉，若將所謂曳行作姿者也。紓視復又彌下，辭無涓選，精采雜汙，而更浸潤唐人小說之風。……若然者，既不能雅，又不能俗」，即是此意㉖。由這點看，此一應變模式的積極性是比較弱的，也不像太炎他們那樣充滿批判精神。然而，其結果可能並沒有太大的差異。

因爲批判者援引往古，或選擷傳統中的非主流因素，來反抗當時居於主流地位的傳統勢力時，固然對傳統造成了某些衝擊，瓦解了某些價值。但這同時也是把傳統從某個固定的框套中釋放了出來，傳統內部的豐富性與複雜度，一齊展現到國人眼前。傳統遂在被摧毀的同時，其活力也大爲增強。晚清以降，西潮拍擊之勢雖然強勁鉅烈，研究者觀聽之所在，不免較集中於中西關係；且模糊中總是感覺整個發展乃是一現代化或西化的過程，傳統一直在崩潰或退卻之中。其實公羊學今文家的復興，從魏源、康有爲、廖平、王闓運、皮錫瑞、葉德輝……，到民國的崔適、呂思勉等，一直活力旺盛；至今臺灣民間講學，如毓鋆之類，影響亦不在小。古文家，則章黃門人及其他，也有不少表現。熊十力、梁漱溟等所開啓的新儒家學風，同樣可以視爲近代陸王學的復興㉗。這些復興，不論章太炎黃侃，還有康有爲、廖平、抑或熊十力，都不是規行矩步的人物，都不是循煦守成的性格，反而充滿了縱軼噴薄、控搏激昂的氣息，爲世人目爲狂者、怪人、瘋子。這豈不是傳統活力大增的一種表現嗎？

再從傳統在這些人身上的作用看。他們援引往古及標準傳統中非主流因素時，對傳統的破壞當然不小，反傳統的姿態甚高。但是，如前文所述，經過這一反以後，傳統事實上已出現了新的內容。因爲批判者用以批判傳統的資源，仍然在於傳統。批判者藉著對傳統的重新理解與重新詮釋，來達成批判改革之功的同時，他與傳統的關係也越來越緊密。到最後，他的理想以及理解，全部要以傳統來說明，並化爲傳統本身的屬性。

讓我舉個例子：章太炎早年是揭擧法家、道家，來訂孔貶儒的。中年經歷憂患，又加上了佛家。認爲佛家之哲學最爲玄妙：「私謂釋迦玄言出過晚周諸子不計數，程朱以下，尤不足論」。但他鑽研愈久，愈深入傳統，他所理解的莊子也就愈深刻，深刻到「乃與瑜迦華嚴相會」。這時候他仍認爲孔子之玄妙是不及老莊的。可是等到他更深入理解《易經》時，才恍然「知其（孔子）價位卓絕，誠非功濟生民而已」。這就意味了：歷史與傳統不是凝固既存的，它仰賴讀者的參與、詮釋；它也不是自明的，而是需要讀者思索以通、誦數以明。讀者不斷鑽研，見識越來越明通深刻，傳統也隨之深刻化，因爲它被高明深刻的讀者看出深刻的意義。在此情況下，讀者思索理解出來的道理，也同時就是傳統或經典「本身」的意涵。所以到最後，《齊物論釋》既是對莊子的解釋，也是章太炎自己思想的說明。那「價位卓絕」的孔子，亦非他人所理解之孔子，而卽是章太炎自己理想與理解的最終典範。以致他在表述自己的意見時，也就是在解說傳統。反過來說，他也必須不斷講述傳統，才能表達他自己。此所以有太炎國學院之開辦也。

透過這種詮釋學的剖析，我們才能了解康有爲之崇慕孔子，與太炎之歸宿孔子，實代表著同樣的意義。這些人早年的批判意識，其實卽是導致他們最後與傳統貼合的線索。從反傳統到擁抱傳統，成爲傳統的代言人（注意章太炎「國學大師」的徽號），乃是內在邏輯的合理發展。

五、從復古到西化

章太炎這種應變模式及其由反傳統到傳統的歷程，其實也就是五四新文化運動的模式與歷程。一般我們只注意到章氏與其門人如黃侃等跟新文化運動者的齟齬，而未認眞看待胡適對章太炎的感謝。對這一點便常有忽略㉘。

胡適在《中國哲學史大綱》自序中說：「對於近人，我最感謝章太炎先生」。這不僅是因這本書的局部論案深受章氏影響，而更是學術方向上的。在《胡適留學日記》之中，他已經屢屢言及章太炎了㉙。故章太炎推崇法家道家以及儒家中的荀子，抬高非主流因素以抗貶主流而啓新變的作風，對他應深具啓發。而整個五四新文學運動，也卽是一場以「語」代「文」的活動。因爲在中國文化裏，本來一直有主文的傳統，「語」，僅用以輔助文。胡適等則突顯了語及一切口傳文學，以白話來涵攝一切文學，名之爲活文學，批判「桐城謬種」「選學妖孽」㉚。依《白話文學史》來看，一方面他跨越了唐宋與六朝，更往上追到「兩千五百年前的白話文學——國風」與「春秋戰國時代的文學是白話的」；一方面在六朝以下，找出原先不居主流地位的民間文學、口傳文學，予以標舉推揚，用來打倒幾千年來主文的、文人的「文言文」。並把唐宋古文，從桐城派手中搶過來，解釋做白話文㉛。

這難道不是跨越身處時代，溯求往古，以及尋找傳統中非主流因素以批判他所身處之傳統嗎㉜？在儒學上，他批判程朱，提倡戴震與考證式的樸學，亦屬此一模式，且門徑路數皆大類章太炎。不過，追白話於《詩經》畢竟太遠了。繼起者便提出晚明小品來。——周作人《中國新文學的源流》明白指出：「胡適先生的主張……便是公安派的思想和主張」㉝。這自然是對胡適說法的一種補充或修正。但此說之基本模式仍是不變的。

據此，我們也可以理解到：爲什麼胡適在掀起反傳統的滔天巨浪之後，竟逐漸埋首故紙堆中去「整理國故」了。這豈不與章太炎相同嗎？「國故」一辭，亦採自章太炎哩！從反傳統到傳統的邏輯，再一次地出現了。

但是，新文化運動以後，並不是所有的人都如此「回到」傳統之中，更多的人是日益其新、日益其反，此又何以故？

此亦不難理解：

⑴　跨越自身時代，而溯求往古，得要眞積力久的功夫。不僅批判者要對整個時代傳統有徹底的

了解，熟知其利弊得失，更要對那已「舉世不為」的上代文化有特殊的理解與掌握。此非識力迴出時流、超越時代，學問又眞能深入文化傳統內部者不辦。但是這種具大氣魄、大學養的人出來登高一呼，造成現存傳統的崩解之後，他自己固然仍能因其本身對傳統已有極深的修養，而不斷深入傳統；一般人卻在傳統崩解之際，愈來愈不容易獲得有關傳統的滋潤與教養；對於原先所批判之傳統和經過批判後重建的傳統，也無法分辨；對復歸傳統者，又缺乏理解與尊重，以致一反不復。而被批判者，亦恆因此輩之「淺薄」而愈趨憤懣，轉而益形鞏固其傳統壁壘，更加地保守頑固㉞。二者相激，文化變遷中的災難，往往因此而起。

(2)揭舉傳統中的非主流因素，用以打擊主流，誠然甚為犀利。但主流之所以能在歷史中成為主流，亦非純屬倖致；非主流之所以長期未能居於主流，其間亦未必沒有「歷史的理性」在。然而，在激昂的批判意識下，強將非主流者抬高。對非主流之價值自不免有誇大矜張之弊，對主流與非主流者之間的歷史關係，理解也未必得中，且易偏向於從對抗關係去了解。如章太炎論孔老（說老子之所以出關，是因為逢蒙殺后羿，恐遭儒家殺害）；胡適論文言與白話；周作人論公安派與復古派……等，均是如此。故一方面，在嚴格的學術檢驗標準下，這些說法都很難站得住腳；但在革命大勢的趨導下，卻往往風起雲湧，聳動一時。於是持論之已偏者，逐漸偏而又偏，有時甚至淹沒了原先主張中理性的部份，使得早期的領導者也無法認同。其次，則是非主流本身有時比較不能提供足夠的、豐富的資源，來支撐整個運動的發展，或開展出一個嶄新的傳統。以致援汲非主流者逐漸流遁無所歸。

(3)在中國歷史上，溯求往古及援採非主流因素來達成文化變革，是最常見的模式。但那都是在中國文化內部這一個封閉而自足的體系中運作，西力東漸以後，形勢頓爾改觀。此時改革者常汲引西學，視為傳統的非主流因素之一部份，以強化其變革文化之說。然非主流因素既然有時無法提供繼續開展的資源，則勢不能不加深西學的成份，因為西學所展示的是另一個豐富而完整的系統，足供採擷。所以，原先是為了改革現有的傳統，以強化民族文化生命，才去吸收西學；最後卻被異化了。變成：為了吸收西學，即必須放棄民族文化。

例如胡適提出的白話文運動，是要以《水滸》《西遊》《紅樓》的白話爲主，再參酌今日的白話加以割捨、補充。這仍是援溯往古，並輔以現存之非正統因素而已。故錢玄同、黎錦熙皆謂其所採摭之時代太古，且亦不敷使用，無法處理新事理新事物。這卽是對白話做爲未來開展之資源時內在不足的疑慮。傅斯年則發表了〈怎樣做白話文〉，提出寫白話散文的憑藉，一是留心說話，二是直用西洋詞法。這個說法，前者仍屬於吸收非主流因素的模式，後者卻開始異化了。然胡適當時並未察覺，仍以爲這是「國語的文學，文學的國語」最重要的修正案。其實呢？這個修正案，最後乃是要將白話文成就爲「與西洋文同流的白話文」。故主張「直用西洋文的款式、文法、詞法、句法、章法、詞枝，和一切修辭上的方法」，以使白話文徹底歐化。要寫作者「心裏不要忘記歐化文學的主義，務必使我們做出來的文章，和西文近似，有西文的趣味」。據此，他並斷言：「中國語的歐化，是免不了的；十年後，定有歐化的國語文學」。

然而，旣已歐化，何言「國語」？國語的文學，竟發展到「何不爽快把中國字完全去了」（朱有畇之說）；然後再到「僅廢中國文字乎？抑並廢中國言語乎？」（陳獨秀說）的考慮；最後則强烈主張廢漢語，改用世界語。這便旣無所謂國語的文學，也根本無國語了㉟。

這種例子，不僅存在於語文及文學的討論上，也存在於思想內涵的硏究裏：全盤西化論的提出，以及整個知識界思維方式、思維內容的逐步西化。早期的改革者，無論康有爲、譚嗣同、章太炎，還是胡適，思想的底子，都仍是中國的傳統，且以傳統反傳統；後來則逐漸出現了「傳統外」的知識份子，以傳統之外的東西來反傳統。而他們所持之「傳統外」，却也不是別的，正是西方知識份子以其傳統反傳統的那一套哩㊱！

⑷　出現這種異化，不是必然的。因爲在魏晉南北朝，佛教被講老莊之學者所吸收，用以變革兩

漢儒家經學傳統時，並未如此異化，何以五四以後便異化了？又，同樣是復古求變的模式，爲什麼章太炎、胡適這一路便異化了，而康有爲卻始終不異化？這裏隱藏著一個內在的原因，那就是：他們的歷史觀念，是個古今斷裂的歷史觀。章太炎與胡適一樣，都把歷史看成自己及現代之外，以獨立客觀存在於過去的一段史迹；相信治史者可以靠「盡於有徵」的方法，把歷史的眞相揭露出來。這種新史學，其實是乾嘉考證學派化出來的，也很便當地與西方歷史主義、實證主義史學結合了，再加上十九世紀以來，西方對「傳統／現代」的社會的兩極思考，於是「歷史」與「現代」斷裂成兩截，只是「國故」「國粹」「遺產」，聊可爲考古與整理、保存而已，不再能激發民族文化之發展了。太炎說：「說經所以存古，非以是適今也」（與人論樸學說）「僕輩生於今日，獨欲任持國學，比于守府而已」（民元年十月十四日與吳承仕書），與胡適整理國故、整理文化遺產的口號，都代表了這個看法。然說經既非用以適今，則適今者又何必讀經？此一說法，加强了傳統的崩潰，也斷絕了人們對傳統的嚮往。所以《國粹學報》才會說：「國粹無阻於歐化」，「夫歐化者，固吾人所禱祀以求者也」。言國粹，正所以促進西化的進展。

(5)　更進一步加深異化狀況的，是五四運動所進行的變革內容。這個變革從根本上動搖了傳統「文字——文學——文化」的具體結構。

在胡適提出白話文主張之前，白話文學的「勢」已經出現了。例如維新派及革命黨人，利用較爲淺俗的文字，來宣傳改革的社會政治理想；較開明的知識份子，體察到中國之積弱，在於民智未開，故創辦各種白話報刊，以啓廸民智，進行社會教育。這些現象，近人談論已多，起碼李瑞騰的《晚清的革命文學》一書述之甚詳。但此處宜補充兩點：

一、晚清白話文學之發展，不應只以中國遭受西力衝擊後的反應面來觀察（像上述兩種說法），而應視為中國傳統內部非主流因素勢力逐漸擴大中的一個部份。因為在晚清，中國傳統中較不重視或被貶抑的東西，都被提舉出來，勢力大為增强。民間小說戲劇平話之發展亦然，且有大量文人投入其中，參與研究及創作，如王國維、吳梅、俞樾、劉鶚……等。其目的皆不在啓廸民智也㊲。

二、以白話宣揚政見、啓發民智，在晚清只是個輔助系統，聲勢並不如今人想像中大。以革命黨跟保皇黨的鬪爭來說，革命派之章太炎劉師培，皆文筆古奧，章氏尤甚。但在宣傳上卻如魯迅所說，是「當之披靡，令人神往」。為什麼？因為大部份的知識份子覺得章氏的文章較有「根柢」，梁啓超新民叢報體，就不免有些淺薄了。所以革命派文宣之勝利，主要是他們的表達方式較符合一般知識份子的文學認知，也脗合了他們的格調（當時很多人寫信都用篆字、玩古董、賞古碑、論古學，也是一般知識人普遍的生活方式，且大流行於晚清）。白話固然也有人提倡，但根本上仍是重「文」而輕「話」。

以章太炎為例。他的《文始》，推語言之始，而全以文為說，可見在他的觀念裏，語言學乃是建立在文字學上。——這跟現代或西方語言學有一基本之差異，所以直到現在，章氏後學如林尹、陳新雄先生等之小學，仍以《說文》《廣韻》之歸納分析為主。形成一「以字為中心的聲韻學」㊳。由這個文字訓詁之學進而到文學領域，他也認為：「有文字著於竹帛，故謂之文；論其法式，謂之文學」（國故論衡・文學總略），稱「文」而不採後來習用的「文學」二字，即是把文學推回到古義，指一切文字書寫品，而不僅以「流連哀思、吐屬藻麗」者為文。為什麼他要如此說呢？主要就是區別「語」「文」：

凡此皆從其質為名，所以別文字于語言。其必為之別，何也？文字初興，本以成聲氣，乃其功用有勝於語言者。言語僅成線耳，喻若空中鳥迹，甫見而形已逝。故一事一義得相聯貫者，言語司之。及夫萬類坌集，棼不可理，言語之用，有所不周，於是委之文字。文字之用，足以成面，故表譜圖畫之術興焉。……然則文字本以代言，其用則有獨至。

以語、文的區分，來論斷文學的本質，且對文充滿了信心，說文之用勝於語。他這一亙古所無的看法，當時有贊成者也有反對者，但怎麼定義文學並不重要，重要的是此說顯示了一種當時知識份子普遍的態度；相信文而輕忽語。

五四運動就不同了，白話文學的主張，高舉語而推倒文，謂文言爲死文字死文學、提高民間口傳文學的地位、以語之用勝於文等，皆令晚淸思想先鋒錯愕不已。林紓詆其以「引車賣槳者流」的語言來取代《史記》《漢書》之文章，可以充分說明問題的關鍵所在。此爲世所周知者，不必詳述。這裏要談的是：這場以語代文的運動，其是非與影響如何。

文言與白話的劃分，根本是虛構的。張漢良曾稱文言與白話的對立，是「語言的二元論神話」。因爲：「語體文和文言文並非對立的語言系統，兩者本無先驗的、獨立的語言質素，足以作爲彼此區分的標準。就語音、語構和語意三層次而言，兩者沒有本質上的差異。如果有區別，也僅在語用層次。亦卽語言使用者對以上三種層次的慣例的認知、認定和認同問題。其次，所謂『語體』的白話文，和文言文一樣，已經不再是口語，而是被書寫過的文字」㊴。

也就是說：「白話文」一詞根本是自相矛盾的，白話文就是文言。卽使我們稱它爲「語體文」，語體依然是文體。卽使在語彙及語態上刻意模擬說話，其文詞規律仍是文的，而非語的；是視覺的藝術，而非聽覺的美感。故文言與白話無從對立，五四以來一切文言與白話的戰爭，都在這一虛構中抓瞎起鬨。

所以在這裏我們就必須注意到胡適所提的「白話文」與「文言文」二詞中的「文」字。順著晚淸如章太炎等人的「文」「語」區分，胡適做了兩個推展，一是承認文與語的區分，但這兩者都存在於文中，文中卽有語與文之分。二是逆轉了文與語的價值判斷，說文中之語體者，其用勝於文中之較文言者。

爲了證成這個紆曲繚繞的理論，他先在古代文學作品中分出什麼是白話文、什麼是文言文；再賦予價值判斷，說前者是活的，而後者是死的。然而此一區分實在帶有若干任意的遊戲性質，例如把《詩經》、春秋戰國諸子、《史記》《漢書》、杜詩……等，全都歸爲白話文，來跟桐城派古文家爭地位；其判斷一文是否爲白話文學的標準，又隨時移易、互相不同。這樣的做法，實在問題重重。不過，這一語與文的分判，也確實觸及了一些文學史上重要的論題，例如語如何進入文、文如何消融吸收語，口傳的或帶有表演性質的藝術（如說話、評彈、戲、曲）如何與文相離相合、文人傳統與民間傳統的關係……等等，都在這種研究觀點下帶生出來了。

然而，不幸的是：這其中一方面含有太强烈的價值判斷，推倒一面而肯定另一面，在事理未詳、義理未安之際，卽發展成一種獨斷專橫的意識形態，流弊自然甚大。另一方面，語與文的區分，乃是指文中之語與文中之文，但此「語」與口語活動之語，卻時相混淆。寖至「文」「言」兩歧，歧路羊亡，文旣不文，語亦橫受干擾。

這也就是說，五四新文學運動，表面上推倒了文的傳統，白話取得了全面優勢，但實際上這個話乃是文中之話，故所建立的不是個語的傳統，而仍是文，是對文另一種形態的强化與鞏固。以小說爲例，五四以後的小說論者，所欣賞的都是文人小說家（Shcholar - novelist）而非民間說話傳統，所偏愛的小說也仍以文釆可觀者爲主㊵。至於小說之寫作，亦復如此。最近陳平原《中國小說敍事模式的轉變》特別指出：現代小說不是比古典小說更大衆化，而是更文人化；作家主體意識的强化，小說形式感的加强及小說人物的心理化傾向，全都指向文人文學傳統而非民間傳統：小說書面化的傾向，轉變了古典小說的敘事模式㊶。這種結果，乍看之下似乎是與五四提倡民間文學傳統、打倒山林貴族文學之口號矛盾。但仔細想想，何只小說？白話新詩比古典詩更難懂，話劇也從來就不像話。可是，雖然不像話、雖然是文的深化與强化，它卻又自稱爲「白話文」；然後再簡稱爲「白話」，來跟「文言」對立對抗。

這就混淆了文中之語與語的界限，以至治絲益棼，搞得莫名其妙。對抗的結果，使人普遍地對文言產生抗拒，文言變成保守、腐敗的象徵。人不再讀古典文學或不能讀文言作品了。不再讀古書或不能讀古書，不必書寫或不能書寫了，文字使用能力及對文字的理解能力，也都日益低落㊷。

這眞是從古未有的情況。文化界固然還在形式主義地爭辯能不能全盤西化，可不可以全面反傳統；固然還有許多人以保存文化爲己任。然而社會普遍上對固有文化卻是隔閡的，因爲文字就是天塹，難以跨越。在虛構的文言與白話二分中，每個人都以爲文言是另一套極艱澀、已死亡的語言，而古代典籍就是以這一套語言來書寫的，所以望之卻步，心生畏懼。甚至於反對在學校裏講授文言，認爲居今之世，要教育生童，使其能運用中國語文以應付社會需要，自當加强白話之訓練，日誦古文言，有何用處？徒錮窒性靈而已。有識之士，見此情況，惄焉憂之，於是努力地替古籍作白話譯述，以通古今之郵，讓現代人也能讀得懂古書。

可是文言能譯成白話嗎？文言文與白話文根本就不是兩套語言系統，所謂文言翻成白話，其實只是語句的自我解釋與複述。如「牀前明月光，疑是地上霜」，譯成「看見牀前明亮的月光，我以爲是地面上的霜」之類。這不是翻譯，最多只是訓詁的關係。翻譯，是在兩種語言系統之間尋求對等關係，所謂文言譯白，卻頂多只有「以今言釋古語」的訓詁功能；大部份則是像上面舉的這個例子，把原有的文句囉嗦夾纏地再講一次而已。

文言譯白之不恰當，不止於此。訓詁的涵義是開放的，每個時代也都在訓詁的工作，可是文言譯白的「譯」，卻把意義限定了、窄化了。不但文字淺俗，意涵也淺俗化狹窄化。且翻譯者替代了經典在說話。這種毛病，不必詳論，只消看看柏楊版《白話資治通鑑》，就了解啦！

還有，從理論上說，現代人可以通過所謂白話翻譯去理解古典，或進而閱讀古書。可是一旦有了白話譯本，讀者就更不讀古書了，因爲白話譯本既養成了讀者的依賴心理，又教育了他：古書古文是非常艱難的。他讀白話譯本愈久，愈學不到東西，就愈覺得古書也沒什麼了不起，而且也愈來愈沒有能力自己去看古書了。如此輾轉循環下去，國人對其傳統之了解自然就從根本上出現危機。何況，古籍之有所謂白話翻譯者少，未譯爲白話者多，知識份子遂亦樂於藉口無譯本、看不懂而心安理得地不再讀古籍了。

當中國高級知識份子都不能讀古籍或不願讀古籍，都不擅長使用中國文字時，中國焉得不加速西化？五四以後新一代的知識份子，固然在理論層次上仍徘徊於中／西、新／舊之間，可是在實際思維方式，語文使用、觀念架構上，均已無法再像五四前的知識份子那樣深入傳統，或藉傳統以批判傳統。反倒是外文的使用日益純熟，他們要擁抱傳統時，自然便去擁抱西方文化的傳統。而西方自啓蒙運動以來，對其傳統之批判，也就成爲新型知識份子批判意識的主要資糧㊸。

六、文化變遷模式之再思

總括來說，近代中國的西化，有一曲折的歷程。先是在船堅砲利的衝擊下，欲以體用道器之說，整合中西，消納西學。失敗後，一方面尋求修古以更新之道，一方面則通過溯求往古及採汲傳統中的非主流因素等辦法，批判傳統，以致新變。偶或援引西學，聊爲參照。這兩種模式，彼此競爭，成爲同治中興以後，主要的思想文化變遷脈絡。林紓嚴復代表前者，康有爲譚嗣同章太炎胡適等，代表後者。五四新文學及新文化運動，即是在這個脈絡中形成的。但形成之後，逐步異化，漸至全盤西化了。

依這樣的理解看，近代中國根本不是反傳統以西化的簡單模式可以涵蓋的。整個晚清，久成絕學的今文經學，久遭淡忘的先秦諸子學，久已沉寂的佛學（特別是已屬絕學的唯識學），久遭排抑的陸王心學，久受貶斥的魏晉玄學、駢體文，久已束諸高閣的宋詩，全都復興了。到民國，則民間文學、戲曲小說也出沈霾而見天日㊹。這個大趨勢中，固然內部歧見紛如，爭鬪不斷，但有一個貫通大勢的理在。這個理，豈可以「學習西方」解釋之乎？駢文復興、書法學北魏、大講唯識學、談陸王心學……，是學習西方什麼呢？反傳統健將與國學大師，又有何矛盾、落後與進步之有？過去的解釋模型，豈不應好好修正嗎？傳統與反傳統的關係，豈不該重新思考嗎？

早先魯迅曾說：「舊文學衰頽時，因爲攝取民間文學或外國文學而起一個新的轉變，這例子是常見於文學史上的」（且介亭雜文・門外文談）。從晚清到五四的文學運動，表面上是攝取了民間文學，然而不然，匪但其文人化更爲嚴重，五四前的章劉林嚴，五四後鴛鴦蝴蝶派的駢文小說，也都盛行一時，所以光說它是有取於民間文學，實在有欠思量。既然如此，那外國文學便成爲唯一的養料了。魯迅自己就說：「我所取法的，大抵是外國的作家」（南腔北調集，我怎麼做起小說來）。茅盾也「懷疑這些舊小說對於我們的寫作技術究竟有多少幫助」（談我的研究）。——這就符合毛澤東「向西方學習」那個論斷了。

這一論斷，其實也就是當代史學上對近代中國思想變遷最普遍的解釋，從蔣廷黻、費正清……

以降，大家都認爲整個近代中國思想界的主要潮流是西力衝擊。因爲西力衝擊，所以中國人開始質疑、拋棄傳統，並經歷一個社會解體、變革和抗拒的過程，逐步「現代化」。而又由於現代化第一階段的模式，無法處理日益嚴重的動員問題，所以出現了現代化第二階段的模式，形成革命民族主義政權和共產主義政權㊺。

但相反地，李文孫（Joseph Levenson）也指出：在西力衝擊下，中國知識份子也常有由挫折感與屈辱感所產生的自卑心理，故常美化傳統，以重新建立「文化認同」。

這麼一來，近代中國知識份子顯然就可以區分成兩類：前一類是走向世界、向西方（不管歐美還是蘇恂）尋找眞理、進步的知識份子；後一類是傳統的、保守的，有心理自卑結作祟的知識份子。一個人，如章太炎，若早期批判、揚棄傳統，而晚期推崇傳統，那他就是由進步變成保守了。

這樣的論案，實在甚爲疎略。因爲：⑴批判傳統有許多方式，推崇傳統也有許多類型，到底批判什麼，如何批判？推崇什麼？如何推崇？這些實質的問題，在這種形式化的討論中完全消失了。⑵思想的變遷，是否眞的超越或脫離了「傳統」，並不能完全取決於它受到外來影響的表象，還必須深入觀察這種影響的程度與性質。⑶一個文化傳統與外來影響之間互相容受、對話的狀況，至爲複雜，此說卻將之簡單化約了。由於它具有以上各種缺點，且隨着「現代化」理論在西方遭到批判的反省以後，學界已開始改絃更張，尋求更合理的解釋。值得一提的是張灝與余英時的研究。

張灝在論〈新儒家與當代中國的思想危機〉時，認爲我們不能從「現代化」的思想危機及文化認同角度，來詮釋新儒家。呼籲大家注意：「中國保守主義的複雜性，其中種種的方面和不同的潛流，都有待去闡明、分析和評估。若只從和現代化之關係的立場來考察這個問題，那將無法辨知其複雜性」㊻又在〈晚清思想發展試論〉中，指出：在一八九五年以前，當時之大儒如朱次琦、陳澧、俞樾、黃以周等，對西學均不太在意，晚清許多思潮也是「傳統之內在發展的結果」，而不必以西力衝擊來做解釋㊼。近著《烈士精神與批判意識——譚嗣同思想的分析》，重申此義，但結論是：譚嗣同的理想主義精神來自傳統對他深刻的影響，而其批判意識則係傳統與西力衝擊的共同結果㊽。

他質疑文化認同說與現代化理論在中國近代思想史上的適用度，確有所見；然論傳統與西化，則仍未達一間。他把先秦諸子學及大乘佛學之復甦，視爲傳統內部的轉化，並說此一轉化增强了傳統內部的緊張性和激盪性㊾。這不錯，但知識份子不就從這裏學習到了批判精神嗎？他們在批判時，或曾援引西方，用示針砭，然而批判意識卻不是從對西學的理解中來的。恰好相反，是在批判意識已形成並高漲時，人才會自感歉然不足而想去學習別人的長處。而這種學習，在任何細節上也都受到學習者批判意識內容的影響，所以每個人的理解與選擇均不相同。張灝的說法在這兒是有點倒果爲因的。其次，傳統內部的緊張性與複雜度，迸發了它內部的批判，通常未必與時代外部事件相關聯。因爲思想與思想之間自有其內在理路，宋朝陸學之不同於朱學，明朝陽明又反朱熹，均不易找到外在社會條件的說明。晚清常州派抨擊乾嘉，到底是學術的理由，還是現實的刺激，殊難論斷。先秦諸子學，在乾嘉時期即已得到重視，汪中凌廷堪之論荀、汪中之治墨，亦皆與西學之刺激無關。楊文會等推揚大乘佛學，主要也是爲了治救禪宗「縱橫排盪，莫可捉摸」之病。對於這種傳統內部的對話，我們不能有意忽視。再者，這種內部激盪所形成批判意識，不得僅限定在古代「樞軸時代」㊿。特別是在晚清思想中擔綱的古文、今文學派、魏晉六朝文、宋詩，均與樞軸時代哲學無大關聯，張灝只注意到先秦諸子學和大乘佛學之復甦是不夠的。

至於余英時《中國近代思想史上的胡適》，認爲胡適返國前夕，整個中國仍籠罩在「中學爲體，西學爲用」的思想格局中51。當然並不正確。他指出了兩點頗爲重要，一是胡適在正式歸宗於杜威的實驗主義之前，早已形成了自己的學術觀點和思想傾向。這些觀點和思想傾向，大體來自王充《論衡》、張載朱熹懷疑的精神和清代考據學的「證據」觀念[52]。二是胡適的革命，主要業績之一便是在上庠講授國學。因爲儒家的意識型態在廿世紀固然已經失效了，儒學本身在當時卻依然活力充沛。晚清以來各學界鉅子，儘管背景與專長不同，也都多少受到西方思潮的洗禮，然而他們的精神憑藉和價值系統基本上仍來自儒家。胡適要進行文化革命，卽必須與這些人爭對儒家及傳統文化的解釋權[53]。這種解說傳統的工作，依我們看，基本上卽以前述懷疑的精神和找證據的方法爲之，而主要的憑藉，卽是乾嘉的「漢學」。

蔡元培在替胡適《中國哲學史大綱》上卷作序時，再三提及胡適能治漢學。然而，乾嘉考據之所以名爲漢學，正是梁啓超所謂的「復古」。在民國時代，仍用乾嘉之法，那不更是復古了嗎？梁啓超《清代學術概論》以胡適爲殿軍，說：「胡適者，亦用清儒方法治學，有正統派遺風」。反傳統的健將，竟被目爲正統派之殿軍，是什麼道理？

原來，乾嘉之學發展到咸同之際，卽引起了莊存與魏源等人的攻擊。常州學派起而與之相抗，延續到清末，可說所有新思想都是反乾嘉的，常州派、公羊今文學派固無論矣，桐城自姚鼐方苞方東樹以來也都與乾嘉漢學不合。但章太炎師事俞樾，仍承乾嘉學脈，對戴東原特爲推崇。《訄書》初刻本附〈學隱〉篇，替戴震等乾嘉之學辯護，批評魏源媚清。重訂本增〈清儒〉篇，對乾嘉之學也力加讚揚。《檢論》卷四於此續有補論。《太炎文錄初篇》卷一別有〈釋戴〉一篇。《文錄續編》卷一則有〈漢學論〉上下。凡此，都對乾嘉學派有復興之功。胡適所採用的清儒方法，卽來自於此。蔡元培夸飾說他「生於世傳漢學的績溪胡氏，禀有漢學的遺傳性」，並不確切。從歷史上看，章太炎所揭揚的清儒考據之法，影響了胡適的治學方法；章太炎的〈釋戴〉，則啓發了他對漢儒方士化的批評和對宋明儒「以禮殺人」的攻擊。梁啓超推許他是正統派，其實這個正統在晚清業已衰微，現在是「得公奮起力復古」，又重振了活力。

可見復古與新變、傳統與反傳統乃是竟體爲一的，我們在思考這個問題時，不僅要有新的視野，更得調整我們原有的思維方式和評述架構、放棄僵硬而不切實際的「進步」「保守主義」之類標籤，重思傳統對當代人的意義。

註釋：

①見魯迅〈關於太炎先生二三事〉，收入《且介亭雜文末編》。

②這所謂前後兩期，是大的區分。許多研究者都在這前後兩大期中，另行細分爲若干小的階段，例如李華興的《中國近代思想史》（一九八八，浙江人民出版社），就把前期分爲三個階段。至於後文所舉李澤厚說的四個時期，也仍可分爲前後兩段。其餘多類此，不另舉。

③持此說者，可以侯外廬《近代中國思想學說史》爲代表。殷海光解釋嚴復晚年的「倒退」，也兼採此說。

④最近汪榮祖的《康章合論》（民七七，臺北聯經），卽屬於這一類研究。

⑤自傳樂詩（Charlotte Furth）以下皆以章太炎爲保守主義，見其所編 The Limits of Change: Essays on Conservative Alternatives in Republican China（Harvard University Press, 1976）。余英時《史學與傳統》（民七一，臺北時報）及王汎森《章太炎的思想（一八六八—一九一九）及其對儒學傳統的衝擊》（民七四，臺北時報），則側重其與五四反傳統之間的關係。侯外廬也提到章太炎「拆散封建社會」的精神。

⑥詳胡昌智〈《興盛與危機》中基本理念的問題〉，歷史月刊十四期，民七八，頁一四三—一四五。

⑦見李氏《中國近代思想史論》〈章太炎剖析〉一文。

⑧詳見王聿均〈維新派與晚清文學〉，民七七，淡江大學中文系，晚清文學與文化變遷討論會

論文。李瑞騰《晚清的革命文學》，民七六，文化大學中研所博士論文。

⑨ 革命派戰勝維新派，主要仍在文宣工作上。社會條件及組織動員力量，未必便優於保皇黨。

⑩ 詳張之淦《遂園書評彙稿》，民七四，臺北商務。龔鵬程〈晚清詩論——雲起樓詩話摘抄〉，民七八，中國學術年刊第九期。

⑪ 見吳宓《雨僧詩話》。南社革命黨系統詩人，受定庵影響尤大，錢鍾書嘗謂定庵詩：「清末以來，爲人捃撦殆盡」，見《談藝錄》，新編，頁一三六、四六五。

⑫ 嚴復〈與梁任公論所譯《原富》書〉：「且文界復何革命之歟？……若徒爲近俗之辭，以取便市井鄉僻之不學，此於文界，乃所謂陵遲，非革命也。……言龐意纖，使其文之行於時，若蜉蝣旦暮之已化，此報館之文章，亦大雅之所諱也」（嚴幾道文鈔）

⑬ 見《太炎文錄初編》卷二〈與人論文書〉。

⑭ 同上，卷一。

⑮ 見劉氏《中國文學發展史》第二十四章。

⑯ 詳龔鵬程〈察於時變：中國文化史的分期〉，孔孟學報五十期，收入《思想與文化》，民七五，臺灣業強。

⑰ 這是中國文化史上最典型的變革模式。儒家之批判時政，而遠溯夏商周三代，即是此義。無知者不明其理，乃以爲這其中蘊涵一退化的歷史觀，大謬。另外，有關歷史知識與社會變遷的問題，詳胡昌智《歷史知識與社會變遷》，民七七，臺北聯經。

⑱ 詳龔鵬程〈試論康有爲的《廣藝舟雙楫》〉，漢學研究第三期，收入《文學與美學》，民七五，業強。

⑲陳散原詩原先浸淫選體，見章木〈陳散原詩文的蛻變〉，《藝林叢錄》第六輯。鄭孝胥詩之淵源，詳陳石遺所爲〈海藏樓詩集序〉。沈曾植「三關」說，見王蘧常所撰《沈寐叟年譜》。又，整個晚淸宋詩運動，無論其與魏晉南北朝詩之關係如何，都應視爲：對長期以來唐詩勢力的反抗。

⑳詳《太炎文錄初編》卷一〈信史〉上、下，〈徵信論〉上、下。《訄書》重訂本〈尊史〉，又《檢論》卷二，《太炎文錄續編》卷二之上〈讀太史公書〉等。章太炎的歷史觀念和歷史意識，宜分別觀之。歷史觀念，是指他對「歷史是什麼」的看法。歷史意識，則是指人將過去的理解、現在的感受、以及對未來之企望結合在一起的一種心靈活動。人是通過這種意識，才能知道自己正在怎樣的一個有意義的發展過程中，從哪裏來，又將往哪裡去。太炎的歷史意識極強，因此他往往能透過主觀的意識活動，提供許多對過去「特殊」的掌握及認識。但他的歷史觀念，卻是乾嘉考證之學的延伸，持續了諸如崔述《考信錄》之類的思路，並與十九世紀的歷史主義遙相呼應。相信歷史是本然（an sich）且客觀存在於過去的，只能考徵之，而不可予以主觀運用。這就使得他在進行歷史思維時，不太能自覺到自己的主觀性，時有偏輒之辭。然而，他的歷史思維不斷活動，在主體內部，仍能不斷模糊地覺察到歷史理解的主觀性，所以論史之作，又時有修改。有關章太炎論儒俠及歷史詮釋方法等問題，詳龔鵬程《大俠》（民七六，臺北錦冠）第三章。

㉑詳龔鵬程《文化、文學與美學》，民七七，臺北時報，自序及〈傳統與現代——當今意識糾結的危機〉。該二文對傳統卽現代、傳統卽反傳統均有理論上的說明。

㉒《訄書》原刊本第一篇卽爲〈尊荀〉，他在一八九七年寫的〈後聖〉，說：「自仲尼而後，

孰爲後聖？曰……惟荀卿足以稱是。非修其傳經也，其微言通鬼神，彰明於人事，鍵牽之經，譔及後世，千年而不能闓明者，曰〈正名〉〈禮論〉」。同時，他並以荀子爲標準，來衡量諸儒，曰：「悲夫！幷世之儒者，誦說六藝，不能相統一。章炳麟訂之曰：同乎荀卿者與孔子同，異乎荀卿者與孔子異」。他的意見顯然影響到民初胡適等人對荀子的重視與研究觀點。

㉓ 康有爲的公羊學，並不是他個人特有的意見，而應放入晚清公羊學復興的大趨勢中看。而且，我們也不能因康有爲主張保皇，便以爲公羊今文學在當時偏向維新，古文學（如章太炎劉師培）才代表革命。革命之潮流，今文學有很大的推波助瀾之功，故朱德裳《三十年聞見錄》云：「公羊學不爲功令所許，有清一代治此學者不過數家，而晚年極盛。自王湘綺治公羊春秋……廖季平……康南海從而光大之，于是有《新學僞經考》之著。時吳縣潘祖蔭伯寅，以尙書而治公羊學，京師清流頗放言不諱。從此士大夫有所新周故宋、孔子當王之思想，不復屑爲一姓伺養。其後，世界歷史所稱十六七世紀數大革命，暨平等自由之說乘之入中國，迄於辛亥，魚爛而亡」（公羊學條，一九八五，長沙岳麓書社）。

㉔ 康有爲與西學的關係，及中西道器體用之說，詳註⑱所引龔鵬程文。譚嗣同的思想淵源及傾向問題，則詳王樾〈從《仁學》的思想理則論譚嗣同之變法理想與實踐〉，民七八，臺北。

㉕ 例如古文無長篇、古文不多作細部描寫、曾國藩且謂古文不擅於說理，然自嚴譯林譯出，古文幾於無之而不可。林譯各書之序言，多將其所譯之書，持與古文對擧參照，以見中西一揆。正是豐富其傳統的一種作法。

㉖ 林紓在北大教書，先是遭到章太炎勢力的壓迫，所以林紓寫信給姚永概，批評章氏是「庸妄

鉅子」，說他「補綴古子之斷句，塗堊以《說文》之奇字，意境義法，概置勿講」。蓋林紓所認為意境義法可學者，只在韓柳歐曾及「桐城之派」，故謂唐以前之古為不可法。據其書，知當時章太炎門人在北大，與馬永昶、姚永概、林紓等桐城派人，甚不和睦。後來王樹枏序汪吟龍《文中子考信錄》時，趁機大罵章太炎「讀書鹵莽，而性情狂悖，又好為異說，以與古人為難」，亦是兩派不合的結果。而值得注意的是：北大是吳汝綸開創的。北大由桐城而章劉，繼之再為章氏部份門人與胡適等管領風騷，其本身之歷史變遷，亦即為一文化變遷的縮影。

㉗ 熊十力也有公羊學氣息。詳龔鵬程〈論熊十力論江陵〉，收入註㉑所引書。

㉘ 太炎門人在新文化運動中，與胡適等人有齟齬者，似乎只一黃侃，而且有關黃侃對新文化新文學運動的評議，僅見於掌故傳聞之中，無正式文獻。即此類掌故，也都只有趣談佚聞的味道，少學術意義。與其說是學術上的差異，不如看成是黃氏性格上的問題。《章炳麟論學集》載太炎於民國十三年十月廿三日與吳承仕書云：「得書為之噴飯。季剛四語，正可入《新世說》，于實事無與也。然揣季剛生平，敢於侮同類，而不敢排異己。昔年與桐城派人爭論駢散，然不罵新文化。今之治烏龜殼、舊檔案者，學雖膚受，然亦尚是舊學一流，此外可反對者甚多。廢小兒而縱大兕，眞可怪也。勸之必不聽，只可俟後世劉義慶為記述耳」，又十五年十一月二日言：「季剛性情乖戾，人所素諗」，均可為上說佐證。太炎門人，如錢玄同、朱希祖、吳承仕，對新文化運動都不排斥，甚且為之臂助。錢氏不必論矣，朱希祖也曾認為：「社會全體的眞象，非白話俗語，不能傳神畢肖」「文言的文，既以古為質，範圍又狹，與現代社會人生不相應，雖有文學而無實用，竟與死一樣」。為什麼講國學的大師門下，竟有如許多新

文化新文學的急先鋒？這不是從前把新與舊文學、章劉國粹派與新文化看成對抗關係者，所能解釋的。

㉙ 詳註⑤所引王汎森書，第六章第五節。

㉚ 五四新文學運動的性質，詳龔鵬程〈典範轉移的革命——五四文學革命的性質與意義〉，見《聯合文學》第四三期，民國七五年五月。中國主文的傳統，詳龔鵬程〈說「文」解「字」〉，古典文學第十集。

㉛ 這其中還包括反對桐城派所繼承的唐宋古文運動之文學觀：「文以載道」。故把文學區分爲純文學與實用文學（或雜文）。方孝嶽、陳獨秀、周作人、劉半農、羅家倫……等均嘗就此表示過意見。可參考陳嫚婷《民國初年的白話文運動》（民七八，輔大中研所碩士論文）第二章第二節第一項。

㉜ 胡適雖在《白話文學史》中推白話於春秋戰國，但那只是爲了壓倒魏晉文派及唐宋古文派，不得不然。實際取法時，前文已說過，「溯求往古」常只能跨越一個世代，不能推得太遠。因此胡適之批判桐城文風，在時代方面，便只能在元代找典範，說：「以今世眼光觀之，則中國文學當以元代爲最盛；可傳世不朽之作，當以元代爲最多，此無可疑也」。而在非傳統因素方面，他眞正採爲資糧者，也多是元明清的白話小說。

㉝ 詳龔鵬程〈從菜根譚看晚明小品的基本性質〉，收入註㉑所引書。

㉞ 民十年，柳詒徵〈論近人講諸子之學者之失〉便提到：「吾爲此論，非好與諸氏辯難，只以今之學者，不肯潛心讀書，而又喜聞新說，根柢本自淺薄，一聞諸氏之言，便奉爲枕中鴻寶，非儒謗古，大言不慚」（史地學報，一卷一期。

㉟參註㉚引陳嫚婷書，第二章第二節第二目及第三章。

㊱當代知識份子常以西方傳統內部之批判為模型，來討論中國傳統的問題，請參看龔鵬程〈我看當代新儒家面對的處境與批評〉，民七七，國際唐君毅思想學術會議論文。又，我們在研究中國近代的文化危機時，常常忘了西方近代也同樣面臨著文化危機的問題，他們也同樣在進行著傳統與反傳統的辯證。

㊲平民文學在清朝發展暢旺，晚清戲曲小說之大盛，尤值得注意。但過去我們受阿英《晚清小說史》一類看法影響太大，老以為晚清小說之發展，係知識份子面臨時代困局所滋生的強烈憂患意識使然，故表現在小說中便充滿了批判社會及教育改革意義。這一看法與研究是不恰當的，詳龔鵬程〈論鴛鴦蝴蝶派〉（收入註㉑所引書）〈論清代的俠義小說〉二文。

㊳另參陳紹棠〈章黃學派訓詁學的幾點特色〉、姚榮松〈黃季剛先生之字源學詞源學述評〉。二文皆一九八九年香港大學舉辦「章太炎黃季剛國際學術研討會」論文。

㊴見張氏《比較文學理論與實踐》，民七五，東大，頁一二一〈白話文與白話文學〉。

㊵詳註㊲所引龔鵬程文附注二。

㊶陳平原《中國小說敘事模式的轉度》，一九八八，上海人民出版社。本書指出五四以後之新小說，非文學通俗化的結果，亦非文人文學與民間文學的合流，而是受到中國「詩騷傳統」的影響，正是由於五四作家部份脫離了一般民衆的審美趣味，突出主要體現文人趣味的「詩騷」傳統，才得以眞正突破傳統敘事模式的藩籬。換句話說，卽使晚清以來，西方小說業已大量輸入中國，但五四小說家接受的，仍是已滲入了詩騷傳統的西方小說，「五四作家也是根據自己的『期待視野』來理解西洋小說的」。這個說法，其實已衝擊到他仍把「西方小

說之啓迪」視爲近代小說敍事模式變遷主因的觀點了。

㊷ 當代知識份子語文能力之低落，參看龔鵬程〈作家的文字爲什麼差勁〉，民七六，臺北久大，《我們都是稻草人》，頁一五三；〈中國學術語言有沒有生路？〉國文天地雜誌第二五期。

㊸ 互詳註㊱所引文。

㊹ 陸王之學，大約在鴉片戰爭前後開始復興，潘德輿曾指出：「七八十年來，學者崇漢唐之解經與百家之雜說，輕視二子（程朱）爲不足道，無怪其制行之日趨於功利邪僻而不自知也」。朱九江康有爲即以講陸王著名；章太炎也抨擊程朱，推重陸王。雖早期曾稱許陸而彈訶王，但晚歲則謂：「僕近欲起學會，大致仍主王學，而爲王學更進一步」（民五年四月三日與吳承仕書）。但提倡陸王本身便是革命性的。康有爲《新學僞經考》經安維峻糾彈後，朝廷命李滋然查核復奏，李奏便談到：「伏讀聖朝功令，文人著書立說，其有詆譭程朱、顯違御案者，則應亟行毀板，不可聽其刊行」。

㊺ 理論上的說明，請參看S·N·艾森斯塔的《現代化：抗拒與變遷》，一九八八，中國人民大學出版社。此書即以蘇聯及中共爲第二階段現代化模式中建立革命政權之代表。持這種現代化理論的人，多曾在七〇年代文化大革命時期，表示讚揚。

㊻ 林鎮國譯，見《近代中國思想人物論——保守主義》，民六七，臺北時報，頁三六七—三九七。

㊼ 見中央研究院近代史研究所集刊第七期。

㊽ 民七七，臺北聯經。

㊾ 見該書第二章，頁二九。

⑩ 同右。

⑪ 本書係《胡適之先生年譜長編初稿》之序文，民七三，臺北聯經。本段爲其第一章之論點。

⑫ 見該書頁二二—二四、四三—四八。

⑬ 見該書頁三五—四二。余氏此文特別討論了學術思想與意識型態的差異，說明章太炎與胡適對儒家之批判，皆只反對儒家意識型態，而不反儒學。這個觀點值得討論。我以爲：宣傳學術思想，大體上信奉者都只得到意識型態，而未深究其思想究竟爲何；但反對某種意識型態時，卻常是先把澡盆裏的孩子倒出去了，洗澡水卻還剩下不少。而且，「儒學」並不是一個固定的東西，無法區分何者爲學術思想，何者爲意識型態。

⑭ 本文似詳實簡，許多地方均採提綱式的寫法，未詳予論證，這一方面是因爲對此一問題，從理論的說明到歷史材料的討論，我均已有不少論文，構成了一個系統的觀點，讀者即或不能參閱，想也能諒解我這種寫法。但另一方面看，我所想做的，是對近代甚或當代思想研究，從詮釋方法上整個扭轉過來，所以重點並不在各細微末節的地方，自不必詳加論述。五四以後七十周年，我也想做些革命！這個革命的建議，是否恰當呢？這就必須仰賴讀者的評判了。

中國現代化的一個歷史觀點

淡江大學歷史系教授 王明蓀

一、前言

「現代化」（Modernization）一詞與「現代」（Modern）相關連而都有意義上的分歧。在歷史上所稱的Modern 西方可以由十四、五世紀開始，或者十八世紀開始；較近的幾十年則稱Contemporary，但也有自十八世紀的法國大革命開始，這種在時間的斷限上並沒有一致的標準。在中國則將Modern 視爲現代或近代，時間上可從明末或者鴉片戰爭開始，故而Modernization 就可譯爲現代化或近代化。不過在歷史上通常以現代起於一九一一年辛亥革命開始，而近代則終於此時，以鴉片戰爭爲開始；其上則爲明代至清代中葉的近世時期了。

「現代化」的界說及其意義也是衆說紛紜而理論不一，相關的名詞有發展（development）、成長（Growth）、變遷（Change）、西化（Westernization）、改革（Reform）、創新（Innovation）等等，運用這些名詞來說明現代化的概念，有時並不貼切，因爲現代化的涵義廣泛，加上價值標準的不同，就會導致許多解釋上的差異。有些建立了「現代」的許多條件或標準，成爲一檢驗模型，符合此模型或愈接近者則爲現代化的社會或國家①。有的傾向於全面性活動的探討，從政治、社會、經濟、文化、科技各方面的變遷來研究②。亦有以政治、社會等等之變遷是受到經濟發展所引起，故而以現代化主要在於經濟層面③。

對於中國現代化問題的探討也受到前述觀念的影響，如韋伯（Marx Weber）研究西方的現代化有「新教倫理與資本主義精神」（Die Protestantische Ethik und der Geist des Kapitalismus）一書，他以同樣的理路研究中國宗教，發現中國資本主義的發展因素利弊皆有，但終於沒有產生資本主義的根本原因是，中國缺乏一種特殊的如清教徒的宗教倫理④；這是由文化、思想上解釋中國何以不能現代化的原因。透過宗教方面探討現代化的尚有貝拉（R. Bellah），他主要是研究日本現代化的問題，將中國的社會、宗教與之相比，指出中國社會注重調節之平衡，以整合價值（integrative value）爲要，不似日本以政治目的之達成爲要，故而中國社會缺乏動力，有礙於現代化之展開⑤。韋伯與貝拉對中國社會之研究頗爲類似，都以爲中國社會重整合、和諧（人與自然），而在宗教上作了許多論證。

家庭或家族在中國社會中佔了極重要的地位，它執行社會功能而成爲社會的中心，由此角度來考察現代化的問題應是相當合理的。李維（M. J. Levy）以家族取向（Family Oriented）來了解中國的社會，卽家族地位先佔性（Priority）的普遍存在，且爲社會活動的最後根源，身份的或特殊關係取向（Particularistic — ascriptive oriented）是爲活動的基礎。李維還將現代化較成功的日本家庭與中國家庭作了比較，他以爲日本人對封建階級的忠誠高於家庭，而社會階級的封閉性使商人的角色得以停留，因而唯有努力於經商，不似中國商人地位低，且社會階級較開放，商人得以游升至政府官僚成爲地位較高者。日本家庭的收養制度成爲商業化制度，能吸收商業菁英入家庭中，財富集中於家庭形成資本，不似中國財產繼承權的分散，這都與中、日二國現代化的差異有密切關連⑥。

白魯恂（Lucian W. Pye）由政治角度研究中國的現代化，他以爲中國現代實起於西方之衝擊，由儒家傳統到帝國體系的權威破壞，造成所謂權威危機（Authority Crisis），因此要重建傳統信心及符合現代的心理基礎是不易做到但却是最基本的問題，權威危機不能克服是來自於對國家認同的問題，現代化未能有效地開展關鍵卽在於此⑦。

艾森史塔（N. Eisenstadt）提出中國社會只存在着局部性或適應性的變遷（accommodable change），這是由於中國整體協調（integrative harmony）的壓力太大，以致於在傳統社會與政治中無法產生整體的變遷，亦卽缺乏激發性的動態變遷。他又指出中國現代化之阻礙是在於沒有完全獨立的商人階層，以及未能發展出地方分權的封建制度，加上宗教與文化的發展不朝向積極而普遍化⑧。

在臺灣對於中國現代化的研究以中研院的集體計畫最著，民國六十二年由國科會支持「中國近代化之區域研究」，以清末民初這一時期裏，中國沿江、沿海各省在政治、社會、經濟上之變遷爲主，計有閩浙臺（李國祁）、湖南（張朋園）、四川（呂實强）、江蘇（王樹槐）、廣東（王萍）、東三省（趙中孚）、上海（陳三井）、湖北（蘇雲峯）、直隸（林明德）、山東（張玉法）等，所作研究成果已陸續出版專書。除去這些歷史實證的研究外，討論現代化理論的論文也頗多，一時難以盡擧，集結成專書且流傳較廣者，如《中國現代化的歷程》（時報），《中國現代化的動向》（勁草）等。相關的論文及專書多不勝擧，大體上在近代或現代史的研究上，十之七、八皆與之相關。

以上隨手擧例所作的說明，僅限於引介的性質，對它們的檢討並不是本文的主旨；而無非是表示中國現代化問題早已爲國內外所關注及討論。雖然研討的角度、方法及理論的建立有不少差異，但一方面可顯出此問題的複雜性；不只是中國現代化的問題，世界其他國家或地區亦復如此，二方面也可看出現代化綜合理論建立之困難及有待之努力。不容諱言地，由於近代以來現代化爲國際間討論的重點，談論及此一問題時，與現有的觀點及理論架構多少會有相近之處，要從紛紜衆說中立一新的看法實在不易。本文試從歷史的角度提出一觀點，亦不過略述己見之私而已。

二、近代中國對現代化的認知——變的來臨

對中國現代化的歷程，通常我們都能了解下面這種分期的演進；(1)一八四二至一八六〇年爲接受西方科技器物之時期，(2)一八六〇至一八九五年爲自强運動主導時期，(3)一八九五至一八九八年爲變法維新時期，(4)一九〇一至一九一〇年爲立憲運動時期，(5)一九一一至一九二一年爲社會及思想改革時期。這種分期主要的目的是便於作概略的了解，說明這時期內主要的活動所在，而非截然地劃分，例如由一八四〇至一八九五這時期，可以視之爲以科技自强爲主導的時期，由當時倡自强者的言論及觀念中可看出對器物的接受這一層次，同時也有言及對科技方法、理論接受的這一層，甚至在制度與西學體用上都有接受的先聲⑨，又如一八六〇至一八九五這時期，雖以自强運動爲主，但制度上的變法改革論也在此時期內出現，是所謂洋務、時務、變法三種思想共同出現的時期⑩。也有將一八六〇至一八九五的自强運動爲現代化第一期，是技術革新時期，第二期爲制度革新時期，由一八九五至一九一六，將變法與革命視爲皆在求制度的改革。接下來的第三期爲意識型態革新時期，由一九一六至一九二一，主要以五四運動至共產主義興起⑪。若以近代西方文化的輸入與認識來看，時間上分成道咸之際、同治時代、光緒前期、甲午之役、辛亥以來等五段，內容上則依序由器械而政教、學術、經濟、社會等演進⑫。這些分期固有不同，但內容上大體都與前面所說相似。

在前言中曾言及一些與「現代化」詞義可以替換的名詞，諸如「變遷」、「改革」、「發展」等，其所指涉之涵義雖有不等之差異，但總不離對現況有所更動之意，更動之廣度與深度須視實際之內容而定，其層次也有所不同。要之，卽以當時的「現代」來檢討或批判過去的「舊有」，而此兩者之間常被截然地劃分爲二，甚至判爲不相容的敵體，實則欲更動的現況亦無非是由舊有發展而來，在發展之過程中不斷地含有每個時期的「當時」，它本身卽一變動之過程，不論自覺或不自覺的。近代以來只因自覺地要求「現代化」特別顯著，往往就易爲人認爲變動是透過要求始得展現，否則就是從未變動的舊有傳統。中國之要求現代化在思想上應是晚清以來求變的思潮所致，而晚清以來求變的思潮雖然涉及的層面甚廣，但不得不作一簡要的敍述。

根據王爾敏先生之研究，晚清以來爲西化辯護的理論大約有下列幾種：西學源於中國說、託古改制論、中體西用論、貴因論、全盤西化論、運會說等⑬，這幾種理論除了運會說本身就是「變」的一種思想外，其餘各說都是爲了求變而提出的理論。質言之，所有的這些理論都是在適應一個變局的基礎上而提出的，也就是意識到那時期的「現代」的來臨。這種「現代」感較具體的呈現當自鴉片戰爭以後，所謂「條約體制」（treaty system）取代了過去朝貢體制的結構⑭，一方面「西人之入中國，實開千古未創之局」⑮，中國已然處身於當時之國際中，且與西方各國共處，一方面「竊惟中國之有外患，歷代皆然，而外洋之爲中國患如此其烈，實爲自古所未有」⑯，中國是處在西方的壓力之下。所以當時的「現代」既「爲數千年來未有之創局」，面臨着「又爲數千年來未有之强敵」的時代⑰。當時人的觀察與體認多呈現出憂心忡忡的態度，也是對中國產生一種危機意識；故而在對變局的認識中，幾乎全歸之於外人之刺激、壓迫，在這種西力東漸的觀念下，適應變局之說自紛然而出了⑱。

由外力的因素而產生變局，到適應變局的理論出現，這是側重外在因緣的看法，也是大多數人的觀點，就近代的歷史而言確為不移之論。若就思想史的角度來看，「變」本身就是一種哲學性的觀點，它可以發展成為歷史觀，前面提到的運會說即是用以解釋歷史發展之本質與趨勢的。此類變的史觀在晚清尚有「三世說」、「進化論」等⑲。這三種理論中的前二者是中國固有的說法，進化論則為引進之西學，然則都是以先驗的自然規律，以變為天地之必然，用來解說及預測世變與人事，帶有歷史命定論色彩，但究其原意不過在申說世變之自然（理所當然）及應變之必要。

變的理論有時可以互通或融合，如嚴復說：「夫世之變，莫知其所由然，强而名之曰運會。運會既成，雖聖人無所為力。」蓋聖人也在運會之中，不過因聖人能觀察到「運會之所由趨而逆睹其流極」故能裁成相輔而安天下⑳，他又以赫胥黎的天演論申說進化之旨，提出「人治天行」的「保群」學說，將進化論整理出變法的主張㉑，可知運會說與進化論對嚴復而言是前者為世變之必然的依據，而後者就成為應變之準則。嚴氏與當時採運會說諸人都有一同樣看法，即運會時變亦為一轉機，若能知時變而掌握此轉機，則可開一新局，故運會所至雖然對中國而言似盡受壓力，但未嘗不是轉機。至於西方之强及中西之接觸這種變的動力，多訴諸於天運使然，實為當時人所受條件的限制而提出的說法，畢竟他們要在於指出變局之來臨是無法阻擋及逃避的。同樣地，用進化論以述天演之自然，也是在說明變局之不可避免，與夫自强應變之必要，而又能與三世說會通。

康有為說孔子之道「其用在與時進化」㉒，「以進化為義，以文明為主」㉓，南海將孔子作為進化論最早的創造者，故而梁啓超以春秋立法的三世說即「西人打撈烏盈、士啤生等所倡之進化說也」㉔，達爾文與斯賓塞遂成孔子之同調。不過康、梁援引進化論並非其思想之中心概念，三世說仍以傳統的學術思想為基礎，西方的進化論對康、梁而言實頗有附會之意。三世說的骨幹在於變動不居及進化無已之觀念，二者分別爲自然與社會的公理，而人類歷史之演進卽循其機械式的三世進程中㉕。除康、梁論三世外，譚嗣同亦論三世，他以易經的內、外卦言逆順兩三世而兼帶宗教色彩，他的逆三世是以無教主，亦無君主之社會爲太平世（元統），其次當三皇五帝時，漸有教主君主；在人則爲童稚時期，是所謂升平世（天統），據亂世（君統）時爲三氏，於人則爲冠婚之年，其世爲君主橫肆而教主不得不出以劑其平。順三世就由君統、天統、元統演進，與逆三世相反，於人則由壯年、知天命、至於從心所欲而不踰矩，又以孔子至今爲據亂之世，以次進至升平、太平世㉖。譚氏所論固與康、梁有異，但其機械式的歷史演進方式是一致的。三世說的內容及其思想的演變並非本文的主旨，這裏要提出的是三世說以世變爲應然，這與運會說相同，而其演化又與進化論貌合。

綜上簡述，可知變的史觀在晚清的思想界是被部份人士所提出。而據王爾敏先生之研究，至少有六十六人倡言變局之論，爲中國歷史上最頻之時期，適足以反應其時代之意義㉗。換言之，正說明了當時「現代感」的强烈意識；而言變者的本身，可以說無人不受到傳統學術文化的敎養，那麼他們在傳統與現代之間是否不相干而截之爲二？顯然由「傳統」仍是可以認知「現代」的。其次的問題是，第一、對「現代」認知的程度或層次問題，第二、隨著而來的是應變的方向、內容問題，也就是「現代化」的問題了。關於前者的問題與爭議並不大，我們卽透過前面所說近代以來現代化的分期當可了解；單就認知的本身是可以避開價值的觀點，但論及現代化的問題就不可避免地要涉及價值觀點了，這始終是爭議至今而遍及世界性的問題。

三、傳統中國的變的史觀

每一個時代都有其「現代」的意義，它不可能突然被切入時空之中而展現；由不斷的傳統發展而至，抑且不斷地在形成之中的「現代」，往往透過歷史可以得到舉證而易於體會。

就變局的認知來看，大部份知識份子都能有程度不一的了解，應變的必要與否及方法是有相當大的爭議，而對變局有所認識未必就以應變爲必要，或者有應變的主張、方法等等；換言之，有「現代感」固然未必就能「現代化」，但若連現代感都沒有則更談不上現代化了。現代化不妨視之爲一個民族對當時環境反應的能力，這個環境不論是在自覺或他覺之下的一個變動的環境。若就變的史觀來看，那麼就是在每個時期裏都要求適應一個「新」環境，也就是不斷地在適應「現代」之中，這裏就沒有所謂的傳統與現代了。透過這種觀點對傳統與現代間的關係較能理解，同時可以消融兩者間無謂的對立及排斥性的爭論。

變的史觀是由「變動不居」這一理念發展出來的，如前所述康有爲言孔子之道是「其用在與時進化」，以變爲天道、公理，他的「變則通、通則久論」就是說明宇宙天地萬物的無刻不變、無一不變，而歷史上所見禮樂典制與夫學術文章亦有十年、百年、千年之變等等㉘。南海特別強調孔門「時中」之義，倡「與時升進，以應時宜」㉙，而「未至其時，不可強爲」此爲其「時時進化，故時時維新」之旨㉚。梁啓超也以天地間「無時不變，無事不變」來闡述變動不居之理㉛，並據之以說明一切典章制度皆當「因時」而異㉜。至譚嗣同之《仁學》，其衝決網羅即首倡「更新」，乃天地、草木皆因新而生之故㉝。康、梁、譚等人大倡變與新，實源自湯之盤銘的古訓日新又新之義，以及易言「天行健，君子以自強不息」，這種思想上的淵源關係也可以在力倡變法的王韜身上看到，他由天道與時的消息裏以爲人事是與時變通的；「易曰窮則變、變則通，此君子所以自強不息也」㉞，雖然他提出當時天地的變局是「天心」所爲，但這種運會之說也正是個轉機。他在「變法」的專論中說「天心變於上，則人事變於下」，要以人事來應時變；卽歐洲諸國也是由漸而變所致㉟。

變動不居被視爲自然法則，漸變或驟變皆與時有關，對時的掌握就須要有敏銳的觀察以及自覺性；有時並不見什麽理論而就歷史的理解也可以得到同樣的看法。先秦時代這類的記載頗可以作爲參考。如以變法稱著的商鞅，他在秦孝公前與甘龍、杜摯的辯論卽申述這種變的史觀，他說：「三代不同禮而王，五伯不同法而覇，……治世不一道，便國不法古，故湯武不循古而王，夏殷不易禮而亡」㊱，這是反對一味法古循舊的歷史觀察，以爲「世事變而行道異也」㊲，正如管子所載「國更立法以典民則祥」，法要更變以應時之所需，故「法者不可恒也」㊳。韓非子在這方面的論述頗多，〈顯學〉中說儒、墨俱道堯舜，皆以爲得其眞傳，事實上堯舜之道距世久遠，到底如何是不可得知的㊴，故而法古不變非其所取。在〈五蠹〉篇中說：「故事因於世，而備適於事」，又說「世異則事異，……事異則備變」，「夫古今異俗，新故異備」，「聖人不期修古，不法常可，論世之事，因爲之備」㊵，這是對時的掌握。但韓非並不以凡事必變，其標準仍是在對時的掌握，所謂「可與不可」了，他說：「不知治者必曰：無變古，毋易常。變與不變，聖人不聽，正治而已。然則古之無變，常之毋易，在常、古之可與不可」㊶。不變守常在可與不可，應該就是對當時環境的一種自覺性的理解，是否合乎當世之需要，因此「時移而法不易者亂，世變而禁不變者削。故聖人之治民也，法與時移，而禁與世能變」㊷。

不惟先秦法家學派有變的史觀，儒家思想裏及其他古學中也都可見，前述康、梁等三世說就是以儒家學說解釋變的史觀。談宇宙變動與人事應變的關係以《周易》爲最著，而各種的傳注也都在闡發這些道理，孔穎達爲《周易》作正義。在〈論易之三名〉時說：「夫易者，變化之總名，改換之殊稱，……新新不停，生生相續，莫非資變化之力，換代之功」㊸，變化、新、生這些概念就是構成易的基本理論，也是變的史觀的源頭，所以〈繫辭〉要說「易之爲道也，屢遷，變動不居」㊹，由窮、變、通、久乃至革命思想也在易理之中；而微緩與著急的變化也可以從「漸」、「革」的卦中探得消息。

先秦及後世論變的史觀資料頗多，不能贅舉，這裏再舉二例資爲參考，其一是被視爲法家的李斯，他在秦始皇三十四年的廷議中與博士淳于越法古的思想相爭，他說：「五帝不相復，三代不相襲，各以治；非其相反，時變異也」㊺，其二是漢初的儒學博士叔孫通，他爲高祖定制朝儀時說：「五帝異樂，三王不同禮。禮者，因時世人情爲之節文者也，故夏殷周之禮，所損益可知者，謂不相復也，……」㊻。李斯、叔孫通分別爲法、儒二家，但言論頗爲一致，因時變而有因革損益就是以「現代」爲出發點，由舊至新的變動；既有現代又有傳統。

四、結語

如果將傳統與現代分別以常與變的兩面來看，就是要由常與變中求其新。了解傳統，認識現代世界，是由常至變的路，何者爲當有之常？它融之於變中而成爲現代；這個路途幾乎是無盡的，所謂日新、不息應是此義。由變所得之新又復爲常，而世變不已，時異未止，仍須不斷在此中開放，再因變求新，就是卽變卽常之道。

每個時期的「現代」因時異而有所不同，確實認識現代始有現代感產生之可能，以下才能談到現代化，故而對本身的處境（自然是包括了傳統）應該有深入且廣度的了解，其中也涵蓋了對外在（國）世界的理解。須知現代化是一不斷進行的過程，傳統本在其中，而作世界性的展望，不是「西化」或「資本主義化」等等可以解釋或實現的。

社會變遷使得價值觀、行爲模式隨之變化，其因革損益了些什麼？恐怕不只是在知識上的探討及理解而已，還是要透過心靈上的思考來掌握，否則不但易造成各種理論的紛爭，也將會導致人類徒然生活在「現代」之中。

註釋：

① 此類模型之建立甚多，但內容未必相同。一九六〇年在日本箱根的現代化問題會議中，集結與會學者的討論，建立八個現代化的標準，這個模型是較爲客觀而涵蓋面較廣者。參見Knight Biggarstaff, **Modernization and the Early Modern China**, **The Journal** of Asian Studies, Vol. 25, No. 4.

② 參見C.E. Black, **The Dynamics of Modernization**, New York, 1966.

③ 參見Walt Rostow, **The Stages of Economic Growth**, New York, 1960. 他提出有名的現代化五階段，即傳統社會、起飛前、起飛、成熟傾向、大量消費年代。

④ 參見Max Weber, **The Religion of China**, N.Y. Free Press, 1968.

⑤ 參見Robert Bellah, Tokugawa Religion, Glencoe, Free Press, 1957.

⑥ 參見Marion J. Levy, "Contrasting Factors in the Modernization of Japan and China" in S. Kuznets eds., Economic Growth: Brazii, India, Japan., Durham,

Duke Univ. Press, 1955.

⑦ 參見Lucian W. Pye, The Spirit of Chinese Politics, Cambridge, M.I.T. Press, 1968.

⑧ 參見N. Eisenstadt, The Politics System of Empire, N.Y. 1963.

⑨ 參見石錦，〈清末自强觀的內容、分野及其演變〉，收在《近代中國——知識份子與自强運動》（臺北，食貨，民國六十六年），頁八九至一二二。

⑩ 參見王黎明，《清末的變法思想》（臺北，嘉新水泥文化基金會，民國六十五年），頁二至四十四。

⑪ 參見張朋園，〈中國現代化所遭遇的困難〉，收在《中國現代化的動向》（臺北，勁草，民國六十四年），頁一二一至一三二。

⑫ 參見郭廷以，〈近代西洋文化之輸入及其認識〉，收入氏著《近代中國的變局》（臺北，聯經，民國七十六年），頁二七至四九。

⑬ 參見王爾敏，《中國近代思想史論》（臺北，自印，民國六十六年），頁五〇至五五。另見《晚清政治思想史論》（臺北，自印，民國五十八年），頁七二至八一。前書未列運會說，後書則未列入全盤西化論。

⑭ 關於「條約體制」可參看J.K.Faribank〈條約體制的建立〉，收在《劍橋中國史》，第十冊（臺北，南天，民國七十六年），頁二五五至三一六。

⑮ 見寶鋆等，《籌辦夷務始末》，同治朝（臺北，國風，民國五十一年），卷五五，頁二五。

此語爲丁日昌所言，但類似謂近代爲百年之大變局、千年之大變局，古今之變局，亘古之變局等甚多，茲不贅述。

⑯見同前書，卷九九，頁五二，王文韶語。

⑰語見周盛傳，《周武莊公遺書》（清刻本，光緒三十一年），卷一，頁一。

⑱關於近代對變局之認識以及應變之討論，參見王爾敏前揭書，頁三八一至四九三。

⑲參見王黎明前揭書，頁九〇至一〇五，運會說另可參見王爾敏前揭書，頁四〇八至四一九。

⑳參見嚴幾道《詩文鈔》，卷一；《論世變之亟》（上海，國華，民國十一年），頁一。

㉑參見嚴復譯，《天演論》（嚴譯名著叢刋，上海，商務，民國二十年），頁十四至十六，四四至四六。關於嚴復求變自强之思想，可參看 B. Schwartz, In Search of Wealth and Power : Yen Fu and the West.（臺北，虹橋，一九七一）。

㉒見《康南海文鈔》，卷一，《春秋筆削微言大義考題詞》（上海，中國和記，民國十六年），頁八。

㉓見康有爲，《春秋筆削微言大義考》（萬木草堂本，民國十五年），卷一，頁二。

㉔見梁啓超，《飮冰室文集》（臺北，中華，民國四十九年），第二册，頁五八。

㉕參見許冠三，〈康南海的三世進化史觀〉，收在《晚清思想》（臺北，時報，民國七十年），頁五三五至五七五。

㉖參見譚嗣同，《譚瀏陽全集》，《仁學》，卷下（臺北，文海，民國五十一年），頁二五。

㉗參見同註⑰。

㉘參見康有爲，《南海先生四上書記》（上海，愼記，光緒二十三年）。

㉙同註㉑。

㉚見康有為，《孟子微》（臺北，商務，民國六十五年），卷一，頁四下，卷四，頁四上。
㉛參見梁啓超，〈變通議自序〉，載時務報，第一號，光緒二十二年七月一日。
㉜參見梁啓超前揭文集，三，〈論支那宗教改革〉，頁五八。
㉝參見同註㉕，《仁學》。
㉞見王韜，〈答强弱論〉，收於于寶軒，《皇朝蓄艾文編》（上海官書局，光緒二十八年），卷一，頁二二。
㉟參見王韜，《弢園文錄外編》（上海，弢園老民，光緒二十三年），卷一，頁一〇至一二。
㊱見《史記》，卷六八，《商君列傳》（臺北，東華，民國五十七年），頁七〇三、七〇四。
㊲見《商君書》，〈開塞〉篇（臺北，世界，新編諸子集成本），頁一六。
㊳見管子，〈任法〉篇（新編諸子集成本），頁二五六。
㊴見王先愼，《韓非子集解》（新編諸子集成本），頁三五一。
㊵同上，頁三三九、三四一、三四二等。
㊶同上，〈南面〉，頁八七。
㊷同上，〈心度〉，頁三六六。
㊸見《周易正義》，序言（臺北，東昇，十三經注疏本），頁三下。
㊹見同上，卷八，頁十八下。
㊺見《史記》，卷六，〈秦始皇本紀〉，頁七九。
㊻見《史記》，卷九九，〈劉敬叔孫通列傳〉，頁八七〇。

傳統與反傳統

——一個形上學的反省

淡江大學中文系教授　高柏園

一、前言

本文的主要目標，在討論傳統與反傳統之間的對比關係，從而試圖證成傳統與反傳統之間，不再只是一種消極的對抗，而更可以有其積極互補的意義。

當然，這樣的努力基本上多少受到五四以來的反傳統思潮所引發的一些反省的刺激。但是，這樣的討論，卻是有其普遍的價值與意義。何以故？以吾人所以反省某問題之發生的機緣，固然是個別而特殊的，但是，吾人卻不是在討論此特殊的發生背景，而是要討論此特殊背景所隱含的普遍意義。此即哲學討論所以異於其他科學之故，也正是本文所欲加以討論者。而本文的討論方法，也正是採取一形上學的討論態度。

二、傳統的形成與發展

所謂傳統，就發生而言，乃是指吾人經驗之累積所得之種種內容與形式。它一方面是由吾人經驗所累積而成；另一方面，當傳統一旦形成之後，則又成為吾人經驗所以可能的根據之一，從而決定吾人經驗之內容與意義。譬如，吾人之文化傳統乃是由諸多生命之經驗累積而成，但是，它一旦成立，則它又影響了吾人對世界、經驗之種種理解與掌握。易言之，傳統乃是吾人藉以了解對象的重要根據與參考。

另就傳統的內容而言，則傳統既有其內容層面，又有其形式層面。蓋傳統既是經由經驗累積，再經反省而成，則經驗的內容，自然保存在傳統裏，從而實際影響吾人之生活。另一方面，則吾人對以往經驗之累積與反省，必有所選擇、汰慮，因而，以往之經驗固然仍保有其內容，但是也由於吾人之選擇，而保有其形式意義。易言之，傳統中有其形式層面的意義，此卽沈澱爲吾人的價值觀、世界觀等等，而吾人也正是據此而展開對世界的理解與掌握。

另就傳統的種類言，則傳統不僅有個人所獨有之傳統，同時，也有個人與個人所共有之傳統，因此，傳統乃是相對著其擁有者而成立。同時，我們也可以將傳統採取一象徵的用法，亦卽，吾人一切的存在都是有其歷史及種種條件、背景，此皆可爲廣義的傳統。由此看來，傳統幾乎就是吾人存在的根據所在了。易言之，沒有個人，也就沒有傳統；而沒有傳統，個人也無法完成其個體化要求，自然也就沒有個人可言。

傳統既是由經驗之累積而成，而經驗又是由人的存在而展開，因此，傳統也就受到時空及個人條件之特殊性之影響。果此，則可有以下數義可說：

㈠傳統與傳統是不可能相同的。如果我們承認人與人之間的個別性與差異性，則由個人所成就及其所依賴之傳統，顯然是不同的。卽使二個人同時承受相同之傳統，然其對傳統之理解，亦將因個人之差異而不同。由此可知，傳統與傳統之間，至多只能有相似性，而沒有完全相同的可能。

㈡傳統永遠是以一種歷程的面貌呈現在吾人面前。一如前論，傳統既是由經驗之累積而成，而經驗又必須在時空中展開，則經驗必然是一不斷呈現、變化之歷程。因此，相對於此經驗的歷程，傳統也自然是以一種歷程之方式出現。既是以一變化之歷程之面貌出現，則傳統便不是一成不變的存在，相反地，它乃是時時在創新、開展的歷程。

㈢由於傳統乃是一種時時創新、開展的歷程，因此，傳統並非靜態的存在，而傳統的動態義與發展義，正是吾人參與創造、開發傳統的可能性所在。易言之，吾人既非隔絕於傳統之外，也不是完全受傳統的決定。吾人乃是既受傳統的影響，同時又影響傳統。當傳統已然喪失其動態之歷程與開發時，傳統便已然僵化而趨向死亡。因此，傳統喪失個人的參與與開發之時，也是傳統毀滅之時。另一方面，當個人完全斬斷自己與傳統的關係，而獨自存在之時，實即是表示個人存在情境的迷失，從而使生命孤立而無連續性。

㈣問題是，當個人在參與對傳統的創新與開發的同時，實在有一種對比的張力存在。亦即，人一方面對傳統有所承襲；另一方面，所謂的創新與開發，實際上也就與原來所承襲的傳統採取了距離，甚至導致彼此的衝突與不一致。蓋吾人之所謂創新，原本就是對原有之傳統加以修正、開發，此即造成所謂「反傳統」的興起，也造成傳統與反傳統之間的緊張。

三、反傳統的興起及其價值

反傳統的興起，實可由二義加以說明，此卽其存有論之基礎與價值論之基礎。

就存有論之基礎而言，傳統原本就是一發展的歷程，因此，此中必有變化與創新，而反傳統也可以說正是傳統自身所必有之發展。沒有反傳統的發展，則傳統便缺乏辯證的動力，也因而喪失其歷程的意義。我們可以說，反傳統正是傳統自我新生力量的表現，也是傳統動態義的表現。易言之，傳統與反傳統不是二個不相容的存在，而是彼此互補的。反傳統一方面在反省原有之傳統，而謀加以改造，此時，似乎是將原有之傳統取消。實際上，反傳統的基礎仍在傳統自身，同時，反傳統的結果不外是建立另一個傳統，而此建立之新傳統，實已然將原來之傳統予以超越、保存、吸收、轉化。

另就價值論之基礎而言，傳統的形成在發生上固然不必有十分清楚地自覺，然而，吾人依然可以爲傳統之存在，安立其價值論之基礎。蓋吾人可問：何以要傳統，而不是不要傳統？答案是：吾人乃是認爲傳統重要，是以肯定傳統。然而何以傳統重要？此乃因爲傳統可以安立吾人生命之價值與意義。何以故？蓋傳統一方面是吾人認識世界之基礎，同時，也是吾人賦與世界價值之基礎。

關此，本文擬分五點分述之：

㈠ 傳統的先在性與決定性

就傳統與個人之關係而言，吾人是先受傳統影響，而後才開始自覺，是以傳統一旦形成之後，它便較個人爲先在，此即傳統的先在性。由於傳統對個人的先在性，因此，個人顯然無法選擇自己的傳統，此即造成傳統對個人的決定性。蓋就個人生命而言，吾人現實生命乃是由不自覺到自覺，當吾人自覺之前，實已不自覺地接受了傳統的洗禮，而爲傳統所影響。既是在不自覺之情況中接受傳統，則人在開始之時顯然沒有選擇傳統的可能性。

㈡ 人的反省力與創造性

對個人而言，傳統固然有其先在性與決定性，但是，此種先在與決定並不表示人無法參與傳統的創新。當吾人一旦有了自覺反省之時，便是人參與創新的時刻。蓋傳統乃是由人的創造而存在，也因而受制於經驗的歷程義，而呈現出傳統自身的歷程義。問題是，經驗的歷程義與傳統的歷程義顯然是有差別的。經驗的歷程義乃是說明經驗在時空中的開展，此中不必有價值的抉擇問題；然而，在傳統的歷程義中，則由於人的反省與創造的參與，是而有著極爲明顯的價值取向要求。易言之，人乃是根據自身之價值觀來進行對傳統的抉擇與創新的。經驗的歷程義可以有被動性與價值中立的意味，然而，傳統的歷程義卻充滿主動的參與可能與强烈的價值要求傾向。此中，經驗的歷程義是傳統歷程成立的必要條件，但是卻非充分的條件，因爲此中加入了主體的價值決斷。尤有進者，也唯有在價值義被充分自覺時，經驗的歷程才被賦與意義。

㈢ 價值的優先性

顯然的，無論是經驗歷程或傳統歷程，人都可以加以拒絕，最徹底的方式之一，便是自殺。反之，則人的存在其實也正是一連串價值要求的努力，此卽顯示出價值對生命而言所具有的優先性地位。果如此，則人之所以需要傳統，實在是爲了通過傳統來幫助吾人掌握世界，以完成生命的價值與意義。人的生命既是必須時空中不斷開展，而傳統又必須將此生命之種種加以貞定，並賦予意義，是而乃相應於此經驗之發展，而呈現出傳統之歷程義。對於經驗而言，傳統自有其吸收與揚棄二種可能，而此中抉擇之標準，卽在其是否能完成價值與意義。因此，當傳統無法充分回應生命之價值與意義之實現要求之時，便是傳統僵化之時，也正是反傳統的萌芽時刻。

㈣ 反傳統所以提出的理由

如前所述，傳統的意義乃在其提供人類對價值之實現所依之根據。據此，則傳統喪失此實現價值之功能，卽喪失其意義而形成僵化，此卽爲反傳統所反者。於是，反傳統本身既爲一價值要求，則其不必是反對傳統對價值之實現，而在反對傳統對價值之僵化與扭曲。進一步言之，反傳統實不是反對某種傳統的特殊形式，而是反對任何扭曲價值的傳統形式。也因此，反傳統所反之傳統，乃是相對的，而不是絕對的。

傳統既是相對於某些人而成立，因此，傳統乃是受此群人之經驗限制而成爲某一個別的傳統，並與其他傳統加以區別。如前所述，傳統對個人而言，有其先在性與決定性，因此，在缺乏自覺以及與其他傳統比較之情況下，人往往對自身之傳統之限制，缺乏一眞正的自覺，進而將自身之特殊的傳統，視爲一絕對普遍的標準，此卽造成自身意義的膨脹與迷失，亦卽所謂傳統的僵化。

由此看來，傳統的限制與其不完美，並非吾人所以要反傳統的理由所在。蓋每一個傳統都不免有其限制及不完美性，而吾人之拒絕對此限制與不完美加以反省、創新，才是造成反傳統的眞正理由。因此，嚴格說來，傳統只是一個事實，並無優劣對錯的性質，吾人之所以認爲有此種優劣對錯的性質，乃是因爲吾人所採取之標準使然。而吾人所採取之標準，又儘可能是與其生存情境相應者，是以傳統的取捨，也就在其能否充分回應吾人之需要，是否能滿足吾人實現價值的要求。是以反傳統的根本動力，也就是人對價值的要求；同時，反傳統的努力，也不在推翻某個傳統，而是在認淸傳統與現實，而後加以有機的轉化。

進一步言，如果吾人對傳統採取激進的全盤否定態度，則一方面將造成人與歷史的脫節與斷裂，同時也會造成自身理解當下情境之根據與消化其他傳統之能力的喪失。此乃是因爲吾人之理解及評價之根據，實際上都來自傳統，完全放棄傳統，無異是個人個體性根據的喪失。另一方面，完全放棄傳統根本是件不可能的事。此中之理由，除了傳統的先在性與決定性之外，同時也是因爲人無法取消傳統對吾人已然造成的影響；而且在約定新傳統之後，對此新傳統所採取的態度，也無不受以往傳統之影響。由此看來，極端的全盤反傳統，雖不致於在邏輯上不可能，以其並不必造成自相矛盾；但是，在經驗上卻是不可能的，以其在存有論、價值論及人性論上都缺乏充分的基礎。

(五) **反傳統的價值**

如果反傳統的目的，並非只是對傳統的排斥與揚棄，而是經由自覺的反省，從而進一步喚醒傳統的活力，以期能滿足吾人實現價值與意義之要求，則反傳統與傳統實具有同等之價值。蓋兩者原是互補共成者，是以傳統孕育了反傳統的可能，而反傳統則提供傳統自我辯證的動力。任何偏離了對價值之肯定，都無法眞切地掌握傳統與反傳統的意義，而完全取消傳統的反傳統，也只是一種缺乏存有論、價值論及人性論基礎的理念，實無法眞正落實於人間世也。

具體言之，反傳統既在成就傳統的價值，則其對傳統之僵化之衝破，便成爲反傳統最重要的特色所在。而僵化的衝破，又首在破除以特殊爲普遍的誇張與謬誤，從而轉化傳統，創造新傳統，眞實地展現出傳統的價值。

四、由傳統與反傳統的對比略論中國文化問題

傳統與反傳統既是一普遍的存有與文化現象，則吾人亦可由此來反省而對中國文化所應注意的根本問題。

(一) **民族主義的優先性**

基於一個中國人的地位，當我們在討論中國文化傳統之時，其地位顯然與其他人不同。易言之，吾人對自身存在之根據當下予以肯定，乃是吾人對自身存在之根本尊重。此乃吾人無可逃的地位，也是吾人理解自家文化傳統不可或缺之自覺。

(二) **傳統的本質義與發生義**

傳統之目的既是在完成價值與意義之實現，因此，對價值與意義必須有一取捨與說明。當然，傳統對價值與意義之詮釋，自然受到其時代條件之影響，此即傳統的發生義，然而，發生義卻不表示即爲傳統之本質義。

譬若古有「男女授受不親」之說。它的發生義，乃是對當時男女關係之規定，然而其本質義，則是對男女關係之合理性的要求。因此，尋找傳統的本質義，而不爲其發生義所拘限，則爲吾人合理解傳統所不可或缺的條件。也因此，吾人對中國文化傳統中種種不合理事物，應以發生義視之。蓋傳統原本在要求生命的合理化，以實現生命之價值。當然，吾人在此同時，也要提出新的規範，來取代僵化的傳統發生義，並完成傳統合理的本質義。此義若能成立，則吾人實不應以爲傳統出於某種特殊階級、歷史背景，便認爲是毫無價值的，而應以其本質義加以評價，否則即是混淆了發生義與本質義的區別。

(三) 傳統的保存與創新

當然！本文並不是說中國文化傳統毫無缺陷，但是，本文卻要指出，如果中國文化傳統有缺陷，此不能歸咎於傳統，其過應在傳統自覺、自新能力的喪失，亦即是傳統中的個人的失職。易言之，傳統的保存與創新，原是一體的二面。沒有保存，則創新是無根的；沒有創新，則保存是僵化的。當吾人愈能勇於面對挑戰，勇於創新之時，才能眞正了解傳統的限制與價值，而不會有錯誤而激情式的錯誤態度。

同樣的，當吾人既無反省，又缺乏創造力之時，則一切皆呈現負面的意義，以至於由此而歸咎於傳統，這實在是生命不能勇於承擔、負責，而又缺乏自信的表現。試觀當今較爲先進的國家，無一對其傳統文化抱持一消極、揚棄、破壞的態度。反之，其愈進步，愈是珍愛其文化傳統，此中之原委，值得吾人再三深思。

五、結 論

總結全文，本文可得具體結論如下：

㈠傳統乃是人類經由經驗之反省而存在者，它一方面是人認識世界的基礎，另一方面，它也是吾人對世界加以評價的依據。因此，它乃是每個人的存在情境之條件。

㈡就個人發生而言，傳統乃先於個人而存在，同時，個人也是在時空中展開對傳統的改造與創新。因此，傳統既是由人所承襲而建立，則傳統一方面有承襲面，一方面也有創新面。兼此二義，傳統乃為一發展之歷程，時時凝聚、保存，而又時時創新、開發。也因此，當傳統失卻其更新的動力之時，傳統即形僵化，而喪失其滿足生命價值實現之目的。

㈢其實，反傳統正是代表了傳統自我批判、自我創新的動力，因此，傳統中必然有其反傳統的傾向，做為其自我發展之動力，而傳統與反傳統乃彼此互補的存在。

㈣由於傳統的意義乃在其滿足吾人實現生命價值，因此，傳統的僵化實即代表其實現價值之能力的喪失。而反傳統所欲批判者，正是傳統自我轉化之動力的遺忘，而不在對傳統的全面揚棄。同時，傳統既在滿足價值之實現，則傳統實乃相應其所欲實現之價值而呈現意義。因此，傳統自身原本有其相對意義的一面，此即傳統的發生義。至於傳統中較為普遍地肯定，則為傳統之本質義，它基本上表現為一種價值觀與世界觀。

實際上，反傳統乃是就傳統之發生義、現實義上加以修正，而並非對傳統本質義之揚棄。蓋傳統的本質義正是吾人是否揚棄之依據所在。至於對傳統做徹底而全面的揚棄，固能在邏輯上可能，但是在經驗上、價值上及人性論上，顯然是缺乏基礎的。當然，反傳統的目的不只是揚棄傳統中可能的僵化，同時更在積極地提供新的可能，來重新安頓生命價值之歸宿。只破而不立的反傳統態度，只是一種精神的自殺罷了。

㈤以上對傳統與反傳統的討論，其最終目的，不外是通過反省，重新思考中國文化傳統的問題。關此，本文提出民族主義在理解傳統時的優先性、傳統的本質義與發生義，以及傳統的保存與創新等義，來說明吾人在面對中國文化傳統時所應思及者，並做為吾人進一步反省傳統文化問題時之初步基礎。

中國「五四」與西班牙「九八年代」文學運動之分析比較

淡江大學西班牙文系教授
熊建成

十九世紀末、二十世紀初，東西方出現了兩個意義重大的文學運動，即中國「五四」新文學運動與西班牙「九八年代」的文學運動。本文擬就兩個文學運動歷史背景之異同、强勢文化衝擊下之結局提出一些初步看法。

一、中國「五四」與西班牙「九八年代」文學運動之歷史背景

中國「五四」運動至今年屆七十周年，西班牙「九八年代」文學運動亦屆滿九十周年。在這段漫長的歲月中並沒有終止史學家和知識份子對兩個運動的各個層面進行熱烈的討論。在西方政治思潮衝撞下，以「科學」與「民主」爲其訴求的愛國「救亡」運動，隨時都可導引出知識份子激情的傳統。

中國與西班牙的現代史都是一部充滿著動亂與危機的悲哀史，其間「五四」與「九八年代」是兩個屬於知識份子的文學運動，寫出中西現代史上意義重大，關鍵性的一章。二者代表着具有特殊創造

力的一代「怪胎」，與上一代截然不同，以政治的、文學的、甚至人性的多重面貌呈現在人們眼前，其定位也就引發了見仁見智的論戰。

中國「五四」與西班牙「九八年代」文學運動之發生並非屬偶然性，而是對前人長期認知過程中爆炸性的反應。

在西班牙知識份子方面，一九八九年的災難，毫無疑問的是知識份子面對該國問題表現憂心焦慮，期望能找到西班牙的本質，給該國的過去及現代有合理的解釋，然而這個曾經稱霸西方的西班牙潛在問題，早就源自於十六世紀，西班牙人卽以一種膽怯神情表達出來。到了十七世紀初再轉變成大膽的怨言；十七世紀中期，西班牙在歐洲勢力已被法國取代；十七世紀末期，竟是一無所有。國勢如此悲涼，於是產生兩種精神狀態：一是面對痛苦的現實，悲觀地希望復興頹廢的情緒，冀求追回前代的光榮。另一種則企圖在廢墟中拾剩餘的享受，逃避現實的悲哀，閉着眼睛無視蕭牆四壁的國勢，以妄想和幻想求得短暫的滿足。接着，到了十八世紀，就開始排斥被認爲無理性價値的一切。從十九世紀末期開始，這種對國事焦慮與不安的心境日益强烈，而以一八九八年美西戰爭失利達到最高點。

「九八年代」西班牙青年知識份子作家群之形成與該國現代文化偉大人物有着密切的關係，吸取了前驅者對上一代的政治、社會等憂慮。這些前驅者中，哥斯達（Joaquín Costa，1844—1911）强烈主張西班牙政治、經濟、社會歐洲化，對「九八年代」主要代表人物烏拉木諾（Miguel de Unamuno y Jugo，1864—1936），阿佐林（Azorín，1873—1967）及馬耶兹都（Ramiro de Maeztu，1874—1936）均有重大影響；而卡爾發（Angel Ganivet，1865—1898）則被視爲「九八年代」最享盛名的前驅者，其一八九七年作品〈西班牙觀念〉可說直接喚醒了「九八年代」作家的民族存亡覺悟。

在中國知識份子的領域裡，鴉片戰爭後、五四運動前，在西潮衝擊下的中國，曾有過三次的改革及革命階段：一八六一及一八九五年間的「洋務運動」，一八九八的百日維新及一九一一年的辛亥革命，其精神與「五四」時期的聯結在一起。

民國以後，軍閥割據，道德淪喪、內憂外患，社會一片黑暗，激發知識份子愛國救亡運動，以一九一九年段祺瑞政府承認德國在山東的權利由日本繼承時達到沸點。

西班牙「九八年代」的知識份子跟中國「五四」時代一樣都接受不同程度的外來影響，對其意識形態及文學形式起一定作用。儘管「九八年代」及「五四」的知識份子接受了各式各樣不同式樣的外來新思潮，然而，由於其與外界文學思想接觸、交流，就出現了一個巨大的文學及思想的革新。

對西班牙而言，十九世紀中葉，由於未參與歐洲事務，處於較孤立狀態，因此「九八年代」知識份子所接受的外來影響是借助報章書籍。通過閱讀，青年作家接受了十九世紀下半葉在歐洲所形成的新美學、新思潮。其代表人物爲：達爾文、叔本華、尼采、康德、黑格爾、馬克思及柏格森等，其中又以尼采及叔本華對「九八年代」知識份子的思想最大影響。

「五四」運動中，中國知識份子中堅，缺少「九八年代」西班牙知識份子那種全自修性，除閱讀外，幾乎全部留學國外，因此，外來的影響是更直接的，更密切的。

十九世紀末、二十世紀初，許多中國青年往國外留學，特別是到日本、美國及法國等歐洲國家（自一九〇三至一九一九年間前往日本留學生佔全部四一・五一%；美國三三・八五%；歐洲二六・六四%。一九一〇年，胡適前往美國留學，一九〇二年魯迅留日，一九〇七年陳獨秀留法），他們均接受西方新思潮重大影響。「五四」前後，影響中國知識份子亦是尼采的「超人哲學」，叔本華的「唯意志論」，柏格森的生命哲學及杜威的實用哲學，其中又以尼采及杜威的影響最爲深遠。

「五四」與「九八年代」一樣，時間之定位也曾是一個爭論的焦點。大致而言，「五四」運動持續了八年：自一九一五年「新青年」刊物的發行，日本提出「二十一條要求」，到一九二三年結束科學與形而上學的論戰。「九八年代」文學運動則長達十年：自一八九五年烏納木諾發表其名著《論國粹主義》到一九〇五年「九八」團體之完全解散。

北京與馬德里各為中國、西班牙首都，是「五四」及「九八年代」文學運動的重心。北京在「五四」運動的發展扮演著非常重要的角色，構成「五四」運動青年作家的推動力，而北京大學更是當時青年知識份子大本營。馬德里則是「九八年代」青年作家從事文學創作根據地。他們借助茶話會、報章雜誌的創辦而組成「九八年代」主要成員群。北京與馬德里兩地青年知識份子的經驗，對以後的歷史與文化造成關鍵性的影響。

二、中、西知識份子之「同步」反應

中國「五四」運動主要成員為胡適、魯迅、陳獨秀、蔡元培、李大釗、傅斯年、羅家倫等，而西班牙「九八年代」（西國文學史上「第二個黃金時代」）主要成員則為烏拉木諾、阿佐林、馬耶茲都、利奧・巴洛赫（Río Baroja），巴節・恩克蘭（Valle－Inclán），盧賓・達爾奧（Ruben Darío），馬努耶・馬洽洛（Manuel Machado）以及諾貝爾文學獎得主——希麥聶茲（Juan Ramón Jiménez）等人。

中、西知識份子群中，其主要代表人物，如胡適與阿佐林（提倡白話文，以文學救國）、魯迅與烏拉木諾（有革命家的熱忱與自信，滿懷知識份子風骨）、陳獨秀與馬耶茲都（提倡救國文學，積極參與政治活動），若就他們生平、個性及思想作一比較分析，不難發現有許多相似之處，這是純粹歷史的巧合⁉抑是歷史發展必然的結果？

內憂外患，民族存亡到了生死關頭，青年知識份子再次「奮力出擊」，擔負起「啓蒙」、「救亡」的責任。

所謂「九八年代」乃指一八九八年美西戰爭，西班牙戰敗，失去古巴、波多黎哥及菲律賓，從此國力日衰，國內政治紊亂，社會不安，經濟凋弊，而引起的救亡運動。國內政治與經濟的全盤失敗，最主要原因是因爲既忽視了自己的，又輕蔑了外國的文化，使當時的西班牙與其傳統的歷史脫節，與歐洲分離。因此，「九八年代」的作家便如火如荼地極思改革，希望能力挽狂瀾，徹底改革，樹立新的精神生活以對抗一八七四年阿爾豐索十二世（Alfonso XII）復辟時代的腐敗，這新生活應與歐洲各先進國家的文化相結合。但由於「九八年代」的作家都有極强烈的愛國心，經多方反思，最後仍以本國的風景、歷史及文學作爲引導西班牙走上新生活的道路。

所謂「五四運動」乃指一九一五年的「新文學運動」及一九一九年的「救亡運動」。在「新青年」雜誌所倡導的「新文化運動」中，陳獨秀指出以「民主」和「科學」精神反對中國一切舊有的傳統。他說：「要擁護那德先生，便不得不反對那孔教禮法，貞節倫理舊政治；要擁護那賽先生，便不得不反對那國粹和舊文學」。接着，胡適提倡改良文學，主張以白話文代替文言文。他們認爲改革思想，必先改革文學，因爲文學是傳達思想的最佳工具。從此知識份子得到覺醒、個性得到解放，思想得到自由，人格得到獨立，對一切敢於懷疑，敢於批評，以建立文化新秩序。

正當「新文化運動」的火炬燃起了中華民族思想上、文化上新發展時，國家卻陷於分崩離析，領土喪失的局面。中國知識份子爲挽狂瀾，只好放下「新文化運動」，全心全力投入圖存救亡運動；在民族主義旗幟下，自願放棄自我，否定自我，接受工農兵改造，爲黨國、民族利益服務。然而，後來歷史發展顯示，「救亡」只是救了一個舊文化，這是中國知識份子的悲哀。

三、强勢文化衝擊下東西方兩個文學運動之結局

中國與西班牙兩個歷史悠久文明古國，其輝煌時期，曾分別稱霸東西方，但到了十九世紀末期，不但淪爲工業化國家的邊陲，前者甚至陷入半封建半殖民地的浩刼中，而更令人浩歎的是兩國在國際舞臺上均一邊站，加上政治腐敗，國內問題叢生，因此在帝國主義的擴張，以及强勢文化衝擊下，節節敗陣下來，終致喪權辱國：一八九八年十二月十日，西班牙因「美西戰爭」敗北，被迫簽訂「巴黎和約」，失去其美洲最後的殖民地——古巴、波多黎哥，以及東方的菲律賓、關島。而二十年後的中國，歐洲列强入侵後，亦難逃領土被瓜分的命運，特別是一九一九年五月四日段祺瑞北洋政府秘密簽約，承認日本繼承德國在山東權利。這兩個現代史上內憂外患、多災多難的國家，雖事件發生的時間、地點不盡相同，但却喚醒了當時知識青年的民族意識，以文學歷史觀點寫出了對祖國熱愛的文章，表達了對國家民族的憂慮，並提出救亡圖存之道，於是激發了「五四」及「九八年代」兩個文學運動，正如西班牙散文家阿佐林所說：「這是對一種殘忍與死亡現象的强烈反應」。

兩種文化背景、兩條道路、兩種不同的結局。「九八年代」的西班牙知識份子均從「不滿」現狀，到主張「歐化」救國，又重回「國粹主義」之保守路線，換言之，以「歐化」始，以「國粹」終的一場「流產」現代化運動。對本國的傳統文化遺產，特別是十九世紀的一切，從開始的全盤否定到最終的重新肯定，卽要從西班牙中世紀的歷史、領土及文藝復興時期的文學來尋找國魂、救國之道，結

果在「現代化」的道路上要比西歐先進國家多走幾十年，付出之代價，可謂相當高。

「五四運動」的中國知識份子則從不滿現狀、反傳統、到主張「全盤西化」以拯救中國命運的激進路線。以救亡圖存爲目的的五四政治運動打斷了以啓蒙圖存爲目標的五四新文化運動，如同李澤厚所說的「啓蒙」的宗旨在個性解放（解放那「食人的禮教」），而「救亡」則是以整個中國爲目標。最後「救亡」的洪流淹沒了「啓蒙」，以致思想或文化的運動未能獲得適當的發展。其實胡適早就一再指出，一九一九年五月四日北大學生所領導的學生運動是純政治性的，不幸的是它干擾了新思潮、新文學的正常發展，且又把新文化運動帶上了「歧途」。結果，一九四九年後，造成國家分裂，海峽兩岸各走兩條不同的道路、兩個不同的制度、兩個不同的結局。海峽的一邊經過一連串的政治、社會運動，終於解除戒嚴、報禁、黨禁，走上「現代化」，而海峽的另一邊却仍在原地踏步。

今天，一個充滿向「錢」看，向「權」看的社會，除應紀念七十年前北大學生在「五四」運動中的精神、勇氣與熱忱外，更要發揚、落實「科學」與「民主」精神。如果有一天，兩岸的知識份子都有一個共識，負起繼承、革新原有傳統文化，融合外來先進文化的勇氣，共同爲中國的民主、自由、現代化多奉獻一份心力，則一個統一、富强、民主、自由的新中國將於「五四」運動一百週年紀念時實現。

跨文化思想研究

——梭羅與莊子比較初探

淡江大學英文系教授　陳長房

一位中國學者閱讀梭羅（Henry David Thoreau）作品時，必定會不期然的想起莊子；而一位西方學者唸到莊子的著作時，可能也會聯想到梭羅來。的確，林語堂先生早在他的名著《老子的智慧》（*The Wisdom of Laotse*）中說過這麼一句話：「莊子在他極力崇尚個人主義的堅强信念、冷靜和不屈服的特殊個性中和梭羅酷似。」①但是，僅止於把一位作家直覺印象式的聯想到另外一位作家，或僅憑相似的個人主義觀點，即率爾操觚，遽下結論，恐遭敷衍輕率之譏。本文試圖釐清一般人研讀梭羅與莊子著作時所浮現的模糊曖昧印象，並扼要提出作品裏的證據說明，庶幾可以略窺兩位時空相距遙遠的作家類似與歧異的人生觀。

莊子和老子對於「道」的定義，一如婆羅門教所揭櫫的「否，否」，基本上否定了任何界說定義的企圖。但是，若「道」可以代表某種意義，「道」應該表示「宇宙間五元素金、木、水、火、土的運行過程」。明乎此，我們或可清楚瞭解以下之語：

> 夫子若欲使天下無失其牧乎，則天地固有常矣，日月固有明矣，星辰固有列矣，禽獸固有群矣，樹木固有立矣，夫子亦放德而行，循道而趨已至矣。（莊子天道第十二）

此正乃揭示宇宙自然之「道」。此外莊子面對死亡時所發抒的觀點亦正代表他對於「死亡」的超越觀點。莊子視「死亡」爲宇宙萬象裏森然有序的必然現象；「鼓盆而歌」裏的莊子明白的顯示他通達「生死」的道理：

> 莊子妻死，惠子弔之，莊子則方箕踞鼓盆而歌。惠子曰：「與人居，長子，老，身死，不哭亦足矣，又鼓盆而歌，不亦甚乎？」莊子曰：「不然。是其始死也，我獨何能無概然？察其始而本無生；非徒無生也，而本無形；非徒無形也，而本無氣。雜乎芒芴之間，變而有氣，氣變而有形，形變而有生，今又變而之死，是相與為春秋冬夏四時行也。人且偃然寢於巨室，而我嗷嗷然隨而哭之，自以為不通乎命，故止也。」　（莊子至樂第十六）

莊子明白死亡乃是人生必經的過程，就好像自然萬物一定得歷經寒冬的凋枯而後方能在春天綻放出繽紛的花卉，實在不必爲死亡而悲戚；相反的，應該把感情提昇，而能達到忘情或超越的境界。的確，莊子對於「生死」的達觀，實非常情所能想像；他集幽默、智慧、哲理等於一爐，形成那一股恒古的豪邁；莊子臨死時，其弟子欲厚葬之，莊子說：

> 吾以天地為棺槨，以日月為連璧，星辰為珠璣，萬物為齎送，吾葬具豈不備邪？何以如此？」弟子曰：「吾恐烏鳶之食夫子也。」莊子曰：「在上為烏鳶食，在下為螻蟻食，奪彼於此，何其偏也！」　（莊子列禦寇第卅二）

宇宙自然死生循環嬗遞，「死亡」不是生命的結束而是另一個新生的開始；職是，我們非但不得排斥「死亡」的來臨；相反的，更應以歡愉之情擁抱「死亡」，惟其「死亡」方能獲得新生。

梭羅死亡—再生的宇宙觀，事實上，正是承襲宇宙萬象生生不息嬗遞循環過程的觀念而生。在《梭羅日記》開端的部份，梭羅即明白的闡釋這個觀念：

> 自然萬象的每一個枝節皆指引著我們：生命的消逝乃是另一新生之肇始。橡樹凋零枯萎，復歸塵土，留下一粒豐實的處女種籽，預示着未來一片新生森林茁壯的生命。②

大自然裏的萬事萬物皆必須歷經誕生、成長、和死亡的過程；這個過程只不過是宇宙自然永恒輪替不息的一環。生物所歷經之誕生、成長、和枯萎的循環秩序與植物所面臨的過程相同。因此，梭羅才會說：

> 假若我們能先瞭解植物開花落葉的程序，我們自然可以更清楚動物死亡的現象。③

自然本身其實是不摻雜着任何人性道德的意義：

> 大自然的廓然無私正反映了人類偏頗而狹隘的缺陷。④

明白了大自然的漠然無知，梭羅更能體悟生死乃自然宇宙必經的過程；惟其如此，梭羅才能與莊子一般滿懷欣喜的接受死亡。

曾經有一回，梭羅述及他在返歸湖濱小屋途中，一個洞穴裏死馬所溢出的屍臭，逼使他繞道而行；但是，這一次難忘的經驗却令他「想起大自然堅實與難以蠶蝕的體質。」梭羅接着說：

> 我最喜歡看大自然充滿生存競爭，承受得住無數生命為着相互殘殺而犧牲受苦；組織纖弱的，就像軟漿一樣地給澄清，給搾掉了——蒼鷺一口就吞下了蝌蚪，烏龜和蝦蟆在路上讓車輛輾死；時而，血肉就像雨點一樣地落下來！⑤

「在一位大智慧的賢哲心中」，梭羅接著說：「萬物自然是廓然大公無分賢不肖的。」

莊子能以寧靜坦然之心接受他妻子的逝去，乃源自他個人對於自然之「道」的徹悟；梭羅的死亡觀則肇始於他對大自然「廓然大公無分賢不肖」的瞭解而生。這種體悟讓梭羅有了新的體認：死亡爲大自然萬古不移的循環過程。在他哥哥病逝後不久，梭羅親嘗生離死別的悲慟，曾經寫了一封信給愛默生：

> 大自然是不輕易受影響的——既使是最狂烈的暴風——狂風暴雨僅能摧殘森林角落裏的一些枝葉而已；死亡不過是某人或某科植物微不足道的現象，大自然是不會明白的，她可以新面貌重新降臨人間，絲毫無傷。但是，若把死亡視為法則而非意外，則死亡卽是美——死與生一樣平

凡無奇。大地上每一株嫩芽，樹林中每一片葉子——在某些季節枯萎凋零或者是在某些當令怒放重生，皆同樣美麗！因為短暫的凋謝只不過是大自然一年中養生休息的時刻……每當我們俯視大地的片刻，我們難道會因為花謝葉枯而悲傷嗎？大地的法則難道不是要死亡才會再生嗎？大地難道不會因為年復一年的枯萎而後復甦而喜悅嗎？大地萬物豈有不歡喜花開花枯而復再生？

明乎此，人類與植物的關係亦復相似；我們悲悼某一植物的凋萎枯謝，乃是源於人性偏狹自私之心作祟。我們的悲歎應當變成對一逝去靈魂的謳歌；好比徐風拂拭大地所溢出的氣息，大地絕不會認為這種氣息是對某一特殊的自然類科所發出的悲音！

或許有人仍會為着悲悼一片葉的凋零而發抒哀情；但是最真摯最明智的靈魂，遍聞秋風吹送的芬芳，歡欣的祝賀大自然的豐實健壯。⑥

梭羅一貫的信念是，人類應和大自然一般純潔無知，能夠超越「道德的需要」，「只要遍聞周遭的芳香。」⑦梭羅曾經寫過一封信給露茜・布朗夫人（ Mrs. Lucy Brown ），說他能以「自然法眼觀察自然，一如大地上湛藍若雙眼的原野，以瞭悟之眼神仰望蒼穹的藍天一樣。」⑧

梭羅終其一生，渴慕而欲親身體驗自然生活，正如道家所追求的人生觀相似——一種與大自然和諧相處的生活態度。道家追求的人生最高境界是「天地與我並生，而萬物與我為一」；「上與造物者遊，而下與外死生無終始者為友。」（莊子天下篇）只要人類能和萬物融合為一，我們自然能明白

四肢百體將為塵垢，而死生終始將為晝夜，而莫之能滑，而況喪禍福之所介乎？（莊子田子方）

宇宙間的情物，無論我們如何隱藏，終有失去的可能。但若我們把全體宇宙視之為藏於更大的宇宙之

中，則更無地可以失去。因此我們的個體若能和宇宙合一，「得其所一而同焉」，則宇宙無終始；宇宙永久，吾亦永久矣。職是，莊子所揭櫫的人與大自然合而爲一，正是透過「塵垢」，超越禍福得失之境界，所衍生出來的一種自我的泯滅。同樣的，梭羅欣喜而歡悅地與大自然冥合，亦正是促使梭羅自我提昇於「道德需要」之上——一種超越經驗的過程。

莊子學說的主旨在「掙脫俗世的枷鎖，這種掙扎奮鬥的心路歷程，不論是對莊子或梭羅皆有類似的感受。掙脫紅塵的枷鎖暗示著從俗世到精神境界的超越昇華。莊子和梭羅彷彿兩位穿戴特製戎裝的哲人，一方面廻護著瑣碎庸俗的人間生活，一方面又要勇敢的截斷與芸芸衆生轇轕的關聯。存在主義大師沙特（Jean-Paul Sartre 1905-1980）⑨。明示自由人必須「逃避他個人的本性」，因爲對一個自由人來說「世間不存有理想」。明乎此理，讀者必定可以從梭羅和莊子的作品裏體悟出一種特立獨行，高高在上的超物之情；同時也能夠感受到一種對人間世所珍視寶貴之物的鄙棄，對於販夫走卒汲汲追求的爵祿視爲敝屣。在莊子所表現的是「不爲軒冕肆志，不爲窮約趨俗」的高潔品格；而梭羅則是寧爲「採擷越橘隊的隊長」而不願在政府擔任職務。

但是，莊子和梭羅的出世觀，仍然有著明顯的不同。兩位哲人固然對於世俗的功名利祿，以及俗人冒死求榮的騖逐，極盡諷刺；他們寧可過著和大自然及其內蘊的神秘精神和諧相處，超越人間世微瑣細碎的價值觀。然而，就梭羅而言，其內心深處仍然有一股內存的活水源頭——一道傳統的呼聲——也許就是新英格蘭清教徒主義的呼聲。這道激越嘹亮的呼喚勸服了梭羅捨棄俗世的名韁利鎖，轉而邁向道德良知的康莊大道。無疑的，這個動機也使得梭羅捲入了當時許多爭議不休的論戰——事實上，超越主義大師愛默生亦面臨同樣的論戰，只是反應沒有梭羅激烈而已。這些論戰包括了美墨戰爭和蓄奴制度等當時頗受批評的問題。就此一端而言，梭羅認爲個人自由——掙脫世俗瑣碎事物的羈絆，全心全意地生活在自然裏，遠比其他事物來得珍貴；但是從更寬廣的角度論之，梭羅持續不斷的受其更高良知的鼓舞，勇敢地介入世俗人間，與邪惡對抗，高擎著道德良知的大纛。這種入世的道德情操使得梭羅更接近儒家「兼善天下」的襟懷⑩。在他不朽的名作《不服從論》（*Civil Disobedience*）裏，梭羅不斷的鼓舞群倫，寧願爲了正義的原則，身繫牢獄，以抗議聯邦政府的邪惡不公。而在他爲約翰布朗上尉（Captain John Brown）辯護的語調昂揚的講稿中⑪，梭羅更是義憤塡膺，宣示他可以隨時捨棄他最珍惜的自然生活，以便爲他所服膺的更高道德情操效勞。

梭羅的這種入世而兼善天下的精神不但極似儒家思想，而且也和道家思想所揭櫫的「不爭」的原則大相逕庭。儒家所倡導的美德是「天道」——而這種美德却正是老莊所極力反對的：

人多技巧，奇物滋起；法令滋章，盜賊多有。（老子道德經第五十七章）

道家視「道德正義」爲陰謀詭詐，只能用來瞞騙無知的人。道家的信念是徹底的遠離這個人間世界，以臻「無爲」的化境。莊子說：

吾以無為誠樂矣，又俗之所大苦也。故曰至樂無樂，至譽無譽，天下是非，果未可定也，雖然，無為可以定是非，至樂活身，惟無為幾存。（莊子至樂第十八）

而老子的意見是：

為無為則無不治。（老子道德經第三章）

是以聖人處無為之事，行不言之教。（老子道德經第二章）

我無為而民自化，我好靜而民自正，我無事而民自富，我無欲而民自樸。（老子道德經五十七章）

為學日益，為道日損，損之又損，以至於無為；無為而無不為矣。（老子道德經四十八章）

個人認爲梭羅與莊子之與自然宇宙契合爲一體的追尋乃是一種自我或小我的昇華和泯滅。我們所作的敘述或可讓大家明白兩位東西哲人相同歧異處。莊子的出世之情遠比梭羅來得徹底；莊子的出世不但要遠離塵世的傳統價值觀，而且更欲擺脫芸芸衆生所羈縻的人性本身——惟有自我徹頭徹尾的泯滅，自我方能自擾攘的人間世解脫出來。相反的，梭羅的逃離人間世僅只是一種返歸更具靈性的、精神的以及道德良知的自我的手段——因此，和莊子對比之下，只是一種自我的超越而非自我的泯滅——唯有如此，自我始能更和睦的與大自然或更高貴的道德精神冥合爲一。無疑的，兩位哲人欲臻此境界所揭櫫和運用的方法不盡相同——莊子用的是「無爲」的原則；而梭羅却倡導著一種更積極主動的參與行動。

註釋：

註① *The Wisdom of Laotse*, ed. Lin Yutang（New York : The Modern Library, 1948）, pp. 7-8。

註② Henry David Thoreau, *Journal*（New York : Houghton Mifflin, 1906）, I, p. 3。

註③ Ibid., p. 324。

註④ Ibid., p. 265。

註⑤ *The Variorum Walden*, ed. Walter Harding（New York : Washington Square Press, Inc., 1966）, p. 240。

註⑥ *The Correspondence of Henry David Thoreau*, ed. Bode and Harding（New York : New York University Press, 1958）, pp. 64-65。

註⑦ Thoreau, *Journal*, I , p.265。

註⑧ *The Correspondence of Henry David Thoreau*, p.45。

註⑨ Jean-Paul Sartre, *Being and Nothingness* ,tr.Hazel E.Barnes(New York: Philosophical Library,1956), p.581。

註⑩ 請參閱拙作《湖濱散記與儒家思想研究》《出版與研究》第二十二期和《湖濱散記中四書引句研究》《思與言》第十六卷四期，六十一頁至七十頁。

註⑪ 梭羅所撰寫紀念布朗上尉的文章有三篇：
"A Plea for Captain John Brown," "Martyrdom of John Brown"(又名"After the Death of John Brown)，和"The Last Days of John Brown"。

乙編

簡論五四運動

中國社會科學院哲研所　肖萬源

五四運動是中國近代史上講科學、求民主的反帝愛國運動。它將中國資產階級民主革命推向新的階段，產生了積極的結果，有着深遠的歷史意義。

五四運動是辛亥革命的繼續和發展，是新文化運動的直接產物，三者的基本精神都是科學、民主、愛國，均屬中國資產階級民主革命範疇，而五四運動又是中國民主革命的新的起點。

一、

一八四〇年鴉片戰爭以後，中國逐漸淪爲半殖民地半封建社會。爲挽救民族和國家的危亡，中國人民英勇鬥爭、前仆後繼，發動了一次又一次的救亡運動。太平天國農民戰爭，洋務運動，百日維新，義和團反帝鬥爭，一個個均遭失敗。但中國人民並未退縮，更沒有被嚇倒，孫中山領導的資產階級民主革命興起了。

辛亥革命推翻了封建專制的清王朝，建立了中華民國，結束了二千多年的封建專制制度，爲中國歷史譜寫了光輝的一頁。但由於革命派的軟弱，敵對勢力的强大，革命勝利果實旋被袁世凱竊奪，妄圖帝制自爲，使中華民國徒有虛名，中國社會仍處於戰亂、黑暗之中，內則專制獨裁，民不聊生，外則仍受帝國主義列强欺壓，中國無獨立、無主權之可言。

辛亥革命失敗後，國內國際發生了一系列重大變化。在國內，袁世凱鎭壓革命黨人，頒佈尊孔令，妄圖復辟帝制；而在思想領域內，出現了一股尊孔復古、神學迷信猖獗的逆流。二者緊鑼密鼓，鬧得烏烟瘴氣。幾乎與此同時，國際上爆發了第一次世界大戰，一九一七年蘇俄十月革命的勝利。這時，西方帝國主義列强忙於戰爭，無暇東顧，日本帝國主義乘機加緊欺凌中國，先向袁世凱提出滅亡中國的「二十一條」，繼則與段祺瑞政府簽訂「中日共同防敵軍事協定」，以達主宰中國的險惡用心。面對這種嚴峻的形勢，中國出現了兩股革命力量：一是以孫中山爲首的革命派，堅持革命，繼續爲中國民主政治而鬥爭；一是以「新青年」爲主要陣地、以陳獨秀爲主將的一批知識份子，掀起了聲勢浩大的新文化運動。誠然，這兩股革命力量在鬥爭的方式，以及所涉及的具體內容等方面有諸多具體的不同，但實際上是相互配合，以達一個主要目的，卽宣傳科學和民主，反對封建主義和鬼神迷信，在中國建立一個眞正的資產階級民主國家。

宣傳科學、民主，變封建專制國家爲資產階級民主共和國，對於孫中山爲首的革命派來講，無須多說。以陳獨秀爲主將的新文化運動所要達到的目標，也是如此。陳獨秀認爲，要救治中國，「當以科學與人權並重」①，他說：「他們所非難本志的，無非是破壞孔教，破壞禮法，破壞國粹，破壞貞節，破壞舊倫理（忠孝節），破壞舊藝術（中國戲），破壞舊宗教（鬼神），破壞舊文學，破壞舊政治（特權人治）這幾條罪案。這幾條罪案，本志同人當然直認不諱。但是追溯本源，本志同人本來無罪，只因擁護那德莫克那西（Democracy）和賽因斯（Science）兩位先生，才犯了這幾條滔天的大罪。要擁護那德先生，便不得不反對孔教、禮法、貞節、舊倫理、舊政治；要擁護那賽先生，便不得不反對舊藝術、舊宗教；要擁護德先生又要擁護賽先生，便不得不反對國粹和舊文學。」②這裏明確提出「破壞」孔教、禮法、國粹、貞節、舊倫理、舊藝術、舊宗教、舊文學、舊政治等，正是陳獨秀所說的科學、民主的基本內容，也是「本志同人」的思想和態度，當然包括李大釗、魯迅、胡適等在內。

正當孫中山在坎坷不平道路上摸索前進，新文化運動蓬勃發展之際，一九一八年美國總統威爾遜宣布和平宣言十四條，第一次世界大戰結束。協約國慶祝勝利，高唱「公理戰勝強權」，地球上將出現一個「和平」、「正義」、「人道主義」世界，似若也給中國帶來了希望。比如當時中國，有的人說：通過巴黎和會，勢將改變中國「百十年國際上之失敗」，必「能與英法美並駕齊驅」③；有的人說：世界各弱小國家「莫不思借威爾遜之宣言，力求國際之平等」，中國「値此强權消滅公理大伸之日，大可仰首伸眉」，眞是「千載一時之遇」④；就連陳獨秀也說：協約國的勝利，「是公理戰勝強權，將來的世界上，弱國小國可以出頭了」，中國以後若不像義和團「那樣胡鬧，便沒有什麼外患了」⑤，等等。

事實與這些善良人的願望相反。威爾遜的宣言，協約國的勝利，巴黎和會，並未給世界上各弱小國家人民帶來什麼福音，也絲毫沒有改變中國在國際上的被壓迫被侵略的地位。中國人的幻想破滅了，也醒悟了。他們認識到自己曾「作夢」，並正確地指出：什麼「和會」，純係「分贓會議」，「是强盜的分贓」，「强國的會議」，是「按國力强弱分配權利」；什麼「公理」，「公理」兩個字「是爲着强國製造出來的」，現在仍然是「强盜世界」，「黑暗時代」。所以陳獨秀又說：「巴黎的和會，各國都在本國的權利。什麼公理，什麼永久和平，什麼威爾遜總統十四條宣言，都成了一文不値的空話」⑥。

在國內國際問題毫未解決的情況下，一九一九年五月四日，以巴黎和會上中國外交失敗爲導火線，北京三千多學生舉行遊行集會示威，大燒曹汝霖住宅趙家樓，痛打章宗祥，强烈要求北京政府拒絕在和約上簽字，爆發了五四運動。可見，五四運動是在新文化運動思想基礎上產生的，其實質是舉科學、民主兩面旗幟的反帝愛國運動。

二、

五四運動與新文化運動、辛亥革命有異也有同，其基本精神是一致的。

五四運動與新文化運動既有聯繫，又有區別。嚴格說來，從時間上看，新文化運動是從一九一五年「新青年」創刊至五四運動前夕；在內容上，它是針對辛亥革命失敗後出現的尊孔復古、鬼神迷信氾濫、帝制復辟的一股逆流，提出的新文學、科學、民主爲基本內容的思想文化運動。五四運動則是從一九一九年五月四日至六月二十八日，它是針對北京政府賣國外交、帝國主義無視中國主權，提出罷免曹汝霖、章宗祥、陸宗輿三人之公職，要求政府拒絕在巴黎和約上簽字的群衆性的愛國反帝運動，並達到了具體目的，產生了巨大的反響，有着現實的、歷史的價值。

新文化運動與辛亥革命二者，在時間上前後相承。在基本內容上大體一致，同樣是既有聯繫又有區別。首先，新文化運動中的一些重要人物（如陳獨秀、魯迅、胡適、蔡元培等）大都是在孫中山發動、領導的資產階級民主革命鬥爭中逐漸成長起來的。二十世紀初，他們初露鋒芒，新文化運動中則大顯身手。其次，新文化運動宣傳的基本內容及其所要解決的問題，是與以孫中山爲首的革命派的一貫主張基本一致。再次，新文化運動與辛亥革命在思想來源上，都是以近代西方的科學、民主爲依據的；而在對待中國傳統文化上，前者持抨擊態度，後者注意中西文化的融和。此外，五四運動前，孫中山為首的革命派思想家與新文化運動思想家，都注重思想宣傳，認識到輿論的重要。新文化運動思想家不用說了，革命派的思想家也是如此。孫中山在《建國方略》中就說，中國革命不成功，實多以思想錯誤而懈志。因此他「先作學說」，破心理之大敵，「出國人之思想於迷津」⑦，開始注重思想文化戰線上的鬥爭，等等。

當然，不僅五四運動，就是新文化運動與辛亥革命二者，也有頗多的不同。新文化運動在評孔、文學革命、抨擊封建綱常禮教等方面，要比革命派思想家深刻、激烈。在辛亥革命時期，革命派思想家對這些問題有所涉及，但不論就其整體，還是個人，都不如新文化運動思想家所涉及的問題廣而深。不過，新文化運動及其思想家也有不如辛亥革命及其思想家之處的。革命派思想家有明確的建國綱領，並以武裝鬥爭來實現，因此，他們不限於科學、民主的宣傳，不限於「破壞」封建專制國家，還注重革命後的國家建設。這表現在孫中山的三民主義政綱中。特別是辛亥革命後，孫中山撰寫的《建國方略》，其中的《實業計劃（物質建設）》，是關於革命後國家經濟建設的宏偉藍圖，是新文化運動思想家所沒有的。也可以說，在精神文化方面，革命派思想家在某些方面不及新文化運動思想家，而在建國政綱與物質文化方面，新文化運動思想家則遜於革命派思想家。

如果將五四運動、新文化運動、辛亥革命三者作一比較，也是有趣的（見下表）：

問題＼各派	辛亥革命	新文化運動	五四運動
科學	相信、宣傳、運用科學	以科學爲依據，强調科學精神	同上
民主	反封建專制、建民主共和國	反對封建綱常禮教	反封建主義、反帝
宗教	抨擊封建神權駁宗教神學	批鬼神迷信，否宗教神學	同上
孔子	有所評孔	反孔教	同上
鬥爭方式	武裝鬥爭爲主	文化思想鬥爭爲主	反帝反獨裁的愛國群衆運動
參加者	民族資產階級兵士、會黨	小資產階級知識份子	小資產階級、資產階級知識份子早期馬克思主義者、學生、市民、工人等
馬克思主義	朱執信、孫中山有所介紹並受一定影響	李大釗等宣傳馬克思主義，較多人受其影響	馬克思主義在中國進一步傳播

以圖表說明問題，往往是不精確的。但從上表中也可看出辛亥革命、新文化運動、五四運動三者的繼承、發展關係，以及它們的異同。

三、

五四運動的科學、民主精神及其基本內容，主要源於近代西方資產階級先進的精神文化。但不可否認，它與蘇俄十月革命的影響、馬克思主義的傳入有着密切的關係。

任何一個社會運動的爆發，總是根源於現實的、歷史的狀況的，也與該運動的領袖人物的影響分不開的。作爲新文化運動的倡導者、組織者的陳獨秀、李大釗等人，始初是從近代西方資產階級思想文化資料庫中擇取適合中國的思想武器的；運動後期，在十月革命影響下，通過總結中國革命經驗，他們轉而學習、宣傳馬克思主義，最先覺悟的是李大釗。他撰寫一批文章，宣傳十月革命的意義，介紹馬克思主義，並用以指導運動。他說：一七八九年的法國革命，「是十九世紀中各國革命的先聲」，一九一七年的俄國革命，「是二十世紀中世界革命的先聲」，今後的世界，將「變成勞工的世界」⑧。陳獨秀隨後則說：法國革命和俄國革命，「當時的人都對着他們極口痛罵，但是後來的歷史家，都要把他們當做人類社會變動和進化的大關鍵」⑨。五四運動的爆發及其所產生的影響，是與他們的宣傳、組織、指導分不開的。

五四運動受十月革命、馬克思主義傳入的影響，還可從當時的輿論界，以及新文化運動中的活躍份子的言論得以說明。這裏且不說「新青年」及其作者，以及其中後來成爲中國共產黨人的一大批運動的積極參加者，只說其他報刊，其他一些積極參加者。這些學者雖不相信馬克思主義，也不贊成中國走蘇俄十月革命道路，但他們在一批文章中，或是以讚賞的、客觀的態度報導了十月革命的消息，或是駁斥帝國主義對「列寧政府」的曲解，或是指責有的中國人不加研究，就「閉着眼睛跟着人家走」謾罵十月革命，並從各方面介紹了蘇俄政府，指出：「我們不宜學歐美資本家的口吻去謾罵他們，也不宜學官僚軍閥的腦筋去仇視他們。他們的行爲，我們是要細心去考究的。」⑩有的人還對十月革命作了一定的肯定、稱讚，將「俄國式革命」稱之爲世界革命不可抗拒的「新潮的起點」⑪，「澎湃浩蕩之新思潮」⑫。更有甚者，其中有的學者認爲蘇俄十月革命，「在政治史上算得頂有價值的事體」⑬，「是世界的自然趨勢」⑭，「將來中國自然也是不能免的」⑮。顯然，這些言論、觀點，不可能不對五四運動爆發產生作用和影響。

五四運動的參加者不限於知識界，還有市民、工人參加的廣大人民群衆。工人參加五四運動，除體現了科學、民主、愛國思想外，也與馬克思主義傳播有關。朱執信說得好，要改變近代中國經濟制度，「自然要拿勞工做中心」⑯；而勞工要投入到改革近代中國經濟制度的鬥爭中，就得要使這個階級自覺。爲此，就得「做社會主義的宣傳」，因爲生活在近代中國社會中的工人，「有輸進社會主義的可能」⑰。這一思想，儘管當時除李大釗等少數先進知識份子懂得並實踐了外，其他知識份子是不自覺的。但他們中有的人也呼喊出「勞工神聖」口號，要知識份子不要站在「勞動界」——「身的勞動者」與「心的勞動者」以外，要加入勞動界，對現實社會「實行改革」。只有這樣，才能代表勞工的利益。這些認識、宣傳、接觸並組織勞工的言和行，顯然也是與馬克思主義傳入、十月革命的影響是有關的。

由於中國歷史條件的限制，新文化運動、五四運動的主要任務是反帝反封建，其旗幟是科學、民主、愛國。這與科學社會主義在中國所要完成的歷史使命的最基本任務是一致的。因此，在五四運動時期，一些新文化運動思想家、革命派思想家同情科學社會主義，對十月革命持友好態度，並作一定的介紹、宣傳，是有其社會、歷史、思想基礎的。而他們這一思想和行爲，也促進了運動的發展。

四、

五四運動後，中國大地上很快出現了決定此後中國命運的兩大獨立的政治組織，一是經孫中山改組的「中國國民黨」，二是新生的中國共產黨。由此，意識形態領域中也產生了兩大基本思想體系。蘇俄十月革命勝利消息傳入中國，孫中山、李大釗等人受到鼓舞。他們爲探尋救國眞理，形成了各自的社會理想。五四運動的爆發，又推動了他們繼續前進，並聯合而爲中國前途共同奮鬥。

先說陳獨秀、李大釗等人。

陳獨秀、李大釗等人，是經過新文化運動、五四運動洗禮的中國早期馬克思主義者。五四運動前，李大釗就指出十月革命與法國大革命，由於「時代之精神不同，革命之性質自異」⑱，嚮往十月革命，宣傳十月革命，開始服膺馬克思主義，並初步運用馬克思主義分析國內國際社會問題，成爲中國最早的馬克思主義者。在五四運動的推動下，他深感宣傳馬克思主義的重要，一方面撰文系統地介紹、闡述馬克思主義基本觀點，同時在北京大學發起組織了「馬克思學說研究會」，團結、幫助一批青年學習馬克思主義，爲中國共產黨成立做了大量的思想、組織工作。一九二〇年春，共產國際代表到北京，會見了李大釗。經李介紹，共產國際代表到上海會見了陳獨秀。同年夏，上海共產主義小組成立。隨後，北京、武漢、長沙、濟南、廣州等地的共產主義小組相繼成立，一大批中國早期馬克思主義者產生了。一九二一年七月，中國共產黨召開了第一次全國代表大會，成立了中國共產黨，以馬克思主義爲指導，進行反帝反封建鬥爭，走社會主義道路。可以說，「五四」新文化運動，爲中國共產黨成了作了思想上、組織上的準備。

再說朱執信、孫中山等人。

早在辛亥革命前後，朱執信、孫中山就相繼對馬克思主義作了片斷的介紹，並受其一定的影響，同情科學社會主義。一九〇六年，朱執信在《德意志革命家小傳》一文中，對〈共產黨宣言〉、《資本論》等有關內容進行了評介，區分了科學社會主義與空想社會主義，肯定科學社會主義和階級鬥爭觀點。一九一二年，孫中山在〈上海中國社會黨的演說〉一文中，根據自己的認識，對社會主義各流派也進行了評介，認爲喬治．亨利與馬克思二家學說，「實則是互相發明，當並存」⑲，並說亞當．斯密等人經濟學說屬於「舊經濟學派」，「不適於現社會」⑳，而馬克思經濟學說屬於「新經濟學派」，加以肯定。同時，他還指出：產業革命後，「資本家以機器爲資本，壟斷利源，工人勞動之所產，皆爲資本家所坐享，不平之迹，遂爲一般學者矚及」㉑。

在五四運動推動下，以及通過對辛亥革命經驗教訓的總結，孫中山、朱執信等革命黨人更認識到革命輿論的重要。朱執信說：中國問題的解決，「非從思想上謀改革不可」㉒。孫中山說撰寫《建國方略》意在「糾正國民思想上之謬誤，使之有所覺悟，急起直追，共匡國難」，而五四運動的勝利就是「新思想鼓蕩陶鎔之功」㉓。爲此，他强調革命理論建設，加强思想宣傳。一九一九年六月，他指示朱執信等創辦「民國日報」附刊「星期評論」，八月一日，又委派朱執信、廖仲凱、胡漢民、戴季陶等創辦「建設」雜誌，同時繼續修訂、撰寫《建國方略》。

革命輿論的重要，是在於它能啓發、引導人民投身民主革命。而要啓發、引導人民，首先就有一個正確認識人民在革命中的地位、作用的問題。五四運動後，朱執信對階級、階級鬥爭有了進一步認識，並用以分析國際和國內、歷史和現實的社會現象，剖析國內勞資關係，要求人們「應該扶助」工人對資本家的鬥爭。因爲，要改造中國就不能離開農工，才有「眞正的力量」㉔。而階級鬥爭之所以發生，不是任何人「煽動」起來的，是資本階級和中等階級「這兩個階級逼出來的」㉕，「中國的革命是難免的，工人的力量一天增加一天」㉖，看不到這一事實，這錯誤的。由此，他稱讚蘇俄政府，說列寧「是吃苦辭甘的好人物」㉗，表示也要學習蘇俄十月革命的經驗。孫中山不僅看到五四運動是

「新思想鼓蕩陶鎔」的結果，還認識到人民聯合力量的强大，所謂在很短時間內，五四運動能「收絕倫之巨果，可知結合者卽强也」㉘。爲此，他進行了四方面工作。第一，加强革命派自身建設，於一九一九年十月十日，將中華革命黨改組爲「中國國民黨」，以與一九一二年成立的「國民黨」相區別；第二，對中國民主革命的對象、動力重新進行了分析，提出「重新革命」口號，認爲首先必須搬去三種「陳土」——舊官僚、武人、政客，才是「改造中國的第一步」㉙，同時消除帝國主義「壓制」中國，以徹底實現民族主義；第三，與中國早期馬克思主義者、蘇俄政府密切聯繫，加强合作，共同奮鬥；第四，宣傳革命與人民的關係，以及人民在革命鬥爭中的偉大作用，比如說：「今日革命則立於民衆之地位，而爲之嚮導，……革命事業由民衆發之，亦由民衆成之。」㉚。等等。

通過以上簡略的分析，說明孫中山在新文化運動、五四運動的推動下，通過總結、對比國內外革命鬥爭的經驗與教訓，對中國民主革命的歷史任務，以及革命鬥爭中敵我友三方的認識、分析，不斷深化，趨於正確，三民主義內容隨之而充實、發展，這就爲一九二四年一月中國國民黨第一次全國代表大會的勝利召開，奠定了思想、組織的基礎，從而出現了第一次國共合作，推進了中國革命的發展。

五、

五四運動的科學、民主、愛國精神，不僅是近代中國人民巨大的精神力量，在今天也具有現實意義。

要繼承、發揚五四運動的科學、民主、愛國精神，首先就有個如何正確理解「科學、民主、愛國」三個詞的內容、實質，以及它們在歷史長河的不同時期，以及不同國家，具有不同的含義。科學、民主、愛國的具體內容，「五四」時期與今天是有所不同的，這是不言而喻的。

「五四」時期的科學精神，主要是指以近代自然科學探索自然事物和現象，以科學態度、進化論思想分析歷史及近代中國社會問題，從而承認自然界、人類社會之上沒有神秘的「主宰」，自然界、人類社會是按各自的客觀規律進化發展的，近代中國必須改造、發展。這種科學精神就應繼承、光大。今天的科學內容比「五四」時期大大豐富了，更應要求我們對當今世界和中國的觀察、分析、研究、評價、處理問題，更科學、更客觀，更應相信人類自身力量，相信中國人民自身力量。然而在現實社會中，仍然存在諸多不科學之處，比如在改革開放中，我們學習、引進國外一些有益、先進的東西，有人就產生了完全否認中國傳統文化的傾向。又比如「五四」時期，特別是一九四九年中華人民共和國成立後，以科學批神學，神學市場日趨縮小，而今天，神學思潮又泛起，市場日益擴大，有的人甚至把自己的希望寄托於神，拜倒在神仙佛脚下。這與「五四」時期的陳獨秀、李大釗、朱執信、胡適、蔡元培等人相比，其思想境界是何等之低，令人擔憂。現在，我們的生產發展了，生活水平得到普遍提高，爲什麽還有這種現象呢？別的原因不說，主要是缺乏科學精神。這正說明我們今天還要繼承、發揚「五四」的科學精神。科學精神永遠不能丢！

「五四」時期的民主精神，主要是指反對封建專制、獨裁、綱常禮教等封建主義，强調自由、平等、個性解放，建立一個眞正的資產階級的民主國家。這種民主顯然與我們今天講的民主不同。這種不同，一是「五四」時期人民還沒有民主權利，是爭民主，今天人民有了憲法保障的民主權利，有了人民共和國；二是今天的民主在內容上要比「五四」時期寬廣得多，是「人民民主」，社會主義民主，已實現了孫中山所說的「人民都是國家的主人」的遺願。這樣說，是不是不需繼承、發揚「五四」民主精神呢？不是的，仍要繼承、發揚「五四」時期的民主精神。這不只是說今天的民主是在「五四」民主基礎上發展而來。還因「五四」時期所反對的東西，如封建主義、等級觀念、腐敗現象等在現實社會中仍有所表現。因此，今天不僅仍要發揚「五四」民主精神，還要完善民主制度，不斷滿足人民對民主的要求。而要做到這一點，則必須相信中國各族人民自身的力量，眞正懂得人民在國家中的地位及其歷史使命。

「五四」時期的愛國精神，主要是指反對帝國主義侵略、欺壓、主宰中國，使半殖民地半封建的中國成爲獨立、富强的中國，與歐美日本各列强並駕齊驅。這樣的任務，有的已隨中華人民共和國的成立而實現，有的正在逐步達到。要使中國富强，躋身於歐美日本等經濟發達國家之林，就需要今天的中國人發揚「五四」愛國精神，堅持改革開放方針，學習國外有益、有用、先進的東西，以彌補自己的不足。不過，在愛國的具體內容上，今天與「五四」時期也有不同。「五四」時期的愛國的具體內容，主要是反帝，爭取中國完全獨立，屹立於世界東方。今天愛國的具體內容，主要似應有三點：第一，實行改革開放政策，盡快實現四化，以達到同世界上經濟發達國家並駕齊驅；第二，熱愛祖國，維護國家主權的尊嚴，反對他國干涉中國內政；第三，創造各種條件，溝通各種關係，實現中國領土的完整與統一，這是所有中國人的歷史使命。

由上簡述，「科學、民主、愛國」六字的具體內容，在「五四」時期與今天，既有基本一致的，相聯繫的，又有區別。這是時代不同所決定的。因此，我們既不能完全用「五四」時期的「科學、民主、愛國」六字來界說今天的「科學、民主、愛國」六字含義，又要繼承、充實其「科學、民主、愛國」的內容，光大、發揚其精神。

誠然，同任何新事物出現一樣，五四運動也有其缺陷之處，主要有以下幾點。第一，在精神文化方面，强調吸收西方先進文化（包括馬克思主義），這是對的，也是必須的。但對中國傳統文化否定得多了，未免過於偏激。這一現象在現實社會中有所重現，值得考慮。第二，五四運動思想家在「破壞」舊文化中，精神文化有破有立，虎虎生氣，要立科學、民主、愛國的新文化，但在物質文化方面，特別是國家經濟建設方面，很少構想，也不可能有什麼建樹。這兩方面，不如孫中山的三民主義、《建國方略》。歷史的經驗和教訓，後人必須記取。總結過去，立足現實，開拓未來，為中華民族騰飛作出我們的貢獻！

註釋：

①〈敬告青年〉，「新青年」第一卷，第一號。
②〈本志罪案之答辯書〉，「新青年」第六卷，第一號。
③〈告梁啓超〉，上海「民國日報」，一九一九年一月五日。
④〈警告政府〉，「時事新報」，一九一九年二月十一日。
⑤〈去兵後之內亂外患問題〉，「每周評論」第三號，一九一九年一月五日。
⑥〈兩個和會都無用〉，「每周評論」第二〇號，一九一九年五月四日。
⑦《孫中山全集》第六卷，中華書局一九八五年版，第一五八、一五九頁。
⑧〈庶民的勝利〉，《李大釗選集》，人民出版社一九七八年版，第一一一頁。
⑨〈二十世紀俄羅斯的革命〉，「每周評論」第十八號。
⑩〈務農政府治下之俄國〉，「晨報」，一九一九年四月。
⑪〈今日世界之新潮〉，「新潮」第一卷，第一號。

⑫〈國民思想與世界潮〉，「國民」第一卷，第二號。
⑬〈各國勞動界的勢力〉，「每周評論」第十八號。
⑭〈俄羅斯社會革命之先鋒李寧事略〉，「勞動」第一號。
⑮〈中國士大夫階級的罪惡〉，「每周評論」第二〇號。
⑯〈兵的改造與其心理〉，《朱執信集》，中華書局一九七九年版，第八〇〇—八〇一頁。
⑰同上書，第八四一頁。
⑱〈法俄革命之比較觀〉，《李大釗選集》第一〇二頁。
⑲《孫中山全集》第二卷，中華書局一九八二年版，第五一四頁。
⑳同上書，第五一六頁。
㉑同上書，第五一六頁。
㉒〈致蔣介石〉，《朱執信集》第三二一頁。
㉓〈覆蔡冰若函〉，《孫中山全集》第五卷，中華書局一九八五年版，第六六頁。
㉔〈野心家與勞動階級〉，《朱執信集》第七二六頁。
㉕〈中等社會的結合〉，《朱執信集》第七六七頁。
㉖〈野心家與勞動階級〉，《朱執信集》第七二五頁。
㉗〈改革者的兩重任務〉，《朱執信集》第七八二頁。
㉘〈在上海寰球中國學生會的演說〉，《孫中山全集》第五卷，第一四〇頁。
㉙〈在上海青年會的演說〉，《孫中山全集》第五卷，第一二六頁。
㉚〈中國國民黨宣言〉，《孫中山全集》第七卷，中華書局一九八五年版，第二頁。

「五四」的時代課題及其啓示

中國社會科學院哲研所　徐遠和

一、

每一個時代都會向人們提出需要解決的課題。而時代課題的認識與解決，則決定着該時代社會發展的方向和進程。

「五四」前後是中國社會發展的一個重要轉折時期。這個時期，呈現在人們面前的，是一個嶄新的時代課題。

那麼，「五四」的時代課題是什麼？它是怎樣提出的？

要回答上面的問題，必須從考察中國近代社會的基本狀況及其發展趨勢入手。衆所周知，以一八四〇年鴉片戰爭爲起點，中國社會開始了近代化的進程。但是，中國的近代化是沿着崎嶇不平的道路曲折前進的，它的發展是畸型的。面對西方資本主義列强的侵略，古老的東方中華帝國爲應付「三千年未有之大變局」，不得不採取一些自强圖存的措施。居於領導地位的士大夫階層始則模仿西方的先進技藝，開展洋務運動；繼則效法西方的政治制度，實行維新變法。然而，一切努力成效甚微，自强、維新連遭失敗。此後，以孫中山先生爲首的資產階級革命民主派異軍突起，發動和領導了辛亥革命，推翻帝制，建立共和，把近代中國推進到一個新的時期。

按理說，辛亥革命勝利後，應該把如何立國、建國的問題提到首位。這就是說，業已獲得政權的資產階級面臨着不斷鞏固和完善民主共和制度、加速發展民族資本主義經濟和逐步創立資產階級民族文化的艱巨任務。這是時代提出的一種挑戰，也是一次難得的機會。只有建設好新國家，才能躋身於世界先進國家的行列。

事實上，孫中山先生領導的南京臨時政府在短短的幾個月中，也頒佈了一些有利於建立資產階級民主政治、保護民族工商業和發展文化教育的法令。不過，直至一九一七年，孫中山先生才着手撰寫包括心理建設、物質建設和社會建設三個組成部分的比較全面系統的《建國方略》，一九一九年始克完成。這部著作突出地反映了作爲民主革命領袖的孫中山先生對於國家命運和前途的深切關懷，也代表了中國資產階級的時代感和使命感，即認識到中國應該效法西方，建設一個具有近代文明的新國家、新社會。

這是時代提出的新課題。它實際上是二十世紀初中國所提出的現代化要求。其基本點在於實現由傳統的農業文明向工業文明的過渡與轉換。毫無疑問，這將是一場具有劃時代意義的深刻的變革。

但是，要實現由傳統的東方農業文明向近代西方工業文明的轉變，絕非是一件輕而易舉的事情。依當時的情形來說，尚不具備實現上述轉變的主客觀條件。辛亥革命雖然趕跑了清朝皇帝，但是並沒有徹底剷除君主專制的根基；年輕的共和國建立之後，社會處於巨大的動盪之中，袁世凱稱帝，張勛復辟，軍閥混戰，全中國腥風血雨鬧得烏烟瘴氣，政治黑暗，民生凋敝。在文化思想界，又掀起了一股尊孔讀經的濁流。而帝國主義勢力從未放棄對中國內政的干涉和侵略，各派軍閥紛紛勾結帝國主義，出賣國家的各種權益。所有這一切，引起全國廣大民衆，尤其是知識份子的强烈不滿和憂慮。知識菁英們開始思考這樣一個問題：本質上是反帝反封建的辛亥革命何以竟落得如此結局？中國的出路何在？時勢嚴峻，問題尖銳，答案也明確：惟有扭轉頹勢，重新撥正航向，才能走上近（現）代化的發展道路，解決時代提出的課題。現實促使人們覺醒，時代呼喚人們行動。於是，一批知識菁英領導和發動了一場醞釀已久的「五四」新文化運動。可以說，這場新文化運動從它開始發動之日起，在近十年的時間裏，其宗旨就在於解決二十世紀初中國所提出的近代化這一時代課題。而其側重點則是文化思想的啓蒙。

二、

既曰新文化運動，自然以文化問題爲主題。它是東西方文化衝突的必然回應，也是知識菁英把握和解決時代課題的一種方式，同時也決定着此後相當長的一段時期內文化選擇的方向。

作爲「開發文明之利器」的辛亥革命，極大地啓迪了民衆的覺悟；而辛亥革命後上演的一幕幕尊孔復辟的鬧劇，又從反面教育了民衆。這雙重的教訓促使「國中賢者，寶愛共和之心，因以勃發；厭棄專制之心，因以明確。」①於是，「建設西洋式之新國家，組織西洋式之新社會」②的呼聲愈益強烈。

但是，要建設這種西洋式的新國家、新社會，非輸入西方近代資產階級文化不可。而要輸入西方的新文化，又非反對中國傳統的舊文化不可。這是「五四」新文化運動倡導者們的一種共識。正如新文化運動的領袖陳獨秀所說，「民主共和的國家組織、社會制度、倫理觀念，和君主專制的國家組織、社會制度、倫理觀念全然相反，一個是重在平等精神，一個是重在尊卑階級，萬萬不能調和的。若是一面要行共和政治，一面又要保存君主時代的舊思想，那是萬萬不成。……我們要誠心鞏固共和國體，非將這班反對共和的倫理、文學等等舊思想，完全洗刷得乾乾淨淨不可。」③一定的政治制度需要有一定的思想文化與之相適應。民主共和與君主專制是兩種性質不同的國家制度，與此兩種國家制度相適應並爲其服務的思想文化也處於對立的地位，二者不可調和。因此，要把西方文明輸入中國，必須反對和改革中國的傳統文化。目睹舊文化根深柢固地盤據於中國思想界的那種黑幕層張、垢汚深積的現實，知識菁英們更加疾視中國的舊文化。中西文化的激烈衝突是必不可免的。在新文化運動的倡導者眼裏，這是一場「新舊思潮之大激戰」。他們以勇猛的決心、果敢的行動，向舊文化發起了猛烈的衝擊，使思想界發生了極大的變化。

對於袁世凱「廢共和、復帝制」的反思，使人們更加確信「別尊卑、重階級，主張人治，反對民權之思想、之學說，實爲專制帝王之根本惡因。吾國思想界不將此根本惡因剷除淨盡，則有因必有果，無數廢共和、復帝制之袁世凱，當然接踵應運而生。」④而「別尊卑、重階級」是儒家思想即孔教的根本特徵。尊崇孔教勢將導致復辟帝制，而復辟帝制則必然要求尊崇孔教，「孔教與帝制有不可離散之因緣」⑤。這個秘密一旦被發現，「打倒孔家店」也就勢在必然了。

新文化運動揭櫫批孔的大旗，目的在於推進中國社會的近代化。新文化運動的倡導者認爲，孔子生長於封建時代，所提倡的道德是封建時代的道德，所垂示的禮教是封建時代的禮教，所主張的政治是封建時代的政治，其範圍不越少數君主貴族之權利與名譽，而與多數國民之幸福無關。這種學說與現代思想及生活非但不相適應，而且已成爲文明進化的絕大阻力，因此，不能不加以批判、反對。陳獨秀在中述自己反孔的動機和原因時，再三聲明：

愚之非難孔子之動機，非因孔子之道之不適於今世，乃以今之妄人強欲以不適今世之孔道，支配今世之社會國家，將為文明進化之大阻力也。⑥

> 吾人所不滿意者，以其為不適於現代社會之倫理學說，然獨支配今日之人心，以為文明進化之大阻力耳。⑦

> 我們反對孔教，並不是反對孔子個人，也不是說他在古代社會無價值。不過因他不能支配現代人心，適合現代潮流，還有一班人硬要拿他出來壓迫現代人心，抵抗現代潮流，成了我們社會進化的最大障礙。⑧

孔教已經落後於社會生活，不適應時代潮流，成爲「過去之化石」，理應送進歷史博物院作爲陳列品。但是，偏偏有「一班人」把它抬出來，用以壓迫現代人心，强欲支配現代社會國家，阻止文明進化。殊不知，這班人的倒行逆施，「恰好挑起一種懷疑的反動」⑨，引起進步人士的强烈抵制和反對。陳獨秀實際上把問題提到「歐化」還是「孔化」的高度加以認識，他十分尖銳地指出：「吾人倘以新輸入之歐化爲是，則不得不以舊有之孔教爲非。倘以舊有之孔教爲是，則不得不以新輸入之歐化爲非。新舊之間，絕無調和兩存之餘地。吾人只得任取其一。」⑩是「歐化」（即「西化」）還是「孔化」，代表了兩種根本不同的價值取向。「孔化」是衞道者背向二十世紀所作的歷史的回歸；而「歐化」則是新文化運動的倡導者面向二十世紀所作的時代選擇。

新文化運動批孔的核心是反對吃人的禮教。被胡適稱爲「『隻手打孔家店』的老英雄」的吳虞，對於舊禮教的攻擊是驚世駭俗的。他揭露說，家族制度與專制政治「膠固而不可以分析」且儒家又「以孝悌二字爲二千年來專制政治、家族制度聯結之根幹，貫徹始終而不可動搖」，其流毒實不亞於「洪水猛獸」⑪。在魯迅的《狂人日記》拆穿了舊禮教「吃人」的黑幕與實質之後，吳虞又大聲疾呼：「到了如今，我們應該覺悟：我們不是爲君主而生的！不是爲聖賢而生的！也不是爲綱常禮教而生的！什麼『文節公』呀、『忠烈公』呀，都是那些吃人的人設的圈套來誑騙我們的！我們如今應該明白了！吃人的就是講禮教的，講禮教的就是吃人的呀！」⑫新文化運動之所以把批判的鋒芒集中地指向舊禮教，尤其是舊倫理道德，是因爲新文化運動的倡導者們清醒地認識到這是新舊文化鬥爭的焦點，是帶根本性的問題。正如陳獨秀所說，「孔教之精華曰禮教，爲吾國倫理政治之根本」，「倫理問題不解決，則政治學術皆枝葉問題，縱一時捨舊謀新而根本思想未變，更不旋踵，而仍復舊觀者，此自然必然之事也。」⑬這清楚地表明，新文化運動的倡導者們不僅視破壞舊禮教爲新文化建設的一大關鍵，而且視攻破孔教爲中國社會出黑暗而入光明的必由之路。

批判中國封建的舊文化只是新文化運動的一個方面，卽破壞的方面；新文化運動還有另一個方面，卽建設的方面，那就是提倡西方的近代文化。而這種新文化的主要內容就是科學（賽先生）與民主（德先生）。

新文化運動的倡導者所理解的民主，其基本點是陳獨秀稱之爲「近世三大文明」之一的人權說所主張的人權、獨立自由人格。從「新青年」創刊時起，至一九一九年「五四」前夕，陳獨秀曾反覆强調，民主就是人「各有自主之權，絕無奴隸他人之權利」；人的解放就是「脫離夫奴隸之羈絆，以完其自主自由之人格。」⑭「舉一切倫理道德、政治、法律、社會之所嚮往，國家之所祈求，擁護個人之自由權利與幸福而已。思想言論之自由，謀個性之發展也。法律之前，個人平等也。個人自由權利，載諸憲章，國法不得而剝奪之，所謂人權是也」⑮。西方民主主義就是「以人民爲主體」，卽林肯所謂「由民而非爲民」的「由民主義之民主政治」。這種民主主義與中國所謂仁民愛民爲民的民本主義絕非一物，後者「以君主之社」爲本位，從根本上取消國民之人格⑯。從這種觀點出發，陳獨秀甚至不無偏激地說：「吾人寧取共和民政之亂，而不取王者仁政之治。蓋以共和民政爲自動的、自治的政制，導吾人於主人地位，於能力伸展之途，由亂而治者也。王者仁政爲他動的、被治的政制，導吾人於奴隸地位，於能力萎縮之途，由治而亂者也」⑰。眞可謂旗幟鮮明，義無反顧。

新文化運動的倡導者所理解的科學，包括了近代自然科學、社會科學及其所體現的理性精神和實證科學方法。陳獨秀在解釋什麼是科學時說：「科學者何？吾人對於事物之概念，綜合客觀之現象，訴之主觀之理性而不矛盾之謂也。」他要求人們尊理性而斬迷信，以科學眞理掃除封建迷信，强調「欲脫蒙昧時代，羞爲淺化之民」，必須「急起直追，當以科學與人權並重」⑱。他還主張大力提倡自然科學，研究一切學問都要嚴守科學方法，「以科學說明眞理，事事求諸證實」，中國的學問也有必要「受科學洗禮」⑲。提倡科學理性，促進近代科學在中國的廣泛傳播，是新文化運動的一大功績。

應當指出，新文化運動的倡導者提倡科學與民主，同樣始終貫注着批判精神，即以科學對抗封建迷信，以民主對抗封建專制。這一點，陳獨秀說得很明確：「要擁護那德先生，便不得不反對孔教、禮法、貞節、舊倫理、舊政治；要擁護那賽先生，便不得不反對舊藝術、舊宗教。要擁護德先生又要擁護賽先生，便不得不反對國粹和舊文學。」⑳其所以念念不忘於封建舊文化的批判，是因爲他們所從事的運動帶有思想啓蒙的性質，因而採取了「反傳統」的形式。由於樹立起「科學」與「民主」兩面旗幟，遂使整個新文化運動獲得了正確的方向。這兩面旗幟在中國近代史上所具有的導向作用是無庸置疑的。

此外，「五四」前後所發動的文學革命、教育革命、婦女解放等一系列新文化運動，無一不是順應和適合了時代的潮流，並且取得了顯著的成效。單就文學革命來說，新文化運動的倡導者們花大力氣鼓吹白話文，而且帶頭實踐，撰寫白話文。胡適的白話文和新體詩，魯迅的第一篇白話文小說《狂人日記》以及《阿Q正傳》等，即是其中的佼佼者。隨着白話文的推廣、普及，又採用了新式標點符號。同時，文字改革也開始起步。這些都是值得稱道的。

凡此種種，在「五四」前後滙成一股新思潮。這股新思潮的唯一目的，用胡適的話來說，就是「再造文明」，卽重新創造中華民族的物質文明和精神文明，推進中國的近代化。這也就是「五四」新文化運動所要實現的時代課題。

三、「五四」新文化運動對於時代課題的解決，給予後人以深刻的啓示。

㈠文化發展過程中文化類型的時代性與民族性

任何一種自成體系的文化都是特定社會時代的產物，是某一時代的文化，具有時代性；同時，它又與特定的民族相關聯，是民族文化，具有民族性。因而，一定類型的文化都是時代性與民族性相結合的統一體。「五四」新文化運動的倡導者們具有强烈的時代感。他們出於解決時代課題的迫切需要，十分重視文化的時代性，認爲中國的舊文化尤其是舊禮教與現代社會生活不相適應，例如孔子「其人已爲殘骸枯骨，其學說之精神已不適於今日之時代精神」㉑。對於這種舊文化，主張加以淘汰，促其滅亡，而建立與時代相適應的新文化。這原本是正確的。但是，當問題涉及到如何建立和建立什麼樣的新文化時，他們不是着眼於中國舊文化的改造與重建，而是主張完全拋棄中國原有的文化，一味强調輸入西方文化，單純以西方文化取代中國文化，而不考慮本民族的特點，從而忽視或抹煞了文化的民族性。之所以如此，原因在於新文化運動的倡導者們以爲西方近代文化比中國古代文化先進，只有西方文化才是唯一與時代相適應的新文化。「新青年」創刊號載文說：「所謂新者，無他，卽外來之西洋文化也。所謂舊者，無他，卽中國固有之文化也。……今日所當決定者，處此列族競存時代，究竟新者與吾相適，抑舊者與吾相適？如以爲新者適也，則舊者在所排除；如以爲舊者適也，則新者在所廢棄。」㉒既然認爲新文化與新時代相適，也就不必考慮本民族的特點了。這樣就少了一番對西方文化進行創造性轉換的工夫，新文化不必與本民族文化融爲一體，只要照搬就是了。由於民族性問題在新文化運動倡導者的視野之外，他們往往爲了追求時代性而放棄民族性。作爲一個極端的例子是：當時，頗有一批人主張廢除中國文字。吳稚暉斷言：「中國文字，遲早必廢。」㉓錢玄同大聲疾呼：「欲使中國不亡，欲使中國民族爲二十世紀文明之民族，必以廢孔子、滅道教爲根本之解決；而廢記載孔門學說及道教妖言之漢文，尤爲根本解決之根本解決。」㉔陳獨秀同樣認爲：「中國文字既難傳載新事新理，且爲腐毒思想之洞窟，廢之誠不足惜。」㉕因爲中國文字在數千年中曾是傳播舊文化、舊思想的載體，就斷定它不適於作新文化、新思想的載體，而要求從根本上加以廢除，棄之若弊履，這難道不是把文化的時代性與民族性對立起來的典型例證嗎？一般說來，時代性決定着各種文化類型的發展方向，而民族性則決定着各種文化類型的特性，二者是不應有所偏廢的。而「五四」新文化運動却未能正確處理文化發展過程中文化類型的時代性與民族性的關係問題，這不能不說是它的一個缺陷。曾被西化派高呼打倒的儒學，在二、三十年代又打出「現代新儒學」的旗號，重新登場。其標榜「現代」和「新」自然是顯示它的時代性，而公開宣稱自己是「儒學」則意在突出民族性，顯示民族文化的特色。「現代新儒學」的出現，應該說多多少少是利用了「五四」新文化運動所存在的上述缺點，是對它忽視或抹煞文化的民族性的一種反動。事實說明，像中國這樣歷史悠久而又產生過巨大影響的燦爛的民族文化，是無法簡單地用外來文化任意取代的。

(二) 文化遭變過程中傳統文化的批判與繼承

任何一種文化，無論生命力多麼强大，都難免要與產生它的時代一起「終結」。舊文化必然要遭變爲新文化。而新文化通常又總是蘊育於舊文化的母體之中，並且通過否定母體而誕生。否定就是批判。「五四」新文化運動對待中國的傳統文化採取了徹底批判的態度，「不塞不流，不止不行」，整個「五四」新文化運動都以舊文化批判貫徹始終。新文化運動的倡導者們抱定「重新估定一切價值」的決心和勇氣，以批判的眼光審視一切舊文化。他們所發動的一系列討論，諸如孔教、宗教、教育、文學、戲劇、音樂、美術，乃至女子、貞操等問題的討論，實際上是一場場的文化討伐，浸透着共同的批判精神，務期把舊思想「完全洗刷得乾乾淨淨」而後已。這種批判是爲輸入西方文化掃清道路、騰出地盤。這樣做，原本也是無可非議的。問題在於，對於舊文化的批判不應該是全盤否定，而應該是揚棄，有所繼承與創新。整個說來，「五四」新文化運動是批判有餘，而繼承不足。其批判是激情的，但主要是否定，而不是超越，並且有把破壞與建設對立起來的傾向。「新青年」載文說：「凡一國革命告終，而議及建設問題，則已入於政治範圍，不得仍謂革命時代。何則？以革命與破壞同其命運。建設一始，則破壞告終。破壞告終，則革命之能事已盡。此其界劃若鴻溝，何能混視。」㉖這自然影響到文化觀，那就是視破壞舊文化與建設新文化爲有時間先後的兩碼事，在一段時間內可以只破壞而無建設，從而造成實際上的有破壞而無建設。這大概也是「五四」新文化運動所產生的不朽作品遠不及西方文藝復興時期爲多的原因之一。毋庸諱言，「五四」新文化運動是存在着民族文化虛無主義傾向的。它在其後的歷史發展中造成了不好的影響，批判的武器一再被濫用，使中國的優秀文化，無論是舊傳統，還是新傳統，一再遭受破壞的厄運。時至今日，我們應該有勇氣承認，這是影響我們民族文化素質提高的重要原因之一了。

(三) 文化交流過程中文化體系的相互開放與選擇

任何一種具有生命力的文化都必然是一個開放性的體系，處在與其他文化體系不斷的相互碰撞與交滙之中。一種文化體系總是根據自身的需要，吸收其他文化的長處以補自己的不足。而這種吸收又總是有選擇地進行的，具有一定的選擇性。近代東西方文化之間的交流就是如此。從東方文化（中國文化）這方面看，「五四」新文化運動對待西方文化不是排斥、拒納，而是開放、吸收。無論是陳獨秀的「以歐化爲是」，還是胡適的「輸入學理」，也無論是魯迅的拿來主義，還是蔡元培的兼容並包主義，都是以恢宏的氣度、充沛的熱情輸入西方文化，最大限度地汲取新的信息，努力跟上時代的步伐，「吾人生於二十世紀之世界，取二十世紀之學說思想文化，……以求眞理之發現，學術之擴張。」㉗「五四」的徹底開放精神的確是超邁前古的。西方文化的大量湧入，刷新了中國人的思想，加速了中國社會的進步，這是它的功績。但是，「五四」新文化運動的倡導者却過於崇信西方文化，認爲西方文化是一座充滿金玉的寶庫，用不着費力砂裏掏金，可以不加選擇地直逕取用。陳獨秀在比較東西方學術的優劣而決定其棄取時說：「中國之學術，則自晚周而後，日就衰落耳。以保存國粹論，晚周以來之學術，披沙豈不可以得金。然今之歐羅巴，學術之隆，遠邁往古；吾人直逕取用，較之取法二千年前學術初興之晚周、希臘，誠勞少而獲多。猶之欲得金玉者，不必捨王都之市而遠適迂遠，披沙以求之也。況夫沙中之金，量少而不易識別。」㉘似這樣只圖直逕方更、勞少獲多，而不考慮東西方文化如何結合，很難說是一種科學的文化選擇。如果說「五四」新文化運動也有某種選擇的話，那就是在新與舊、西方近代文化與中國古代傳統文化之間進行二者擇一的取捨，是對西方文化作整體選擇，全盤接受，用以取代中國傳統文化，甚至取消、消滅中國傳統文化。這樣做，其危害是顯而易見的：容易造成食洋不化，甚至引起西方文化中的毒素侵入中國社會機體，種下難以治癒的病根。同時，由於取消了中國傳統文化，使新建立的文化成爲一種無根文化，最終也是難以成活的。爲了避免這種狀況，在吸收外來文化時，就不能沒有選擇性。正確的選擇是文化健康發展的保障。而爲了作正確的選擇，又必須全面開放，最大限度地介紹、引進各種先進文化，爲選擇提供更多的餘地。所以，在文化交流中，開放與選擇是不可或缺的。

(四) 文化重構過程中文化抉擇的自主性與兼容性

當一種文化不再適合時代的需要而面臨解體時，就必須重構新文化。文化重構不是任意創造，而是通過改造傳統文化和吸收、借鑑外來文化實現的。由於文化重構是一個極其複雜的重組與整合過程，它之受多種多樣因素的影響是必然的。爲了把握其方向與進程，促進其目標的實現，必須對諸種文化因素作出自主性抉擇。這裏所謂自主性是指在各種文化的比較與選擇中確立的主導性。新文化重構必須以民族文化爲基點，確定新的價值取向，既要充分挖掘與改造文化傳統，又要充分吸收與消化外來文化，使二者融鑄在一起，結合成一個整體結構，構成新的獨立的、不帶依附性的文化體系。任何外來文化，無論其如何先進、如何科學，如果在傳入一個國家和地區以後，不根據這個國家和地區的具體情況作適當的改造，不與這個國家和地區的文化相結合，是難以生根、開花、結果的。佛教傳入中國以後，與中國文化（主要是儒、道）互相吸收、融合，最終形成了中國式的佛教宗教——禪宗。鴉片戰爭以來湧入中國的西方文化，特別是「五四」新文化運動所提倡的以民主與科學爲標誌的西方文化，與中國文化交滙與碰撞，經歷了中國民主革命的風風雨雨，最後由中國共產黨人加以選擇與改造，使之與中國革命實踐相結合，也結出了碩果。歷史的經驗證明，以民族文化為基點對外來文化作出自主性選擇，不僅是必要的，而且是可行的。

當然，文化抉擇的自主性並不排斥兼容性。「五四」新文化運動遵循思想自由的原則，對各種類型的文化採取兼容並包主義，對於文化重構是大有裨益的。

總之，「五四」新文化運動給我們的精神遺產是十分豐厚的。「五四」巨人是無愧於他們那個時代的，他們對於時代提出的課題作了相應的解決。今天，當我們紀念「五四」新文化運動七十周年時，我們同樣也應該無愧於自己這個時代，在根據時代的要求建構社會主義新文化方面，要比「五四」有所前進，有所超越。

註釋：

① 陳獨秀：〈吾人最後之覺悟〉，「新青年」一卷六號。
② 陳獨秀：〈憲法與孔教〉，「新青年」三卷三號。
③ 陳獨秀：〈舊思想與國體問題〉，「新青年」三卷三號。
④ 陳獨秀：〈袁世凱復活〉，「新青年」二卷四號。
⑤ 陳獨秀：〈駁康有為致總統總理書〉，「新青年」二卷二號。
⑥ 陳獨秀：〈復辟與尊孔〉，「新青年」三卷六號。
⑦ 陳獨秀：〈答俞頌華〉，「新青年」三卷三號。
⑧ 陳獨秀：〈孔教研究〉，「每周評論」第二〇號。

⑨ 胡適：〈新思潮的意義〉，「新青年」七卷一號。
⑩ 陳獨秀：〈答佩釗青年〉，「新青年」三卷一號。
⑪ 吳虞：〈家族制度爲專制主義之根據論〉，《吳虞集》四川人民出版社一九八五年版，第六三、六四頁。
⑫ 吳虞：〈吃人與禮教〉，《吳虞集》第一七一頁。
⑬ 同註②。
⑭ 陳獨秀：〈敬告青年〉，「新青年」一卷一號。
⑮ 陳獨秀：〈東西民族根本思想之差異〉，「新青年」一卷五號。
⑯ 陳獨秀：〈再質問「東方雜誌」記者〉，「新青年」六卷二號。
⑰ 陳獨秀：〈答常乃德（古文與孔教）〉，「新青年」二卷四號。
⑱ 同註⑭。
⑲ 陳獨秀：〈新文化運動是什麼？〉，「新青年」七卷五號。
⑳ 陳獨秀：〈「新青年」罪案之答辯書〉，「新青年」六卷一號。
㉑ 李大釗：〈自然的倫理觀與孔子〉，《李大釗選集》人民出版社一九五九年版，第八〇頁。
㉒ 汪叔潛：〈新舊問題〉，「新青年」一卷一號。
㉓ 陳獨秀：〈答錢玄同〉，「新青年」四卷四號。
㉔ 錢玄同：〈致陳獨秀（中國今後之文字問題）〉，「新青年」四卷四號。
㉕ 同註㉓。
㉖ 高一涵：〈讀梁任公革命相續之原理論〉，「新青年」一卷四號。

㉗ 同註⑩。

㉘ 陳獨秀：〈隨感錄〉，「新青年」四卷四號。

繼承「五四」、超越「五四」

清華大學思想文化研究所　羊滌生

五四運動是徹底的反帝反封建的愛國運動，又是近代中國一次群衆性的新文化啓蒙運動。改革開放以來，民主、科學，甚至全盤西化，又被重新提起，隨之而來對「五四」的重新評價也紛至沓來，毀譽不一。李約瑟說：「如果我們不能了解過去，那麼也就沒有多少希望掌握未來」①。因此在七十年後，如何正確評價「五四」，仍有十分重大的現實意義。

一、五四的偉大貢獻與局限

在近代中國，「五四」時期的中西文化大討論是一次思想大解放。改革開放以來，從眞理標準的討論到近幾年的中西文化大討論又是一次思想大解放。由於這兩次論戰都是在中西兩大文化體系碰撞的大背景下進行的，討論的問題又都差不多，歷史似乎開了個玩笑，一切又要從「五四」開始。因此有的論者認爲「五四」是一個悲劇，是一次失敗，一種偏頗，因爲「五四」沒能完成它的歷史任務。

在今天看來，「五四」人物的確有其膚淺和不足之處，但它畢竟開創了一個新的時代，它的偉大貢獻不容抹煞。

我們也許不能說所有的東方國家在西方文化的衝擊下，必須經歷由技術、經濟——制度——觀念三個層次的順序前進，才能獲得成功。因爲日本並未完全按照這個模式而獲得了成功。但中國近代走過的歷程的確是這樣走過來的。這是由於國情的不同，同時也有思想文化層次上的原因。

日本東方文化研究會理事長酒井忠夫教授就說過：「儒家思想對日本影響至深……。日本吸收了最有利的儒家營養，於是很自然地把儒家思想與西方科學結合起來，產生一股力量。……儒家思想在中國成爲正統思想，列入國家典章，必須全單照收，而事實上又不可能。因此歷時久遠，逐漸僵化，而形成虛殼，在與西方科學文明融合過程中困難自必較大」②。

所謂列入典章制度，亦卽所謂「道統」。「器可變，道不可變」③，只能「取西人器數之學以衞吾堯舜禹湯文武周公之道」④，在西方的挑戰面前，最早的本能反應是，中國之不如人但「船堅砲利」而已。俾士麥說：「中國和日本的競爭，日本必勝，中國必敗，因爲日本到歐洲來的人，討論各種學術，講求政治原理，謀回國做根本的改造，中國到歐洲來的，祇向某廠的船造得如何，價値如何，買了回去就算了」⑤。這就種下了甲午之敗的根子。鄭觀應在甲午前一年也終於預感及此，他批評說：「中國遺其體，而求其用，無論竭蹶步趨，常不相及。就令鐵艦成行，鐵路四達，果足恃歟？」⑥，眞是不幸而言中。郭嵩燾、嚴復早在倫敦時也討論過這個問題。但其所見均不能見用於淸廷。中國的歷史包袱太重了，守舊勢力太强了，康、梁的「不中不西」、「亦中亦西」之學，也還不得不披上「托古」的外衣以「改制」。梁啓超在二十二年後回顧戊戌之變時說：「西洋留學生殆全體未嘗參加於此運動」爲「最大不幸」，認爲「疇昔之西洋留學生，深有負於國家也」⑦。

雖然日本認識西方，還要借助於魏源的《海國圖志》，他們向西方派遣留學生也晚於中國，但明治維新取得了成功，戊戌維新却以失敗告終。中日兩國的命運是如此不同，雖然有深刻的多種原因，並非偶然，對此，中外學者已有多種論述，但也有主觀因素在內，否則我們就只好承認宿命論。

辛亥以後，號稱「民國」，而行專制之實。尊孔復古盛行，帝制二度復辟，「而國民若觀對岸之火，熟視而無所容心；其結果也，不過黨派之勝負，於國民根本之進步，必無與焉」⑧。魯迅則說：「我覺得革命以前，我是奴隸，革命以後不多久，就受奴隸的騙，變成他們的奴隸了，……我覺得什麼都要重新做過」⑨。在他看來，帝制也好，共和也好，你方唱罷他登場，不過是做戲而已。他當時的心情是十分沉重的，故有「夢裏依稀慈母淚，城頭變幻大王旗」之嘆。

冷酷的現實使他們深深感到國人的「最後覺悟的覺悟」是倫理思想的覺悟（陳獨秀）。魯迅則叫它國民性的改造。於是這個任務就不得不歷史地落到五四啓蒙運動的身上。所以如果說辛亥革命推翻了「君統」，那麼五四新文化運動的最大貢獻在於舉民主和科學的大旗向「道統」正式宣戰，給了「道統」以決定性的打擊。這種「道統」就是綱常禮教。比如「國不可一日無君」的觀念在中國人的頭腦裏一直是很深的，總希望有一個人說了算，否則就很不習慣，儘管有時表現的形式可能不同。

「五四」反帝愛國運動提出「外爭國權，內懲國賊」，反帝必須反封建，反封建必須打起民主與科學的大旗。民主就是反對專制，科學在當時主要是反對蒙昧和迷信。也就是說民主與科學和反帝反封建是一致的。

民主和科學並不是「五四」時期才提出來的，至少可以上溯到戊戌人物，但明確作爲二面大旗提出來，並且形成一個國民運動則始於「五四」。而且「五四」以前的這些思想家，幾乎有一個共同的特點，即把民主的實現推遲到遙遠的將來。故陳獨秀說：「吾國年來政象，惟有黨派運動，而無國民運動也……，不出於多數國民之運動，其事每不易成就」⑩。孫中山也終於覺悟到要取得國民革命的成功，必須「喚起民衆」。

「五四」之所以能形成波瀾壯濶的國民運動，除了前人所做的啓蒙工作以及辛亥失敗所引起的反思外，還有一些重要的條件。

首先，如果說上個世紀去歐美的留學生沒有參加戊戌，被粱啓超稱爲「最大不幸」，那麼戊戌以後所掀起的留日高潮却有很大的不同。他們是帶着問題去的，他們在日本學政治、學軍事，成爲辛亥革命的一支中堅力量。在國內新學堂的興起，以及歐美留學生的歸來，也培養了整整一代完全不同於公車上書時的新型知識份子。

其次，在第一次世界大戰前後，由於帝國主義之間的爭奪，無暇他顧，民族工業也獲得了較大發展，被稱爲黃金時代。有材料表明，一九一五—一九二二年期間，私人紗廠的廠數和紗錠增加近二倍，麵粉廠到一九二一年則爲戰前的四倍。抵制日貨也促進了民族工商業的發展。五四時期雖然還談不上有富商大賈產業資本家的强有力支持，但畢竟民族資產階級比之於過去已有了較大的發展。工人階級也有了很大發展並登上了歷史舞台。因此「五四」反帝愛國運動有了較廣泛的社會基礎，迅速形成全國性的罷課、罷工、罷市的局面，形成了國民運動。這也是近代中國一次工、商、學的政治聯合大行動。

其三，「五四」期間的白話文運動的作用也不可低估。白話文並不始於「五四」，至少可以上溯到明代，甚至隋唐。但作爲官方承認的官方文字則始於「五四」。白話文運動的迅速展開，使文化決定性地下移到廣大人民群衆手裏，極大地促進了啓蒙。如果說印刷術傳到西方，促進了文化的傳播，成爲資產階級革命產生的一個必要前提，那麼白話文運動在當時的作用亦類於此。

「五四」中西文化大論戰，如從一九一五年算起，到一九二七年，長達十餘年，文章數千篇，作者數百人，專著數十種，其規模之巨大，影響之深遠的確是空前的。甚至在日本占領下的臺灣，在五四的影響下，二十年代就有了白話文運動和新文學運動，當時的「臺灣民報」創刊號已全部採用白話文，被曾參與臺灣早期社會活動的葉榮鐘稱爲「五四運動的臺灣版」。三十年代臺灣還有新舊文學大論戰。光復以後的幾次文化論戰和大陸的這次文化論戰，也都是「五四」的繼續和發展。因此，說「五四」的貢獻和影響具有劃時代的意義，決非誇張。

「五四」的確激烈反對傳統，但主要是反對封建的綱常禮教，筆鋒也常帶感情，用詞激烈，有時也說了一些過頭話，但這並非純學術討論，而是衝決封建羅網的政治啓蒙運動。封建思想統治盤根錯節，不「過正」難以「矯枉」，但「五四」就其主體來說並未全盤否定傳統文化。且不必說儒家以外的先秦諸子，就拿儒家思想來說，也並非一筆抹殺。陳獨秀這方面的話也很多，如說：「本志詆孔，以爲宗法社會之道德，不適於現代生活，未嘗過此以立論也」⑪，李大釗說：「余之抨擊孔子，非抨擊孔子之本身，爲抨擊孔子爲歷代君主所雕塑之偶像的權威也；非抨擊孔子，爲抨擊專制政治之靈魂也」⑫。胡適在一九一八年寫的《中國古代哲學史大綱》還稱讚孔子爲「眞是一個氣象濶大的人物」。就連被胡適稱爲「只手專打孔家店的老英雄」的吳虞也說：「不佞常謂孔子自是當時的偉人，然欲堅持其學以籠罩天下後世，阻礙文化之發展，以揚專制之餘焰，則不得不攻之者，勢也」⑬。

「五四」也沒有提出過全盤西化的口號，陳獨秀雖然說過：「若是決計革新，一切都應該採取西洋的法子」⑭的話。所謂「西洋的法子」指的主要是德先生和賽先生，而且還包括社會主義。胡適在三十年代同意過全盤西化的口號，後又覺不妥而改爲「充分現代化」或「充分世界化」，但他也只是出於一種矯枉過正的「文化惰性」理論，其「唯一目的是再造文明」。第一次提出「全盤西化」的是三十年代的陳序經。陳序經也並不認爲陳、胡夠「全盤西化」論者的資格。當然，胡適是一個矛盾人物，不同的場合常說不同的話。周明之說他是「基本上反傳統的」⑮，韋政通則說他是「開放的傳統主義者」⑯。金岳霖也批評過他：「西洋哲學和名學又非胡先生之所長」⑰。他在六十年代初在臺灣的一篇講話〈科學發展所需要的社會改革〉中說中國傳統文化中很少或沒有精神文明⑱，引起了長達十餘年之久的中西文化論戰。所以胡秋原批評他是「今非而昨是也」⑲。

「五四」也有不足之處，他們對中西文化了解得都不夠深，因而有簡單化的傾向。他們雖然提出了民主和科學二面大旗，但在今天看來，到底什麼是民主，什麼是科學，如何才能實現民主，他們的認識也是膚淺的，有時甚至是混亂的。如在科學與玄學論戰中，有的把科學理解爲自然科學，有的則理解爲孔德的實證主義或馬赫主義，而且一般均有科學主義的傾向。陳獨秀理解的科學，先是指的孔德的實證主義，後來在科玄之爭中指的又是歷史唯物主義，再後來社會主義似乎又成爲民主與科學的代名詞。

「五四」人物的另一個不足，是非此卽彼的思維方式。在他們看來似乎文化可以任意取捨或移植。他們對無論是社會或個人，也包括他們自己都是傳統的產物認識不深。這種籠統的或簡單化傾向的思維方式使他們批判多、抄襲多而理論上的建樹較少。他們不重視或來不及做細緻的分析、篩選和文化的轉換工作。以後陳序經的「全盤西化」和王明的「全盤蘇化」則是這種思維方式的進一步發展。

但也許我們不能苛求於「五四」人物。近代中國要用幾十年的時間走完西方人幾百年的歷程，時代課題又是如此緊迫，因此只能是緊鑼密鼓，來去匆匆。他們既要經受古今分娩的陣痛，還要經受中西碰撞的彷徨，時間又不允許他們坐在書齋裏作潛心的研究。按梁啓超的說法：「我讀到『性本善』，則教人以『人之初』而已。殊不思『性相近』以下尚未讀通，恐並『人之初』一句亦不能解」⑳。這種時代的烙印，非個人所能改變。

至於對各種思想文化進一步的分析、篩選、吸取、消化、會通和創造，則是在五四以後才開始的。

二、啓蒙與救亡

「十年浩刼」以後，人們又重新呼喚科學和民主。於是很容易得出一種看法：「五四」的啓蒙失敗了。而失敗的原因是救亡壓倒了啓蒙。

鴉片戰爭以後的一個多世紀裏，時代主課題是救亡，但就其總體來說，救亡與啓蒙是相互促進的。戊戌失敗以後，在本世紀初曾經有過二次關於救亡和啓蒙關係的辯論，或許至今對我們仍有啓發。戊戌人物認爲當時中國的首要任務在於「鼓民力、開民智、新民德」，而其中「以民智爲最急也」㉑。拿現在的話來說就叫「人的素質」的提高。

一九〇五年，嚴復在倫敦和孫中山有過一次辯論。嚴說：「中國民品之劣，民智之卑，即有改革，害之除於甲者將見於乙，泯於丙者將發之於丁。爲今之計惟急從教育上着手，庶幾逐漸更新乎」。孫說：「俟河之清，人壽幾何？君爲思想家，鄙人乃實行家也」㉒。

另一次辯論是在康有爲和章太炎之間進行的。康認爲「中國只可立憲，不能革命」因爲「公理未明，舊俗俱在」，革命將引起內亂和瓜分。章太炎則說：「公理之未明，即以革命明之，舊俗俱在，即以革命去之，革命非天雄大黃之猛劑，而實補瀉兼備之良藥矣」㉓。

過去一般認爲是改良派反對革命的籍口，但歷史的進程表明雙方均各有所見。這裏似乎存在三個問題：

㈠不啓蒙，革命又怎能成功？像阿Q、祥林嫂這樣的精神狀態是不可能起來革命的。辛亥以後也的確出現了「害之除於甲者將見於乙，泯於丙者將發之於丁」的局面，故而遂有「五四」。

㈡不革命，在專制統治下又如何啓蒙？救亡之緊迫又如何有條件像嚴復設想的那樣單純靠教育來啓蒙？故有「俟河之清，人壽幾何？」之嘆。所以章太炎批評嚴復是「知總相而不知別相」㉔。

㈢革命取得政權以後又如何進一步啓蒙？孫中山構想了一個軍政、訓政、憲政的藍圖，遂爲獨裁政權留下口實，一訓訓了幾十年。章太炎的雄辯曾被魯迅譽爲「所向披靡，令人神旺」㉕。但章也沒能說清革命和啓蒙的關係，似乎只要一革命，啓蒙的任務就自然完成了。歷史證明並非如此。就拿章本人來說，他雖然提出了「中華民國」的國號，但辛亥以後仍然相信强人政治，對袁世凱抱有幻想，甚至反對白話文運動，「脫離民衆，漸入頹唐」（魯迅語）躲入象牙之塔成爲「國學大師」，至於如何明公理，去舊俗，則已非其所思了。

救亡的確促進了啓蒙，故鴉片戰爭前後有龔、魏；甲午戰後有「戊戌」；八國聯軍之後有「辛亥」；第一次大戰後有「五四」；「九一八」之後有「一二九」。而沒有「五四」，也就沒有國內第一次大革命，「一二九」也推動了抗戰，啓蒙又爲救亡提供了思想、人才和隊伍。

中國的啓蒙思想家們並不是不知道「民主」和「民本」的區別。嚴復早就說過：「斯民也，固斯天下之眞主也」㉖，「固侵人自由，雖國君不能」㉗。孫中山就盛讚過林肯的「民有、民治、民享」，說「有如此之政府，而民者始眞爲一國之主也」㉘。陳獨秀在〈再質問「東方雜誌」記者〉一文中就會說過，如把「民本」當作「民主」就是「換湯不換藥耳」。但是「小己自由非今日之所急，而以合力圖强……爲自存之至計」㉙。沒有「自存」也就談不上國家的自由，沒有國家的自由，也就沒有個人的自由。所以孫中山說在當時「個人不可太自由，國家要得到完全的自由」㉚。救亡是爲了建立眞正的民主社會。對社會主義的追求的一個重要原因，也是爲了追求比資本主義制度更高更切實的民主。

但救亡也絕不是不需要民主，毛澤東在抗戰時就批評在當時「强調民主是錯誤的，僅僅應該强調抗日」的說法。他說：「爲民主卽是爲抗日，抗日和民主互爲條件……民主是抗日的保證」㉛。這是因爲「抗戰需要人民的動員，沒有民主自由，便無從進行動員，……中國眞正的堅實的抗日民族統一戰線的建立及其任務的完成，沒有民主是不行的」㉜。抗日救國是當時全民族的共同願望，在當時誰能領導抗日勝利並實行民主政治，誰就能得到人民的擁護。在農村動員農民的過程也就是思想發動的過程，思想發動就是啓蒙。發動起來的農民在實際鬥爭中又得到了進一步的鍛鍊，他們的精神面貌和阿Q、祥林嫂相比，已不可同日而語。

現在有一種奇談怪論，說什麼西方人通過殖民化把人權、平等、自由、民主帶給了世界，不爲殖民化付出代價，就要爲專制主義付出更大的代價，因此主張全盤西化等等。如果這種說法成立，那麼一個多世紀以來爲了不當亡國奴而英勇獻身的人倒成了歷史的罪人，因爲他們阻礙了殖民化也就是阻礙了民主化，就注定只好爲專制主義付出更大的代價了。說這種話的人大概從來不知道在日本軍國主義鐵蹄下當亡國奴是什麼味道，也不知道「華人與狗不得入內」又意味着什麼。難道在這樣的社會裏倒反而有了民主、自由和個人的尊嚴？

反封建就是反對「土專制」，反帝就是反對「洋專制」，它們都是民主的死敵。專制既壓制了救亡，也壓制了啓蒙。反帝反封建的目的就是爲了反對專制，爲了建立一個民主富强獨立自主的新中國。所以即使是在抗戰最緊急關頭的一九三七年，毛澤東還說過：「歷史給予我們的革命任務，中心的本質的東西是爭取民主，『民主』、『民主』，是錯的嗎？我以爲是不錯的」㉝。因此，不管是舊民主主義革命也好，新民主主義革命也好，都叫民主革命。至於毛澤東晚年的錯誤，那是後來的事情。

一九七八年在臺灣曾有過一次關於「現代化」的論戰。參加者有很多臺灣和海外華人的著名學者，他們討論了現代化、西化和殖民地化的關係，儘管有各種不同的觀點，但沒有人認爲現代化就應該是全盤西化，更不是殖民化。

臺灣學者王曉波在〈戳破現代化的神話〉一文中大量引用了美國彼得·伯格（Peter Berger）教授在一九七四年出版的兩本書的內容，以巴西爲例，用大量的材料說明「美國向第三世界輸出的『現代化』包裝內，只有美國資本家的剩餘資本，而沒有民主、自由、人權這一類『政治倫理』的」㉞。臺灣在六十年代曾經在「文星」雜誌上有過大規模的關於「全盤西化」和傳統文化的論戰。現在他們發現大陸上又有人提出全盤西化的口號，王曉波教授在來信中說：「六十年代後，美國爲第三世界國家提供之現代化理論，業已在拉丁美洲受到了强烈的批判……（現在）反而成了國內的『新潮』」。他們感到大陸的一些年輕人對外面的情況太不了解了。

在戰爭期間，爲了爭取國家的自由，「個人不可太自由」是必要的。但建國以後就應該由高度集中的戰時機制逐步轉向和平時期適合於中國國情的自我調節、自我約束的權力制衡機制，發揚人民的主人翁意識，注意提高人民的素質，搞好民主建設。這本來既是革命的手段，更是革命的目的，但可惜的是這方面做得很不夠，再加上「階級鬥爭爲綱」的左的指導思想，終於釀成五十年代後期以來的一系列失誤和「文革」悲劇。繼承「五四」傳統，發揚「五四」精神，進一步肅淸封建殘餘的影響，在當前依然是擺在我們面前的嚴重而艱鉅的任務。

三、「五四」與時下「文化熱」

引起這次文化討論的直接原因之一是對「文革」的反思。在二十世紀六、七十年代，一個十億人口的大國的反文化現象可以如此動亂達十年之久，這不僅在中國，而且在人類史上都是一件大事，這在一些發達國家是不可能出現的，說明我們的思想文化和運行機制總存在一些問題，從中可以看到歷史的痕迹。原因之二是在經過長期閉關鎖國一旦改革開放以後，人們發現世界已發生了很大變化。我們已大大落後了；形勢逼人，遂有「球籍」之說。改革也已由經濟體制、政治體制而接觸到思想文化層次。危機感和改革的艱難又使人們的注意力集中到文化層次。因此，這些年來無論是哲學界、史學界、文學界、社會學界還是經濟學界，一時都討論中西文化。以後又發展到科學界，關於科學與文化的討論已舉行過二次，一時形成了幾乎整個學術界的「文化熱」。情況與「五四」時期極為相似。對比這兩次文化反思，對進一步把文化討論引向深入將是有意義的。

現在有一種說法，似乎這次文化反思還沒有達到或超過五四時期的水平。這種看法如果是說有些觀點沒有達到或超過，那麼是有道理的；但如果是說整個文化討論沒達到或超過，則不符合實際。表面看來，似乎「中體西用」、「西體中用」、「中西融合」或「全盤西化」……之類的看法，過去早就有過，並無新意。但實際上，前面已經說過，它是在完全不同的時代背景下，在已經過六、七十年的實踐和探索的基礎上提出來的看法，有其不同的內涵和深度。黑格爾說過，有時老人和小孩說同樣的話，但他們的含意有很大的不同，老人的話包含着他畢生的經驗。

大陸當今面臨的中國傳統與五四時期相比，已有很大的不同。它已由三個來源所組成：⑴中國固有的傳統文化。⑵在中國的馬克思主義。⑶西方文化。而且今天對它們認識的深度，已大大超過五四時期。其中，在中國的馬克思主義已成爲大陸的主體思想。

世界也已發生了很大變化。資本主義在經歷了經濟危機和二次大戰以後，更新自我調節機制，社會矛盾得到緩和，經濟上也獲得很大發展。但也面臨着諸如社會頹廢、生態破壞、人情冷漠……等一系列問題。西方一些有識之士出於一種對西方文明的失落感和危機感，出於一種對「後現代化」問題的關注，又再一次面向東方文明。社會主義在經歷巨大成功之後，也遇到了諸如經濟停滯、須改革開放的問題。人們又再一次面向西方文明，希望從中吸取有用的東西來完善和發展自己。甚至「全盤西化」又被再一次提出。六十年代日本和亞洲四小龍在經濟上的起飛，和中國改革開放以來所取得的成就，已引起人們的廣泛注意，「中國文化圈」和「太平洋時代卽將到來」的說法已成爲熱門話題。當代世界也正從對抗轉向對話，由緊張趨向緩和，由革命和戰爭轉向和平和發展。人們已提出要重新認識資本主義，重新認識社會主義，重新認識西方文化和中國文化。

這次「文化熱」，正是在這樣一個背景下的重新反思。是實踐——認識——再實踐——再認識的又一次螺旋上升。和「五四」時期相比，是更高更深層次的一次反思。

有人說「五四」的「失敗」在於提出了「全盤西化」，這是一種誤解；又有人說五四的「失敗」在於沒有眞正「全盤西化」，是以傳統反傳統，這是一種認識上的倒退。後一種說法的主要理由是「五四」啓蒙的目的主要不是爲了人的解放，而是爲了救亡，爲了振興民族。前面已經說過沒有國家、社會的解放，還有什麼個人的解放？娜拉出走以後又怎樣？一個半世紀以來正是「天下興亡、匹夫有責」的傳統精神，哺育了一代又一代中國的「脊梁」，才迎來了新的時代。這正是我們的優秀傳統，今天仍應大力發揚。卽使在西方社會，人們也並非都是一個個不顧國家安危、社會安寧的極端個人主義者。如果這樣看西方人，那是一種極大的誤解，西方人自己也不會同意。要眞是如此，那麼西方的社會早已瓦解，國家也難以維持。

在近代中國，「興亡」兩字一直是時代的主旋律，也是中國近現代思想史的一個綱。不了解這一點就不能眞正了解中國的思想精英們在近代所走過的歷程，也無法了解他們的心態和思想變化。

金岳霖是受過西方嚴格教育的哲學家，他對西方哲學的了解在國內是第一流的，他獨立構造了一套嚴密的哲學思想體系。建國初曾爲當時來自蘇聯的對形式邏輯的錯誤批判，勇敢地站出來辯論，至今仍爲邏輯界所傳頌，不可謂沒有獨立的思想和人格，但在五十年代成爲一個馬克思主義者。對此，國外很多人感到難以理解，一九五八年他在牛津大學面對很多英國哲學家演講時宣布，他成爲一個馬克思主義者是因爲只有共產黨才解決了中國的救亡問題㉟。他一直到臨終前不久還多次表示爲中國再不會被瓜分而高興，這種心態是很多現在的年輕人所不易理解的。就拿自稱「三軍可奪帥，匹夫不可奪志」的梁漱溟來說，他在一九七一年中國進入聯合國時，還專程走訪馮友蘭，對馮說，中國進入聯合國標誌着中華民族和全世界其他民族處於平等的地位，這是他們在一、二十歲時就嚮往的，毛澤東的功勞無論用什麼字眼形容都不過分等等的話㊱。一九七二年王浩歸國訪問馮友蘭，談起馮作爲一個當代有自己獨立思想體系的哲學家，爲什麼後來也思想轉變時，馮賦詩一首答王浩：

「去日南邊望北雲，歸時東國拜西鄰。
若驚道術多遷變，請向興亡事裏尋。」㊲

王浩一九四六年從昆明西南聯大去美深造，當時淸華因抗日被迫由北平遷往昆明尙未北返，故曰「去日南邊望北雲」，而王浩此次歸來正值日本田中首相訪華，故曰「歸時東國拜西鄰」。他告訴王浩，國家變化是如此之大，所以要問他爲什麼思想起變化，「請向興亡事裏尋」。有的海外學者把「興亡事」理解爲在當時高壓政策下無學術自由，所以學術思想也只好被迫起「變化」。當時在極左路線影響下，的確不允許存在什麼學術思想自由或什麼「獨立人格」，知識份子一直是政治運動的主要對象。但這種理解，恐非馮詩本意。馮友蘭思想變化的主要原因是和金岳霖一致的。當然在當時的高壓下，如「文革」中他也確實說過一些違心的話。但「高壓」並非主要原因，這從他的至今尙未出完的七卷本《中國哲學史新編》巨著中也可以看得出來。已完全沒有必要再說什麼違心的話。海外學者作如是解，是由於長期隔絕，對當時大陸知識份子的心態不夠了解，大陸知識份子在歷次政治運動中包括在文革中的心態是很複雜的。爲什麼許多人在戰場上、刑場上可以表現出英勇獻身精神，但在政治運動中却往往有一種懺悔心理？除了確有左的路線高壓一面外，還要從「興亡事裏尋」，卽還有一個認識問題，不能都簡單歸結爲沒有獨立的人格和覺醒，甚至還沒有啓蒙。對五十年代以後出現的失誤的認識，那也是後來的事。

「五四」以來，在歷次中西文化討論中，非此卽彼的思維方式和「鐘擺」現象的確已出現過多次了。馮友蘭在他的《新理學》一書中，一上來就提出「照着講」和「接着講」的問題。他講的是他自己的思想體系，但在文化討論中也有這個問題。全盤西化是照着西方講，全盤蘇化是照着蘇聯講，復古派是照着古代講。但不管你自覺不自覺，實際上歷史總是在接着講。因爲我們不能恢復過去，也不能取消過去，而現在中就有過去，不像一塊黑板可以擦了重寫，社會和個人都是傳統的產物，所以我們只能接着講。但與其不自覺地盲目地接着講（如文化大革命），不如發揮主體意識，自覺地創造性地接着講。今天的接着講，當然不是再關起門來抱殘守缺地接着講，而是應該以全球爲背景接着講。

當今的工業文明，不管是歐美模式、蘇東模式還是亞洲模式，都有他們各自的成功和失敗，也都有各自面臨的問題。我們不僅要研究他們的過去和現在，還要研究他們的未來，根據我們自己的國情，吸收一切對我們有用的東西，創造我們自己的新文化。

造成非此卽彼的思維方式的重要原因之一就是「籠統」。「籠統」本身也是中國傳統思維方式的一大缺陷。

「五四」時期陳獨秀有一段名言常爲後人所引用：「要擁護那德先生，便不得不反對孔敎、禮法、貞節、舊倫理、舊政治。要擁護那賽先生，便不得不反對舊藝術、舊宗敎。要擁護德先生又要擁護賽先生，便不得不反對國粹和舊文學」㊳。胡適當時就說它：「這話雖然很簡明，但是還嫌太籠統了一點」㊴。至於怎麼才能不籠統，他也沒有說淸楚。三十年代陳序經對此則表贊同，並作爲全盤西化的理由㊵。被稱爲臺灣西化派大法師的殷海光則認爲此話不通，因爲如能成立則西方要實現民主必先「掃滅基督敎」，要實現科學就必「停止究習古典文學和藝術」㊶。這就是一大進步。

這次文化討論中，有的論者斷言中國傳統文化對現代科學文明來說是「異體蛋白」，其自然結論當然只好非此卽彼了，這種說法未經充分論證，也甚爲籠統。其實只要看看李約瑟的有關論著就很明白了。他稱中國的科學遺產爲「絕對的金礦」，中世紀的中國爲「發明的沃土」。且不說墨家和名家，卽使是儒家和道家思想，雖不鼓勵科學，但也決不是反科學的。至於爲什麼中國傳統文化沒有孕育出近代科學革命，作者將在另文論述。

因此我們要超越「五四」，就必須要突破這種非此卽彼的籠統思維方式，多做一些具體細緻的分析工作，從「鐘擺」現象中解脫出來。

在這方面讓我們看看日本是如何處理傳統和現代關係的，也許對我們不無啓發。

長谷川如是閑在〈傳統文化與現代文化〉一文中曾經有過介紹：「在非常現代化的時代中，頗爲傳統的東西也會復活」。「就個人來說，被稱爲崇拜外國的福澤渝吉和森有禮都可以說是新的意義上的傳統尊重者。如果說『不失自我地與他人和睦相處』是作爲社會人的個人最爲穩妥的話，那麼這種典型的文明也是最穩妥的文明了。……分析一下日本各時代的文化，可以在幾乎所有的方面，看到當時的文化是如何通過這一時代的感性，化外國的形態爲自己的東西的軌跡」㊷。

如果說日本和亞洲四小龍的起飛是靠儒家文化，那當然只能是神話。因爲如能成立，那麼中國是儒家文化的發源地，歷史最長，影響最深，爲什麼沒有起飛？但如果說中國固有的傳統文化（其主體是儒家文化）是現代科學文明的「異體蛋白」，二者不可得兼，那麼日本和四小龍比我們要現代化，但爲什麼他們保存的傳統要比我們多？

中國傳統文化的確沒有孕育出近代的民主和科學，但它們之間也並非「異體蛋白」的關係。不僅不是不相容的，而且其中一些優良傳統經過批判和繼承，改造和轉換是可以成爲現代文明的助力的。比如人們常說的「爲民父母」和「爲民公僕」，當然有原則的區別，首先必須看到區別。但二者都以「爲民」爲前提，只要眞正是一心一意「爲民」，那爲什麼「父母」就一定不能轉換爲「公僕」呢？又比如人們常說農民關心的是「淸官」，而不是「民主」，且不說改革開放以來的農民已有很大變化。但如不能做到「爲政淸廉」，連「淸官」都做不到，又怎麼能談得上「爲民公僕」呢？

把一切問題都算在「爺爺」（固有傳統）身上，是不能解決問題的。「兒子」和「孫子」的身上固然有「爺爺」的遺傳因子，但畢竟已非「爺爺」的原本，因此，我們今天談繼承和發揚五四精神，重點首先應着眼於「今中」。要看病首先是要看「兒子」、「孫子」的病。看病當然也要看病史，包括父母祖輩的病史，因爲現在的病往往與病史有關，但看病史的目的是爲了治好現在的病。

我們要繼承「五四」，超越「五四」，就要研究在新的歷史條件下（社會主義），德先生和賽先生在實現四化振興中華中的地位和作用。現在有人提出除了這兩位先生外還應該有一位商先生（商品經濟）。我們就應該研究在新的歷史條件下，這三位先生的相互關係，如何使他們相互促進形成良性循環，而不能停留在五四時期哲理式的籠統討論。

我們要繼承「五四」，超越「五四」，就要在對本土文化批判繼承和對外來文化批判吸收的基礎上，根據我們自己的國情，經過分析綜合和會通創新，建設一個民主的科學的而又有中國特色的適合於現代化要求的新文化，爲振興我們偉大的祖國而努力奮鬥！

註釋：

①李約瑟：《中國與西方的科學與農業》。
②林今開（臺）：《連臺好戲》，爾雅出版社。
③鄭觀應：〈危言新編・凡例〉。
④薛福成：〈籌洋芻議・變法〉。
⑤陳序經：《中國文化的出路》第四章。
⑥鄭觀應：《盛世危言》再版序言。
⑦梁啓超：《清代學術概論》。
⑧陳獨秀：〈一九一六年〉，「新青年」一卷五號。
⑨魯　迅：〈華蓋集・忽然想到〉。
⑩陳獨秀：〈一九一六〉（同上）。

⑪ 陳獨秀：〈答佩劍青年〉。
⑫ 李大釗：〈自然的倫理觀與孔子〉一九一七年。
⑬ 吳　虞：「新青年」二卷五號。
⑭ 陳獨秀：〈今日中國之政治問題〉，「新青年」五卷一號。
⑮ 周明之（美）：〈胡適的悲劇〉，光明日報一九八九年三月八日。
⑯ 韋政通：〈我看中國未來文化的一些構想〉，臺灣「文星」雜誌八八期。
⑰ 金岳霖：〈馮友蘭中國哲學史審查報告〉。
⑱ 見臺灣「文星」雜誌八九期。
⑲ 胡秋原：〈超越傳統派西化派俄化派而前進〉。
⑳ 梁啓超：《清代學術概論》。
㉑ 嚴　復：〈原强〉。
㉒ 嚴　復：〈嚴譜〉。
㉓ 章太炎：〈駁康有爲論革命書〉。
㉔ 章太炎：〈菿漢微言〉
㉕ 魯　迅：〈太炎先生二三事〉。
㉖ 嚴　復：〈辟韓〉。
㉗ 嚴　復：〈論世變之亟〉。
㉘ 孫中山：《孫中山全集》五卷一八九頁。
㉙ 嚴　復：〈法意〉。

㉚ 孫中山：《民權主義》第三講。
㉛ 毛澤東：《毛澤東選集》第一卷二六四頁。
㉜ 毛澤東：（同上）二四七頁。
㉝ 毛澤東：（同上）二六五頁。
㉞ 見臺灣「暖流」雜誌第一卷第三期一九八二年三月，彼得・伯格的兩本書爲：《The Homeless Mind…Modernization and Conscionsness》《Pyrmids of Sacrifice…Political Ethics and Social Change》
㉟ 王浩（美）：〈從金岳霖先生想到的一些事〉，《中國哲學》第十一輯四九二頁。
㊱ 馮友蘭：〈三松堂自序〉。
㊲ 同上。
㊳ 陳獨秀：〈新青年〉六卷一號。
㊴ 胡　適：〈新思潮的意義〉，《胡適文存》第一集卷四。
㊵ 陳序經：《中國文化的出路》第五章，〈全盤西化的理由〉。
㊶ 殷海光：《中國文化的展望》第十四章，〈道德的重建〉。
㊷ 長谷川如是閑（日）：《日本的性格》。

淺議「五四」新文化運動的局限性

中國社會科學院哲研所 馮增銓

一九一九年爆發的「五四」運動，是我國人民反對帝國主義和封建主義的一次偉大的愛國民主運動。七十年過去了，「外爭國權，內懲國賊」的怒吼聲仍在人們的耳邊回響，它表達了中華兒女頑强地爭取民族獨立和人民民主的意志和勇氣；燃燒趙家樓的烈火，結聚爲一支不滅的光焰，它儆戒喪權辱國的民賊，照射着國人爲振興中華而覺醒。

「五四」運動本身是政治運動，一九一五年開始的新文化運動造就了它的思想基礎；反之，它把新文化運動推到新的高潮，獲得新的發展。文化運動與政治運動相結合，使中國的政治、文化面貌發生了重大變化。

自從鴉片戰爭失敗，中國淪爲半封建半殖民地以來，中國人民前赴後繼，不懈地爲驅除帝國主義，打倒封建統治，爭取國家的獨立、民主和自由而進行鬥爭。「五四」運動的英雄們比起前人來，其功績之顯赫在於，他們喚起了民衆，先是喚起了工人、市民，其後繼者進而動員和組織了農民大衆，終於爭來了國家和民族的獨立。今天，中國在世界上享有崇高的國際地位，這個歷史過程，應該從「五四」運動開始記述。

科學和民主，這是喚醒在沉睡中的或者在自我陶醉中的中國人的兩大寶貝。「五四」以前，科學與民主的吶喊，已經斷斷續續、或隱或顯地出現許多年，但只是到了「五四」時期，科學與民主才眞正成爲時代的響亮號角和運動的鮮明旗幟。「要擁護德先生，……要擁護賽先生」①，這不是個別人物的聲音，它與「打倒孔家店」的口號相呼應，有效地改變了中國學術文化發展的方向：新文學代替了舊文學；追求科學知識成爲時尚，皓首窮經則是人們的笑料；西方的重要思想流派的學說迅速地傳入了中國，而「孔子的道理成了不敢見人的東西」②。無論人們對於今天的學術文化狀況如何不滿意，但是比起「五四」以前的時代，無疑地有了根本性的進步，很大的發展。這種進步和發展，在一定意義上說，實得益於「五四」運動之賜。

一般說來，文化運動與政治運動緊密結合，在政治和文化兩個方面都容易產生顯著的社會效果，開創出新的歷史局面，「五四」運動就是這樣；它的歷史功績是不能否定的，它不會隨着時間的流逝而爲人們所遺忘。但是，文化運動如果不在一定程度上獨立於政治運動，往往又容易給文化和政治的發展帶來很大的局限性，甚至造成災難；「五四」新文化運動是有局限性的，「五四」以來的歷史，已經將這種局限性顯露出來了。

「五四」文化的局限性之一，姑且稱之爲「近」，就是太靠近現實政治。袁世凱妄圖稱帝、復辟，一再請出孔子的亡靈，一九一三年六月二十日發布「尊孔祀孔令」，其後〈天壇憲法草案〉中又加入了「國民教育，以孔子之道爲修身之本」的條文，這就更加激起了辛亥革命以來的批孔怒潮。「五四」時期文化上論爭的熱點是對待孔子、儒家思想的態度，新文化派是堅決排斥孔子、儒家思想的。陳獨秀認爲，「學理至爲他種勢力所擁護所利用，此孔教之所以一文不值也」，「此正袁氏執政以來吾人所痛心疾首，於孔教而必欲破也」③。他在〈孔教研究〉一文中進一步說：「我們反對孔教，並不是反對孔子個人，也不是說他在古代社會無價值。不過因它不能支配現代人心，適合現代潮流，還有一般人硬要拿他出來壓迫現代人心，抵抗現代潮流，成爲社會進化的最大障礙」④。在此之前，一九一七年二月李大釗在〈自然的倫理觀與孔子〉一文中也說過：「余之掊擊孔子，非掊擊孔子之本身，乃掊擊孔子爲歷代君主雕塑之偶像的權威也，非掊擊孔子，乃掊擊專制政治之靈魂。」⑤這些都說明，新文化派之所以批判孔子、儒家思想，完全是由於現實的需要，着眼於政治鬥爭。批判孔子、儒家思想，無非就是批判中國的政治制度；用不着去分析孔子、儒家思想本身如何，重要的是它爲統治者所擁護所利用，成爲專制政治的靈魂，是封建意識，必須破除。陳獨秀在〈敬告青年〉一文中提出「向腐敗的封建意識戰鬥」的號召，體現着新文化運動的綱領，其基本精神在於引導學術文化直接作用於現實政治。這種傾向，事實上成爲了當時學術文化的主導潮流，其後進而形成了一種傳統，學人的研究漸漸都趨於從現實政治中確認其價值。

一切學術文化的發展，歸根到底都離不開現實需要，是要爲政治服務的；在民族危難的時期，學術文化活動自覺地圍繞着民族自救而展開，這更有可稱頌的充分理由；而且，明確地從思想文化的層面探究政治腐敗、國家貧弱的原因，並突破了此前關於「中體西用」和「西體中用」之爭的思維格式，尋求新的出路，正表現了「五四」新文化運動已經邁出新的歷史步伐；再者，既然當時的統治者直接利用孔子、儒家思想爲其專制政治作辯護，那就迫使「五四」新文化運動也只有針鋒相對地把學術文化的批判，視同對現實政治的批判。儘管如此，學術文化與現實政治鬥爭的直接的不可分割的聯繫，畢竟是歷史進程中的一種極端的情形。從整個歷史看，學術文化有其或快或慢的相對獨立的發展過程。我們承認社會的經濟、政治狀況是學術文化發展的決定性原因，但這只是從根本的最後的意義上說的；而且，也只是從學術文化內容的實質上，我們承認其必然爲一定的社會經濟、政治服務。不能認爲除了現實社會的經濟、政治需要以外，學術文化的發展既無其他原因，也無別的目的；不能把學術文化和社會政治看成是一個銅幣的兩面。

「五四」以後十多年，災難深重的中華民族尚未擺脫半封建半殖民地的地位，又面臨着亡國滅種的危險。民衆奮起抗擊日本侵略者。抗日戰爭時期的學術文化的內容頗不同於「五四」運動時期，且它隨着抗日戰爭的壯闊場面而展開，其業績甚爲燦然可觀。但是它的主導傾向不僅是承襲了「五四」時期的同政治不可分離的觀念，而且强化了這種觀念，最終出現了學術文化從屬於政治、爲政治服務的權威性的論斷和口號。順此發展，後來又導致了以政治代替學術文化，以改造政治立場代替學術文化研究的現象出現。這樣一來，政治實踐由於失去獨立而深刻的學術文化的研究爲之論證，變成了似乎可以任人擺弄的東西；學術文化的研究工作被規定爲替這種政治實踐製造輿論、提供解釋、總結經驗教訓，因而名存實亡。

人們談論當代中國學術文化太靠近現實政治時，往往說成是中國的古老傳統，歸因於中國哲學的特點是「入世」的，是「經世致用」。中國傳統哲學的一個特點確實如此，這個特點並不壞。但是這不能理解爲中國歷代的思想家、學者都是且只是從某種狹隘的政治立場、政治利益出發，都是且只是爲了解決當時的政治問題，都是且只是在當時的政治鬥爭中提出了一堆思想和觀點。正因爲不是這樣，中國歷史上傑出的思想家、學者不都是政治家，且多都不見重於當時。實際上，中國歷代一切有建樹的思想家、學者總是既靠近政治，又相對地離開當時的政治，研究社會的長治久安問題，自覺不自覺地涉及人類社會的一般原則；既積極「入世」，又在一定程度上超出現世，探討人生的根本問題，自覺不自覺地涉及對於人類或自己民族具有普遍性意義的原理。正是這些方面的內容，使中國的學術文化同其他國家的學術文化一樣，具有恒久的價值。對於這些方面內容的探索，一代一代地接續和推進，形成了中國學術文化發展的軌跡。倒是近七十年來，這個軌跡的延伸點尙不甚清晰，我們還沒有建立起爲自己民族所誠心接受，爲世界所矚目的現代中國學術文化體系來。學術文化的研究，喪失其相對的獨立性，不能不說是其中的一個原因。

「五四」新文化的局限性之二，可以稱之爲「淺」。政治上的需要是：「這塊孔丘的招牌——無論是老店，是冒牌——不能不拿下來」⑥，於是孔子、儒家思想在「五四」新文化派那裏就被簡單地拋棄了，對它作出令人信服的認眞分析不多。爲了批判孔子，有些人把道、墨、法家的人物請了出來，但只停留在表面上的比照和任意地揚抑，算不得深層的研究。新文化派推崇西方，但對西方的學術文化並未足夠消化，尙處於「拿來」的階段，主要是介紹、搬用。他們嚮往並提倡科學，但在新文化運動過程中，政治上的激情和愛憎重於科學的理性和求實精神，旣缺乏理論上的深入研究，也缺乏對現實情況進行周密的搜集和冷靜的分析。他們追求民主，但沒有兢兢業業地去創建合乎國情、民情的民主理論和實施方案，主要是仰慕並宣傳歐美政治民主的形式。蔡元培於一九一八年十二月十六日在《北京大學月刊》發刊辭中提出：「研究也者，非徒輸入歐化，而必於歐化之中，爲更進之發明，非徒保存國粹，而必須以科學方法，揭國粹之眞相。」⑦這是相當高明的見解，可是「五四」新文化運動對於歐化的發明和對於國粹的揭示都顯得極爲不足。平心而論，「五四」新文化運動未能實現這裏所謂「發明」和揭示的目標，這是歷史條件的限制，不必厚非；但是它的實際過程沒有充分體現這個方向，却不能不說是一種缺憾。這種缺憾，使得「五四」新文化的特點在於新而不在於深。今人重視研究發端於「五四」時期的現代新儒家學說，不僅是因爲這種學說現在繼續爲海內外一些學者所傳承和發展，形成了一個當代學派；而且是因爲比照之下，這種學說的學術文化味道濃郁，對於東西方學術文化及其比較、融合的研究達到了一定的深度，可以看成是中國學術文化發展軌迹的某種延伸點。反之，在「五四」新文化所直接結出的思想果實中，許多都嫌不足以耐人品嘗；如果作爲中國學術文化發展軌迹的邏輯延伸點，那還有待於今人乃至後來者濃塗筆墨。

「五四」文化的「淺」的局限性之延續，是走向大衆化。這是一種進步；在抗日救亡的時期，爲了喚醒民衆，這更是十分必要的，其社會效果是值得大加讚揚的。但是由之而漸漸地形成一種觀念，似乎淺近通俗的文化能夠普及大衆，才是眞學問；而高深的研究缺乏急功近利之效，被認爲是脫離實際的，只能爲少數人所掌握，是僞學術，這就不能恭維了。往後，這種觀念的進一步傾斜，便出現了推倒「象牙塔」和所謂「解放科學」之類的口號和行動，學術研究實際上被取消了；而大衆化由於沒有深層的研究作指導，變成了語錄化、庸俗化，高等層次的工作也不過是對「經典」著作、文章和權威言論的注釋，複雜而艱苦的思想文化工作，變成了簡單地奉命遵照一定的格式編寫文章，進行講說。「文革」時期的情況就是這樣。

論及我們當代人對「經典」著作、文章和權威言論的注釋，人人往往歸之爲我國古代的注經傳統。事實上，這只是形式上的相似。古人注經，一般說來是一種嚴肅而認眞的學術研究，其中很多注本集合了不少學術資料，甚至包含着推進原有思想的學術成果，具有提供後人研究的價值。而當代人對當代「經典」的注釋，出自於政治宣傳的需要，沒有太多學術價值，它不是對古代注經傳統的繼承。倒是「五四」新文化的「近」「淺」的傾向在一定條件下的惡性發展而無出路的歸宿，這種歸宿借用了古代注經的形式。

「五四」新文化的局限性之三是「偏」，就是觀點偏激，思想方法片面。「五四」新文化派把中西文化之爭，看作是新舊之間的衝突，錢玄同說：「吾則謂根本上是新舊之衝突」⑧。這沒有大錯。但是，他們把中西和舊新完全等同了起來，主張全盤西化，這就偏了。他們認爲：「所謂新者無他，卽外來之西洋文化也；所謂舊者無他，卽中國之文化也」，「二者根本相違，絕無調和折衷之餘地」⑨；孔子倫理學說「與現代思想及生活，絕無牽就調和之餘地也」⑩。他們把問題看得很絕對，將中西文化完全對立起來，認爲西洋的就是新的，新的就是好的；中國的就是舊的，舊的就是不好的。陳獨秀說：「吾寧忍過去國粹之消亡，而不忍現在及將來之民族不適世界之生存而歸消滅也。」⑪這雖然是針對「國粹」派的主張而發，但也表現了思想上的偏激。新文化派並不諱言自己的偏激，甚至可以說是有意偏激。他們認爲「夫矯枉者必稍過於正，而其結果僅乃得正」，「吾正恐吾國諸事既枉之程度已深且固，雖矯之甚過於正獨不能正也」⑫。這種主張，在特定情況下可能是合乎情理的，但作爲一般思想原則，不能被認爲是公允的；在許多情況下，過於正往往不能矯枉；甚至一次又一次過於正，既枉未矯，而遠過於正又爲待矯之枉矣。新文化派自命對「舊思想一一洗刷乾淨」⑬，其實際目標不在於創新，而在破舊。立志於完全地徹底地破舊，即破除孔子、儒家思想，在一定意義上也表現了「五四」新文化的偏的局限性。這一點，當時的惲代英似乎已經覺察到了。他說：「一個人必定要爭孔子是大聖，沒有一句錯的；一個人必定要爭孔子是大謬，沒有一句對的。若不是爲孔子，是爲世界人，我看都錯了。」⑭兩派對問題都缺乏科學的分析態度，各走一個極端。

中國共產黨人公開申明自己是「五四」傳統的繼承者，事實上也可以這樣看。他們發揚了「五四」運動的英勇鬥爭精神，他們繼續推進了「五四」新文化，但同時也在相當程度上承襲了「五四」新文化運動的局限性。他們在學術文化方面不完全是搬用、照抄，而是有所闡發和創造，以毛澤東的《矛盾論》等著作作爲代表的哲學思想是其最重要的成果之一。它確定了直接爲現實政治鬥爭服務的宗旨，具有淺明簡約的特點。其核心觀點是通過矛盾雙方的鬥爭，達到矛盾的轉化，也就是破舊而立新，但落實點在破舊。毛澤東晚年說過：「破字當頭，立也就在其中了」，表明他的哲學所達到的實際水平是「破」。有破同時就意味着有立，但並不就是充分地展開了的立；需要充分地立，才能眞正地破。立的哲學要求細密地分析、周到地調節矛盾諸方面的關係，用時下流行的話來說，要求掌握「綜合治理」的本領，這就需要注重對矛盾的同一性進行研究。而破的哲學則着重於要求分析主要矛盾的對立雙方的情況，强調研究矛盾雙方的鬥爭性。面臨奪取政權的現實需要，突出一個破字，强調鬥爭、批判是必要的，甚至是足夠的，而且在實踐中是取得了成功的。但是局限於此，就有可能導致不斷地破，不停頓地批判，破了昨天存在着的舊的東西，今天又該去破昨天稱之爲新的東西。事實上，「五四」時期批判了中國傳統文化之後，西洋文化的諸多流派接着也受到了批判；再後，批判了資本主義世界，又批判社會主義各國；批判了別人又批判自己。極端地講，這樣批判的結果，只會是越批在文化上越貧乏，越批在經濟上越落後，越批國人越感到無所適從，越批自己越孤立。破舊、批判本來出之於對科學與民主的追求，但不斷地批和破的結果，科學的精神却越來越喪失，民主的氣息却越來越缺乏。

人們說到我國十多年前對外封鎖，對內禁錮的現象時，常常歸咎於儒家思想的所謂封閉性。其實，直接的淵源不在於此。長期殘酷的國內戰爭環境以及熱戰、冷戰持續的國際環境是其客觀原因。從學術文化方面看，片面地破舊，一味批判，在一定的政治條件下也必然造成封鎖和禁錮的結局。這種片面地批和破的傳統，起始於「五四」時期。儒家思想强調和諧、適中、因革，似乎直接引伸不出由一「偏」再「偏」而不斷地批、破所產生的對內對外的緊張關係。

本文無意對「五四」運動作詳細的回顧和全面的評價，只是試圖指出「五四」新文化運動的局限性，說明這些局限性之不可忽視，目的在於希望人們理智地繼承和發揚「五四」的精神。「五四」精神的可貴之點在於强烈的愛國熱情，以及對於科學與民主的呼喚、追求。但是，無情的歷史教訓表明，如果盲目地承襲並惡性地發展「五四」新文化運動的局限性，那麼從愛國和科學、民主的願望出發，也可能引出誤國、蒙昧和專制的結果。這個進程，第一次可以是一步一步地完成的，第二次由於滑坡已經形成，可能會一溜到底。

學術文化方面的「近」、「淺」、「偏」的傾向，形式上同中國傳統文化的某些特點近似，但實質上不符合中國傳統文化的根本性格。這在前面已經略議。至於「五四」運動的可貴精神，則與中華民族的精神不相違背。中華民族古來有愛國主義的優良傳統，知識份子階層尤其常懷自覺的愛國之心。在中國傳統文化中，沒有出現近代的科學理論和民主政治理論，但是並非不包含有接近於科學和民主的思想和觀點。顧頡剛於一九一九年一月寫的文章中甚至說：《新民叢報》上有文章認爲，中國學問元、明後腐敗已甚，清代的學問，是由腐敗而進於精闢的境界。即此進步，自能弘通；即無歐洲科學之傳播，亦當有笛卡兒、培根其人生於其間。「我想這話，並非虛誣，只因近日學者，過分受了社會的牽制，所以停滯不能進步；至於從前所取的路徑，已有向科學方向走出之勢，終是可信。」⑮再說，追求科學與民主的精神，在中國傳統文化中也常常以這樣那樣的形式表現出來。我們不能以此爲滿足，不能像「國粹」派那樣認爲中國傳統文化最高明、最美好、最完滿。陳獨秀當年評論說：「國粹論者有三派：第一派以爲歐洲夷學，不及中國聖人之道」；「第二派以爲歐美誠美矣，吾中國固有之學術，昔當尊習，不必捨己而從人也」；「第三派以爲歐人之學吾中國皆有之」⑯。這是孤陋的無知的成見。應當承認，比起西方文化來，在中國文化中，科學、民主的思想成果與傳統極爲薄弱，西方文化所具有的這方面的長處，正是中國文化的弱點；我們應當大力吸取西方文化中的科學思想和民主思想。但是由此也不能產生另一種淺薄的輕狂的偏見，認爲中華民族的靈魂深處就與科學、民主無緣，中國文化在本質上就拙劣。從較深的一個層次看，中國傳統文化中貫穿着這樣一種精神：自立自强，慕大道之運行，參天地之化育。在這種精神中，是包含着或者可以引發出愛國以及追求科學與民主的意識的。

在「五四」運動過去了七十年的今天，要繼承和發揚其愛國、科學與民主的精神，就不能只停留在口號上，再不能只作淺近片面的呼喊。在走向科學與民主的道路上，眞正的啓蒙者應該站在時代的最高思想水平上，系統地全面地對中西文化進行深入的比較研究，消化、吸收其優秀內容，着力激發自己民族的崇高精神，提高自己民族的向上志氣，並提供創建性的思想和知識的新成果，或者提供切實的前進方案，奉獻於自己的民族，引導自己的國家邁入世界最先進的行列。

註釋：

① 陳獨秀：《本志罪案之答辯書》，《新青年》第六卷第一號。
② 梁漱溟：《東西文化及其哲學》。
③ 《新青年》第三卷第二號。
④ 《獨秀文存》。
⑤ 《李大釗文集》。
⑥ 胡適：《吳虞文集序》。
⑦ 《新潮》第一卷第四號。
⑧ 《新青年》第三卷第四號。
⑨ 汪叔潛：《新舊問題》，《青年雜誌》第一卷第一號。
⑩ 陳獨秀答俞頌華信，《新青年》第三卷第三號。
⑪ 《敬告青年》，《青年雜誌》第一卷第一號。
⑫ 胡哲謀：《偏激與中庸》，《新青年》第三卷第三號。

⒀ 陳獨秀：《舊思想與國體問題》。

⒁ 《惲代英日記》，一九一九年四月二十七日。

⒂ 《中國近來學術思想界的變遷觀》，《中國哲學》第十一輯第三〇三頁。

⒃ 《隨感錄》，《新青年》第四卷第四號。

「五四」的開放精神和中國的文化建設

中國社會科學院哲研所　谷　方

由五四運動開始的中國現代文化思潮，本質上是一種開放的思潮。這種思潮同五四運動所提倡的民主精神與科學精神有着內在的聯繫。但是，長期以來，學術界對於「五四」文化的開放精神却較少留意，這勢必影響到我們對於五四運動的正確認識和正確評價，也不利於中國現代文化的建設。本文擬就這個問題提出一些初步的意見。

一、五四運動與開放意識

五四運動是在近代一系列事變的推動和啓示下對中西文化進行比較選擇的一種產物。它所提倡的民主與科學是從西方引進的民主思想和科學思想，後期還包括馬克思主義思想。五四運動的代表人物深信，他們從西方文化中選擇的民主與科學，即所謂「德先生」與「賽先生」，是解決當時中國社會問題的最好的思想武器。「我們現在認定只有這兩位先生，可以救治中國政治上、道德上、學術上、思想上一切的黑暗」①。因此，五四運動是近代開放意識的一種成果。沒有近代的開放意識，沒有對中西文化所作的選擇，也就不可能有五四運動。

五四運動不僅是開放意識的積極成果，而且是開放意識的新覺醒。

首先，五四運動把開放精神灌注到思想的層面上，從而在中國社會引起了前所未有的思想震動和啓蒙。一八四〇年的鴉片戰爭打開了中國的大門。閉關鎖國的思想藩籬被冲開了一道道缺口。隨後所發生的一系列事變如第二次鴉片戰爭、中法戰爭、中日戰爭、八國聯軍事件等等，使中國一步一步陷入危險的境地。面對着中國與西方列强的巨大反差，不少有識之士感到必須改弦更張，學習外國。但是，在長時期中，對外開放只侷限於西方的技藝或個別的具體政治措施如開議院行立憲等等，至於中國傳統思想與道德則被認爲是無比完善，因而是絕對不能爲對外開放所動搖的。從洋務派到改良派的一些人物都有這種主張。儘管他們的開放意識各不相同，但反對思想變革而以局部性的改良作爲開放意識的基礎，則是他們的共同特點。以孫中山爲首的革命民主主義者無疑具有開闊的世界眼光。他們發動武裝起義，領導政治革命，但是在相當長的時間內，他們對於思想革命却重視不夠，至於國內民衆的思想發動工作更是他們革命活動的薄弱環節。這表明，他們的開放意識同國內的思想發動工作存在着某種脫節的現象，就是說，他們沒有從當時西方文化中選擇先進的思想來喚起國內民衆。這是辛亥革命雖然取得推翻清朝專制統治的勝利却沒有保住革命成果的原因之一。鴉片戰爭以後的一系列事變，特別是辛亥革命以後全國出現的政治危機，使新一代的知識份子開了眼界，使他們深刻地認識到必須把開放意識同喚起民衆相結合，必須從西方文化中選擇民主與科學作爲批判中國封建禮教的思想武器，並通過改造「國民性」，提高人的思想覺悟來爲共和制度奠定牢固的基礎。這就是五四運動的代表人物的新思路，也是「五四」開放精神的基本特點。對於這個基本特點，陳獨秀說得很清楚：「欲建設西洋式之新國家，組織西洋式之新社會，以求適今世之生存，則根本問題，不可不首先輸入西洋式社會國家之基礎，所謂平等人權之新信仰，對於與此新社會、新國家、新信仰不可相容之孔教，不可不有徹底之覺悟，猛勇之決心」②。他所說的「徹底之覺悟」是指思想上的卽倫理上的覺悟。他認爲，近代的開放意識首先着眼於學術，其次着眼於政治，均未達到預期效果。他主張開放意識的根本轉變，卽把着眼點由學術、政治轉向思想。他說：「自西洋文明輸入吾國，最初促吾人之覺悟者爲學術，相形見絀，舉國所知矣；其次爲政治，年來政象所證明，已有不克守缺抱殘之勢。繼今以往，國人所懷疑莫決者，當爲倫理問題。此而不能覺悟，則前之所謂覺悟者，非徹底之覺悟，蓋獨在惝恍迷離之境。吾敢斷言曰：倫理的覺悟，爲吾人最後覺悟之最後覺悟。」③這樣，五四運動就與過去的政治運動很不相同。它不熱中於西方某些技藝或具體政治措施的直接移植，不着眼於局部性的改良，也不是使政治革命與思想革命互相脫節，而是以國民思想上「徹底之覺悟」作爲根本任務。這個思想解放的任務是與開放精神緊密結合的。

其次，五四運動之所以是開放意識的新覺醒，還因爲它的開放精神在本質上是主動的、自覺的。它不是把開放意識建立在「師夷長技以制夷」的那種被動地應付外來事變的基點上，而是建立在對社會行爲規律和文化發展規律的深刻理解上。五四運動的代表人物已經認識到，對外開放不是應付外來事變的權宜之計，而是近代國際關係發展的必然趨勢。他們特別强調兩點：

㈠開放是國際交往規律的表現

十九世紀末和二十世紀初，資本主義國家通過工業革命建立的社會化生產體系已經突破了地區性，形成了世界性的廣泛聯繫。在這種情況下，任何一國的孤立、閉鎖狀態都無法維持。五四運動的代表人物敏銳地覺察到這種世界新潮流，認爲世界各國實際上聯成一體，閉關鎖國政策與世界的潮流背道而馳：「舉凡一國之經濟、政治狀態有所變更，其影響率被於世界，不啻牽一髮而動全身也」，「居今日而言鎖國閉關之策，匪獨力所不能，亦且勢所不利。萬邦並立，動輒相關，無論其國若何富强，亦不能漠視外情，自爲風氣。」④所謂「萬邦並立，動輒相關」，這既是一種事實判斷，又是一個價值判斷。五四運動的代表人物用開放的眼光看待一個國家或地區發生的事件對於全世界的意義和價值。比如，對於第一次世界大戰的結局，他們認爲這不是哪一國的軍閥或資本家政府的勝利，而是全世界庶民的勝利⑤。對於俄國十月革命，他們認爲「這不過是使天下驚秋的一片桐葉」，「不過是世界革命中的一個，尚有無數國民的革命將連續而起」⑥。他們把世界看作一個全局，要求人們樹立「世界的而非鎖國的」精神，並用這種精神來處理對外的關係和國內的事務。

㈡開放是世界性的共同趨勢

五四運動在開放意識方面的重大飛躍，是把開放作爲一種共同性的國際現象來把握。陳獨秀說：「各國之制度文物，形式雖不必盡同，但不思驅其國於危亡者，其遵循共同原則之精神，漸趨一致，潮流所及，莫之能違。於此而執特別歷史國情之說，以冀抗此潮流，是猶有鎖國之精神，而無世界之智識。」⑦他認爲，世界各國包括社會政治制度在內的歷史國情是不同的，但是這種情況並不排斥各國之間存在着某種共同點。陳獨秀所說各國「遵循共同原則之精神」，主要是指開放的精神，就是說，實行對外開放，不搞閉關鎖國，是不以世界各國具體的歷史國情爲轉移的共同需要。陳獨秀反對以歷史國情的差異性來否定開放的必要性。他這樣提出問題在當時具有很强的針對性。中國在長時間中是一個以農耕爲主的大陸國家，與商業發達的海洋國家相比，對外交往要少得多。加上長期的封建統治，天朝上國的觀念根深柢固。以歷史國情特殊（倫理道德或文物制度特殊）而反對開放的人在辛亥革命前後仍屬不少。這種人「猶有鎖國之精神，而無世界之智識」。陳獨秀認爲，要把對外開放作爲共同性的國際現象來把握，就非有世界智識不可。他進一步指出：「國民而無世界智識，其國將何以圖存於世界之中？」⑧這裏所說的世界智識同洪仁玕所說的「熟諳各國風敎」⑨相比，前進了一大步，不僅要求了解各國的歷史和現狀，而且要求從各國經濟、政治、文化和軍事的關係中掌握新的動向，懂得「圖存」與增强國力的途徑。對於這種世界智識，不僅決策人物應該有，就是一般國民也要盡可能掌握。這種世界智識是同閉關鎖國的思想完全對立的。歷史上不同階級或集團的閉關鎖國的思想有不同的經濟、政治和文化的背景，但是，坐井觀天、沒有世界智識則是它的直接原因。所以，只有樹立世界智識，才能徹底拋棄閉關鎖國思想，發展高度自覺的開放意識。

五四運動的代表人物站在「世界智識」的思想高度上，一方面反對閉關鎖國；另一方面把對外開放與抵抗侵略結合起來。比如，陳獨秀認爲，眞正的開放意味着各國之間平等互利的交往，即「遵循共同原則之精神」，不容許弱肉强食，也不容許自己一方有任人擺佈，任人宰割的奴才思想。他提出「强力擁護公理」的口號，並對這個口號的意義作了闡明。他說：「現在中日兩國的軍閥，不都是公理的仇敵嗎？兩國的平民若不用强力將他們打倒，任憑你怎樣天天把公理掛在嘴上喊叫，他們照舊逆着公理做去，你把他們怎樣？所以，我們不可主張用强力蔑棄公理，却不可不主張用强力擁護公理；我們不主張用强力壓人，却不可不主張用强力抵抗被人所壓。」⑩他既提倡世界智識，實行對外開放，反對閉關鎖國，又主張「强力擁護公理」，抵抗壓迫。正因爲這樣，對抵抗力的提倡成了他的哲學思想的重要組成部分。他說：「一旦喪失其抵抗力，降服而已，滅亡而已，生存且不保，遑云進化」，「國人而拋置抵抗力，卽不啻自署奴劵，置身弱昧之林也。」⑪這種抵抗力不是抽象的東西，而是多種精神力量的凝聚，其中旣有清醒的理智，豐富的知識和足以應付複雜事變的謀略，又有民族的自尊心、自信心和自豪感。保持這樣的抵抗力，決不向醜惡的、不健康的外來勢力屈服，這對於保持對外開放的正確方向是非常重要的。

從以上的事實可以看出，五四運動之所以是開放意識的新覺醒，是因爲五四運動的代表人物從世界智識的思想高度上認識到對外開放的必要性和必然性，也認識到在對外開放中反對侵略和反對奴化思想的必要性。這種開放意識是五四運動以前所不完全具備的，對於我們現階段的對外開放仍然有一定的啓發作用。

二、五四文化的開放模式

五四運動創造了一個新的文化模式。這種文化模式是鴉片戰爭以後關於文化問題長期爭論的一個總結。它對於中國現代文化的發展具有重大的意義。它的基本特點在於用科學性作爲標準去衡量中外古今文化的價值，進行文化上的選優汰劣，從而形成中西融合、古今會通的中國現代文化。這種文化模式是同陳獨秀和蔡元培的名字聯繫在一起的。

陳獨秀說：「學術爲吾人類公有之利器，無古今中外之別，此學術之要旨也。」「吾人之於學術，只當論其是不是，不當論其古不古；只當論其粹不粹，不當論其國不國。以其無中外古今之別也。」⑫他給學術下了一個定義，認爲學術是全人類共同的銳利武器。「學術」是科學的統稱，包括自然科學和社會科學。在現代，科學已經成爲一個具有立體結構的縱橫交錯的網絡系統。因此，可以從不同的角度對科學進行界定。陳獨秀對於學術或科學則着重强調其功能與作用，認爲學術是一種眞理的系統，眞理本身沒有階級性，因此，它可以成爲全人類共同的銳利武器。這一點對於自然科學是不言而喻的。社會科學一般具有階級性。但是，在社會科學領域所獲得的每一個眞理就其本質而言也是全人類可以接受的，或者或遲或早是要被全人類接受的。從這個意義上說，指出學術或科學的共同功能和作用是正確的和必要的。陳獨秀關於學術的定義表現的是一種開放精神。它肯定學術具有本質上共同的功能和作用，是「人類公有之利器」。它强調學術中的科學性，主張打破文化學術上中外古今的界限，而以科學性即「是不是」、「粹不粹」作爲衡量一切文化學術的標準。在這種開放精神之下，根本不存在「中體」或「西體」的對立，唯一的對立就是眞理與謬誤、精華與糟粕的對立，即「是」與「不是」的對立，「粹」與「不粹」的對立。在這種開放精神之下，中外古今的文化學術通過比較選擇能夠自然地融合在一起，形成科學的、新型的中國現代文化。陳獨秀所表達的這種開放精神不是別的，正是民主精神和科學精神在文化學術問題上的具體貫徹。

如果說陳獨秀是「五四」開放精神的倡導者，那麼，蔡元培旣是「五四」開放精神的倡導者，又是「五四」開放精神的實踐者。他認爲一個國家和民族的進步，一定要吸收、融合外來的文化，取人之長，補己之短。他把對外開放看作是振興中華民族的重要條件。因此，他積極介紹西方進步的教育思想和科學知識，進行敎育制度的改革，特別是他在一九一七年出任北京大學校長以後，把這個高等學府建成了實踐開放精神的一塊樣板和陣地。他認爲大學不應該是一個封閉的單位，而應該成爲「囊括大典，網羅衆家」的開放的敎學和科研機構⑬。與此同時，他認爲開放的過程是對外國文化審愼地選擇和吸收的過程，强調在開放和引進中注意消化，反對囫圇吞棗，生吞活剝。他說：「吸收者，消化之預備。必擇其可以消化者而始吸收之。食肉者棄其骨，食果者棄其核，未有渾淪而吞之者也。印度文明之輸入也，其滋養果實爲哲理，而埋蘊於宗敎臭味之中。吸收者渾淪而吞之，致釀成消化不良之疾。……歐洲文明，以學術爲中堅，本視印度爲複雜，而附屬品之不可消化者，亦際而多歧。政潮之排蕩，金力之刼持，宗敎之拘忌，率皆爲思想自由之障礙。使皆渾淪而吞之，則他日消化不良之弊，將視印度文明爲尤甚。審愼於吸收之始，毋爲消化時代之障礙，此吾儕所當注意者也。」⑭他固然以囊括大典，網羅衆家、兼容並包、自由發展以及言之成理、持之有故作爲開放思想的重要內容，更以保持民族特性和民族自尊心作爲開放思想的基礎。他主張通過對外開放保持和發揚中華民族的優良傳統，反對盲目崇拜西方或全盤西化。他說：「吾國學生游學他國者，不患其科學程度之不若人，患其模仿太過而消亡其特性。所謂特性，卽地理、歷史、家庭、社會所影響於人之性質者是也。」「能保我性，所得於外國之思想、言論、學術，吸收而消化之，盡爲『我』之一部，而不爲其所同化。否則，留德者爲國內增加幾輩德人，留法者、留英者，爲國內增加幾輩英人、法人。夫世界上能增加此幾輩有學問、有德行之德人、英人、法人，寧不甚善？無如失其我性爲可惜也。往者學生出外，深受刺激，其有毅力者，或緣之而益自發憤；其志行稍薄弱者，卽棄捐其『我』而同化於外人。想望後之留學者，必須以『我』食而化之，而毋爲彼所同化。」[15]他的「兼容並包主義」主要是從廣度和深度上對開放的强調，而同自由化的觀點有着原則的區別。從整體上看，蔡元培的開放思想以分清是非、辯明眞僞和保持民族特性作爲文化學術活動必須追求的目標。因此，「兼容並包主義」不是把是與非或眞理與謬誤混而爲一，而是在言之成理、持之有故的前提下，通過自由探討，達到選優汰劣和發展文化學術的目的。

陳獨秀、蔡元培倡導和堅持的「五四」文化開放模式體現了世界智識，貫徹了民主精神和科學精神，並把自由探討同堅持原則、分清是非結合起來，把積極學習外國的長處同保持自己民族的優良傳統結合起來。因此，這種文化模式在中國無產階級文化形成以前是比較合理的。

三、「五四」文化模式與中國現代的文化建設

「五四」文化模式在中國現代文化建設中的重要意義在於提出了處理古今文化關係和中西文化關係的具有科學精神的原則。

關於古代文化與現代文化的關係問題，「五四」文化模式既反對貴古賤今，又反對貴今賤古，認爲處理古今文化的關係的正確原則在於「只當論其是不是，不當論其古不古」。陳獨秀對這個原則作了進一步的闡明。他以教育理論爲例，說明任何一種學說只看它所採取的主義和方法是不是科學，而不看它在「時間（時代）」上的差異⑯，就是說，即使它是一種現代學說，只要它的主義和方法是不科學的，那也在拋棄之列；即使它是一種古代的學說，只要它的主義和方法是科學的，也必須堅持和維護。五四時期提出的「打倒孔家店」的口號是一個政治口號，而不是一般地反對中國古代文化的口號。它的實際意義在於爲新政治、新國家的建立掃除思想上的障礙，而不是一概否定中國古代文化（包括以孔子爲代表的儒家文化）的價值。陳獨秀對這一點說得很清楚。他說：「我們反對孔教，並不是反對孔子個人，也不是說他在古代社會無價值。不過因他不能支配現代人心，適合現代潮流，還有一般人硬要拿他出來壓迫現代人心，抵抗現代潮流，成了我們社會進化的最大障礙。」⑰雖然在五四時期也出現過像錢玄同那樣否定中國古代文化的過激觀點，但是，這種觀點並不代表五四運動的主流。從主流上看，「五四」文化模式對於古代文化也表現出開放的精神。它在文化上打破了古與今的對立，主張在科學性的基礎上把古代文化與現代文化溝通起來。

用「五四」的開放精神看問題，文化上的貴古賤今的觀點是錯誤的。按照「五四」精神，對文化上的「貴」與「賤」作價值判斷的唯一根據在於是否符合客觀事實，是否屬於科學眞理，而不在於古與今。貴古賤今的觀點則把古與今割裂開來，一味尊古而鄙薄現在，使文化因脫離社會的現實生活而不能有效地促進社會的進步和人自身的完善。它在近代具有明顯的政治性。它的倡導者推崇或維護古代文化中腐朽落後的成份以抗拒現實的社會變革。比如，辛亥革命以後，袁世凱宣布「復學校祀孔命令」，號召「祭天祀孔」。袁世凱死後，孔敎會頭目陳煥章再次提出定孔敎爲國敎的請願書，康有爲更鼓吹「以孔敎爲大敎，編入憲法，復祀孔子之拜跪」⑱。這股貴古賤今的思潮表現爲「保存國粹」、尊孔讀經、反對民主與科學。它爲推翻共和、復辟封建制度進行思想上的準備。

用「五四」的開放精神看問題　文化上的貴今賤古或厚今薄古的觀點也是錯誤的。毫無疑問，一切科學在本質上都是面向現實的，或者是立足於現實的。從科學發展的全局來說，對現實問題的研究應當被置於優先的或中心的位置上。但是，這樣做，是基於社會的實際需要和科學發展的客觀規律，而不是從古與今對立的觀點出發的，或者說，「貴今」不應絕對地「賤古」，「厚今」不應絕對地「薄古」。把古和今割裂開來，把貴今賤古或厚今薄古作爲一種文化模式是不科學的，是與「五四」精神對立的。它表現出濃重的盲目性和形式主義的傾向，以爲是「古」的就都在「賤」與「薄」之列，以爲是「今」的就都在「貴」與「厚」之列。其實，只要違背了科學精神，卽使是「今」的（關於現實問題的研究）也不能「貴」與「厚」；只要符合科學精神或者出於科學建設的需要，卽使是「古」的（關於古代問題的研究）也不能「賤」與「薄」。

我們反對文化上的貴古賤今以及貴今賤古或厚今薄古，必須像「五四」文化模式所顯示的那樣，不着眼於古今文化的對立，而着眼於古今文化中眞理與謬誤的對立。

關於中西文化的關係問題，「五四」文化模式認爲處理這個問題的正確原則在於「只當論其粹不粹，不當論其國不國」。陳獨秀對這個原則也作了進一步的闡明。他以敎育理論爲例，說明任何一種學說只看它所採取的主義和方法是不是科學，而不看它在「空間（國界）」上的差異⑲，就是說，卽使是一種西方的學說，只要它的主義和方法是不科學的，那也在拋棄之列；卽使它是中國的一種學說，只要它的主義和方法是科學的，那也必須堅持和維護。五四運動的代表人物爲了打破中西文化之間的壁壘，力圖捕捉中西文化的共性包括共同的弱點，指出「現在人類社會種種不幸的現象，大半因爲道德不進步。這是一種普遍的現象，却不限於西洋東洋」。「根於人類本能上光明方面的相愛、互助、同情心、利他心、公共心等道德，不容易發達，乃是因爲受了本能上黑暗方面的虛僞、嫉妬、侵奪、爭殺、獨占心、利己心、私有心等不道德難以減少的牽制，這是人類普遍的現象，各民族都是一樣，却不限於東洋西洋。」⑳這裏所說的人類種種普遍現象及其原因是不是準確，姑且暫不討論。值得注意的是五四運動的代表人物觀察中西文化的開放的眼光，這種眼光實質上就是反對盲從與迷信，即用科學態度對待中西文化的問題。

五四文化模式不僅表示出與閉關鎖國相對立的開放精神，而且初步顯示出開放所應遵循的方向。對於中國這樣一個經濟、文化比較落後的東方大國，堅持對外開放固然是重要的，堅持對外開放的正確方向更加重要。五四時期的中國，備受帝國主義欺凌，處在半封建半殖民地的狀態。在這種情況下，五四運動的代表人物在涉及對外開放的方向問題時主要堅持兩點：一是强調科學性，反對盲從與迷信，就是說，不論對於中國文化或西方文化，凡屬非科學、反科學的東西都在抵制之列；二是强調適合中國當前社會的需要，反對不顧社會需要盲目照搬中國古代文化或西方文化。陳獨秀以教育爲例對這一點作了說明。他主張「教育必須取法西洋」㉑。他的意思是，採用西方行之有效的科學的教育方法來改造中國舊的、封建性的教育。「取法西洋」，決不是盲目照搬西洋。因此，陳獨秀同時認爲，學習外國不能脫離中國的具體情況，教育固然「必須取法西洋」，更必須適應中國社會的需要。他要求「把社會與教育打成一片，一切教育都建設在社會底需要上面」，「無論設立農工何項學校以及農工學校何種科目，都必須適應學校所在地社會的需要以及產業、交通、原料各種狀況。」㉒他進一步提出「社會化的學校，學校化的社會」㉓的口號，表明學校教育雖然取法西洋，但是它完全具有中國自己的特點，完全根植於中國現實社會的土壤。這樣看來，「五四」文化模式主張以科學性爲標準、以適合中國社會的現實需要爲出發點對西方文化進行選擇，使中國文化在吸取域外文化的長處時，不喪失中國文化的特色。正是在這個方面，「五四」文化模式既不同於「中體西用」論，又不同於「全盤西化」論。

「中體西用」，卽所謂「以中學爲體，西學爲用」，這是中國近代一種頗有影響的文化模式。它在鴉片戰爭以後逐步形成，並被洋務派的代表人物張之洞概括出來，但堅持這種文化模式的，除了洋務派以外還包括戊戌維新以前的某些資產階級啓蒙思想家以及現代新儒家的某些代表人物。這種文化模式中的「西學」，一般地是與「中學」相對立的西方資產階級的學說。與「中學」相比，它具有一定的進步性。近代一些進步思想家往往舉起西學的旗幟，認爲西學是「政治之本，富强之由」㉔。他們對西學的提倡表現出强烈的愛國主義熱情，希望從西學中發現救國救民的眞理，「使吾四萬萬人之民德民智民力，皆可與彼相埒」㉕，卽與西方國家並駕齊驅。但是，西學的概念是並不確定的。鴉片戰爭以後的進步思想家如龔自珍、魏源、林則徐、馮桂芬，他們心目中的西學主要是指軍艦、槍砲加上「養兵練兵之法」以及「諸國富强之術」。薛福成、馬建忠、王韜等人心目中的西學除了西方的堅船利炮和聲光化電以外，還包括西方的教育、商務、法律和政治制度的某些方面。何啓、鄭觀應、陳熾、陳虬等人心目中的西學則主要是指商業特別是指議院制度，認爲議院是西方「强兵富國、縱橫四海之根源」㉖。西學概念的不確定性和流動性，說明中國進步思想家對西學的認識有一個逐步深化的過程。由於「中學」的社會基礎特別强大，而支持西學的社會勢力相對薄弱，所以，提倡西學的啓蒙思想家也往往向「中學」妥協，甚至爲了使新觀念能夠得到舊營壘裏的人們的同情，不得不去迎合「

中學」，竭力使西學與「中學」協調一致。這就是爲什麼「中體西用」的文化模式除了洋務派以外還爲某些啓蒙思想家和現代新儒家所堅持的重要原因。「中體西用」的文化模式主張在不觸動封建制度和封建思想的原則下，有限度地吸取西方的文化學術，卽馮桂芬所說的「以中國之倫常名教爲原本，輔以諸國富强之術。」㉗而吸取西方文化學術的目的也在於修補業已搖搖欲墜的封建的大廈，卽薛福成所說的「取西人器數之學，以衞吾堯舜禹湯文武周孔之道」㉘。因此，這種文化模式的保守性與封建性是十分明顯的。這種文化模式在五四運動前後繼續爲一些人所堅持，其中有現代新儒家的一些代表人物。現代新儒家卽使沒有打出「中體西用」的旗幟，也仍然是「中體西用」論的維護者。他們的共同特徵在於以孔孟程朱陸王的學說作爲主體來吸取西方的現代文化。這樣，他們的文化精神就不能不與五四精神發生抵牾，甚至是直接對立的。如果說，「五四」文化模式主張在科學性的前提下中外古今文化一律平等，那麼，現代新儒家則認爲中學優於西學，或者說西學低於中學。熊十力對西方哲學肯定本體的外在性表示不滿，認爲中學（實際上是陸王心學）優於西學的地方在於「直指本心，通物我內外，渾然爲一」㉙。正是在這種中學優於西學的文化觀念的指導下，現代新儒家認爲，重要的問題不是中國通過開放接受外來的優秀文化，而是使中國的傳統文化（主要是孔孟之道）推向世界，變成世界文化的最高典範。梁漱溟斷言「世界未來文化就是中國文化的復興」㉚。不久以前，現代新儒家的傳人還在繼續提倡儒學，並期望儒學在當代的復興。需要指出的是，在現代新儒家關於文化復興的觀點中，有一些是直接針對「五四」的文化模式的。比如，梁漱溟說：「有人以五四而來的新文化運動爲中國文藝復興。其實這新運動只是西洋化在中國的興起，怎能算得中國的文藝復興？若眞中國的文藝復興，應當是中國人自己人生態度的復興，那只有如我現在所說可以當得起。」㉛這裏提出了一個問題：按照中體西用的文化模式，通過復興「中學」能不能實現中國的文藝復興？實踐對此作出了完全否定的回答。除了別的因素不說，「中學」本身的性質使它在中國的近現代失去了全面復興的基礎。長期以來，「中學」成了一個具有特別內涵的概念。它並非泛指整個中國文化，更不是指中國傳統文化中的優秀成份，而是特指中國傳統文化中正統儒家的思想體系，如孔孟程朱陸王的思想體系。這些思想體系雖然包含了某些合理的、有價值的成份，但整個說來，它們是封建意識形態的代表，具有明顯的消極作用。它們在整體上是不可能復興的。退一步說，即使「中學」能夠復興，那也決不是中國的文藝復興，只不過是封建思想在某種程度上的復活。任何民族及其文化都有自己的長處和短處，不能籠統地說「中學」高於西學。由於「中學」是中國封建意識形態的代表，所以，不能把「中學」看作中國文化的根本精神，更不能說「中學」高於西方資本主義文化。至於進一步要求把「中學」作為最高類型的文化推廣到全世界，使之成為世界未來的主體文化，那純粹是一廂情願的幻想。因此，中體西用的文化模式不僅具有偏狹性和保守性，而且是行不通的。

在對外開放的方向問題上，五四文化模式與「全盤西化」論之間的區別是同樣明顯的。「全盤西化」論可以追溯到十九世紀末期。當時一些人士主張完全仿效西方的樣式對中國社會進行改造。比如樊錐在一八九八年發表的《開誠篇》中提出「唯泰西是效」的西化口號㉜。他把中國的封建主義制度和思想稱為「舊習」，把西方的文化學術稱為「公道」，主張「洗舊習，從公道」，也就是使中國走資本主義的道路。這種早期「西化」論具有比較明確的反封建意識和革新意識，不失為一種進步思想。它由維新派的人士首倡，並為某些革命黨人所堅持。但是這種早期西化論的鼓吹者既沒有真正了解西學，又不了解中國的國情。他們幻想在一夜之間把西方的一切制度搬到中國來，使中國燦然改觀。結果如何？中國沒有「西化」，仍然是一個半封建半殖民地國家。本世紀二十年代末期，中國共產黨領導廣大人民開闢一條爭取國家獨立、民族解放的新道路。這時胡適等人出來，鼓吹「全盤西化」。

他們抹煞中華民族的長處，拜倒在西方資產階級的脚下，要求人們「大澈大悟地承認我們自己百不如人」，從而「死心塌地的去學人家」，卽全盤學習西方㉝。胡適鄭重申明：「我主張全盤西化，一心一意地走上世界化的路。」㉞陳序經贊成胡適的見解，斷言「全盤西化，中國才有出路」㉟。張佛泉更强調說：「我們四萬萬人如想繼續在這個世上生存，便非西化不可，而欲求西化，則只有從根本上西化才足以生效」㊱。他們提出的問題是關於中國的根本出路問題。中國的根本出路是什麼？是在維護帝國主義、封建主義、官僚資本主義統治的基礎上搞所謂「全盤西化」？還是按照歷史的客觀進程所規定的發展方向，第一步推翻帝國主義、封建主義、官僚資本主義的統治，將半封建、半殖民地轉變爲新民主主義，並以此爲基礎實行第二步，由新民主主義轉變爲社會主義？這實際上是當時中國人民面臨的兩種方針、兩條道路、兩種前途的尖銳鬥爭。「全盤西化」論者反對中國按照歷史的客觀進程所規定的發展方向前進，企圖在「全盤西化」的幌子下使中國繼續保持半封建半殖民地的地位。他們一味渲染中國貧窮落後，「百不如人」，却掩蓋造成中國貧窮落後的根本原因，卽帝國主義、封建主義、官僚資本主義的統治。正因爲這樣，早期的「西化」論是同二十年代末期開始的「全盤西化」論不同的。如果說前者因具有反封建主義的內容而不失爲一種進步思想，那麼後者則因維護帝國主義、封建主義、官僚資本主義的統治而站到了進步潮流的對立面。全盤西化，就是要中國資本主義化，走資本主義道路。毛澤東早在四十年代就明確指出，國際國內的環境都不容許中國走這條道路。首先是帝國主義不允許。「帝國主義侵略中國，反對中國獨立，反對中國發展資本主義的歷史，就是中國的近代史」，帝國主義「一定要把中國變爲殖民地，它就斷絕了中國建立資產階級專政和發展民族資本主義的路。」㊲事實證明，這個論斷是正確的。「全盤西化」作爲一種文化模式，主張全部地不加選擇地接受西方文化，不像「五四」文化模式那樣以科學性爲標準對西方文化進行選擇，因此，它作爲文化模式是不科學的，沒有脫離盲目性，容易形成被動的心態（即所謂「被西化」或「被現代化」）。

無論「中體西用」，還是「全盤西化」，都不代表對外開放的正確方向。前者是按照封建主義的方向來看待西學和對外開放的，後者則是按照資產階級的方向來看待西學和對外開放的。這兩種文化模式的共同特點在於從「體」與「用」的對立上來觀察與處理文化問題。「中體西用」論自不必說，就是「全盤西化」論，也是以「體」和「用」作爲框架，特別是以西方的政治經濟制度和文化思想作爲本體來規範文化的。就對外開放而言，這兩種文化模式都存在明顯的缺陷。「中體西用」論認爲開放與引進只能限於「用」即所謂「器數之學」，至於「體」即根本制度與思想則完全不在開放與引進之列。因此，這種文化模式並沒有從根本上突破閉關鎖國的思想藩籬，談不上是眞正的開放。「全盤西化」論否定開放的主體精神，把開放等同於簡單地照搬外國。「五四」文化模式超越了前兩種文化模式。它否定了文化上的「體」與「用」，高揚民主精神和科學精神，爲建設民族的、科學的、人民大衆的文化開闢了可能性。

世界上沒有永恒的、固定不變的模式。任何文化模式也是如此。與「中體西用」、「全盤西化」的文化模式相比，「五四」文化模式具有明顯的優越性和合理性。但是，它所體現的只是當時的民主主義觀點，還不是社會主義觀點。就整個中國文化的發展而言，它是中國現代文化的一個起點。從這一點上，既表現了它的巨大意義和歷史作用，又表現了它的侷限性。

註釋：

①陳獨秀：〈〔新青年〕罪案之答辯書〉，《獨秀文存》卷一。
②陳獨秀：〈憲法與孔教〉，《獨秀文存》卷一。
③陳獨秀：〈吾人最後之覺悟〉，《獨秀文存》卷一。
④陳獨秀：〈敬告青年〉，《獨秀文存》卷一。
⑤《李大釗選集》第一〇九、一一八、一一六頁。
⑥同註⑤。
⑦同註④。
⑧同註④。
⑨洪仁玕：《資政新編．法法類》。
⑩陳獨秀：〈山東問題與國民覺悟〉，《獨秀文存》卷一。
⑪陳獨秀：〈抵抗力〉，《獨秀文存》卷一。
⑫〈學術與國粹〉，《獨秀文存》卷二。
⑬蔡元培：〈「北京大學月刊」發刊詞〉，《蔡元培全集》第三卷，第二一一頁。
⑭蔡元培：〈文明之消化〉，同上書第二卷，第四六七～四六八頁。
⑮蔡元培：〈在清華學校高等科演說詞〉。同上書第三卷，第二八頁。
⑯陳獨秀：〈新教育是什麼〉，《獨秀文存》卷一。
⑰陳獨秀：〈孔教研究〉，《獨秀文存》卷一。
⑱〈康南海致北京政府書〉，《時報》一九一六年九月二十日。
⑲同註⑯。

⑳ 陳獨秀：〈調和論與舊道德〉，《獨秀文存》卷二。
㉑ 陳獨秀：〈近代西洋教育〉，《獨秀文存》卷一。
㉒ 同註⑯。
㉓ 同註⑯。
㉔ 梁啓超：〈西學書目表〉，《戊戌變法》第一册，第四四八頁。
㉕ 梁啓超：〈新民說〉。
㉖ 陳熾：〈議院〉，《庸書》外編，卷下。
㉗ 馮桂芬：《採西學議》，《抗郃廬抗議》。
㉘ 薛福成：《籌洋芻議・變法》。
㉙ 熊十力：《新唯識論》，第六七九頁。
㉚ 梁漱溟：《東西文化及其哲學》第一九九頁。
㉛ 同註㉚。
㉜ 樊椎：〈開誠篇三〉，《樊椎集》，中華書局一九八四年版，第一一～一二頁。
㉝ 胡適：〈請大家照照鏡子〉，《胡適文存》三集卷一。
㉞ 胡適：《中國今日的文化衝突》。
㉟ 陳序經：《中國文化的出路》（中）。
㊱ 《西化問題批判》一九三五年四月一日。
㊲ 《毛澤東選集》（合訂本）第六七三頁。

從宏觀考察五四運動

北京師範大學　周桂鈿

今年是五四運動七十周年。如何評價五四運動，海內外學者已經發表過許多見解。我以爲，鳥瞰三千年中華思想發展史，五四運動在思想史上的地位就可以大體確定。

一、中華思想分合史

縱觀三千年中華思想發展史，是一個分分合合的歷程。從萬物有靈論到多神論，又從多神論到一神論。商朝的「上帝」和周朝的「天命」都是這種一神論。我們把它稱作「天命論」。就像「埃斯庫羅斯、索福克勒斯和柏拉圖就從先前的粗糙的多神教中創造出一個單一的、至高無上的、正義的宙斯來」①那樣，中國古代也創造出一個單一的、至高無上的、正義的神——「天」來。從思維發展來看，從原始部落的圖騰到天命論的觀念產生，認爲自然界和人類社會都由一個「天」來主宰，第一次探討了宇宙統一性的問題。這在人類思維發展史上是有重大意義的②。天命論是對遠古時代的思想的一次大融合。周公旦對這次思想融合起了關鍵作用，因此，孔子極力推崇周文化，做夢都想見到周公。清代史學家章學誠明確地說：「集大成者乃周公」③。

西周後期政治衰敗，東遷以後出現一批卓越的思想家，對天命論進行衝擊。孔子好古敏求，博學多能，身通六藝，整理五經，吸收前人的優秀思想，融會貫通，形成新的思想體系——儒學。他雖說「述而不作」④，實際上他綜合前人思想而組成新體系本身就是更加偉大的創作。孟子說他是「集大成」⑤者，陸隴其認爲「孔子集列聖之大成」⑥。總之，孔子是第二個集大成者，他把前人優秀思想融合成儒學。

孔子完成了「合」的工作，他的後學就開始「分」。儒家中分出墨家，然後，「儒分爲八，墨離爲三」⑦。在思想海洋中又冒出了諸子百家，形成了戰國時代的百家爭鳴的局面。墨家的《非樂》、《非命》、《非儒》等都是反對儒家的。道家反對儒家的禮，說禮是「忠信之薄而亂之首」⑧。儒家孟子辟楊、墨，捍衛儒學。荀子則「非十二子」，批判了除孔子、子弓一派儒家之外的各家學說，包括子思、孟子一派儒家。法家則把其他各家稱爲「六虱」、「五蠹」，主張「燔詩書而明法令」⑨。他們自是而相非，都想用自己的學說統一天下的思想。長期爭鳴，無法達到思想的統一。

秦始皇剷平六國，統一天下。用法家思想强行統一天下的思想，「以法爲教」，「以吏爲師」，並用行政手段粗暴地禁止諸子百家，頒布燒百家書及「偶語《詩》、《書》者棄市，以古非今者族」的法令。不久，秦滅亡了，法家一統天下的局面頃刻瓦解。西漢思想家總結秦亡教訓，認識到各家思想都有某些合理性，都是不可缺少的。這就形成了思想融合的趨勢。董仲舒以儒家思想爲基礎融合各家思想，形成漢代新儒學，卽經學思想體系。這是中國思想的第三次大融合。董仲舒因此成了「儒家的功臣」（蔡尚思語）。當時被推爲「爲群儒首」（〈漢書・董仲舒傳〉引劉歆語）。東漢王充說：「孔子之文在仲舒」⑩，把董仲舒看作孔子的正宗繼承者。朱熹稱董仲舒爲三代以下的「醇儒」。近代康有爲則認爲董仲舒「得孔子大敎之本」，「爲傳道之宗」⑪。

新儒學即經學占統治地位以後，各家之間的矛盾鬥爭變成儒家內部的矛盾鬥爭。經學的僵化、繁瑣也日益嚴重。合久必分成了不可避免的趨勢。道家、道教的興起，佛教的傳入，促進了經學僵化局面的崩潰。於是，東漢後期到魏晉時代，思想界一度極端活躍。以後，儒、釋、道三家進行長期的三角鬥爭，直到隋唐時代。

分久必合。三教鼎立了幾百年以後，產生了三教即同的說法。到了北宋，三教開始融合。南宋朱熹以儒學爲基礎，吸收了佛、道的思想，形成了理學。蔡尚思說理學「佛是骨，道是肉，儒是皮」⑫，這從儒、釋、道融合成理學的意義上說是對的。朱熹也是中國宋代思想集大成者。康有爲把董仲舒和朱熹並列稱爲兩代「教主」即「宗師」。朱熹的思想統治了元明清幾百年歷史，成爲封建制度後期影響最大的學說。

綜上所述，中國思想是在分分合合的過程中發展的。最大的綜合有四次，代表人物是周公、孔子、董仲舒、朱熹。中華民族精神主體儒學就是在分分合合中形成發展的，經歷了儒學、經學、理學的不同階段。至於思想分合的功過問題，必須加以具體分析。

二、思想分合的分析

從中國古代來看，思想發展的總趨勢是：分久必合，合久必分。分與合都是思想發展過程中的必要環節，都是不可或缺的。沒有分，就不活躍、不深刻；沒有合，就不統一、難發展。對於中國來說，沒有分，就沒有中華民族豐富多采的燦爛文化；沒有合，也就沒有中華民族統一的文化傳統。因此，分是進步的，合也是進步的。

分是百家爭鳴。百家經過爭鳴的洗禮，發揚優點，克服缺點，競相發展，爲在新基礎上的合打下基礎。世界上既沒有絕對正確的理論，也沒有絕對謬誤的學說。因此，各種學說的爭鳴不應以消滅論敵爲目的，而應以探索眞理爲崇高宗旨。分是多元化，分才能豐富多采。只有在分立競爭中才有思想的健康發展。目的在於追求眞理，各學派在歷史的篩選中逐漸向眞理靠攏。這就決定了思想界的分久必合。

合是博採衆家之長，經過消化改造，融合成新的思想體系。合就是融合各家優秀成果，發展思想。開放型的思想體系才有可能獲得大發展。周公、孔子、董仲舒、朱熹的思想都是「正統」的，但都不是「純粹」的。董仲舒「始推陰陽，爲儒者宗」⑬，把陰陽學說摻入儒學。宋儒是「集漢晉釋道之大成者」⑭。理學是「禪宗、道家、道教、儒教的混合產品」⑮融合才有發展。漢儒（主要是古文經學家）不知融合意，企圖恢復舊儒眞面目，皓首窮經，搞章句之學，結果費盡心力，無益於學，無助於治，無補於世，終爲歷史所淘汰。那些追求、捍衞儒學的「純潔」的衞道士們終於成爲迂儒、儒學的教條主義者、僵化的說教者和繁瑣垃圾，被歷史成堆成堆地拋棄掉。所謂「純粹」儒學、「眞正」儒家，都是走入死胡同的封閉型的儒學派別。名留青史的多是「不守章句」的開放型儒家。

被稱爲「正學」、「醇儒」的明代薛瑄是典型的僵化儒家。他說：「自考亭（指朱熹）以還，斯道已大明，無煩著作，直須躬行耳。」⑯又說：「濂洛關閩之學，一日不可不讀。周程張朱之道，一日不可不尊。捨此而他學，則非矣。」⑰薛瑄認爲，有了周敦頤的濂學、程顥、程頤的洛學、張載的關學、朱熹的閩學，天下大道理全都明白了，只要天天讀，照着辦，就可以了。再讀別人的書就是錯誤的，自己再寫什麼書就是多餘的。總之，到朱熹爲止，已經窮盡眞理了。明代總校《永樂大典》的翰林院學士瞿景淳也是薛瑄一類的封閉型學者。他在《天文雜辯》中說：「然則學者果何以折群疑乎？本之《繫辭》，以窮其原；合之《太極圖》，以盡其蘊；參之《經世》，以極其變；考之《正蒙》，以知其化；終之晦翁語，以會其全，則造化之意、言、象、數，皆在我矣，而奚必旁搜（博採），以玩物喪志哉！」⑱就是說，只要讀了《周易・繫辭傳》、周敦頤的《太極圖》、邵雍的《皇極經世》和張載的《正蒙》，再用朱熹（號晦翁）的說法來融會貫通，那麼宇宙間的一切知識就全有了。再看別的書，不僅是多餘的，而且是有害的，會玩物喪志的。瞿景淳認爲，到朱熹爲止，已經窮盡宇宙的一切眞理。從此可見，儒學的第三階段（理學）到明朝已經明顯地僵化了。僵化的思想體系必須打破。這是合久必分。

在思想分立爭鳴中，人們追求統一正確的結論。這是分久必合的思想基礎。廣泛吸收優秀思想，融爲一體。這是思想統一即合的本質。龐大的思想體系是由衆多因素所組成。由於各種原因，各種思想因素都可能向不同的方向發展成新的派別。這是合久必分的內在因素。社會政治的變遷，科學技術的發展，外來思想的影響，都是思想合久必分的外部條件。合久必分，分久必合，是思想發展本身的規律。如何分合，何時分合，都受外部條件的嚴重影響。分也進步，合也進步，該分則分，該合則合。這就是研究三千年中國古代思想史的一個結論。

分與合本無高低之分，都是思想發展的必要環節。董仲舒提出思想要統一於孔子儒學以後，大一統的思潮成了中華民族思想的主流。堅持統一，反對分裂，成了民衆的普遍心理。秦始皇統一中國在這種思想下成了極大功勞。大一統深入人心，成爲傳統的思維方式。這種思維方式就是求同心理，就是費爾巴哈在《黑格爾哲學批判》中說的「東方人因爲統一而忘掉差別」的那種「同一哲學」。在「同一哲學」僵化以後，許多有識之士就要打破僵化的體系追求思想多元化。他們歌頌戰國時代的百家爭鳴，把那種平等自由的爭鳴稱爲學術界的第一個春天，黃金時代。把魏晉時代玄學盛行的思潮稱爲

「思想大解放」。當合久必分的時候，全盤否定「大一統」，雖然也是片面的，却對打破僵局，促進向多元化發展有好的作用。同樣，當分久必合的時候，全面反對「多元化」也有進步意義，因爲它們在客觀上都爲思想發展作出了貢獻。

三、五四運動在思想史上的地位

根據以上觀點，我們來具體分析一下五四運動在思想史上的地位。

上面已經提到，明代理學已經僵化，像薛瑄和瞿景淳那樣大學者也都不敢越雷池半步，緊緊地束縛在理學的框架中。這是到了合久必分的時候。李贄提出不以孔子的是非爲是非，認爲儒家也不過是六家中的一家，不能逼別人信仰。他雖然也尊崇孔子，但絕不盲從迷信，强調自立，認爲「天生一人，自有一人之用，不待取給於孔子而後足」⑲，有個性獨立的思想。李贄這種個性獨立的思想就是對已經僵化了的理學體系的猛烈衝擊。在多數人還熱衷迷信理學的時候，像李贄這樣具有遠見卓識的清醒理論家感到很孤立。他雖然有理論的堅定信念，「堂堂之陣，正正之旗，日與世交戰而不敗者，正兵在我故也」⑳，却把自己抨擊近世學者的論文集稱爲「焚書」，卽「當焚而棄之，不可留也」㉑。可見，當時理學處於極盛時期，有獨立個性的思想家還在孤軍奮戰。以後的思想家繼續批判理學體系，如顏元倡務實，反對理學之空泛。戴震則批判宋儒離欲言理、以理殺人，認爲理在欲中。還有魏源、龔自珍、譚嗣同等等。由於這些學者的理論批判，理學體系逐漸解體，也日益失去權威性。

明朝中期以後，西方傳教士利瑪竇等人到中國傳布天主教，同時帶來了西方近代科學。由於這些外來思想的刺激，理學體系更加速了崩潰。應該提到的是，太平天國的洪秀全居然編造上帝懲治孔丘的故事，以天主教反對理學。這是跟西方傳教士的傳教分不開的。

康有爲的維新派的積極活動給封建帝制投下了陰影。章太炎、孫中山倡導資產階級革命，直接把矛頭對準封建帝制。經過長期不懈的努力，革命黨人終於發動了辛亥革命，推翻了封建帝制，建立了中華民國。政權的形式雖然改變了，而封建帝制的思想還沒有從人們的觀念中清除掉。皇帝的權威雖然已經貶值，而精神權威的孔聖人還是人民崇拜的對象。因此，在政權革命以後，還要進行一場思想文化的大革命。這場革命就在辛亥革命幾年之後的一九一九年爆發了。這就是五四運動。

毛澤東認爲，五四運動是反帝反封建的文化革新運動。同時認爲它有形式主義的錯誤。毛澤東在《反對黨八股》中說：「那時的許多領導人物，還沒有馬克思主義的批判精神，他們使用的方法，一般地還是資產階級的方法，卽形式主義的方法。他們反對舊八股、舊教條，主張科學和民主，是很對的。但是他們對於現狀，對於歷史，對於外國事物，沒有歷史唯物主義的批判精神，所謂壞就是絕對的壞，一切皆壞；所謂好就是絕對的好，一切皆好。這種形式主義地看問題的方法，就影響了後來這個運動的發展。」毛澤東這裏說的「形式主義」，與《矛盾論》中說的「形而上學」是一樣的，指絕對的、片面的、孤立的、靜止的觀點。這主要指五四運動中的領導人物如陳獨秀、胡適、魯迅等人的全盤性反傳統的觀點。「所謂壞就是絕對的壞，一切皆壞。」這就是五四運動的領導人物當時對中國傳統文化的看法，對孔子儒學的看法。

陳獨秀從一九一六年十一月開始在《新青年》上發表一系列批判孔子儒學的文章。他主張引進西洋式的新國家、新社會、新信仰，與這「三新」「不可相容之孔教，不可不有徹底之覺悟，猛勇之決心」㉒。所謂「徹底之覺悟」，就是徹底拋棄。他在一九一七年三月一日的《新青年》上發表〈答佩劍青年〉中說：「倘以舊有之孔教爲是，則不得不以新輸入之歐化爲非。新舊之間絕無調合兩全之餘地。吾人只得任取其一。」孔子學說與西方文化絕對對立，二者只能任取其一。陳獨秀要取西方文化，當然就要全盤否定孔子學說，全面抛棄中國傳統。

胡適和陳序經是公開鼓吹「全盤西化」的。「全盤西化」的同時就是全面否定中國傳統文化。

魯迅反對中國傳統文化也帶有全盤性。他在《狂人日記》中說中國整個歷史「滿本都寫着兩個字是『吃人』」。又說：「所謂中國者，其實不過是安排這人肉的筵宴的厨房。」中國歷史就是「人吃人現象」㉓。人吃人的傳統當然應該全盤抛棄。同時他主張對西方文化採取「拿來主義」，先照搬過來再說。這種對待中西文化的態度可以說也屬於毛澤東所說的「形式主義」。

現在，我們可以說陳獨秀等人對待中國傳統的觀點是偏激的、片面的。如果我們從思想發展規律來看，這些過激的觀點則是必要的、有歷史意義的。

上面已經提到，程朱理學到明朝就已僵化。到清朝，統治者對理學的加固和新思潮對理學的衝擊，同時發展，嚴重對立，尖銳矛盾，激烈鬥爭。在這種殊死搏殺的時候，激進的知識份子如果不提出過激的口號，就不能震撼人心，就不能打破千百年來形成的牢固的思想文化專制，就不能破除人們對聖人經書的崇拜迷信。如果不能打破思想文化專制，那麼思想就不能活躍，學術就不能自由，文化也就不能發展。總之，過激口號是時代的需要，是危急關頭的吶喊。人在危急的時刻會吶喊呼救，這種呼救的聲音與平時不一樣，變調了，而且非常急促。爲什麼呢？情不自禁。在民族危急的時候，首先覺悟的知識份子喊出過激的口號，完全是情理中的事。

吳虞打倒孔家店，胡適稱他爲「老英雄」（《吳虞文錄》序）。這一時期反對獨尊儒術，提倡諸子平等，同時倡導自由討論的學術空氣，不崇拜偶像的權威，不迷信聖人的經典。陳獨秀提出：「吾人信仰，當以眞實的合理的爲標準。」㉔不合理的信仰都要破除。魯迅則用雜文的筆調諷刺那些因循守舊的人，「只要從來如此，便是寶貝。卽使無名腫毒，倘若生在中國人身上，也便『紅腫之處，艷若桃花；潰爛之時，美如乳酪。』國粹所在，妙不可言」㉕。

在批判孔子儒學的同時，有的激進的知識份子對中國古代的文學、史學以及文言文也都加以否定。他們反對文言文，提倡白話文，反對精英文學，認民俗文學爲正宗。他們認爲史書寫的「不是大民賊的家譜，就是小民賊殺人放火的賬簿——如所謂『平定什麼方略』之類」㉖，「中國的歷史沒有一部是描寫人民的歷史，沒有一部是寫眞社會的歷史」㉗。激進的知識份子要在文化的各個方面衝決羅網、破舊立新。從漢武帝獨尊儒術以後，中國思想都以孔子儒學作爲統一的中心。因此，吳虞的「打倒孔家店」是這一時期反對思想大一統的最有代表性的口號。

五四運動對中國文化傳統衝擊以後，徹底打破思想大一統，出現了思想多元化的局面。當時蔡元培主持北京大學，主張「循『思想自由』原則，取兼容並包主義」，克服「數千年學術專制之積習」㉘，在校園裏開拓了自由討論的新局面。一些親歷者回憶當時的情形說：「有人在燈下把鼻子貼在《文選》上看李善的小字注，同時就有人在窗外高歌拜倫的詩；在屋子的一角上，有人搖頭晃腦、抑揚頓挫地唸着桐城派古文，在另一角上是幾個人在討論着娜拉走出『傀儡之家』以後，她的生活怎麼辦？」在課室裏，「有馬克思，也有克魯泡特金；有易卜生，也有斯特林堡；有莎士比亞、王爾德、莫泊桑、梅特林克……也有但丁、席勒、托爾斯泰、高爾基……」。以《新青年》爲旗幟，刊物的創辦如雨後春笋，像《新潮》、《每周評論》、《新生活》、《少年中國》等都有很大的吸引力。各種各樣的文化團體也紛紛出現，如馬客士主義研究會、新聞研究會、平民教育講演團、書法研究社、畫法研究社等等。在那個時候，馬克思主義、無政府主義、實驗主義、國家主義、國粹主義等等，各種思潮、各種學說、各種派別，都在表現自己，都在宣稱自己的合理性和正確性。新舊中西，眞善美醜，香花和莠草，眞理和謬誤，都在競存，都在爭取陣地。在這種思想解放的潮流中，在自由討論的空氣中，引起人們不斷地思考、追求和探索。龔書鋒先生認爲：「『五四』新文化運動不論在內容上和規模上都遠遠超過歷史上的文化運動，包括春秋戰國時期的百家爭鳴的『黃金時代』㉙。

我們從五四運動前後文化界情況來看，思想從大一統走向多元化所產生的解放作用是極爲顯著的。我國現代出現的一大批革命家、政治活動家、思想家、科學家、教育家、文學家、藝術家都是在五四運動所開拓的思想多元化的環境中培育出來的。從思想發展上說，五四運動的意義就在於打破思想大一統，孕育一大批傑出人才則是其主要的積極成果。在這個運動中出現的絕對化、片面性、過激言論，既是必然的，也是必要的，不可厚非，也不難改正。

註釋：

① 丹皮爾（英）《科學史及其與哲學和宗教的關係》，商務印書館一九七五年漢文本，第四六頁。

② 詳細論證，見拙文《天命論產生的進步意義》，《北京師範大學學報》（文科版），一九八六年第五期，第五六頁。

③《文史通義・原道篇》。

④《論語・述而篇》。

⑤《孟子・萬章下》。

⑥《松陽抄存下》。

⑦《韓非子·顯學》。
⑧《老子》三八章。
⑨《商君書》。
⑩《論衡·超奇》。
⑪《春秋董氏學》卷七〈傳經表〉。
⑫《中國傳統思想總批判》（增訂本），棠棣出版社，一九五三年四月。
⑬《漢書·五行志》。
⑭顏元：《上太倉陸桴亭先生書》。
⑮胡適：《幾個反理學的思想家》。
⑯《明史·儒林傳一》。
⑰《讀書續餘》。
⑱《廣古今議論參》卷一。
⑲《答耿中丞》。
⑳《與周友山》。
㉑《焚書·自序》。
㉒《憲法與孔教》。
㉓《墳·燈下漫筆》。
㉔《新青年》第五卷，第二號。
㉕《魯迅全集》第一卷，第三九四頁。

㉖《新青年》第四卷，第四號。

㉗《新青年》第五卷，第六號。

㉘《蔡元培選集》第七九、六七頁。

㉙參見龔書鋒《中國近代文化探索》，北京師範大學出版社一九八八年版，第一八一～一八二頁。

文化發展中的連續與變革

北京大學　陳　來

新與舊：傳統與現代

五四時期，《新青年》派與《東方雜誌》和其他文化保守主義者之間有過多次論爭。然而，論爭的焦點並不在要不要引進西方文化，也不在要不要科學和民主，而是集中在究竟如何對待自己的民族文化傳統。這是十分發人深省的。就是說，儘管這種爭端在世界文化的近代變遷中具有普遍性，然而，如果新青年派們在高呼科學與民主的時候，不是全盤否定幾千年來對人類文明有過重大貢獻的古典中國文化，新文化運動的反對者可能會少得多，也會免去許多糾纏不清的爭論，這在今天仍然是一個值得引以爲戒的教訓。

陳獨秀們的打倒孔家店雖然可以上溯到辛亥革命前的反孔言論，而其直接原因是袁、張復辟的同時提倡尊孔。因此陳獨秀、李大釗都無形中認定孔子思想與共和是勢同水火的不相容的兩極，從而五四前後打倒孔子的批判思想，其根本目的也在君權與共和的問題上。期望以孔子偶像和權威的塌倒開始，徹底肅清君權意識，保障共和體制的發展。由此也可以了解，陳獨秀提倡的「倫理革命」，其主要着眼之點在政治倫理領域，陳獨秀在質問《東方雜誌》對功利主義的批評時也是以《東方雜誌》的言論不利於共和爲理由。辛亥革命以後，革命派最關心的是維護共和，反對君主政體必先反對孔子的政治倫理，成為革命派的共識。

陳獨秀這種從强烈的政治意識出發去對待思想文化的結果必然是片面的，儒家作為一種倫理哲學體系，產生在君主政治的時代，必然在其體系內容納有尊君的內容，其他倫理——宗教體系也難免，比如基督教。但儒家的政治倫理的複雜內涵遠不是什麼「君為臣綱」所能包容或概括的，更何況儒家倫理並非僅僅是政治倫理，當然更非僅僅是尊君倫理。事實上政治倫理在以「為己之學」為標誌的儒學內部遠不占主要地位。儒學包容了個人道德自我修養到一般人與人之間普遍性倫理關係乃至對人的生存意義所作的深度思考。由於陳獨秀這種「以偏概全」的態度，由一句「三綱五常」便引申到否定全部孔子思想、否定整個儒學傳統，及否定整個中國傳統文化。認定「要擁護那德先生，便不得不反對孔教、禮法、貞節、舊倫理、舊政治」，「要擁護那賽先生便不得不反對舊藝術、舊宗教」①。在把傳統、現代截然兩分方面更極端的是廢除漢字的主張，主張者當年雖然理直氣壯，却已被歷史特別是東亞漢字文化圈的現代化過程徹底否定。就儒家來說，君權並非孔子亦非儒家所以為儒家的核心價值，對適宜舊的君主制度的政治倫理以及對政治化、制度化的「孔教」「偽儒」的健康批判不應簡單地擴展為對儒家全部價值的否定，正如對中古政治化的基督教會的批判並不表示基督教所有價值都應抹殺。傳統的價值系統經過創造轉化繼續成為現代人生存的不可或缺的部分，這從基督教、佛教、伊斯蘭教乃至印度教都可以得到證明。近人論傳統的積極意義時喜歡舉出韋伯的新教倫理促進資本主義發展的理論，事實上，對於傳統對現代的意義而言，最有意義的並不是韋伯的新教倫理促進資本主義發生的理論，而是基督教包括韋伯批評的與儒教相似的天主教作為西方人的價值來源，在經歷了早期現代之後，始終保持其連續性②。且不說孔子、孟子根本沒有提到三綱五常，就以「三綱五常」而言，通過當代哲學的重新闡釋，也被臺灣的自由主義民主派確認為可以接合近代倫理精神③，相比之下，陳獨秀為了反擊權勢軍閥的復辟，將傳統倫理、藝術、宗教一筆抹煞，顯然犯了以偏概全的錯誤，也完全忽略了傳統精神資源由創造的闡釋轉化為現代文化的能力。

五四時期爭論的「新——舊」問題在某些方面就是今天「傳統——現代」的問題，陳獨秀是一個卓越的革命鼓吹家，他關於民主、法治、科學、民權、平等、個性解放的熱烈呼喚確實起了歷史催化劑的作用。但他把東西、新舊看成水火不容的兩極，充滿了「革命」的形而上學。如他說「一方面提倡西洋實驗的醫學，一方面又相信三焦、丹田、靜坐、運氣的衞生，我國民的精神顛倒錯亂怎樣到了這個地步！」④這些把中醫及氣功與西醫視為全然對立的說法在今天已是衆所周知的錯誤，而陳獨秀當時是怎樣的理直氣壯呵！

在五四「新舊」爭論中，急進主義者認為新與舊完全對立，要建立新文化，必須徹底鏟除舊文化。從時空來說，他們說的新舊就是現代與傳統、西方與中國。保守主義則認為新舊並非截然對立，而是可以融合。章行嚴說：「新時代云者，決非無中生有、天外飛來之物，而為世世相承連綿不斷」。與急進派要求文化變革不同，文化保守主義者更注重傳統的連續，以致往往不能區分政治文化的劇烈變革與人文傳統的綿延連續。因而章氏的「世世相承連綿不斷」在政治上是變革派不能接受的，然而在文化上又是合理的。如他認為「舊之云者，確非悉可摒棄之物」，認為傳統的連續很重要，傳統並非都與現代對立而應被拋棄，他還指出：「今之社會道德，舊者破壞，新者未立，頗顯青黃不接之觀，而在此歐戰期後為尤甚，人心世道之憂，莫切於此」，他斷言「歐洲之所應為，一面開新，一面復舊，物質上開新，道德上復舊」⑤。

五四前後在新舊是否應調和的問題上，陳獨秀堅持「捨舊維新」，汪叔潛也認定「新是是，舊是非」，認為文化演進及社會倫理方面都是新舊「如冰炭不能相容」⑥，是因為當時的新舊問題，不單純是一個文化問題，也有新舊政治制度、新舊「法子」之爭。由於新舊討論一方面是政治的，一方面是文化——道德的，新舊之爭在這兩方面的意義不同。因而把政治問題與文化問題混在一起，籠統地用「新舊」相爭，就難免把主張者的特殊立場理解爲另一種立場，如把文化上主張連續性的主張理解爲一種政治立場。在政治上民主共和制度與君主制度可以說相當對立，但傳統社會與近代社會的倫理道德則既有不同之點，又有不少相同或連續的地方。這樣一種因使用寬泛的範疇以表達某一特殊立場從而使討論流於某種混亂不清的現象，在近年關於「體用」之爭中仍有表現。

道德價值領域是新舊爭論中一個集中的領域，五四前後的文化保守主義者反對在倫理方面與傳統的斷裂一方面是出於對價值理性的關懷，同時也有其現實生活的要求。辛亥革命雖然成功，但民初政府對社會的秩序解體、普遍紛亂、腐化墮落毫無所爲，文化保守主義者對這種道德眞空和社會倫理危機難以容忍。章行嚴說：「如前清政治號稱腐敗，不腐敗亦不致召革命。然今日政治腐敗之程度，遠甚於前清。如前清官僚雖不事事而尚知耻，不敢大貪贓，與今之官僚妄事事而不知耻、貪贓無厭、贓款動輒數百萬者，適得其反。」⑦因此章氏一方面批評中國傳統倫理有抹煞公民權利、立境過高之弊，同時指出如爲官不可貪的規範等對新舊社會具有普遍的效力，因而他認爲：「道德有宜於古時者，有宜於今時者，吾人固不可以其宜於古時因執成見亦斷其宜於今時；亦不可以其不宜於今時，遂並其所含宜於古今時之通性而亦拋之。道德有宜於西洋者，有宜於吾國者，吾人固不可以其宜於西洋，因深閉固拒、以爲必不宜於吾國；亦不可以其宜於西洋，因偏於歐化，以爲必可行於吾國，亦斟酌調和之可耳。」⑧人類自文明時代以來卽形成一些超越特殊歷史時代的普遍性倫理原則，構成了各民族傳統的基本倫理內涵，陳獨秀斷言新舊不可調和，這如果特指政治倫理是可以理解的，然而他自己所鼓吹的相愛、互助、同情心、利他心、公共心何嘗不是包括儒家倫理在內的世界各大精神傳統的基本原則！陳獨秀因注重中國傳統中的政治倫理（忠）與家族倫理（孝）以及性道德（貞節）與舊體制聯繫的一面而全面否定傳統道德，但是，不僅忠、孝、節並非傳統道德觀念的全部，何況半個世紀以來工業東亞現代化的經驗表明，「忠」可以轉化爲適宜工業社會的某種工作倫理或一般人際倫理，而「孝」除去愚孝和絕對的一面，就其內容而言，仍然是現代人需要的一個規範。這在社會主義的大陸或資本主義的臺灣都是客觀的事實。

朱調孫在章士釗之後也在《東方雜誌》發表文章說：「今之新思想急進派者，目睹舊社會日趨於衰落境況，急思抉掖國人同登福利之域。但以其愛國心殷，改良情摯，故言論偏躁之弊往往不免，甚者至謂舊的思想皆應鏟除淨盡、無復孑遺，古的事物今日皆無價值，古時偉人今日皆等草芥，蓋其時間性已過，絕對不承認新舊思想有調和之餘地也。」⑨他認爲對過去的一切應當具體進行分析，「舊思想有因昔日制度今已完全毀滅而無價值者，如民主國國君已廢，昔日忠君思想絕對無存在餘地。至於修身律己方面，新舊思想多有相同之處」⑩。

傳統作爲文化是多層次的，有學者把文化分爲工藝技術、制度、價值系統三個基本層次。價值系統的核心當然是道德價值、審美價值，和宗教價值。如果把價值系統以外的其他文化層次也看作人的主體價值的對象化，那麼也可以說，從生活方式、禮節風俗、科學技術、政治制度，人文科學到道德、審美、宗教構成了一個由低向高、由外向內的價值序列或價值結構。在社會文化演進的過程中，越是外在的價值表現形式，如衣食住行等生活方式，迎送揖讓的禮儀習俗乃至政治結構和制度，都可以發生劇烈的改變，從馬克思的觀點來看是很自然的，因爲這些文化形式及其價值是受生產方式與交換方式變化的影響而變化的，而內在價值如道德、審美、宗教與經濟基礎爲主要內容的社會存在沒有直接關聯性。而從存在主義的立場上看，這些都是關涉到人類或個人作爲此在的基本的「生存」價值，因而具有普遍性與連續性，人對生死、善惡、美醜，個人與社會的價值信念具有超越具體歷史時代的特性。文化價值系列中，越是外在的價值越容易隨時改變，而越是內在的價值越具有超越時代的意義。在這樣的立場上理解的傳統在歷史的發展中必然是連續與變革的對立統一。

文化決定論與實業決定論

五四時期急進民主主義者的另一偏失是歷史唯心論傾向，即脫離了社會結構和社會關係的變革，單純地强調人的倫理革命和社會的思想文化革命，表現出「從思想文化上解決問題」⑪的歷史方法論。如陳獨秀「最後的覺悟」的提法，把文化問題當作中國現代化問題的關鍵，自覺不自覺地誇大了倫理革命的獨立的意義。梁漱溟當時指出「於是大家都以爲現在最要緊的是思想之改革——文化運動——不是政治的問題。」⑫其實，五四時代個性解放、特別是女子解放的問題所以產生如此巨大的反響與結果，不僅僅在於觀念啓蒙的力量比辛亥以前更徹底，更重要的是中國社會已經變化，已經有了可以接受新觀念的社會基礎。如果不是同治以來興學校、廢科舉、辦實業、行共和，造就了一大批近代意義的大學教授、記者、編輯及男女知識青年，如果中國婦女仍然生活在十八世紀以前的舊社會結構中，女子解放的呼聲是不可能獲得如此巨大的社會反響的。剪髮、同校、出走、自由戀愛，哪件不是發生在新型知識青年身上。今天，不在大鍋飯的舊經濟結構中而到孔子思想中去挖掘「不求進取」的根源，或把「人的現代化」當作社會現代化的前提，忽視「環境的改變與人的自我改變的一致」（馬克思），是難免重蹈五四先行者的舊路的。

站在今天的立場上，梁啓超、張東蓀等文化保守主義者當時的社會主張不應再被簡單地視爲「反動」的了。梁啓超贊成社會主義精神，又認爲當時須大力發展資本主義⑬，這雖然與列寧主義理解的社會主義的模式不同，但在當時仍有其合理性。張東蓀認爲中國最大問題是生產力發展水平太低，人民教育水平太差，造成了現代化的主要障礙，缺少一個市民階級，在這樣的社會中政治民主化與經濟現代化都是空話。特別是他關於中產階級的看法，認爲現代化和民主政治必須有一個中產階級的充分發展，提出「發展實業爲唯一之要求」，衡之臺、港、新的經驗，也不應簡單加以否定。盡管這些看法與「生產關係決定論」有相當距離。因爲現代化歸根結底是社會結構與社會生產方式的變革，在這個過程中，少數先進份子「先知先覺」，推進啓蒙，是社會近代化的一個重要方面。但是人的現代化如果被理解爲必先有全民族思想的現代化然後才可能實現經濟政治的現代化，那就仍然是黑格爾歷史唯心論的老套。

八十年代中期以來的又一次新文化運動摒棄了文革時代的專政、迷信，提倡科學精神、呼籲民主建設，在這個運動中一方面否定之否定地回到五四的科學民主，另一方面也同時維持着從五四到文革以來不變的「反傳統」的傳統。這裏所說的反傳統一詞是指五四以來「全盤反傳統」的文化思潮。傳統中不適宜現代的因素不僅應當批判，而且應配合社會制度層面的建設使之眞正消亡。我們反對的「反傳統」則是採取民族虛無主義和否定一切的態度對待中國古典精神傳統和古典文化的態度，我們贊成「批判地繼承」、「創造地發展」「揚棄」「轉化」這些不割裂歷史連續性的辯證態度。五四以來已形成了一個「反傳統」的傳統，雖然有其外在原因，而且這個傳統在中國固有文化中不是沒有淵源（法家的非文化主義、非倫理主義和功利主義的反傳統主義），但是受文化決定論的影響也是一個重要的因素。成爲對比的是，工業東亞即日本、臺灣、南朝鮮、香港、新加坡這些所謂「後儒家文化地區」已經先後邁入現代社會。工業東亞的現代化發展無一是循先倫理革命、打倒傳統再實現現代化的模式，相反却不同程度地積極地發揮傳統的積極方面以促進現代化。五四時常乃眞曾指出，當時已經由弱國變爲列強之一的日本「雖然接受西洋文明五、六十年，但骨子裏仍舊含了許多東洋的氣味。他們用西洋文明作他的表面，他們還用東洋文明作他們的裏子。」⑭民族文化傳統的保存與日本近代化並沒有發生眞正的矛盾。這是因爲，當近代化由傳統的價值整合轉爲價值分化，傳統中的文化、道德、宗教的內容回到了各自的領域，而與政治、經濟的新的制度建構並不衝突，朝鮮自李朝以來六〇〇年的主導文化根本上就是以新儒家爲代表的中國文化，臺灣一九五〇年後更以中華文化自標，儘管說儒家倫理有助於東亞現代化的提法在學術界尚在爭論，但這些地區的經驗沒有一個是先經歷了脫胎換骨的反傳統的文化革命才實現現代化，這一點是有目共睹的。

在回顧五四關於民族文化問題上的激進觀點以及七十年來中華民族走過的艱難歷程，我們深切地感到，在一個小農經濟及其意識占支配地位的國度中，政治——文化上的激進主義往往擁有最大的市場，而平凡「中庸」的眞理常常被譏爲「保守」。我們經歷了多次擁抱「矯枉過正」和「造反有理」、呼喊「決裂」與「專政」的經驗，這一切終於由文化革命悲壯的十年給了「極端的革命」以歷史的總結。中國共產黨近七十年歷史中飽受「左」害，這是一個十分值得研究的問題，應從社會結構和文化——心理結構兩方面掘其根源，的確，我們的祖先最提倡中庸，而我們的民族常常鄙視中庸，鄙視中庸、讚美極端是不能不受懲罰的，文化態度乃是一個民族精神成熟性的標尺。

在評價五四和對待今天的文化討論時，我們必須把一種思潮在歷史上的貢獻和理論上、學術上的是非區分開來，我們必須使用兩個標尺，而不是一個一元化的標尺。特別應注意避免泛功利主義的一元化選擇，不能因爲某種文化思潮在歷史上有進步的推動作用而將其理論的失誤也「同情地」肯定下來。學術上理論上的是非不是依照其歷史作用，而是依照學術理論的內在標尺，在五四七十年後的今天，我們可能要問：爲了實現和推動歷史的進步必須採用那種學理上站不住却有强勁推進力的方式，這種觀念能夠經得起歷史的考驗嗎？

知性的否定與理性的否定

黑格爾（Hegel）的名言「否定的東西也同樣是肯定的」⑮差不多已被人們遺忘了。辯證的否定，依黑格爾的立場，「並不是消解爲抽象的無，而是基本上僅僅消解爲它的特殊內容的否定。或者，這樣一個否定並非全盤否定，而是自行消解的被規定的事情的否定。」⑯「規定的否定」是指「否定」只是否定先前事物的具體的規定，不是全盤否定；又指這個「否定」由於不是否定爲無，而仍有其內容，卽它是更多更豐富，包含先前東西的東西，是對立的統一，亦卽既是肯定又是否定。單純的否定只是「知性」的否定，卽形而上學的否定；辯證的否定則是「理性」的否定，辯證的否定體現爲「揚棄」原則，卽一方面是對舊的東西的「棄」，另一方面是對舊的東西中積極內容的「揚」，因此，「否定」沒有切斷歷史的發展，而是與歷史連續地、有機地聯繫着的。

價值系統的問題是五四文化論爭裏面一個基本問題，五四的文化批判，如胡適所說，也是要「重估一切價值」（Transvaluation of all values）⑰，以批判的精神重新審查傳統的價值，這是啓蒙運動的精神。但是社會結構的「價值分化」或思想文化的「價值重估」不應當引導到價值虛無，批判的否定不應「消解爲抽象的無」，把政治倫理當作儒家或孔子價值系統的全部或主要部分，是五四批判家的一個基本偏失；把儒學的主導精神與這個精神藉以表現的、在不同時代的具體規範混爲一談，從而把民主改革與傳統道德完全對立起來也是一個重要的方面。

每一種提倡道德精神的學說不可能不結合當時社會的具體規範來表現自己，正如黑格爾所說，普遍本質必須「下降」爲個別化的東西⑱，才能成爲現實，儒家並不發明尊君或守節，這些規範反映了一定社會歷史的社會關係的規定，既然古代君主及父系家長社會要求把尊君和守節看成是道德的，道德精神的活動不可能不寓於這些「活動的樣式」。因而很明顯，尊君或守節根本不是儒家所以爲儒家的本質，沒有尊君和守節儒學仍然可以成爲儒學，正如活躍於港臺主張開出科學民主的現代新儒家仍然是儒學的見證人一樣，更何況不僅儒學本來就反對君主專制、儒學內部許多人贊成改嫁，而且「忠」與「節」的範疇包含的普遍性價值經過「抽象繼承」與其他闡釋仍可轉化爲現代人生有意義的範疇，因此在對倫理—宗教傳統的繼承上必須分清其「特殊內容」「活動樣式」（規範）和其「普遍本質」「主導精神」。對於倫理傳統的辯證的否定，應否定其不適宜的「特殊內容」，而保持發揚其精神本質。

五四時代的一些文化保守主義者對倫理—宗教體系的這種發展規律亦有所見，主編過《學衡》的吳宓雖然激烈批評新文化運動，但他對宗教與道德改革給以的注意值得一提：「夫宗教實基於生人之天性，所以扶善從惡，博施廣濟，使信之者得以篤信天命，心境和樂，精神安寧，此固極善之事也。道德之本爲忠恕，所以教人以理制欲，正其言，端其行，使百事各有軌轍，社會得以保持，此亦極美之事也，以上乃宗教道德之根本內律也，一定而不變，各教各國皆同也，當尊之、愛之，而不當改之、非之者也。然風俗、制度、儀節，則宗教道德之枝葉外形也。故各教不同、各國不同、各時不同、盡可隨時制宜、酌量改革，此固無傷乎宗教道德之本質也。然決不可以風俗、制度、儀節有當改良者，而遂於宗教、道德之本質攻擊之、摒棄之、蓋如是則世界滅而人道熄矣」「耶教舊約聖書所載之歷史，亦固君主也、多妻也，則將以此而攻耶教可乎？總之孔教耶教所以教人、所以救世之主旨，決不在此。多妻也、君主也，皆當時風俗、制度、儀節之末，特偶然之事耳，又如仁義忠信、慈、貞廉，皆道德也，皆美事也，皆文明社會不可須臾離也」，「以一事而攻擊宗敎、道德之全體，以一時形成之末而鏟絕萬古精神之源，實屬誣罔不察之極」⑲。

儒家相信「善」是人的內在本性，提倡「爲己之學」，卽通過知識，修養、踐行達到人性的自我實現，儒家的社會理想「仁義」是指博愛平等正義的原則，這是儒家倫理的「體」，是本質的內容。儒學在歷史上爲闡明此體所結合的歷史性的具體規範則是「相」，卽特殊規定，這些規定依社會結構與社會關係的變化而變化，而其作爲目的的基本精神反映了人類共同體生活的內在要求和個體「生存」的需要，因而韋伯指出，以博愛、平等、平均爲內容的價值理性構成了基督敎、佛敎、印度敎、儒敎乃至伊斯蘭敎的共同的倫理基礎。儒學與一切倫理——宗敎體系一樣，其內在的難題是，它並不提供給社會變革以工具性動力，而主要是對社會進行整合、規範和調節，因而當社會變革發生，並與先前適合舊的社會關係的倫理規範發生衝突時，改革者常常會因對不適宜的規範的攻擊擴大爲連同整個倫理——宗敎體系的摒棄。所以問題在於我們作爲社會變革的主體必須區分一個倫理——宗敎體系的「精神原則」和「特殊內容」，辯證地否定那些作爲「具體的規定」的特殊內容，而使普遍的價值精神發展爲更高的形態，正如黑格爾指出的，如果否定只是「自己取消自己」「自己駁斥自己」、「再則就是乾脆以無爲結果」⑳那就把辯證的否定誤解爲外在的否定，黑格爾說的好：「揚棄在語言中有雙重意義，它既意謂保存保持，又意謂停止終結。保存自身已包括否定，因爲要保持某物，就須去掉它的直接性，從而去掉它的可以受外來影響的實有——所以被拋棄的東西同時卽是被保存的東西，只是失去了直接性而已，但它並不因此化爲無」㉑區分倫理——宗敎體系中作爲「直接性」「受外來影響的」規範和它的「普遍本質」，是貫徹作爲對待精神文化遺產的方法論的辯證否定原則中的一個關鍵。

最後，有必要提及胡適在評梁漱溟著作時的一段話：「至於那『調和持中』『隨遇而安』的態度，更不能說哪一國文化的特性。這種境界乃是世界各民族常識裏的一種理想境界，絕不限於一民族或一國，見於哲學書的，中國儒家有《中庸》，希臘有亞里士多德的《倫理學》，希伯來和印度兩民族的宗教書裏也多有這種理想。見於民族思想裏的，希臘古代即以『有節』，爲四大德之一，而歐洲各國都有這一類民謠，至於詩人文學中，知足、安命、樂天等文化更是世界文學裏極常見的話，何嘗是陶潛、白居易獨占的美德，然而這種美德始終只是世界民族常識裏的一種理想境界，無論在哪一國，能實行的始終只有少數人。」㉒近年以來，一些自然科學家有見於社會不良習慣的阻力，力圖從文化上加以批判。但是如果批判者對中國古典人文文化無所了解，也不注意人文學者當代的研究成果，僅憑想當然或按文化革命流行的批判方式，把儒家的中庸原則混同於孔子強烈批判的鄉愿或平庸，其社會批判的意義固然可嘉，但在學術文化上難免貽笑大方，相比起來，新文化運動主將之一的自由主義西化派胡適能指出「中庸」爲各族各教的共同美德和理想境界，反映出歷史人文學者對文化的多面照察力。

機械地、形而上學地全盤否定傳統文化，不僅在學理上不能成立，在實踐上的直接惡果就是大大損傷民族的信心和凝聚力，使現代化過程中出現文化、價值、精神的全面失落，加劇現代化秩序建構過程中的混亂、痛苦，甚至加劇政治、經濟的危機，從而減弱了民族對於現代化建設的困難的承受力與戰鬥力，今天，工業東亞——中國文化圈的發展，特別是臺灣及香港、新加坡華人社會現代化的經驗，其最大的意義在於揭示出：中國人或中國文化薰陶下成長的人完全有能力在開放的文化空間實現現代化。五四以來的文化自卑感和民族自卑感被證明是完全錯誤的。既然中華民族的聰明才智曾經創造了燦爛的古代文明，放眼未來，她也一定能趕上時代的步伐，建設新的現代文明，如果我們不在批判傳統的消極性的同時發揮傳統的積極性，如果我們不在大力吸收西方現代文明的同時仍然保持民族的主體性，加速政治、經濟體制的改革，而是一味地在黃河或孔子身上算老帳，讓他們對現代化負責，以迴避我們自己的巨大責任，這對黃河或孔子並無所傷，只能更顯示出作爲不肖子孫的激情的無能罷了，當代知識份子的文化課題，不應再是對傳統作感情衝動的全面否定，而是化解傳統與現代從五四以來的緊張，理性地對傳統進行批判的繼承，創造的發展，這不僅是新傳統主義（現代儒家）和新自由主義者（如林毓生等）的共識，也應當是我們繼承了黑格爾——馬克思辯證法的新馬克思主義者的態度。

註釋：

①陳獨秀：〈新青年罪案之答辯書〉，《五四運動文選》，三聯，一九七九。

②參見余英時：《從價值系統看中國文化的現代意義》，時報書系，一九八四。

③見賀麟《文化與人生》新本序所引章政通文。

④陳獨秀：《今日中國之政治問題》，見陳崧編《五四前後東西文化問題論戰文選》，中國社科一九八五，以下凡引此書簡稱《東西文選》。

⑤章行嚴：〈新時代之青年〉，《東西文選》。

⑥汪叔潛：〈新舊問題〉，《東西文選》。

⑦章行嚴：〈新時代之青年〉，《東西文選》。

⑧同註⑦。
⑨朱調孫：〈研究新的思想調和之必要及其方法〉，《東西文選》。
⑩同註⑨。
⑪參見林毓生：《中國意識的危機》，貴州人民出版社，一九八六年。
⑫見梁漱溟：〈東西文化及其哲學〉，引自《東西文選》。
⑬梁啓超：〈覆張東蓀書論社會主義〉，《五四運動文選》，三聯書店，一九七九年。
⑭常乃惠：〈東方文明與西方文明〉，《東西文選》。
⑮黑格爾：《邏輯學》，商務印書館一九七四年。
⑯同註⑮。
⑰見唐德剛編校譯註《胡適的自傳》第八章。
⑱黑格爾：《精神現象學》下册，商務印書館，一九七九年。
⑲吳　宓：〈論新文化運動〉，《東西文選》。
⑳黑格爾：《邏輯學》上册，商務印書館，一九七四。
㉑同註⑳。
㉒胡　適：〈讀梁漱溟先生東西文化及其哲學〉，《東西文選》。

儒學與五四運動

中國社會科學院哲研所　馬振鋒

七十年前的五四新文化運動以大無畏的英雄氣概向統治中國數千年之久的傳統文化展開猛烈衝擊。這是中國歷史上最深刻的一次觀念形態變革。新文化運動領導者試圖通過對傳統文化的批判，在中國建立一種具有新質、能適應並促進中國現代化進程的文化。「五四」對傳統文化的批判有其不可磨滅的功績，也有不容忽視的過失，這後一點使「五四」人物建立現代新文化的理想未能如願以償。「五四」的功過對於今天我們建設現代新文化有借鑑意義，應認眞加以總結。

一、

五四新文化運動一向被認爲是一場與中國傳統文化實行徹底決裂的文化變革運動。但是仔細分析一下「五四」的反傳統，不難發現「反」的主要是作爲中國傳統文化主體的儒家思想，「打倒孔家店」，推翻吃人的舊禮教等「五四」時代的口號，大多是針對儒家提出來的。對於道家、墨家、農家，甚至法家，「五四」人物相當寬容。陳獨秀在《答李杰》中說：「墨氏兼愛，莊子在宥，許行並耕，此三者誠人類最高之理想，而吾國之國粹也。」另一位「五四」健將吳虞對道家、法家思想均有所肯定，著有《道家法家均反對舊道德》一文。這些都可以作爲「五四」人物反對的主要是儒家思想的證明。

爲什麼「五四」人物偏偏把儒家思想作爲批判的主要對象呢？我以爲這與儒家的思想核心，卽「內聖外王」之道的性質有關。

梁啓超在《論語考釋·莊子天下篇釋義》中指出：「『內聖外王』一語，包舉中國學術之全體，其旨歸在於內足以資修養而外足以經世。」梁任公具有深厚的中國傳統文化素養，他對中國傳統文化精神實質概括是準確的。雖然「內聖外王」是整個中國傳統文化的核心，但在「性與天道」思想基礎上將「內聖外王」之道發揮得淋漓盡致，形成完整的理論體系並對中國社會生活的各個方面發生廣泛而深刻的影響的則是儒家。而儒家的「內聖外王」之道具有極爲明顯的反科學理性的性質，在政治上則表現爲專制主義。這是「五四」人物把批判的鋒芒指向儒家的根本原因。

儒家的「內聖外王」之道之所以具有反科學理性的特點，與儒家的性道合一學說直接相關。我們知道，在儒家創始人孔子那裏，關於性與天道的言論「不可得而聞也」①，但自孟、荀起，人性問題成爲儒學中的重要問題，《易傳》和《中庸》進一步論及天道，爲儒學確定了形而上基礎。由於儒家是爲探究道德的本況而追溯到天道的，所以《易傳》、《中庸》的天道都是道德化了的天道。《繫辭》云：「一陰一陽之謂道」，天道卽大化流行，生生不已的過程，而天道的生生不已在《易傳》作者看來，則是「德」：「天地之大德曰生」②。《中庸》與《易傳》稍有不同，認爲天道是一種「誠」德：「誠者天之道也。」《易傳》和《中庸》又認爲天道在人爲性，「繼之者善也，成之者性也」，「天命之謂性」。這就是人們常說的儒家的天人合一、性道不二思想。這一思想被後世儒者奉爲圭臬，如二程說：「天道降而在人，故謂之性」③「性與天道一也」④；朱熹說：「譬如一條長連底物事，其流行者是天道，人得之者爲性。乾之元亨利貞，天道也，人得之則爲仁義禮智之性。」⑤他們都把天人合一，性道不二作爲自己思想的基礎。

天人合一、性道不二的「性與天道」思想爲儒家以道德修養呑併、取代理性對客觀世界的科學認識提供了依據。既然性與天道爲一，那麼通過道德修養，通過明心復性，通過對自身心性中固有的義理的把握，也就達到了對天道的認識。所以《大學》把「明明德」作爲「大學之道」的首項任務，孟子更明確地認爲：「盡其心者，知其性也；知其性，則知天矣。」⑥以「盡心」、「知性」作爲「知天」的手段，實質上是以道德修養代替並取消了用科學理性去觀察和認識天道。孔子以後的儒家基本走在這樣一條反科學的道路上。

儒家這種反科學理性的思想特點在「內聖外王」中得到了集中的體現。何謂「聖」？儒家所謂的「聖」指具有純粹至善的道德和至高無上的智慧。「子貢曰：『如有博施於民而能濟衆，何如？』子曰：『何事於仁，必也聖乎！』」⑦這是指「聖」的純粹至善道德的一面；《洪範》云：「思曰睿」，「睿作聖」，孔安國傳云：「於事無不通之謂聖」，這是指「聖」具有至高無上智慧的一面。儒家認爲，「聖」的純粹至善的道德和至高無上的智慧二者不是並列的、互不相關的，而是前者派生後者。換言之，智慧不具獨立性，不是科學理性通過對事物的感知、思維取得的，而是道德修養的結果；一個人道德修養達到至善，其智慧也就「於事無不通」。在儒家看來，脫離道德上的善的聰明才智，只能稱作機詐、狡獪、奇技淫巧。

由於儒家以「明心」「盡性」等道德修養功夫呑併了理性對客觀世界的認識活動，所以在儒家那裏不存在獨立的知識論意義上的「智」。孟子雖然也講到「智」，但他所謂的「智」主要是一種道德上善，是一種知善知惡的是非之心，「是非之心，智之端也。」⑧陳淳在《北溪字義》中釋「智」爲：「智是心中一個知覺處，知得是是非非恁地確定是智。」這是深得孟子「智」字眞諦的。在孟子那裏，「智」是使一個人能夠在道德上作出正確的價值判斷的實踐理性。

按儒家的天人合一，性道不二的觀點，既然可以通過對自我內在心性的體認達到對天道的把握，那麼把天道作爲客觀對象加以認識也就成爲多餘。所以孟子强調的是「收其放心」，「養其大體」。後來的儒家學者所說的「聖智」、「天德良知」，也都是通過道德修養達到某種境界後對天道的豁然貫通，例如張載說：「德性所知，不萌於見聞」⑨，「窮神知化，與天爲一」，「乃德盛而自致爾」⑩。荀子在很多方面與孟子的觀點相反，但在以道德修養吞併對客觀世界的認識、認爲智慧是道德派生物這一點上，與孟子毫無二致，他說：「惟聖人爲不求知天」⑪，意卽聖人的道德修養已達極致，他不必再借助科學理性加以認識，只要從其至善的道德之心出發便會自然而然地與天道吻合無間。

朱熹的格物致知說是中國思想史上最重視對客觀事物的認識，但究其實質，格物不過是使人的天德良知得到啓發和活化的修養功夫。朱熹認爲，一旦修養到家，爲氣稟所拘、人欲所蔽的知覺靈明便會洞徹不昧，一切事物之理也就豁然貫通。說到底，他還是認爲達到道德上的至善，也就自然有了無所不通的智慧。正因爲看破了這一點，陸九淵認爲朱熹是多此一舉，不如直接了當地「先立乎其大」。王陽明也因此拋棄了朱熹的格竹子的入德門徑，徑直從心上下功夫，「學者惟患此心之未明，不患事變之不能盡」⑫。

儒家認爲道德可以派生智慧的觀點對於我們民族的思維方式的影響是極爲深重的。我們知道，科學理性根據對事物現狀和發展趨勢的認識作出該事物「是什麼」的事實判斷，而實踐理性根據人自身的善良意志作出「應當如此」的指令。康德把這種指令稱之爲「定言令式」；中國的儒家則稱之爲「義」，「義就心上論，則是心裁制決斷處」，「只當如此做，不當如彼做，有可否從違，便是義」⑬。這種關於人自身應當如何行事的決斷，不同於科學理性根據對事物的認識作出的事實判斷，它只具道德上的合理性，不具客觀眞理性；只能規範人自身的行爲，不能規範客觀事物。但是儒家却不然，當他們主張道德能夠派生智慧時，實際上等於認爲人們依據自己的善良意志作出的「裁制決斷」具有客觀眞理性，是事物的眞理。故中國古代釋「義」爲「宜」（「宜」不僅指合乎社會道德規範，亦指合乎客觀事物的實際情況，卽「於事無不宜」）。旣然憑道德良心作出的「裁制決斷」具有客觀眞理性質，那麼再運用科學理性去探索事物的規律也就成爲多餘。

在儒家思想長期的薰陶下，這種以天理良心的「裁制決斷」爲事物眞理的觀點逐漸演變爲我們民族的思維定式。人們習慣於從道德觀念出發，用良心認爲「應當如此」的決斷去規範客觀事物；想問題做事物唯求合乎心中的義理，不求合乎客觀實際。在社會歷史領域這種思維模式表現得尤爲明顯。在這種思維方式的制約下，我們民族探索自然和社會的科學精神受到嚴重的束縛，其聰明才智未能得到充分發展，只是在某些「異端」（如墨家）和民間它才得到表現。

從政治上看，儒家的「內聖外王」之道是爲了解決君主專制政治如何才能淸明的問題而提出來的。它把道德上的「修正」和政治上的「安人」結合起來形成一個道德——政治相統一的學說。在這個學說中，以作聖爲終極目標的道德修養是根本，發之於外而爲王政則是這一理論的歸宿，這也就是人們所說的「內聖」爲體「外王」爲用。儒家提出這一學說的用心無疑是良好的，他們幻想由「聖人」擔當統治者，以使人民免受暴君統治之若。但這恰好說明儒家的「內聖外王」之道並未超越君主專制制度，它只是君主專制制度的理想化。因此「內聖外王」在政治上必然要表現爲專制主義：

㈠在現實中，聖人卽具有至善的道德和最高的智慧的人是不存在的。退一步說，卽使具有這樣理想人格的人存在，君主世襲制度也決定了他不可能成爲王。現實中不存在儒家幻想的那種聖人向最高統治者轉化的必然性，如果在現實中硬要堅持「內聖」與「外王」的統一，那麼只會使二者的關係顚倒，卽不是由聖人擔任統治者，而是反過來，最高統治者被捧爲「聖人」。中國歷史事實上也正是這樣顚倒着！皇帝被稱爲「當代聖人」，其意志被稱作「聖旨」，儒家的「內聖外王」之道爲帝王們塗上了神聖的光環，以「聖人」作掩護，他們實行着殘酷的專制統治，「臣罪當誅兮，天王聖明」⑭韓愈的詩從反應證明了這一點。

㈡必須指出，儒家的「內聖外王」之道不僅在現實政治中因遭到顚倒扭曲而表現爲專制主義，而且這一學說本身就具有專制主義性質。這是因爲儒家根據天人合一的觀點，認爲人的心性之中天生具有共同的道德觀念，卽孟子所謂的義理：「心之所同者何也？謂理也，義也。」⑮他們又認爲，人們共有的天賦道德觀念因受氣稟所拘而朦朧不明。儒家原則上認爲通過修養，人人都可以達到道德觀念的自覺，但實際上他們都將人分爲先覺者、後覺者和終身不覺者。在他們看來，聖人乃先覺者，卽「先得我心之所同然」⑯。由於聖人先得到人類共同的道德觀念，他據此所做出的道德上的裁制決斷就不僅能用以自律，而且也是後覺者和終身不覺者的行爲規範。周敦頤所謂的聖人「立人極」⑰，二程所謂的「放之四海而皆準」指的都是這個意思。如果儒家把自己的學說侷限在道德領域，那麼他們不過道出了人類在道德上存在着先覺者和後覺者、自律者和他律者、道德規範的確立者和接受者等差異，而聖人也不過是人類的師表而已。然而儒家的學說不僅僅侷限在道德領域。如前所述，「內聖外王」是一個道德——政治理論體系。在儒家的「理想國」中，作爲道德師表的聖人亦應是政治上的最高統治者。當聖人由道德上的導師向政治上的最高權威轉化時，其意志、價值準則也必然隨之超出道德的範圍，成爲指導國家的普遍原則和全體臣民必需遵循的準繩。盡管儒家一再强調聖人的統治是以敎化爲主要手段的「德政」、「仁政」，但儒家不排除對那些價值取向與聖人不同而又頑冥不化的人採取强制的手段，直至殺頭。

總之，在儒家「內聖外王」的底層蘊涵着這樣的思想：聖人的意志卽是禮法；臣民是不能有不同於聖人價值取向的獨立意志的，他們或者經教化達到對聖人意志的自覺服從，或者慴於威力被迫服從聖人的意志，此外別無選擇。因此卽使聖人眞的當政，其統治也只能是專制主義政治。

正因爲以「內聖外王」之道爲核心的儒家思想是一種嚴重阻礙中國科學技術發展、窒息科學理性的道德意志論，是一種否定民衆意志的聖王專制之道，所以遭到「五四」人物的激烈批判。李大釗指出：「我總覺得中國的聖人與皇帝有些關係，洪憲皇帝出現以前，先有尊孔祭天的事，南海聖人與辮子大帥同時來京，就發生皇帝冋位的事，現在又有人拼命在聖人上作功夫，我很害怕，我很替中華民國擔憂。」⑱爲維護誕生不久的共和制度，「五四」人物發出的「打倒孔家店」推翻這人肉的筵宴的吶喊，不啻一聲春雷，對沉睡的中國民衆起到了震聾發聵的作用。

五四新文化運動在批判儒家的綱常名教的同時，針對儒家反對科學理性和政治上的專制主義，提出了科學與民主兩個口號，具有劃時代意義。因爲科學精神和人民主權意識正是中國傳統文化，特別是儒家思想所缺乏的兩個內容。從這一角度說，「五四」爲中國文化確立了新的方位。其歷史功績彪炳日月。

二、

一種健全的文化不僅尊重科學理性，尊重人民的意志，而且必須具備一種精神制約機制，使人們知道自己應當如此行事而不致與他人以及整個社會發生衝突。

在西方文化中基督教承擔了上述任務。歐洲在中世紀時基督教干預社會政治、壓抑和摧殘科學遠遠超過中國儒家思想。但是通過宗教改革和其他一系列社會改革教會權力受到了限制，以專司人們精神生活爲其職責。同時，通過宗教改革，上帝被內在化了、被安置在人們心中，成爲道德的本體。西方文化中由於有基督教在起着精神制約作用，所以儘管西方人强調個人的獨立、自由，但由於有一個唯一的上帝在那裏發揮着調解、整合的作用，所以只要人們能按照上帝的指令行事，社會道德秩序就可以得到維持。正因爲西方人以上帝爲道德本體，無神論者常常被認爲是不道德的人；反過來，當激進的思想家爲了達到破壞舊道德的目的，首先要否定上帝的存在，十八世紀法國百科全書派哲學家狄德羅、霍爾巴赫等人就是如此。當法國革命取得勝利需要重新建立社會道德秩序時，人們便恢復對上帝的信仰。

與西方基督教文化不同，中國文化缺少宗教信仰成份。中華民族的主體——漢族是一個無神論民族，中國人頭腦中沒有一個指令他應如何行事的上帝。但是中國的歷史表明，中國人並不因沒有上帝的指引而善惡不分，相反，在很長一段歷史時期中，我們民族是最有道德的民族，我們的國家是禮儀之邦。

中國人爲什麼能在缺乏宗教信仰的情況下達到如此高的道德水準呢？這要歸功於儒家建立在性與天道思想之上的以作聖爲終極目標的道德修養學說。

如上所述，儒家的性與天道學說强調天人合一、性道不二。人旣稟天道而成性，而上天有好生之德，那麼人性與天德也是同一的。所以二程說：「聖賢論天德，蓋謂自家元是天然完全自足之物。」⑲「人受天地之中，其生也，具有天地之德」⑳。在人之天德，不同的儒家的學者有不同的稱謂：孟子謂之「善性」，「良知良能」，張載稱爲「天地之性」，二程稱爲「理性」，朱熹稱爲「天命之性」，陸九淵稱爲「本心」，王陽明叫作「良知」。總之，在人之天德卽是人的善性良心。儒家的大多數人認為，善性良心雖然是人人皆備，生而具有的，但在不同程度上為氣稟所拘。通過為達到聖人這一理想境界而進行的道德修養，人的善良的心性可以做到昭明不昧。

中國人即以這善性良心為道德本體，所以他們不必在心中安置一個上帝，更不必祈求上帝的指引，一事臨頭，他們只要率性而動或憑良心去做，就可以做出應當如何行事的裁制決斷，而這一決斷總是合乎道德上的善的。

儒家以善性良心為道德的根基，為人生的立足點，無論在理論上還是在實踐上都優於建立在對上帝信仰上的基督教道德。

第一，儒家所確定的道德基礎是眞實的。儘管善性、良心並不像儒家學者所說的那樣是天生的，但通過道德修養和習俗的灌輸，社會道德規範中那些具有普遍意義和永恒價值的觀念可以「內在化」為人的善性良心。所以善性良心雖然不是人生而具備，但通過後天的修養却可以形成。而上帝却完全是虛假的設定。西方人很多都知道上帝實際上是不存在的，不過為了道德上的需要又不得又假定它存在。近代西方人在自然科學和道德兩個領域是非常矛盾的。在自然科學領域，西方人像拉普拉斯回答拿破崙時所說：「陛下，我不需要這種假設。」在道德領域，却非得有這種假設不可，否則社會道德秩序便無法維持。西方人的道德就這樣建立在虛假而且自己也明知其虛假的基礎之上。

第二，儒家的道德本體卽善性良心，也就是人的自我本質；而西方人的上帝却是一個「非我」存在，雖然新教把上帝安置在人的心中，但人和上帝畢竟是兩個東西。這一差異影響到道德實踐方式：按儒家的倫理、道德是一種發自內在道義感的義務，因此儒家的倫理本質上是一種道德自律說；而按基督教的倫理，道德是在上帝指令下作出來的，是在上帝的約束下實現的，所以西人倫理學中儘管也有義務論學派，但基督教的道德基本上是一種他律道德。

第三，在基督教倫理中上帝與道德主體之間是一種管束與被管束的關係，道德因此成爲一種消極的行爲；與此相反，儒家以善性良心爲道德基礎，使道德具有了博施濟衆、仁以爲己任、對民族、社會、國家、天下負有責任等積極內容，道德不再單純是如何管束好自己。

雖然儒家以善良心性爲道德基礎遠勝於基督教把道德建立在對上帝的信仰上，但是五四新文化運動代表人物如陳獨秀、胡適等人都只看到儒家道德學說的表層，對於深層中的原則精神缺乏認識，他們錯誤地把儒家適應封建時代需要所作出的具體的道德規範如三綱五常等同西方業已經改造、適應現代社會需要的基督教道德相比，自然只會看到後者優於前者，並愛屋及烏，對基督教大唱贊歌。如陳獨秀在《答劉竟夫》中說：「吾之社會，倘必需宗教，余雖非耶教徒，由良心判斷之，敢曰推行耶教勝於崇奉孔子多矣。」「五四」人物受認識水平限制，未能分清儒家具體的具有特定時代內容的道德規範、道德觀念與儒家道德學說的根本精神之間的區別，他們在正確地批判前者的同時把後者也拋棄了。

五四新文化運動代表人物並不是不要道德，他們也想在中國重建一種能適應現代社會的新道德，但以什麼作爲新道德的基礎，在這一重大問題上，他們思想極爲混亂，不但互相矛盾，而且自相矛盾。他們的觀點歸納起來，大致有三：

㈠以科學理性，以對自然、社會和人生的科學認識爲道德基礎。如陳獨秀說：「人類將來眞實之信解行證，必以科學爲正軌。」㉑在不久之後關於「科學與人生觀」的討論中，其他人也表現出這種看法。科學與道德之間是存在一定的聯繫，但正如道德不能派生出智慧，智慧也不能派生出道德。在道德實踐中運用科學理性是不能作出眞正的稱得上善的行爲，特別是在瞬息間要做出應當如何行事的決斷時，起決定作用的是實踐理性，過多的考慮，反而會使人產生畏葸之心，成爲逃避道德責任的藉口。

㈡改信基督教、建設新道德。陳獨秀、胡適都曾有過這種想法。例如陳獨秀在〈基督教與中國人〉一文中就曾抱怨基督教在中國得不到發展，「平心而論，實是中國人底錯處多」，他主張「要把耶穌崇高的、偉大的人格、和熱烈的深厚的情感，培養在我們的血裏，將我們從墮落在冷酷、黑暗、污濁坑中救起。」㉒他還爲中國人反對抵制基督教在中國的傳播而感到「慚愧」。但是陳、胡等人不得不承認中國人缺乏「宗教的純情感」㉓，「中國民族本是一種薄於宗教心的民族」㉔，因此他們也自知以中國人改信基督教的辦法建設新道德是行不通的。

㈢以美育培養中國人的道德心，以審美情趣爲新道德的基礎。陳獨秀在〈基督教與中國人〉一文中流露過這一思想。他認爲中國人缺乏「純情感」，應該拿美來「利導我們的情感」㉕。蔡元培、魯迅也都有這種想法。毫無疑問，眞、善、美是統一的，審美教育有助於道德的養成，但審美情感與道德感又有原則的區別，以美感爲道德基礎無論是從理論上還是從道德實踐上都是說不通的。譬如拉辛是法國古典主義悲劇大師，其審美情趣不可謂不高，但其道德却非常低下。這一衆所周知的例子表明道德自有其自己的基礎，是不可以由美感替代的。

總之，儒家以人的善性良心爲道德基礎本來是儒家思想精準所在，只要對這一思想加以批判改造，摒棄其先驗主義外殼，保存和發揚其中重道德修養、通過修己達到人性的完善等合理成分，在此基礎上是可以重建中國的新道德的。但是由於「五四」人物抱有西方一切都比中國好的偏見，同時也由於他們對封建道德的極端反感，將儒家這一最不該拋棄的合理思想也拋棄了。他們主張「倫理革命」，提倡新道德，却又未能爲新道德找到一個長久可靠的根基，建設新道德的口號因而也隨之落空。

五四新文化運動的這一過失後果是嚴重的，它成爲後來批判人性論和人道主義的嚆矢。經過一系列的批判，善性良心逐漸在人們心目中失去價值，成為遭到人們唾棄的騙人的字眼。

我們的民族不像西方人那樣需要一個上帝管束，而是以善性良心律己，「率性之謂道」，只要按照自己的善性良心行事，就可以無愧於天地。但是今天我們民族正在喪失其道德基礎，而這一點肇始於「五四」人物對儒家學說不加分析的全盤否定。

三、

以儒家為主體的中國傳統文化輕視科學理性，缺少民主意識，由於存在這一嚴重的缺陷，它無法適應現代社會。「五四」為中國文化輸入了科學與民主精神，添補了中國傳統文化的缺陷，自有其不可磨滅的功績。但是「五四」人物在進行「倫理革命」時，將儒家學說中注重修正，注重自我心性的養成等合理因素加以拋棄而又未能為新道德的建立找到堅實的基礎，致使建立新道德成為一句空談，從而使中國文化出現了新的缺陷。無論是中國傳統文化還是「五四」人物所建立的新文化都不健全完備，因而都不利於中國的現代化進程。

那麼什麼樣的文化才是健全的現代文化呢？我以為一種健全的現代文化必須具備這樣的機制：它能使科學理性和實踐理性得到協調均衡的發展；它既能使社會尊重個人的意志，同時又能使個人自覺地服從社會群體意志，遵守作為群體意志體現的社會道德規範。歐洲通過文藝復興恢復了和發展了希臘的科學、民主精神，又通過宗教改革把上帝確立為道德形而上基礎，最先建立起比較健全的文化，因此，歐洲以及由歐洲人後裔組成的北美最先實現了社會現代化。日本、南朝鮮、新加坡、臺灣、香港等東亞國家和地區一方面引進西方科學與民主精神，一方面又發揚儒家思想中注重心性的培養等優良傳統，逐步形成了具有東方特色的現代文化，因而於六、七十年代取得了舉世矚目的迅速的發展。西方和東亞的歷史表明，一個社會一旦形成了比較健全的文化機制，其現代化的進程就會加速進行。同時也表明，所謂現代文化不只是現代西方文化一種模式，在中國傳統文化基礎上也可以形成機制健全的現代新文化。

「五四」號稱新文化運動，它也確實爲中國文化引進了科學、民主新精神，但是由於它徹底拋棄了儒家思想深層中所包含的合理因素，因而未能完成它爲自己提出的建立適合現代社會的新文化這一歷史任務。中國亟待追設一種科學理性和道德理性、民主意識和道德自律觀念均衡協調、機制健全的新文化，以促進中國的現代化事業。這樣的文化顯然不是通過「全盤西化」所能建立起來的，「全盤西化」事實上也行不通。別的姑且不說，僅讓我們民族改信基督教這一條就行不通，而這一條行不通就無法建立西方式的社會道德秩序。這樣的文化也不是通過向中國傳統文化、向儒家思想的復歸所能建立起來的，因爲以「內聖外王」之道爲核心的儒家思想缺乏科學和民主精神。所以在中國新文化建設上，「全盤西化」和「儒學復興」這兩種主張皆不足取法，唯一正確的途徑是一方面汲取西方文化中的科學民主精神，一方面繼承中國傳統文化中、特別是儒家道德學說中的原則精神，並注入今天時代的內容，以此作爲道德的基礎。中國現代新文化應當是西方文化中的科學民主精神和中國儒家道德學說中的「修己」、「律己」精神的有機結合，因此也是中西文化最優秀成分的結合。

中西文化如何結合，這是中國近代以來一直爭執不休的問題。有人主張以中學爲根節（張之洞的「中體西用」是這種主張的代表），有人主張以西學爲根本（如近年提出的「西體中用」）。在這個問題上之所以爭執不下，關鍵在於未能辨明究竟是中國傳統文化中的「什麼」和西方文化中的「什麼」相結合。如果像我們上文所說，新文化從根本上說應當是西方文化中的科學民主精神同中國傳統文化中注重「修己」、「律己」的精神以及培養自己的善性良心以爲道德基礎的思想相結合，那麼是不會發生哪個是「體」，哪個是「用」的爭論的。科學理性和道德實踐理性，雖然二者之間有某種關聯，但各有所司，不是體用的關係。

從鴉片戰爭失敗後開始的中西文化撞擊至今已有一個半世紀，通過「五四」的衝擊，西方文化的精華——科學民主精神已在中國札根；通過幾代學者的努力，中國傳統文化和儒家思想中眞正有價值的東西也已顯露出來。一種把西方的科學民主精神同中國傳統文化中以善性良心爲基礎的道德自律精神結合在一起的新文化正在中國廣大民衆之中形成，中國騰飛之日已爲時不遠。

註釋：

①《論語・公冶長》。
②《繫辭下》
③《河南程氏經說・中庸解》。
④同註③。
⑤《朱子語類》卷二十八。
⑥《孟子・盡心上》。
⑦《論語・雍也》。
⑧《孟子・盡心下》。
⑨《正蒙・大心篇》。

⑩《正蒙．神化篇》。

⑪《荀子．天論》。

⑫《傳習錄上》。

⑬陳淳《北溪字義》。

⑭《韓昌黎集．幽拘操》。

⑮《孟子．公孫丑上》。

⑯同註⑮。

⑰《通書》。

⑱《聖人與皇帝》，《新生活》第七期（一九一九）。

⑲《河南程氏遺書》卷一。

⑳《河南程氏經說．中庸解》。

㉑《再論孔教問題》，《獨秀文存》卷一，第一二九頁。

㉒《獨秀文存》卷一，第四二〇頁。

㉓同註㉒。

㉔《今日教會教育的難關》，《胡適文存》第三編，第一一六四頁。

㉕同註㉒。

科學、民主與傳統道德

中國社會科學院哲研所　蒙培元

七十年前的五四啓蒙運動，在提倡科學與民主兩大口號的同時，又提出了「道德革命」的口號，對封建傳統道德進行了徹底批判。衆所周知，批判封建傳統道德，是五四啓蒙運動的一個重要特點。但五四是否完成了這個任務？爲什麼在七十年後的今天，在呼喚民主的同時，又出現了所謂道德的困惑？應該怎樣評價五四對傳統道德的批判？民主、科學與道德究竟是什麼關係？這是本文所要討論的主要問題。

一、

五四時期的中國文化，面臨着西方文化的全面挑戰，其中包括它的倫理道德傳統，不能不作出新的選擇，這是一個不容否認的事實。但五四首先要解決的，是科學與民主兩大任務，特別是批判封建專制制度，提倡民主政治，是這場新文化運動的中心任務。對傳統道德的批判，就是在這種情況下發生的。這與其說是對傳統道德的全面批判，不如說是對傳統道德的社會功能所作的批判。正是在這一方面，體現了傳統道德的保守性和落後性。

當時的知識份子爲陳獨秀、李大釗、胡適、魯迅、吳虞、易白沙等人，不僅普遍接受了西方文化的洗禮，而且對中國的現實有着深切的觀察和體驗。他們敏銳地感覺到，幾千年的傳統道德，已成爲維護封建專制制度的工具，是阻礙中國社會前進的最深刻的社會思想根源。要從根本上改變中國的落後面貌，求得民族的生存、發展和社會的進步，必須徹底批判專制制度，實現民主政治，這是中國社會發展的必由之路。「吾國欲圖世界的生存，必棄數千年相傳之官僚的專制的個人政治，而易以自由的自治的國民政治。」①

但要實現國民政治，必先樹立國民意識，要樹立國民意識，則必須從道德批判開始，並與之徹底決裂。這就是說，封建傳統道德與封建專制制度有某種必然的聯繫，它既是封建專制制度得以存在和延續的精神支柱，起着意識形態的强大作用，因此，它是剷除專制、實現民主的最大障礙。正因爲如此，批判傳統道德就成爲實現民主的迫切需要，變成當務之急，刻不容緩。

這種批判既有感情的激動，又有理性的分析，不能僅僅看作是一種激情。一方面，他們提出個性解放的口號，主張與傳統道德徹底決裂，實現以「自由、平等、獨立」爲目標的「道德革命」（陳獨秀語），代表了價值觀念的一次深刻變革，無疑具有劃時代的歷史意義；另方面，由於當時中國面臨着民族存亡的現實問題，從而使文化深層領域裏的反省和批判，不能不帶有現實的功利目的，這也是時代所決定的。

民主作爲政治文化範疇，既是手段，又是目的。作爲目的，它與自由、獨立分不開，是一種自我作主的權利，也是一種新的理想；但民主作爲手段，則與議會選舉等民主制度有直接關係，同時又是參與和管理國家權力的公民意識，從這個層次上說，它是實現自由、獨立人格，即人的解放的制度保證和思想前提。五四時期的先驅們，並沒有進行這樣的嚴格區分，更沒有把政治民主看作是實現自由、獨立的基本前提和保證。就是說，他們所强調的是「倫理政治」，而不是「政治倫理」。前者是指建立在傳統倫理基礎上的專制政治，卽倫理化的政治，或政治的倫理化；後者則是指專制政治支配下的傳統倫理，卽政治化的倫理，或倫理的政治化。這就決定了他們的基本思路是，批判傳統道德以解決民主問題，而不是通過民主建設以解決道德問題。陳獨秀特別批判了傳統道德的「三綱主義」，指出這種服從尊卑上下等級關係的倫理道德實質上是一種「奴隸道德」，而不是自主道德，其結果必然是造成專制獨裁。「孔子之道，以倫理政治忠孝一貫，爲其大本，其他則枝葉也。故國必尊君，如家之有父。」②既然中國是一個倫理政治一以貫之的專制社會，而以倫理爲本，因此，要摧毀專制，實現民主，就不能不批判傳統的倫理道德；只有掃清了「三綱主義」，批判了奴隸道德，才能確立公民意識，建立民主政治。

這也是五四時期思想家們的共同認識。如易白沙指出，以孔子爲代表的儒學，其基本特徵是「尊君權，漫無限制，易演成獨夫專制之弊③。」由於在中國傳統道德中沒有獨立意識，只有服從意識，因而爲專制獨裁提供了思想基礎。李大釗則說得更加明確，他指出：「看那二千餘年來支配中國人精神的孔門倫理，所謂綱常，所謂名教，所謂道德，所謂禮義，那一樣不是損卑下以奉尊長？那一樣不是犧牲被治者的個性以事治者？……孔門的倫理是弟子完全犧牲他自己以奉其尊上的倫理，孔門的道德是與治者以絕對的權力，責被治者以片面的義務的道德。」④只盡義務沒有權利，只有服從沒有獨立，只有尊卑沒有平等，只有奴性沒有個性，這就是傳統道德的基本特徵。它只能造成權力和權利的分離，使統治者擁有絕對權力，使被統治者只有片面的義務。也就是說，傳統道德具有維護專制制度的功能，而沒有造就獨立人格的功能。這就是五四的先驅們所說的「倫理政治」。

因此，如果不從根本上掃除這種道德，就不可能摧毀封建專制和獨裁，也不可能實現眞正的民主，卽使表面上實現了，也不可能持久，而且會發生復辟的嚴重悲劇。事實上已經發生了。辛亥革命建立了民主共和，但接着就發生了張勳、袁世凱的兩次復辟。這兩次復辟雖然沒有成功，但是由於道德的覺悟沒有解決，封建專制的根基並沒有動搖，軍閥混戰之所以出現，與此有直接關係。在這種歷史背景下，五四運動發生了。當時的先驅者們從事實中認識到，只有把傳統道德「洗刷得乾乾淨淨」，剷除這個牢固的根基，建立「獨立自主之人格」（陳獨秀語），才能實現眞正的民主。在陳獨秀等人看來，實現民主已成爲不可阻擋的歷史潮流，但倫理道德的覺悟卻還沒有被人們所認識，現在的問題就是解決倫理問題，進行「道德革命」。「自西洋文明輸入中國，最初促吾人之覺悟者爲學術，相形見絀，擧國所知矣；其次爲政治，年來政像所證明，已有不克守缺抱殘之勢。繼今以往，國人所懷疑莫決者，當爲倫理問題。」「吾敢斷言曰：倫理的覺悟，爲吾人最後覺悟之最後覺悟。」⑤之所以成爲最後覺悟之最後覺悟，是因爲倫理和道德覺悟是最深刻的覺悟，是人的意識深層領域裏的覺悟，這實際上是要解決人的問題，而人的問題是一切社會問題中最基本的問題。這確是人本主義的啓蒙運動，但是，它又有更直接的現實目的，這就是通過人的覺悟，實現民主政治。

就道德批判而言，五四運動的深刻之處，在於他們把這種批判深入到國民性的解剖，以喚醒民衆的自我覺醒，認識到傳統道德的危害。由於傳統道德已深入到人們的意識，變成一種心理深層的思維方式和行爲方式，要進行批判是很困難的。魯迅把它比之爲「吃人」道德，使人民變成供桌上的祭品，被人吃了而不自覺，因此他發出「救救孩子」的呼喊。吳虞也指出，「我們中國人，最妙是一面會吃人，一面又能夠講禮教⑥。」可悲的是，被人吃了，還認爲這是道德的。一面吃人，一面卻又講道德，這就是傳統道德所造成的惡果。這樣的道德當然與民主無緣。

他們認爲，這種以絕對依附性和奴性爲特徵的道德，是由封建社會的家族制度決定的，以農業自然經濟爲基礎的家族制度，是傳統道德的眞正的社會基礎。家長制是它的眞正本質，「孝」是它的核心觀念，無條件地絕對服從則是它的最高原則。所謂「不孝有三，無後爲大」，就是使這種制度得以延續。維護家長統治，這是家族制度的根本功能，維護封建專制制度，則是傳統道德的功能，因爲傳統道德中的另一個核心觀念「忠」，僅僅是「孝」的「推廣」或「放大」而已。因此，道德革命必須從「家庭革命」開始（吳虞語），只有衝破家族倫理的束縛，實現個性解放，才能實現民主，推進社會的前進。這又反映了當時的歷史特點，完全符合中國的實際。

五四用以代替家庭倫理、傳統道德的，便是代表近代工業社會價值觀的「個人本位主義」，即個人的自由、平等權利和獨立人格，也就是用個體的獨立意識和自由意志代替傳統的群體意識和服從意識。這是「道德革命」的本質所在，也是建立民主政治、確立民主意識的需要。陳獨秀明確提倡「個人之自由權利」和「個人平等」⑦，提倡以個體利益爲基礎的「自利主義」，亦即所謂「個人主義」。但這決不是主張「極端自利主義」，或極端的利己主義。他明確提出，要把「自利」和「利他」、「利己」和「利人」結合起來，並以此作爲新道德的基點。魯迅則接受了尼采哲學，宣傳個人意志自由和個性獨立。胡適所宣揚的實用主義，在價值觀上，實際上也是一種個人功利主義，當然，實用主義還有更廣泛的意義，還有認識論的含義，它本身就是企圖把眞和善結合起來的一種學說。所有這些，被當時的國粹派斥之爲「全盤西化」，驚呼這樣下去將使傳統道德「蕩然無存」。但是，應當看到，他們所提倡的新道德，並不是西方所特有的價值觀，它實際上代表了近代工業社會以商品經濟爲基礎的價值觀，因而具有普遍性。它同以農業自然經濟爲基礎、以家族制度爲紐帶的傳統價值觀，不僅具有不同傳統，而且代表了兩個不同的歷史時代。中國要自立、要進步，必須實行價值觀的根本轉變，必須確立以個人的獨立意志和獨立人格爲基礎的道德觀。這是五四先驅們所作的重要貢獻。正是這種尊重個人權利的價值觀，同近代民主是完全適應的，也是建立民主政治的重要條件。

二、

五四時期的先驅們，並沒有完全否定傳統，拋棄傳統，他們的愛國主義和憂國憂民之心，就是繼承了中華民族的優秀傳統。他們懷着强烈的愛國心和歷史責任感，提出「道德革命」的口號，是爲了喚起人民的覺悟，挽救民族危亡，建立民主政治，推動中國社會的進步，其現實的社會目的是非常明顯的。但他們在解決民主與道德的關係問題時，只强調問題的一個方面，卽「道德革命」對於民主政治的强大作用，却忽視了另一面，卽民主對於道德啓蒙的重要作用。因爲道德和民主決不是單向的因果關係，而是雙向的甚至多方位的有機聯繫。對五四運動而言，要提倡「道德革命」，就必須進一步解決民主與道德的關係問題，卽通過民主建設爲「道德革命」開闢道路。從一定意義上說，只有確立民主意識，建立民主政治，才能實現眞正的道德覺悟。追求自由、獨立，這是人類的最高理想，但是必須運用一定的手段，通過一定的途徑，才能保證其實現。民主就是這樣的手段，也是這樣的途徑。沒有民主，就談不上有什麼獨立和自由。在中國，强大的專制制度統治了幾千年，僅僅通過倫理的批判，是不可能建立民主政治的，也就是說，不能通過道德價值自身的轉變，使專制制度自行消失。

道德革命決不是孤立的，它是整個文化啓蒙運動的組成部分。把倫理覺悟說成最後覺悟，這本來是正確的，也是深刻的。但在中國，問題還有更重要的一面，這就是中國歷來是一個政治專制的國家，中國的社會是政治一元化的社會，它和歐洲那種政治、宗教二元化的社會有很大區別。在中國只有倫理而沒有宗教，只有倫理文化而沒有宗教文化，正是在這樣的文化結構中，倫理道德始終依附於政治，與政治合而爲一，形成所謂「政治倫理」的格局。儘管有學者認爲，中國的儒學就是宗教，或準宗教，但這都不是眞正意義上的宗教倫理。這同西方有很大的不同。在西方，倫理不是從屬於政治，而是從屬於宗教，故稱之爲「宗教倫理」。但是，當西方的啓蒙運動以理性精神批判了教會等級制和宗教迷信之後，倫理道德也就獲得了解放，實現了倫理革命。在中國則只有政治倫理而無宗教倫理，而封建政治的根本特點則是高度的專制集權，這就決定了倫理道德必然成爲以服從君權爲核心的政治倫理。「臣罪當誅，天王聖明」，這種根深蒂固的觀念，不僅是政治原則，而且是倫理信條。在西方中世紀，教會勢力與封建君主制度相抗衡，一方面是教會等級制，另方面是政治要求獨立，這種倫理和政治的二元化結構，保證了倫理對政治的制衡和獨立性。人們都說，歐洲中世紀是一個漫長的黑暗時期，實際上並不盡然，它也有歷史的進步性，這一點已有人指出。且不說「上帝面前人人平等」，已成爲西方文化的傳統，就道德信仰而言，除了對上帝的信仰和服從之外，並沒有對政治權力的絕對服從，何況西方的宗教改革，實際上是一次自我批判的思想運動，在很大程度上容納了人本主義思想，後來的啓蒙運動，不僅使倫理獲得了獨立，而且建立了普遍的民主制度，從而促進了倫理道德的深刻變革。一方面是民主的制度化、程序化，保證了公民的民主權利；另方面是科學與理性精神的發揚，並確立了人本主義原則。「上帝死了」之後，便意味着人的地位的眞正提高，並且出現了用實證方法研究倫理道德的新思潮。

中國則完全相反，既沒有宗教運動，也沒有宗教改革，政治是唯一强大的社會統治勢力，沒有任何勢力能夠與中國的專制政治相抗衡。中國的倫理道德固然是建立在農業自然經濟基礎上的家族倫理，但它絕不能離開專制政治的支配而存在，皇帝代替了上帝，君權至上是它的根本原則。代表道德的最高權威是「聖王」，而不是家長。如果說先秦時期有所謂家族倫理，孟子提倡過父重於君，孝大於忠，那麼，秦以後的家族倫理則發生了根本變化，變成了眞正的政治倫理。封建時代的思想家雖然提倡過「道統」思想，並用「道統」支配「治統」，但事實上不僅不能實現，而且「道統」最終不能不服從於「治統」，並依靠治統而存在。因此，在中國不僅是倫理決定政治，而且是政治決定倫理，從家族社會的意義上說，是忠以孝爲本，但從政治一元化的意義上說，則是孝以忠爲本。這就是傳統道德的眞實命運。所謂「以孝爲本」，歷來被統治者所提倡，確實發生過無數殘害人性的事，正如魯迅所說，節烈之類，「只要平心一想，便覺不像人間應有的事情，何況說是道德」⑧。但節烈也罷，孝也罷，都是爲了忠。因爲最終決定尊卑上下等級關係並加以鞏固的，不是別的，正是强大的專制制度。當忠、孝不能兩全時，毫無例外應以孝服從忠，這就是明顯的事實。

在中國沒有上帝，只有聖人，但聖人僅僅是道德理想的化身，並不具有實際權威。中國的傳統道德提倡理想人格，理想境界，主張道德直覺和自我超越，但又不能離開現實人生，個人必須從屬於社會群體或整體，而整體利益高於一切。代表這個整體的，不是別的，正是所謂「聖王」。上帝作爲信仰的對象，是人造出來的，人既然可以造出上帝，也可以宣布它不存在，但「聖君」却是現實的統治力量，必須崇拜，必須服從。因此，政治倫理不像宗教倫理那樣，可以通過宗教改革、啓蒙運動走上自我解放的道路，並由此產生人人自由、平等的獨立意識和獨立人格，而是把人們束縛在特定的等級關係中，只能產生以服從爲信條的群體意識和整體意識。等級關係既是政治關係，又是倫理關係，等級觀念就是道德觀念。這種所謂「內化」了的道德意識，從另一個意義上說，只能是外在的他律，而不是內在的自律。「聖王」作爲道德的化身，他的命令就是絕對律令。傳統道德固然提倡和强調主體性，提倡道德自律，並且規定了成仁成聖的方法（卽直覺體驗法），但在以服從外在權威爲前提的倫理關係中，這種主體性和自主性實際上失去了它的價值，更不可能產生個體人格。這是傳統道德不可克服的矛盾。

因此，要實現眞正的自主和獨立，除了繼續批判家族倫理，更重要的，還要徹底批判封建專制主義，徹底剷除封建專制制度，把倫理道德從政治中解放出來。只有這樣，才能實現人的解放，也才有可能談論傳統道德的繼承、發揚和轉換這類問題。五四的一個侷限性，就在於沒有從批判專制，實現民主入手，解決倫理覺悟或道德革命的任務，更沒有提出實現民主的實際措施和方案。因爲在當時的中國，既沒有現實的民主機制和程序，又缺乏普遍的民主意識，封建專制的本質並沒有改變。五四批判家族倫理取得了很大成果，許多青年走出了家庭，走向社會，尋求個性解放和意志自由，但是不久他們發現，走出了家庭的小群體，却進入了一個「放大」了的大群體，因爲沒有也不可能擺脫强大的政治統治勢力。這說明，五四批判傳統道德的啓蒙運動，又一次陷入了兩難境地。

倫理和政治的分離，既是道德進步的需要，也是政治民主的需要。但這必須通過民主建設才能實現，過分强調道德的決定作用，在任何時候都是錯誤的。

三、

現在，人們都在談論傳統文化、傳統道德的轉換問題，如果說轉換，那麼，這將是一個根本性的轉換，卽從根本上改變舊的價値系統，建立以「個人解放」（馬克思語）爲軸心的新的價値系統，只有在這個新的價値座標上，才有可能談論繼承和發揚傳統道德的問題。傳統固然不能隨意扔掉，但是完全可以改變，也可以創造。如果一味固守傳統，反而會喪失傳統中活的生命力；如果不進行價値系統的根本轉變，要實現所謂道德尊嚴，理想人格，只能是一個良好的願望。

這裏當然有普遍性和特殊性的問題，但不能簡單地說，强調普遍性就是西化派，强調特殊性就是新儒家。新儒家提出由傳統道德開出現代民主，即由「內聖」開出「外王」，固然行不通，但他們尊重民族傳統，尋求問題的解決，同樣是新文化運動的產物，本無可厚非。同樣地，實行價值系統的根本轉變，並不等於全盤西化。事實上，任何普遍性都是特殊的普遍，比如西方民主具有西方的特點，東方民主具有東方的特點，不可能完全一樣，但現代民主卻是全人類的歷史潮流，因而具有普遍性。同樣地，任何特殊性都不能脫離普遍性，如果離開人類文化發展的共同性，談什麼特殊性，那麼它將根本無法存在，更何況說是走向世界。

五四批判專制，提倡民主，批判傳統道德，提倡個性解放，並不等於否定一切傳統，也絕不意味着道德的淪喪。實際情況是，五四所批判的，正是傳統道德中最保守落後的東西，五四所否定的，是傳統文化的價值系統，雖然有過激之處，但不能忽視五四的理性與科學精神。事實證明，封建傳統文化包括傳統道德，不是批判多了，而是批判得很不夠。

中國近代化的進程，是一個十分艱難曲折的過程，五四對傳統道德的批判，由於各種的原因，並沒有取得應有的成果，從某種程度上說，由於政治鬥爭而中止了。建國以來，本應繼續這個工作，並同民主建設同時進行，但由於「極左」的影響，展開了對資產階級的全面批判，實際上放棄了對封建傳統的批判，結果出現了新的政治倫理。由於把批判資產階級始終放在第一位，並把道德批判與政治批判捆在一起進行，終於演出了十年「文化大革命」的悲劇。這個悲劇的實質是，在所謂「文化革命」的口號下，大行封建專制之實，並造成封建道德的大肆泛濫。所謂「公」，所謂「忠」，不正是封建傳統道德中以服從爲信條的整體意識嗎？不正是一次奴隸道德的大表演嗎？在這種傳統道德觀念的支配下，所謂「義務」，所謂「奉獻」，只能是奴隸的義務，臣民的奉獻。所謂「集體主義」也只能被歪曲爲不要個人利益，只要服從群體，其根源仍然是傳統道德中的整體意識。

相反地，對於以個人自由、獨立爲價值取向的個體人格，却因不斷批判資產階級個人主義，資產階級自由化而諱莫如深，噤若寒蟬。應當指出，馬克思關於「個人解放」的思想和人道主義思想，絕不僅僅是一個遙遠的理想，而是在批判西方文化傳統的基礎上提出的現實的口號，因而具有普遍意義。但是，這些在我們的道德觀念中還遠沒有樹立起來，更沒有在廣大民衆中樹立起來。因此，當前的首要任務是發揚五四的批判精神，進一步肅清以依附意識爲特徵的政治倫理，樹立以個體自由、獨立人格爲標誌的新的道德價值，使人成爲眞正獨立的人，而具有人的尊嚴。

要實現這一點，必須批判政治倫理的傳統觀念，進行切實的民主化改革。只有建立民主體制，才能使倫理道德走上獨立發展的道路，形成眞正的獨立人格。所謂獨立人格，與民主權利是不可分開的。在一個沒有民主的國度裏，不可能有道德的眞正進步，更不要說人的全面發展。政治民主化的改革，不僅是商品經濟發展的需要，而且是道德進步的需要。只從道德價值觀上進行啓蒙，雖然是非常重要的，但又是遠遠不夠的。五四之所以未能完成道德革命的任務，原因就在這裏。

任何道德都是同一定的社會經濟、政治、科學、文化聯繫在一起的，是同人的實踐活動相連的。這裏，經濟的因素絕不可忽視。從一定意義上說，社會經濟結構的變革是道德變革的最深刻的根源，商品經濟是從群體意識向個體意識，依附人格向獨立人格轉變的重要條件，而民主政治和獨立意識又是商品經濟發展的重要保證。不是經濟決定論，也不是意識形態決定論，更不是政治決定論，而是經濟、政治、文化互爲因果又互相促動的整體性變革。改變政治倫理的格局，絕不是意味着政治無足輕重，而是改變政治支配倫理的結構，使新道德在民主法治的保障下產生。民主政治的實質，是通過民主機制和程序保證人民的民主權利，包括經濟權利和政治權利，這就需要實行法治。法治和民主是同時存在的，也是民主的制度化。商品經濟不受政治權力的支配和干預，但是需要政治權力的調節，如果沒有與之相適應的民主政治，商品經濟的發展必然受到嚴重阻礙，因而也就不可能實現道德的進步。這又一次說明，不管從直接或間接的意義上說，民主對於道德來說，絕不是可有可無，而是必不可少。換句話說，要實現人的最後覺悟，必須伴隨民主政治的建設。

就科學、民主與道德的關係而言，還要進一步提倡理性精神。五四提倡科學，批判愚昧、迷信和盲從，如同提倡民主批判專制一樣，對於道德啓蒙具有十分重要的作用。無論民主法治，還是道德啓蒙，都需要科學的理性精神。現在有人反對科學至上，科學萬能，這是對的，科學永遠不能解決所有問題，更不能解決道德價值問題。但科學的理性精神却是非常重要的，甚至是普遍適用的，它不僅適用於自然科學，而且適用於人文科學，包括倫理道德。現在不是理性精神太多了，而是太缺乏。科學理性固然不能代替一切，不能代替文化價值觀，但是選擇什麼樣的價值觀，必須建立在理性認識和理性分析的基礎上。

中國的傳統道德是一種情感型的形而上學，以道德情感爲基礎，以自我直覺、自我體驗爲方法，以自我超越的整體境界爲目的。這種道德理性（即實踐理性）强調主體的情感意向，缺乏理性認識和邏輯分析，雖然提倡眞與善的統一，但它所謂眞，在很大程度上是一種眞實情感，是一種價值需要和價值追求，善就是眞。五四的批判突破了這一點，但從某種意義上說，又是繼承了這個傳統，即偏重於情感意向而較少理性分析。今天，我們應當自覺地發揚理性精神，分析道德中的各種問題，包括實證研究。

比如功利和理想、個體和群體的關係問題，就需要理性認識加以解決。在當今所謂道德的困惑中，既不應該迴避功利，也不應該迴避個人，把功利和理想、個人和整體對立起來，這是傳統道德特別是儒家道德的最大缺陷，因而被專制政治所利用。問題不在於有無功利，有無個人，特別在發展商品經濟的情況下，必須承認功利和個人的存在，這也是道德啓蒙的眞正起點。問題在於，如何按照理性原則處理二者的關係。不重視功利而高談理想，只能導致道德的虛僞性，不重視個人而强調整體，只能扼殺個性和人的創造性。但承認功利，絕不是不要理想，承認個性，並不是不要整體。這裏必須把功利和理想、個人和整體結合起來，統一起來。這也不是「中庸」所能解決的，它必須運用理性的認識和分析。總之，只有在民主的空氣下，才有獨立人格的發展，只有建立在理性基礎上的自我意識，才有道德的眞正覺悟。

在社會轉型時期，科學、民主和道德，應該同步發展，絕不可陷入道德決定論的傳統思維，更不可回到政治倫理的格局。如果沒有民主和科學理性精神，道德就會出現嚴重的分裂，一方面是空洞的道德說教，另方面則是利己主義的橫行，所謂道德的危機，應該從這裏得到說明。

註釋：

①陳獨秀：《吾人最後之覺悟》。
②陳獨秀：《舊思想與國體問題》。
③易白沙：《孔子評議》。
④李大釗：《由經濟上解釋近代思想變動的原因》。
⑤同註①。
⑥《吳虞文錄》卷上。
⑦陳獨秀：《東西民族根本思想之差異》。
⑧《魯迅全集》第一卷，第二三九～二四〇頁。

論五四運動與中外文化交融

北京大學　王曉秋

五四運動從宏觀上考察，可以說是集愛國救亡、思想啓蒙、文化革新於一體的偉大的民族覺醒運動。它高擧起反帝反封建的旗幟和民主與科學的火炬，在中國人民革命史和中華民族文化發展史上，譜寫了劃時代的篇章。

「五四」時期，在中國的文化思想領域，出現了一個空前活躍狀觀的中外文化交融的高潮。外來文化如滾滾浪潮，洶湧而入。中國知識青年如飢似渴地吸收新思想，如痴如醉地迷戀新文化。各種主義、學說、流派，百家競起，異說爭鳴。幾年之間，中國簡直成了一個世界文化交融的大舞臺。

爲什麽「五四」時期會產生這樣的文化現象？它爲我們提供了哪些寶貴的經驗教訓？對今天建設中國社會主義現代化的新文化又有什麽啓示？本文試圖運用文化發展的理論，對這些問題加以初步的探討。

一、文化交流與開放機制

縱向流傳和橫向交融是文化發展的兩個基本特徵。也就是說任何一個國家和民族文化的發展，一方面要依靠自身文化的不斷積累、進步，即對傳統文化的繼承、批判和發揚。而另一方面，它又絕不能是孤立封閉式的自我繁殖，還需要外來文化的不斷補充、豐富，即對外國文化的吸收、借鑒和融合。這兩者是相輔相成、缺一不可的。

橫向交融主要通過文化交流，它是文化發展和社會進步的巨大動力。文化交流能推動不同國家、民族之間的文化互相吸收營養、借鑒經驗，取長補短，創新發展。它既能維繫世界文化發展的連續性，又能調節各國文化發展的不平衡性。

進行文化交流首先需要克服文化隔離機制（包括地理、社會、心理等各種因素），實現文化開放機制。

五四時期之所以會出現中外文化交流的高潮，這是歷史和時代的大勢所趨。二十世紀初經過第一次世界大戰，特別是一九一七年俄國十月革命，開創了人類歷史的新紀元，社會主義、馬克思主義和無產階級革命已成爲一股洶湧澎湃的世界新潮流。北京大學學生刊物《新潮》在一九一九年一月出版的創刊號上曾對此作了極其生動的描繪：「却說現在有一股浩浩蕩蕩的世界新潮」，以俄羅斯革命爲起點，由東歐進入中歐、西歐，波及美洲，影響非洲，經印度洋，「進太平洋而來黃河日本海"。由於所經洋面最大，所遇障碍最多，「所以潮流的吼聲愈響，浪花的飛騰愈高」①。這股洪流已經席捲中華大地。一九一七年七月湖南出版的《湘江評論》發刊詞中也有形象的描述」「時機到了，世界的大潮捲得更急了，洞庭湖的閘門動了，且開了；浩浩蕩蕩的新思潮業已奔騰澎湃於湘江兩岸了。順他的生，逆他的死。」②

中國內部也存在接受外來新思潮的條件和要求。辛亥革命推翻了清王朝和君主專制，民主共和觀念深入人心，而帝國主義與北洋軍閥勾結成的嚴重民族危機和尊孔復古逆流，促使進步的中國人放眼世界，迫不及待地尋求救國救民的新思想武器。浙江《雙十》半月刊《創刊宣言書》大聲疾呼：「諸位！舊思想的末日到了，人類解放期就在目前了！假使再不趁此吸收些『新』的學識，那麽現在二十世紀上就要天演淘汰。」③《新潮》也明確指出：「今處中國於世界思想潮流，眞不啻自絕於人世！」④這正是當時廣大中國知識青年的心聲。

中外文化交流的主體、中國知識分子的變化也是形成開放機制的重要因素。清末學制改革以來，隨著新式文化教育事業的發展，中國近代新型知識分子在逐步成長壯大。他們不同於那種政治上依附型、知識結構封閉型的舊式士大夫，而是具有初步新文化科學知識素養，强調自立意識和社會責任感，富於批判精神，進取心理和開放意識的新型知識分子。據《第一次中國教育年鑒》統計，一九一七年全國已有大中小學十幾萬所，學生四百萬人左右⑤。儘管在全國四億多人口中僅佔百分之一，然而畢竟形成了一個新型知識分子群體，充當了五四運動的骨幹力量。

尤其值得指出的是近代新型知識分子中的留學生成爲溝通中外文化的重要橋樑。在二十世紀初，先後有三次留學外國的熱潮。最初是留日高潮，一九〇六年前後最多曾達七、八千人，一九一九年尚有三千四百多人⑥。辛亥革命後又掀起留美熱潮，一九一八年已達一千一百多人。五四前後還出現留法勤工儉學高潮，一九二〇年也有一千六百多人⑦。這些留學生在國外直接接觸和吸收外國文化，眼界開闊，思想開放，又有一定外語能力，因此成爲傳播外來文化和促進中外文化交融的先鋒骨幹力量。其中一些人成爲五四新文化運動的領袖人物或活躍分子。如留學日本的李大釗、陳獨秀、魯迅、錢玄同、周作人、高一涵、郭沫若、郁達夫、沈雁冰等人；留學美國、英國的胡適、傅斯年、羅家倫等人；留學法國、德國的蔡元培、劉半農、蔡和森、周恩來（先留日）等人。

文化交流需要開放與民主自由的文化環境與氛圍。當時雖然還處在北洋軍閥反動統治之下，但在某些地區和學校却形成了較好的「小氣候」，其中最突出的就是北京大學。自從一九一七年蔡元培任校長以後，北大實行了「兼容並包」的開放方針。蔡元培在北大的第一次演說就明確宣布：「我對於各家學說，依各國大學通例，循思想自由原則，兼容並包。」⑧這個方針在當時封建思想佔統治地位的條件下，具有爲新文化思潮開拓道路的重大進步意義。蔡元培還積極聘請具有新思想的學者陳獨秀、李大釗、胡適、魯迅、劉半農、錢玄同等來北大任教。除了在講壇上傳播新思想外，還出版刊物，組織社團，舉行演講、開展辯論。生氣勃勃的北京大學成爲中國新文化運動的搖籃，也形成中外文化交融的重要園地。

通過報紙、期刊、書籍來翻譯介紹外國新文化新思潮，是五四時期中外文化交流最主要的方式。五四前後各種新刊物的創辦如雨後春筍，多達三、四百種，而且多數刊物都宣稱以介紹新思潮和改造社會爲自己的宗旨。因此各報刊都大量刊登國外各種思潮流派和外國文學作品的譯著與評介文章。少年中國學會南京分會編輯的《少年世界》的發刊詞聲明：「本刊所記的事實，不是以中國爲範圍，是以世界爲範圍。要把中國人村落的眼光改變方向，直射到世界上去。」⑨很多報刊都競相出版、介紹外國文化思想的專輯。如《新青年》有《馬克思研究專號》、《易卜生號》。《新潮》則出版了《一九二〇年名著介紹特號》，集中介紹了愛因斯坦、杜威、羅素、威爾斯、柏格森、韋勃、華特生等人的著作。《晨報》副刊的譯叢欄曾刊載了馬克思《勞動與資本》、河上肇《馬克思的唯物史觀》、羅素《哲學之價值》等譯文，以及介紹馬克思主義、德國康德主義、尼采超人哲學、俄國托爾斯泰泛勞動主義、日本吉野作造的民本主義的文章。據統計從一九一八年至一九二三年共翻譯介紹了三十多個國家的一百七十多位外國作家的文學作品，《新青年》和《晨報》副刊刊登俄國作家契訶夫、屠格涅夫、托爾斯泰等人的小說就有四十八篇，法國作家莫泊桑的小說也有二十六篇⑩。此外這個時期還出版了大量外國社會科學、自然科學和文藝作品的譯者和譯文集。

人員交往也是中外文化交流的重要途徑。除了中國人出國留學訪問、考察、遊歷、出使以外，也有外國學者、作家、記者、傳教士來華講學、訪問、遊歷。其中對中國思想界影響最大的是美國人杜威和英國人羅素。杜威是美國著名實用主義哲學家，一九一九年五月應其學生胡適之邀來華講學，先後在上海、南京、北京、湖南、廣東等十幾個省市講演，當時《新青年》、《新潮》、《晨報》副刊等報刊都大量刊載其講演消息和內容。《杜威五大講演錄》二年間即再版十次之多。杜威自稱：「我今把美國頂新的文化拿到頂古的文化國中來談談。」⑪這種資產階級實用主義思潮雖然風靡一時，却不能根本解決中國的社會問題。因此不久就風去雲散沒有多少市場了。另一位是英國新實證主義哲學家羅素，一九二〇年九月應北京大學等校邀請來華，曾在北京、江蘇、湖南等地演講，宣揚包含勞資調和等內容的「基爾特（即行會）社會主義」《新青年》、《晨報》、《時事新報》、《東方雜誌》也紛紛刊登其講演和文章。

五四時期，中外文化交流的規模之大，翻譯介紹外國學說、著作、文學作品之多，在中國歷史上是空前的。

二、文化衝突與選擇機制

如上所述，五四時期形形色色的外國思想文化如潮水般地湧入中國。除了馬克思主義以外，從十八、十九世紀的歐洲啓蒙思想、民主主義，到二十世紀西方帝國主義鼓吹的新康德主義、新實證主義，從普魯東，克魯泡特金的無政府主義到美國杜威的實用主義、美國羅素宣揚的基爾特社會主義、日本武者小路篤實的新村主義、俄國托爾斯泰的泛勞動主義等等，幾乎當時在東西方流行的各種五光十色的外國思想流派都一齊登上了中國的文化思想舞臺，使五四時期的中國青年感到目眩眼迷，究竟哪種思想武器、哪條道路才能救中國呢？一度使他們陷入了迷惑的境地。

毛澤東一九二○年三月十四日給周世釗的信中，曾表示「現在我於種種主義、種種學說，都還沒有得到一個比較明瞭的概念⑫。」即使是對於社會主義，在當時青年們的頭腦裏也是一個相當龐雜模糊的概念。瞿秋白的一段回憶十分典型，他說：「社會主義的討論，常常引起我們無限的興味。然而究竟如俄國十九世紀四十年代的青年思想似的，模糊影響，隔着紗窗看曉霧，社會主義流派、社會主義意義都是紛亂、不十分清晰的。正如久壅的水閘，一旦開放，旁流雜出，雖是噴沫鳴濺，究不曾自定出流的方向。其時一般的社會思想大半都是如此。」⑬

在這種情況下需要實行文化選擇機制，即在文化封閉狀態被打破，面對新文化的挑戰或原生文化環境發生變更、出現文化危機的時候，如何在多種文化模式中進行選擇，建立新的文化環境。

文化選擇有各種類型。穩定選擇要求保持文化傳統的基本特性，這是一種保守性的選擇，「中體西用」原則就是穩定選擇的表現，它嚴重阻礙了與外來文化的交融。

五四時期較普遍的是歧化選擇，由於不同的人對不同外來文化因素各有取捨的傾向性選擇，造成了原生文化內部的多樣性歧化。這是一種不成熟的選擇。

定向選擇則是導致原生文化基本特性定向變化的選擇。即向某些數量雖少但與發展趨勢相一致的理想型文化變異體靠攏。這是一種積極的但又是困難的選擇。

對於各種外來思潮與文化究竟怎樣分析和選擇呢？

《〈新潮〉發刊旨趣書》指出四點：一是要了解今日世界文化發展階段；二要掌握現代思潮的發展趨向；三是明確中國現狀與現代思潮的距離；四是考慮用什麼方法「納中國于思潮之軌」。他們認爲只有這樣才能自覺地引導中國「同浴於世界文化之流也」⑭。《少年世界》發刊詞也提出了改造中國與世界的三個步驟：「第一步，本科學精神，研究現代思潮，使中國人對于現代思潮的趨勢有一個明確的觀念。第二步，詳細記載由現代思潮演成的事實，給中國人一種更深的刺激。第三步，根據思潮和事實的趨勢，草一個具體的改造中國的方案。」⑮

在選擇過程中首先要理解和掌握新思潮或新文化流派的內容和實質。社會主義是當時人們公認的新思潮，可是不少文章却把普魯東、巴枯寧、克魯泡特金的無政府主義，歐文的合作主義，武者小路篤實的新村主義，托爾斯泰的泛勞動主義，羅素的基爾特社會主義，伯恩斯坦的社會民主主義等流派都當成社會主義思潮來介紹宣揚。《新潮》的一篇文章甚至把資產階級民主主義和社會主義混爲一談，認爲「無大區別」⑯。

對於馬克思主義的誤解和曲解就更多了。有人聲稱「布爾失維克主義是兼有馬克司、克魯泡特金、托爾斯泰三人的主義」⑰。即使在《新青年》「馬克思研究專號」上發表的文章也並不是都擁護馬克思主義的。除了李大釗的《我的馬克思主義觀》確是比較科學地宣傳了馬克思主義的主要組成成分以外，其他文章，例如顧兆熊（顧孟余）的《馬克思學說》一文是贊成伯恩斯坦修正主義的。凌霜（黃凌霜）的《馬克思主義批評》則是根據克魯泡特金的無政府主義來批評馬克思主義的。

因此翻譯研究社會主義和馬克思主義的經典著作，領會掌握其精神實質非常重要。爲此，一九二○年十二月李大釗倡導成立了「北京大學社會主義研究會」，以「集合信仰和有能力研究社會主義的同志，互助的來研究並傳播社會主義思想」爲宗旨⑱。方法是編譯社會主義叢書、社會主義研究集，發表論文和作講演宣傳。一九二一年十一月在李大釗指導下又公開成立了「北京大學馬克斯學說研究會」（實際上一九二○年三月已秘密組成），「以研究關於馬克斯派的著述爲目的」⑲。研究會收集購買有關馬克思主義的各種文字著作和文獻，並提供會員借閱。還組織會員合作翻譯了《共產黨宣言》和《資本論》第一卷。研究會定期舉行討論會和演講會，還成立了唯物史觀、階級鬥爭、剩餘價值等十個專題組，進行深入的專題研究。

有比較才有鑒別。北京大學馬克斯學說研究會曾組織了題爲「社會主義是否適宜於中國」的兩天大辯論會，最後由李大釗作總結。一位原來反對社會主義的北大學生說：「李先生以唯物史觀的觀點論社會主義之必然到來，眞是一針見血之論，使我們再也沒話可說了。」⑳李大釗等中國早期馬克思主義者還通過與胡適等人的問題與主義論戰，與無政府主義者的論戰以及與張東蓀等關於社會主義問題論戰，同改良主義、無政府主義及形形色色的空想社會主義、機會主義劃清了界綫，加深了對科學社會主義與馬克思主義的理解，使其在中國廣泛傳播，成爲後期新文化運動的主流。一九二三年十二月十七日北京大學二十五周年紀念日，北大平民教育講演團曾舉行過一次民意測驗。當問到「現在中國流行關於政治方面的各種主義，你相信哪一種？」時，被調查的四百二十六個男學生中，社會主義獲得二百零三票，其他主義如三民主義得一百零三票，民主主義只有五十一票，合作主義僅一票。而被調查的三十位女學生中竟有二十二票贊成社會主義，佔絕對優勢㉑。可見這是當時中國青年進行定向選擇的結果。

三、文化融合和整合機制

中外文化交融的一般過程是通過交流、碰撞、衝突逐步達到理解和溝通，在理解溝通中進行選擇、調適，最後實現會通和融合。這是一個不同文化接觸後，相互作用、影響、吸收，雙方融合而產生新的文化體系的過程。

這裏涉及中國文化與西方文化，或者說傳統文化與現代文化的關係。由於異質文化接觸後的衝突，五四期間中國思想學術界曾展開一場激烈的中西文化大論戰，其中觀點五花八門。那些妄自尊大，盲目排外者，自然反對中外文化融合。而固守本位文化，堅持中體西用者也是拒絕融合。有些企圖用中國文化壓倒或代替西方文化的論點更是不切實際。而鼓吹全盤西化論者則走向另一個極端，同樣不利於文化融合。至於宣揚東西文化調和論者實際上却往往閹割了文化融合的精神實質。

中外文化融合是一個文化整合（或稱綜合）機制作用的過程。這是在廣泛深入地開展文化交流，深刻理解傳統文化與外來文化本質的基礎上，揚棄與重組主體原有的文化結構。既保留本民族文化的優秀成果和合理因素，又吸收外來文化的精華，從而把本民族文化提高到世界先進文化所達到的時代水平。文化融合絕不是簡單的引進、模仿或調和，而是經過文化整合，熔中外優秀文化因素爲一體，對中國文化進行改造、重組、提高和再創造，建立起一種更能適應時代更有生命力的新文化體系。這是一個漫長艱苦的歷程。

五四時期只是現代中外文化融合的一個開端，然而已經取得了初步的效果。例如在思想領域，馬克思主義作爲一種外來新思潮傳入中國，就有一個如何與中國的國情、革命實際，文化土壤以及傳統文化相融合的問題。中國早期馬克思主義者最初由於理論素養不夠，對馬克思主義理解不深。他們通過認眞學習研究，尤其是在鬥爭實踐中，逐步成熟起來。如通過問題與主義的論戰，使他們認識到堅持用馬克思主義研究實際問題，推進中國革命的重要性。通過與無政府主義者的論戰，促使他們深入鑽研馬克思主義關於階級鬥爭和無產階級專政的學說。通過關於社會主義問題的論戰，又推動他們認眞分析中國的國情，不僅從理論上肯定了中國必須走社會主義道路，而且認識到必須深入到工農群衆和實際鬥爭中去。他們把馬克思主義與中國工人運動及革命實踐相結合，才有了一九二一年中國共產黨的誕生。中國共產黨在領導中國革命的過程中，經歷了無數艱難曲折，逐步實現馬克思主義的中國化，取得了民主革命的勝利。其間由於某些人用教條主義、機會主義曲解馬克思主義，曾使中國革命遭到重大損失。如何運用馬克思主義指導中國革命和建設的實踐，並在實踐中進一步豐富發展馬克思主義，都是十分艱鉅的任務。

再如在文學領域，五四新文學的先驅者們自覺地把借鑒外國文學作爲中國文學改革和創新的重要途徑，同時力圖把西方文學的精華與中國傳統文學的優秀成分融合起來，追求世界性和民族性的統一。

魯迅是從翻譯介紹外國文學開始其文學道路的，而且提倡積極主動吸收外國文化一切優秀成果的「拿來主義」。郭沫若曾這樣回憶他與外國文學的關係：「我接近了太（泰）戈爾、雪萊、莎士比亞、海涅、歌德、席勒，更間接地和北歐文學、俄國文學，都有了接近的機會。這些便在我的文學基底上種下了根，因而不知不覺的便發出了枝幹來。」㉒

五四時代的很多中國新文學作家對外國文學優秀遺產既兼收並蓄，又有所擇取，他們雖然也崇拜文藝復興，傾心於人文主義，尊崇易卜生、歌德。但是對他們影響最大的還是十九世紀俄國現實主義作家，如果戈理、屠格涅夫、契訶夫、托爾斯泰、高爾基等，成爲很多中國作家的「導師和朋友」。五四新文學的產生和發展正是這種中外文化融合的積極成果。

四、中國文化現代化的必由之路

五四時期的中外文化交融對中國文化思想和社會的發展，起到了巨大的推動作用，促使中國文化跨出了現代化的第一步。它改變了中國文化封閉保守的格局，空前規模地引進、吸收、借鑑外來文化，開創了文化開放的新局面。

在這個中外文化交流的熱潮裏，中國先進知識分子經過艱苦認眞的探索和選擇，終於在各種外國思潮中，找到了最銳利的思想武器──馬克思主義，認定了只有社會主義才能救中國，從而把新文化運動轉變爲傳播馬克思主義的思想運動。

通過中外文化的融合，中國文化吸取了外來文化的豐富營養，得到創新發展。在哲學、社會科學、自然科學、文學藝術的各個領域，都取得了重大的進步和成果。還出現了諸如李大釗、陳獨秀、蔡元培、魯迅、胡適那樣會通中西文化的文化巨人。並培育成長了一代文化新人，其中包括毛澤東、瞿秋白、周恩來、郭沫若、茅盾等後來爲中國革命和文化發展作出巨大貢獻的人物。

然而，五四時期的中外文化交融也存在不少局限和教訓。首先，當時的文化開放仍然受到北洋軍閥黑暗統治政治環境的嚴重限制，即使像北京大學這樣較有利的「小氣候」，也常常遭到反動政府的干擾破壞。其次，當時教育不普及、不發達，整個國民文化素質很低，中外文化交融只能在少數知識分子圈子裏進行，缺少群衆基礎。即使在知識分子中，因對中外文化交融的理論準備不夠，翻譯水平低，以至缺乏對外來文化的鑒別、消化能力，往往產生對外國思想文化生吞活剝地引進，一知半解地吸收，膚淺地理解，甚至造成誤解與曲解的現象，並常常帶有簡單化、教條化的傾向。

第三，在中外文化衝突與融合的過程中，對待中國傳統文化憤激批判有餘，而冷靜分析清理，理智揚棄、建設不足。有些人甚至對傳統文化全面否定，一概罵倒，主張全盤西化，取消漢字，走向了極端的民族虛無主義。這既不符合文化交融的發展規律，又傷害民族自尊，反而增加了文化革新的心理阻力。

五四時期中外文化交融的歷史經驗給予我們今天建設中國社會主義新文化什麽啓示？怎樣才能繼承發揚五四精神並超越五四呢？

中國的社會主義現代化應是全方位的現代化，其中文化的現代化是關鍵的一環。它關係到國家的社會主義精神、文明建設以及國民的文化素質和思想觀念的現代化，制約着政治、經濟、國防、科技現代化的發展。因此，文化、教育和人的現代化，是實現社會主義現代化的前提和保證，絕不能輕視和滯後發展，而應該放在極其重要和優先的地位。

要以寬闊的眼界和宏大的胸懷面向世界，面向未來，堅持開放、改革。以各種方式和途徑大力加強中外文化交流，吸收人類一切優秀文化遺產與最新成果。要提倡文化思想和學術的民主自由，形成百花齊放百家爭鳴的生動活潑局面，創造中外文化交融的良好環境與氣氛。特別要重視發展教育，提高人民的文化素質和理論修養，加強馬克思主義指導下的哲學、社會科學、文學藝術的理論研究、創作和宣傳普及工作，只有這樣才能提高廣大群衆分析鑒別和理解消化外來文化的能力，選擇和吸收外來文化中的精華，捨棄批判其糟粕。

對於外來文化與民族文化，傳統與現代化的關係，應該樹立辯證統一的認識，克服形而上學、片面的觀點。要堅持馬克思主義基本立場觀點，根據現代化社會發展的需要，把外來文化與民族文化中的優秀成份有機地結合起來，經過文化整合，加以提高與再創造，使之發生文化突變，建立起無愧於時代和民族的中國社會主義新文化體系，培養出有高度文化的社會主義新人，並造就一批文化巨人。這就是中國文化現代化的必由之路，也是中華民族的希望所在。

註釋：

①羅家倫：《今日之世界新潮》，《新潮》第一卷一號，一九一九年一月一日。
②《湘江評論發刊詞》，《湘江評論》第一號，一九一九年七月十四日。
③《創刊宣言書》，《雙十》半月刊第一號，一九一九年十月十日。
④《發刊旨趣書》，《新潮》第一卷一號，一九一九年一月一日。
⑤陳學洵：《中國近代教育大事記》，二九五頁。
⑥二見剛史：《中國人日本留學史關係統計》，《日本國立教育研究所紀要》（九四）。
⑦李喜所：《近代中國的留學生》，二二四頁、二七四頁。
⑧蔡元培：《我在教育界的經驗》，《蔡元培選集》，三三四頁。
⑨《為什麽發行這本月刊》，《少年世界》第一號，一九二〇年十一月。
⑩朱德發：《中國五四文學史》，七九頁。
⑪《北京大學日刊》，一九一九年六月十八日。
⑫毛澤東致周世釗信，一九二〇年三月十四日，《新民學會通信集》第一集。
⑬瞿秋白：〈餓鄉紀程〉（一九二〇），見《五四運動回憶錄》（上册），八〇頁。
⑭《發刊旨趣書》，《新潮》第一卷一號，一九一九年一月一日。
⑮《為什麽發行這本月刊》，《少年世界》第一號，一九二〇年十一月。
⑯孟真：《社會革命—俄國式的革命》，《新潮》第一卷一號，一九一九年一月一日。

⑰ 瑞麟復峻雪信，《五七》第二期《通信》，一九二一年一月。
⑱ 《北京大學社會主義研究會通告》，《北京大學日刊》，一九二〇年十二月四日。
⑲ 《發起馬克斯學說研究會啓事》，《北京大學日刊》，一九二一年十一月十七日。
⑳ 朱務善：《回憶北大馬克斯學說研究會》，見《五四時期的社團》（二），二九五頁。
㉑ 朱務善：《本校二十五周年紀念日之民意測量》，《北京大學日刊》，一九二四年三月四日—七日。
㉒ 郭沫若：《我的學生時代》，《沫若文集》第七卷，一二頁。

「五四」東西文化爭論斷想

中國現代哲學史學會 傅雲龍

「五四」新文化運動在我國現代哲學與文化史上有着極其重要的歷史地位。特別是在這期間發生的關於東西文化問題的爭論，其規模之大，時間之長，在中國現代文化史上也是空前的。

歷史反復證明，文化問題上的改革、創新主張，往往就是政治上和經濟上變革的輿論準備和思想先導。在人類歷史的長河中，文化問題雖然決定於社會經濟基礎，但它一直能動地影響着社會政治，也能動地反作用於社會經濟。因此，建立什麽樣性質的文化，以及怎樣建立某種文化，就其實質而言，它所提出的也就是關於社會、民族、國家變革的性質與方向的問題。「五四」時期發生的東西文化爭論的歷史價值，就在於它從哲學和文化的高度提出了傳統中國向現代中國的走向問題。並且，基本上是以科學和民主精神作爲這種走向的參照系和價值標準的。所以，它使人們看到，在文化問題上始終存在着兩種傾向或導向：一種力圖保存舊形式而另一種則努力要求產生新形式，從而在傳統與改革，復制力和創造力之間存在着無休止的鬥爭。正是這種文化上的鬥爭，投給當時黑暗的中國以光明，眞正地牽動了剛剛從沉睡中醒來的中國人的心，對中國當時的政治走向，對中國現代的哲學和文化運動，發生了極其深刻的影響。

一種眞正的歷史眼光，如果沒有一個不斷修正的過程，是達不到的。因此，在五四運動七十周年的時候，反思「五四」時期東西文化之爭，對於我們從文化的視角方面考察整個國家是否需要改革和如何正確地進行改革，無疑是有意義的。

鴉片戰爭以後，中國的形勢發生了很大的變化。特別是在我國文化發展史上，雖然歷來存在着本土文化與外來文化的關係問題，但是，從此時期開始，却把東方文化和西方文化作爲對立的兩種性質的文化，進行分析、比較、評判和論辯。在一定意義上，西方文化已經構成一種在政治上、經濟上影響着中華民族存亡命運的力量。因此，當時東西文化的對立和爭論，不僅反映着清末民初中國思想界的動向，而且反映着當時中國整個社會的變化趨勢。

「五四」前後，這種文化上的論爭逐漸形成高潮，也並不是偶然的。因爲，辛亥革命雖然推翻了清王朝，並未能從政治上、經濟上摧垮封建勢力在中國的統治，更沒有能在思想文化領域裏戰勝封建勢力的統治。時至「五四」前夜，伴隨着政治上的復辟活動，文化上尊孔讀經的各種謬論紛至沓來，以孔子爲代表的傳統文化成爲復辟政治的反動文化綱領時，必然催使先進的知識分子進一步認識到思想文化領域鬥爭的重要性和緊迫性。當時，陳獨秀就曾指出：”自西洋文明輸入吾國，最初促吾人之覺悟者爲學術，相形見絀，舉國所知矣；其次爲政治，年來政象所證明，已有不克守缺抱殘之勢，繼今以往，國人所懷疑莫決者，當爲倫理問題。此而不能覺悟，則前之所謂覺悟者非徹底之覺悟，蓋猶在惝怳迷離之境」①。陳獨秀的這段話，儘管還不夠全面、準確，但基本上反映了先進知識分子對思想文化變革在社會變革、社會革命中重要地位和作用的認識逐次深入的過程。同時，它也表明，以《新青年》雜誌創刊爲標識而興起的「五四」新文化運動，既是作爲辛亥革命的補課形式而出現的，又是在新的形勢下，對中國向何處去問題進行重新思考在文化觀念上的反映。正是在這種意義上，我們認爲，「五四」新文化運動是我國文化發展史上第二次具有理論和實踐意義的偉大的啓蒙運動。

「五四」時期關於東西文化的爭論，從一九一五年算起，延續了十餘年。其中經歷的階段、時期的劃分，學術界是有分歧的，例如，有的認爲是從一九一五年到一九二七年，有的則認爲是從一九一五年到一九二一年等等。我們認爲，後者的劃分比較合適。但是，這不是我們所要講的重要問題。我們認爲，「五四」新文化運動中，關於東西文化的論爭，無論是在「五四」前夕對東西文化優劣的比較，還是在「五四」以後關於東西文化能否調和，二者有無實質上的差別等問題的論辯，就其實質，都牽涉到怎樣看待傳統文化，怎樣看待西方文化以及二者的關係問題。如果就這一問題，評論其得失，總結其思維經驗教訓，可能對我們今天關於文化問題的深入討論，借鑒的意義會更大些。

我們知道，作爲中國傳統文化主體的儒家學說，就其總體或主導方面來說，是從殷周時期的天命神學和祖先崇拜的宗教思想以及宗法倫理觀念發展而來的。它適應於維護小農經濟、宗法制度和君權專制的需要，建立起一套綱常名教，強調「尊主」、「宗主」，而受到封建統治者的青睞被「定於一尊」。儒家思想伴隨着封建經濟的發展，經歷了從宗教異化向倫理異化，由神學理論形態向哲學理論形態轉換的過程。它不再求助于外在的神秘的宗教力量，而是通過把「根於人心」的宗法倫理意識客觀化爲「塞乎天地」的宇宙意識，把封建等級秩序本體化爲「天理當然」，把主體的認知活動倫理化爲「存養省察」，從而使所謂「三綱五常」脫離人的內在要求異化成宰割奴役人的外在規範，並以這種異化的道德力量引導人們用「天理」誅滅「人欲」，以「道心」鉗制「人心」，嚴重地窒息了人們的理性，控制了人們的思想，成爲封建專制統治的精神支柱，阻滯歷史前進的枷鎖。

面對傳統文化的巨大保守力量，當時先進的知識分子迫切地認識到，爲了尋求救國救民的出路，必須用一種新類型的文化來取代固有的傳統文化。並且，他們認爲，東方文化和西方文化這兩種不同的文化，正是造成戰國勢強弱、社會貧富的直接原因之一。因此，一九一五年，作爲一個激進的資產階級民主主義者的陳獨秀，在上海創辦《新青年》時，就力主學習西方文化，旗幟鮮明地攻擊中國的舊思想，積極投入反對封建主義文化的戰鬥。這樣，在關於東西兩種文化差異的性質的分析和評論上，便形成了以《新青年》的陳獨秀、李大釗等爲一方，以《東方雜誌》的杜亞泉等爲另一方，拉開了東西文化之爭的序幕。

《新青年》的作者們公開聲稱：「所謂新者無他，即外來之西洋文化也；所謂舊者無他，即中國固有之文化也如是。」②，認爲，爲使中國眞正成爲一個民主共和國，必須徹底地反對封建主義的舊思想、舊道德、舊文化；必須大張旗鼓地宣傳民主主義的新思想、新道德、新文化。在陳獨秀看來，辛亥革命所以失敗，就是因爲在中國缺乏像西歐那樣的從文藝復興到啓蒙運動的思想革命。因此，他十分嚮往法國的啓蒙運動。所以，在《法蘭西人與近世文明》一文中，陳獨秀明確指示：「近代文明之特徵，最足以變古之道，而使人心社會劃然一新者，厥有三事：一曰人權說，一曰生物進化論，一曰社會主義是也。」③熱情地歌頌了「法蘭西文明」，憧憬以「人權宣言」所代表的資產階級「自由、平等、博愛」的共和國。正是以此爲出發點，在《東西民族根本思想之差異》中，陳獨秀又指出：「東西洋民族不同，而根本思想亦各成一系，若南北之不相并，水火之不相容也。」並對東西方文化從三個方面作了對比，比較深刻地揭露了封建主義宗法制度和封建主義的傳統文化的虛僞與腐朽，表明必須用西方資產階級的文化來反對中國固有的舊文化。

人類反對政治專制的鬥爭，是從要求自由和平等權利開始的。這種要求恰恰標誌著人類對自身認識的一次覺醒。事實的確如此。正是在用西方資產階級的文化反對中國固有的舊文化的鬥爭中，特別是在反對杜亞泉以儒家思想爲「國是」、「國基」的鬥爭中，陳獨秀打起了「德」、「賽」二先生的大旗，以民主和科學精神爲精神支柱，與封建主義文化相抗衡。儘管陳獨秀等憧憬的西方的「自由、平等、博愛」的共和國，由於當時中國的國情和所面臨的政治任務所決定，並不能實現。但是，這次啓蒙運動所起的震古鑠今的思想解放作用和它的深遠影響，却是不能低估的。它提出的民主和科學兩個響亮的口號，從政治思想、倫理道德、科學、文學、藝術、教育等各個方面，對「孔家店」進行了猛烈的轟擊，對蒙昧主義進行了堅決的鬥爭。這對使人們從沿襲幾千年儒家思想教條統治下解放出來，起了不可估量的歷史作用。因此，我們認爲，毛澤東說的：「五四運動所進行的文化革命則是徹底地反對封建文化的運動，自有中國歷史以來，還沒有過這樣偉大而徹底的文化革命。」④這種對「五四」新文化運動的評價還是客觀的、公允的。

但是，應該看到，在新文化運動前期，以陳獨秀爲代表的啓蒙思想家們，接受的大都是進化論思想，還沒有可能掌握馬克思主義的思想方法。因此，他們不懂得封建時期的文化並不等於就是封建性的文化，也對西方文化的弊病缺乏應有的清醒認識，其結果必然在觀察文化問題上缺乏歷史的具體分析的態度而犯有形式主義的錯誤。這樣一來，他們就把東西文化截然對立起來，認爲好就是絕對的好，一切皆好；壞就是絕對的壞，一切皆壞。例如，一九一八年七月，陳獨秀曾堅決主張：「若是決計革新，一切都應該採用西洋的新法子，不必講什麽國粹，什麽國情的鬼話來搗亂。」⑤表現了與封建文化勢不兩立的精神。正是從這種錯誤的思想方法出發，許多啓蒙思想家們認爲一切東方文化都是落後的、保守的，甚至一些優秀的民族思想遺產，也錯誤地當作封建文化而一概予以否定。毛子水在《國故和科學的精神》一文中，就曾公然說：中華民族「從前沒有什麽重要的事業，對于世界的文明，沒有重大的貢獻；所以我們的歷史亦就不見得有什麽重要」。⑥相反，對西方文化其中包括倫理觀念、政治制度和生活方式，則一概不加分析地予以贊揚。這種情況，當時北京大學《新潮》雜誌的主任編輯傅斯年曾做過極爲透徹的評價：「……極端的崇外，却未嘗不可。……因爲中國文化後一步，所以一百件事，就有九十九件的不如人，於是乎中西的問題，常常變成是非的問題了。」⑦十分顯然，這種對民族文化遺產的虛無主義態度和對西方文化全盤接受的思想方法，是不科學的，也是錯誤的。它當然要授人以柄。可見，根據這種態度和思想方法，即使在當時要眞正說服和戰勝舊的固有文化的保衞者們，是根本不可能的。

況且，上述情況並不是個別的，而是從新文化運動一開始就存在着。當杜亞泉在《靜的文明與動的文明》一文中提出：「吾國固有之文明，正是以救西洋文明之弊，濟西洋文明之窮者」⑧的觀點時，同時又把東方文化和西方文化比做酒水、肉蔬的關係，說：「西洋文明濃郁如酒，吾國文明淡泊如水，西洋文明腴美如肉，吾國文明粗糲如蔬，而中酒與肉之毒者則當以水及蔬療之也。」⑨對這種觀點，陳獨秀除了採用上述不講國情，主張一切西化的論點予以駁難外，在區分東西文化的特點和思想方法上，並沒有表現出新的特色。就是李大釗當時寫的《東西文明根本之異點》一文，雖然他希望「將從來之靜止的觀念、怠惰的態度根本掃蕩」，也正是與杜亞泉的主張一樣，是從地域上區分所謂「動的文明」和「靜的文明」。並且，其調和東西文化的論點也是明顯的，他說：「對於東西文明之調和，吾人實負有至重之責任，當虛懷若谷以迎受彼動的文明，使之變形易質于靜的文明之中，而別創一生面。」⑩

因此，一九一九年下半年，在「五四」愛國運動剛剛過去不久，在文化領域裏又開展了關於新舊思想能否調和的爭論。這場爭論是由東方文化派的杜亞泉、章行嚴（士釗）挑起的。他們持新舊思想調和論的一個重要根據，是說我們固有的傳統文化中有好的東西，不僅應加以保護，而且應當發揚光大。認爲，西方的物質文明和科學技術固然可以吸取，但我國的傳統文化，道德文明，却是最高尚最高貴的財富。所以，在他們看來，對待東西文化、新舊思想的正確態度應該是「一面開新」，「一面復舊」，認爲「不存舊，絕不有新；不善於保舊，絕不能迎新。」「不迎新之弊，止於不進化；不善保舊之弊，則幾於自殺。」在此基礎上，明確主張要求把東西文化「擷精取粹」，「熔爲一爐」，以成爲「吾國新社會硏治之基」。⑪

不僅如此，他們還對這種新舊思想調和的觀點，從哲學理論形態上作了許多論證。章士釗說：「宇宙之進步，如兩圓合體，逐漸分離，乃移行的而非超越的，即（既）曰移行，則今日佔新面一分，蛻舊面亦只一分，蛻至若干年之久，從其後而觀之，則最後之新社會，與最初者相衡，或釐然爲二物，而當其乍占乍蛻之時，固仍是新舊雜糅。」⑫在這裏，章士釗顯然是認爲新舊時代是連綿相承，並沒有明確的分界。因爲，從他的社會進化只能是「移行」的觀點看，新舊之間並不存在本質的差異，而是「即新即舊，不可端倪」，也就是新中有舊，舊中有新。據此，他認爲，新的文化思想不僅不能與舊的文化思想分離，而且必須以舊的文化思想爲基礎。因此，不能用「新」文化反對「舊」文化，代替「舊」文化，而是只能「盡心調和而已」⑬。章士釗的這些論述不無片面的道理，特別是從中提出了東西文化爭論中的一個極爲重要的理論問題，即新舊文化的關係問題或者說是繼承和創新的關係問題。依此而言，應該說章士釗是抓住了爭論的關鍵問題。但是，遺憾的是，章士釗雖然提出和抓住了這個重要的理論問題，然而，無論是從他的出發點和所得出的結論看，都說明他並沒有正確地解決這個理論問題，這正如當時章士釗的擁護者所說的，章士釗的「不苟同，不趨時」的眼光，就在於他能在當時「新」的熱潮中提出一個「舊」字來。章士釗所提出的一個「舊」字，說穿了，並不是別的，而不過是在「五四」以後的條件下「中體西用」思想的一種回潮。對此，杜亞泉在《新舊思想之折衷》一文中說的是十分清楚的。他認爲，中國固有的文化雖然不能直接運用於未來，但是第一次世界大戰也證明了西方文化同樣不能適應新形勢。相反的是，只有中國固有的文化具有證明「西洋現代文明之錯誤」的能力。因此，他指出：中國固有文化不但不能「革除」，而且東西兩種文化的調和折衷，也只是把西洋文明「融合於吾固有文明之中」⑭。

反對新舊文化思想調和論的理論挑戰，當時的李大釗、陳獨秀、張東蓀、蔣夢麟等不得不起來駁斥。在駁斥調和論的主要論點諸如社會進化只能是「移行」，「新舊雜存」以及抹殺新舊區別時，他們主要是強調批判舊文化，提倡新文化的必要性，指出：舊文化是錯誤的或者說是過時的，所以必須徹底改革；新與舊是水火不相容的，所以只能「以新代舊」，不能「以舊容新」，文化的發展不是限在「移行」之中，而是必須經過質變……等等。這種種駁斥由於缺少必要的歷史分析，在理論論述方面說服力並不太強，顯得十分軟弱。其中，如果說在理論上比較有份量的，還是李大釗寫的兩篇文章，即一九一九年十二月在《新青年》發表的《物質變動與道德變動》和一九二〇年一月發表的〈由經濟上解釋中國近代思想變動的原因〉。在這兩篇文章中，李大釗指出：「新道德既是隨着生活的狀態和社會的要求發生的，就是隨着物質的變動而有變動的，那麽物質若是開新，道德亦必跟着開新，物質若是復舊，道德亦必跟着復舊。因爲物質與精神原是一體，斷無自相矛盾、自相背馳的道理。可是宇宙進化的大路，只是一個健行不息的長流，只有前進，沒有反顧；只有開新，沒有復舊。有時舊的毀滅，新的再興（新舊疑似倒置），這只是重生，只是再造，也斷斷不能說是復舊。物質上、道德上，均沒有復舊的道理！」⑮他還指出：中國的經濟變動是不可阻擋的，中國的大家族制度的「崩頽粉碎」、「君權」、「父權」、「夫權」的「崩頽粉碎」，孔子主義的「崩頽粉碎」，都是不可避免的，不可逃避的「運數」。而新思想、新文化則是「應經濟的新狀態社會的新要求發生的，不是幾個青年憑空造出來的」⑯，因而是不可阻擋的。李大釗的文章由於是第一次運用唯物史觀（儘管對唯物史觀的理解還不全面、準確）批判了新舊文化思想調和論，基本上對新文化運動發生的歷史必然性作出了於科學的理論分析。但是，從整個對新舊文化思想調和論的批判上看，由於既沒有解釋清楚新舊文化的關係，也沒有得出應當如何對待固有的傳統文化的可信性結論。相反，卻走上了全盤否定傳統文化，迹近全盤肯定西方文化的道路。而傅斯年的「極端的崇外，却未嘗不可」的迹近全盤西化的言論，又授以否定新文化運動的人以口實。

一九二〇年，梁啓超歐遊歸來，發表了一部《歐遊心影錄》。在這部書中，梁啓超根據他的耳聞目睹，證明西方的物質文明已經破產，必須用東方文明來拯救。他呼籲說：「我們可愛的青年啊，立正，開步走！大海對岸那邊有好幾萬萬人，愁着物質文明破產，哀哀欲絕的喊救命，等着你來超拔他哩，我們在天的祖宗三大聖和許多前輩，眼巴巴盼望你完成他的事業，正在解他的精神來加佑你哩！」⑰梁啓超這種由西方文化派轉變爲東方文化派，並反戈一擊的做法，自然會在社會上造成極大的影響。

同年，梁漱溟發表了《東西文化及其哲學》的講演，不久（一九二一年）即正式出書。在這本書中，梁漱溟認爲生活的根本在於「意欲」，因而「文化之所以不同由於意欲之所向不同。」在此基礎上，他指出：一、西方文化是以意欲向前，爲其根本精神；二、中國文化是以意欲自爲調和持中，爲其根本精神；三、印度文化是以意欲反身向後要求，爲其根本精神。據此，梁漱溟斷言，現在世界文化已開始變化，「即由西洋態度改變爲中國態度」，「世界未來文化就是中國文化的復興。」因此，他極力提倡所謂「孔顏的人生態度」，說：「中國的文藝復興，應當是中國自己人生態度的復興，即只有如我現在所說可以當得起。」梁啓超、梁漱溟看到西方文化的弊病，這在當時是對的。但是，再往前走一步，其方向則是錯的了。他們不僅不是停留在新舊文化思想調和論，而是直接用以否定「五四」新文化運動了。

總結一九一五年到一九二一年的新文化運動的前進和曲折，我們從中完全可以看到，怎樣對待傳統文化，怎樣對待東西文化及其相互關係，自始至終是困擾這些思想家們的一個基本的理論問題。正是因爲沒有從理論上和實踐中解決這一基本的理論問題，「五四」新文化運動才受到頑固守舊者的來自兩個方面的攻擊或否定。我認爲，上述問題的實質不是別的，而是關係到如何理解和對待繼承與創新的關係問題。繼承和創新的關係問題，是一個重要的理論問題，也是一個實踐的問題。從中國近現代文化史看，它不僅是「五四」新文化運動中沒有得到正確解決的問題，也是我們當前深入文化討論中的一個極待解決的問題。而對這一問題的解決，我以爲，確實需要一種眞正的歷史眼光和科學分析的態度與觀點。

我們知道，人類歷史是一個有機的整體，在它們之中所有的成分都是互相包含、互相依賴的。因此，它們在時間上現在與過去之間的聯繫是無可爭辯的。這就要求我們，必須用把時間的相反兩端聯繫起來的對立面統一的歷史意識來看待歷史、看待文化。只有這樣做，就會使我們深深感受到人類文化發展的連續性。並且，這種連續性在理智文化即觀念文化層面上，諸如科學史、文化史、哲學史中尤其表現得十分明顯。因此，絕不能簡單地否定傳統的舊文化。事實上，對傳統文化的不斷新的理解本身，同時也就給予我們對未來以某種新的展望，而這種對未來的新的展望反過來也就成了推動我們理智生活和社會生活的一種動力。當然，這種對文化的回顧與展望，歷史文化學家們必須選定他的出發點。並且，他只有在自己的時代，同時又不能超越他現在時代的經濟狀況，才能找到這個出發點。

基于這種根本的看法，我以爲，在反思「五四」時期東西文化爭論正反兩方面思維經驗教訓時，無論對傳統文化還是對西方先進文化，都要取一種科學分析的態度，即一方面看到它們之中的合理成分，一方面又要指出各自的弊病所在。在不斷實踐中，創造一種與新時期需要相適應的新文化。

註釋：

①《吾人最後之覺悟》，「青年雜誌」第一卷，第六號。
②《新舊問題》，「青年雜誌」第一卷，第一號。
③《青年雜誌》第一卷，第一號。
④《毛澤東選集》第二卷，第六六〇頁。
⑤《今日中國之政治問題》，「新青年」第五卷，第一號。
⑥《新潮》第一卷，第五號。
⑦《通訊》，「新潮」第一卷，第三號。
⑧⑨《東方雜誌》第十三卷，第一〇號。
⑩「言治」季刊第三冊。
⑪⑫⑬章士釗：〈新時代之青年〉，「東方雜誌」第十六卷，第一一號。
⑭「東方雜誌」第十六卷，第九號。
⑮《物質變動與道德變動》。
⑯《由經濟上解釋中國近代思想變動的原因》。
⑰《歐遊心影錄節錄》，第三八頁。

東西文化差異的本質與根源

中國社會科學院哲研所　張利民

自東西文化開始接觸以來，中國不同階層的人士就不斷探索兩者的異同，隨着東西文化衝突的加劇，對西方文化認識也由器物、政治制度等進到思想觀念，這正是「五四」時代的課題，當時的思想家都力圖揭示東西文化的特質，進而做出自己的文化選擇。與此同時，東西文化差異的本質、差異的根源等問題也突出出來。雖然他們提出了問題，並進行了有益的探討，但是還不能正確地解決，常常陷入混亂。「五・四」時期的陳獨秀、梁漱溟、胡適在這方面是有代表性的，值得我們認眞地分析、總結。

一、

以辛亥革命失敗爲契機，陳獨秀認識到思想啓蒙的重要。他以進化論爲武器，在思想文化領域開始一場革命。《青年雜誌》一創刊，陳獨秀就把思想、文化問題提到首位，視之爲決定國家、民族是否進化的關鍵，他希望敏於自覺、勇於奮鬥的青年，「發揮人間固有之智能，抉擇人間種種之思想，——孰爲新鮮活潑而適於今世之生存，孰爲陳腐朽敗而不容留置於腦裏，——利刃斬鐵，快刀理麻，絕不作牽就依違之想，自度度人，社會庶幾其有清寧之日也」①！這裏說的抉擇，最重要的是要在西方近代文化和中國傳統文化之間進行抉擇，陳獨秀不僅提出這一時代的課題，同時也做出了回答，而且像一個政治家一樣渴望自己的思想影響大衆的心靈，特別是青年們。

在《敬告青年》這篇宣言書式的論文裏，陳獨秀提出「自主的而非奴隸的」、「進步的而非保守的」、「進取的而非退隱的」、「世界的而非鎖國的」、「實利的而非虛文的」、「科學的而非想像的」，做爲對進步青年的號召，其中便蘊含着他對東西文化差異的認識。

東西文化差異的本質是什麽？陳獨秀運用進化論回答了這個問題，他把文明的歷史劃分爲古代和近代。並從思想方面對其特徵作了說明：「古代文明，語其大要，不外宗教以止殘殺，法禁以制黠首，文學以揚神武，此萬國之所同，未可自矜其特異者也。」「近代文明之特徵，最足以變古之道，而使人心社會劃然一新者，厥有三事：一曰人權說，一曰生物進化論，一曰社會主義，是也。」②陳獨秀對古代文明、近代文明的說明，並不完全準確，但是，其中包含着一個正確的觀點，即，他認爲文化是有時代性的，從文化的時代性角度來看，不同地域的文化當處於同一歷史發展階段時，例如古代文明，其本質是相同的，然而「近世文明、東西洋絕別爲二」，「代表東洋文明者曰印度，曰中國，此二種文明雖不無相異之點，而大體相同，其質量舉未能脫古代文明之窠臼，名爲『近世』，其實猶古之遺也，可稱曰「近世文明」者，乃歐羅巴人之所獨有，即西洋文明也；亦謂之歐羅巴文明，移植亞美利加，風靡亞細亞者，皆此物也」③。就是說，儘管東方文化在物理時間上也處於近代，但是，從文化進化程度而言，却隸屬於「古代文明」，東西文化差異的本質是時代上的差距，這意味着上述東西文化的種種差異，不再僅僅被看成是「東方的」、「西方的」，而主要是時代的，這一思想在東西文化比較史上是一個重大的飛躍。據此，自不可避免地引出如下的結論：「國人而欲脫蒙昧時代，羞爲淺化之民也，則急起直追，當以科學與人權並重。」這成爲新文化運動前期的主題，並且隨着運動的發展，不斷被展開、深化。

然而，陳獨秀對這一思想的重要意義却缺乏深刻的認識。

三個月後，陳獨秀在《東西民族根本思想之差異》一文中，比較系統地論述了東西思想的差異：西洋民族以戰爭爲本位，東洋民族以安息爲本位；西洋民族以個人爲本位，東洋民族以家族爲本位；西洋民族以法治爲本位，以實利爲本位，東洋民族以感情爲本位，以虛文爲本位。從對東西文化差異的認識來說，該文可謂更系統了，其中個人本位與家族本位之別，在一定意義上觸及了東西文化的根本差別。但是，值得注意的是，該文開首則曰：「五方風土不同，而思想遂因以各異。世界民族多矣：以人種言，略分黃白；以地理言，略分東西兩洋。東西洋民族不同，而根本思想亦各成一系，若南北之不相幷，水火之不相容也。」④（重點號爲引者所加）文章滲透了這一思想，這表明陳獨秀沒有在原有對東西文化差異本質正確認識基礎上繼續前進，而是把東西文化的差異歸於種族的，這樣，陳獨秀不但沒有對東西文化特色的根源做出正確的回答，而且在東西文化差異的本質問題上也陷入了混亂。一會兒，東西文化的差異是古今之別，一會兒東西文化的差異又是種族、性質的不同。對於這種混亂，陳獨秀並沒有意識到，自然也就談不上克服，可以佐證這一點的是，此後陳獨秀與《東方雜誌》派的論戰。以陳獨秀爲代表的《新青年》派的主張，一開始就受到《東方雜誌》主編杜亞泉等人的反對，杜亞泉也從比較東西方民族思想觀念的差異入手，認爲由於社會成立歷史、地理環境的不同，形成的觀念也就不同：西洋民重人爲，中國重自然，西洋人生活是向外的，中國人生活是內向的；……
……。這些「乃性質之異，而非程度之差，而吾國固有之文明，正足以救西洋之弊，濟西洋文明之窮者」。⑤這可謂杜亞泉的核心思想。針對《東方雜誌》派的觀點，陳獨秀撰文提出一系列有力的質問，唯獨對於認識東西文化差異「乃性質之異，而非程度之差」這一核心命題，未置一辭。

在陳獨秀的思想中，東西文化差異的本質爲時代的與種族的，彷彿是兩種並行不悖的觀點，其作用是複雜的，由前者他引出要積極向西方學習的結論，即使是他把東西思想差異歸於種族的時候，也是意在說明進行文化變革的必要性，但是，由於他在理論上還沒有正確闡述東西文化差異的本質與根源的問題，所以，他既可以依據自己的認識，奏響新文化運動激昂的主題曲，同時也潛伏着危機，一是在處理東西文化關係問題上的簡單化；二是由認東西文化是種族的不同，時常流露近乎絕望的情緒。

從邏輯上來說，稍後的梁漱溟、胡適從不同的方面發展了陳獨秀的片面性，前者引出拒斥西方文化的結論，後者則擧起了「全盤西化」的旗幟。

二、

梁漱溟是在新文化運動的背景下研究東西文化問題的，對於東西文化差異的本質及根源等問題，他提供了頗不同於西化派、唯物史觀派的答案。要把握梁漱溟的思想也是困難的，這不僅因爲在其代表作《東西文化及其哲學》一書中有若干今天已經令人陌生的術語，更重要的是他思想的種種矛盾。「如何是東方化？如何是西方化？」這是梁漱溟討論東西文化問題時首先提出來的問題，梁漱溟認爲要確定某家文化是如何的，就是要知道它那異於別家的地方：與其他思想家不同，梁漱溟不是進入文化史的領域尋找東西文化的差異，而是先確立了自己的文化哲學，他從生機主義宇宙觀出發，闡述了對生活的認識，提出文化三路向的主張。

梁漱溟把「生活」區分爲「大生活」和「小範圍的生活」或「表層的生活」，就「大生活」來說，宇宙沒有自己的客觀性、眞實性，而是由「生活」的相繼而變現出來的。「生活」是宇宙的本體。與梁漱溟東西文化觀有着直接聯繫的是他的「小範圍的生活」或「表層的生活」理論，就生活的表層來說：「生活即是在某範圍內的『事的相續』。這個『事』是什麽？照我們的意見，一問一答即唯識家所謂一『見分』一『相分』。——是爲一『事』，一『事』，一『事』，又一『事』……如是湧出不已，是爲『相續』。」⑥「見分」「相分」是佛教用語，在唯識學中，「見分」指認識主體，「相分」指認識對象，人的認識活動就是識體自身的「見分」，去緣慮自身的「相分」。梁漱溟認爲眼、耳、鼻、舌、身、意是探問或追尋的工具，在這些工具之後，「則有爲此等工具所自產出而操之以事尋問者」，即無盡的意欲，在這些工具之前，則有殆成定局的宇宙，它不僅包括物質世界，而且還包括其他的有情和宇宙間的因果法則，按照梁漱溟的理解，宇宙不是客觀存在的，而是主觀精神的產物。「現在的意欲」（「現在的我」）也不是眞實的主體，而是脫離了物質基礎的「精神」，因此，梁漱溟的「生活」不是人的社會實踐活動，而是抽象自我的實現過程。

同是生活，文化爲什麽又有差別呢？梁漱溟認爲，這是由於生活中解決問題的方法不同，解決問題的方法或生活的樣法共有三種：「㈠本來的路向，就是奮力取得所要求的東西，設法滿足他的要求；……。㈡遇到問題不去要求解決，改造局面，就在這種境地上求我自己的滿足，……。㈢……遇到問題他就想根本取消這種問題或要求，這時他既不像第一路向的改造局面，也不像第二路向的變更自己的意思，只想根本上將此種問題取消。這也是應付困難的一個方法，但是最違背生活的本性，因爲生活的本性是向前要求的，凡對於種種慾望都持禁慾態度的都歸於這條路。」⑦

不可否認，上述解決問題的方法在現實生活中，確實存在，令人驚異的是，梁漱溟把這三種態度分別與西方文化、中國文化、印度文化聯繫起來，認爲它們恰好各走了一條路，西方文化是以意欲向前要求爲其根本精神的，中國文化是以意欲自爲調和持中爲其根本精神的，印度文化是以意欲向後要求爲其根本精神的，梁漱溟認爲，講到這裏，他已經很好地回答了「如何是東方化，如何是西方化」的問題，對東西文化特色更具體的比較描述，也只是證明上述論斷的正確性。就中西文化而言，如「學」（西）與「術」（中）、「喜新」（西）與「好古」（中）、「法治」（西）與「人治」（中）、「剖析」（西）與「直觀」（中）、「平等」（西）與「尊卑」（中）、「個體」（西）與「家族」（中）……等等，無不證明西方人走的是第一路向，中國人走的是第二路向。

從梁漱溟的本意來看，他是要通過與西方文化的比較，確定東方文化特別是中國文化的獨特之處或「價值」，着眼點在「異」。在比較中，他特別凸現了人生觀的比較，應該說，這是富有價值的，但是，最後他得出了如下結論：「我可以斷言，假使西方文化不同我們接觸，中國是完全閉關與外間不通風的，就是再走三百年，五百年，一千年也斷不會有這些輪船，火車，飛行艇，科學方法和『德謨克拉西』精神產生出來，這句話就是說，中國人的不是同西方人走一條路綫，因爲走的慢，比人家慢了幾十里路。若是同一路綫而少走些路，那麽慢慢的走終究有一天趕的上；若是各自走到別的路綫上去，別一方向上去，那麽，無論走好久也不會走到那西方人所達到的地點上去的。」⑧初看起來，梁漱溟是否認了文化的統一性，究其本意，則是把爲陳獨秀等人推崇的科學、民主僅僅視爲西方文化的個性，從而也就否認了向西方學習「科學」「民主」的必要。

對於梁漱溟的文化三路向主張，不少論者認爲是旨在反對文化一元論。準確地說，梁漱溟反對西化派的文化進化觀，却無意於摧毁文化一元觀，他從自己的文化哲學出發，也構造了一個文化進化模式，梁漱溟認爲，人類有三大問題：人與自然的關係問題；人與人的關係問題；個人自己對自己的問題。解決不同的問題需要不同的態度，人類的三大問題是遞進的，三大根本態度本應逐漸拿出來，但是，由於種種原因，古代的希臘人、中國人、印度人各自走上了一路，成爲三大派的文明，自其成績說，無所謂誰家好，無所謂誰家壞，但從其態度而言，則有個合宜不合宜的問題，希臘人的態度就比較正確，因爲當時人類正處在第一問題之下，中國人的態度和印度人的態度就嫌拿出來的太早了，因爲問題還不到，在第一問題下，中國人的態度不合時宜，但是，現在機運却來了，「質而言之，世界未來文化就是中國文化的復興"⑨。中國文化的復興，又引起第三問題，中國文化復興之後，將繼之以印度文化的復興，於是古代西方、中國、印度三派文明竟於三期間重現一遍。

當梁漱溟提出文化三路向說時，主觀上是要迴避東西文化的先進落後問題，但是，當他構造文化三期重現的圖畫時，則明確了自己與西化派的對立：東方文化高於西方文化。原來，他在說明西方文化特色時，對於西方民主在社會生活中的作用，還多少表示一點讚賞，現在，西方文化的意義只局限在人對自然的關係上。按照梁漱溟的文化進化觀，人類文化不是一個不斷創造發展的過程，而成了既定的幾種模式的「重現」。

新文化運動初期，陳獨秀等人在說明東西方物質生活等方面的不同時，都不約而同地把原因歸之於觀念，並強調了觀念轉變的決定作用，對於思想、觀念爲什麽不同却缺乏深入的探討，梁漱溟批評道：「大家雖然比以前爲能尋出條貫，認明面目，而只是在這點東西上說了又說，講了又講，却不進一步去發問：他——西方化——怎麽會成功這個樣子？這樣東西——塞恩斯與德謨克拉西——是怎麽被他得到的？我們何可以竟不是這個樣子？這樣東西爲什麽中國不能產出來？」⑩應該承認，梁漱溟指出的問題是陳獨秀等人還無法解決的，但是，他把提出上述問題視爲是自己比一般人高明、深刻的地方，却是不恰當的。在文化研究中，文化特色的根源是思想家難以迴避的，地理環境決定論、種族論都旨在解決這個問題，其中地理決定論在本世紀初的中國是很有影響的思潮，「五四」時期，隨着馬克思主義在中國的傳播，以李大釗爲代表的知識分子開始運用唯物史觀解決思想文化問題，梁漱溟反對人文地理說，認爲人文地理說「未免太簡易了」，同時，他也反對唯物史觀理論，對這兩種理論，梁漱溟並沒有認眞加以區分，認爲它們都是客觀的說法。

梁漱溟認爲，按照唯物史觀的觀點，人類是完全被動的，他只認「主觀的因」，其餘一切都是「緣」。意欲是文化的根本，文化的不同就取決於意欲的不同，——這就是梁漱溟對文化特色根源的認識。我們姑且承認意欲是文化根本的觀點，但是對於這種回答，我們仍不禁要問：同是意欲，爲什麼會有向前、持中、向後的不同呢？西方、中國、印度是怎樣走上所謂第一路向、第二路向上去的？這些本來需要說明的問題在梁漱溟那裏却成了先驗的、旣定的存在，可以說，梁漱溟對於自己提出的問題並沒有做出深刻的回答，最後走向了天才論，「一個社會實在受此社會中之天才的影響最大，天才所表出之成功雖必有假於外，而天才創造之能力實在無假於外，中國之文化全出於古初的幾個非常天才之創造，中國從前所謂「古聖人」，都只是那時的非常天才，文化的創造沒有不是由於天才的，但我總覺得中國古時的天才比西洋古時的天才天分高些，即此便是中國文化所由產生的原故。」⑪不僅如此，天才還決定着文化的進步或停滯。把文化的發展、文化特色的根源歸結爲意欲、天才的創造，這是膚淺的，表明了梁漱溟歷史觀的唯心主義。

三、

作爲中國近代文化史上的著名人物，胡適對有碍於西化的種種理論給予了反駁，値得注意的是他對「東方精神文明，西方物質文明」觀點的批判，正是在批判中，胡適比較集中地闡述了他對東西文化差異，差異的本質等問題的看法。

胡適十分鄙視「東方精神文明，西方物質文明」的見解，他以文化學的理論爲依據，無可辯駁地指出了這種見解在理論上的荒謬。胡適強調說：「凡一種文明的造成，必有兩個因子：一是物質的（material），包括種種自然界的勢力與原料；一是精神的（Spirital），包括一個民族的聰明才智，感情和理想，凡文明都是人的心思智力運用自然界的質與力的作品；沒有一種文明單是精神的，也沒有一種文明單是物質的。」⑫胡適很形象地說：一只瓦盆和一只鐵鑄的大蒸汽爐，一部單輪小車和一輛電力街車，都是人的智慧利用自然界的質力創造出來的，同有物質的基礎，同有人類的心思才智。「這裏面只有個精粗巧拙的程度上的差異，却沒有根本上的不同。」⑬應該說，胡適關於文明包含兩種因素的觀點是正確的。

不僅如此，胡適還進一步強調了物質文明在文明中的基礎作用，在比較東西文明時，特別突出了物質文明的比較，把物質文明看作是比較東西文明的一個客觀標準，他多次說過類似如下的話：「東西洋文明的界限只是人力車文明與摩托車文明的界限」⑭，近代中國在物質方面的落後，到「五·四」時期即使是頑固的復古派也無法否認，但是，物質方面的先進意味着什麽，不少人却缺乏正確的認識，胡適則由物質文明的差距推及到精神方面，強調了物質差距所暗含的精神方面的差異。

胡適還分析了造成西方物質文明差距的原因，他把着眼點集中在思想觀念上，認爲西方近代文明的特色是充分承認物質享受的重要，西方近代文明是建立在三個基本觀念上：第一，人生的目的是求幸福；第二，貧窮是一樁罪惡；第三，衰病是一樁罪惡。因此西方追求優美的藝術、安全的社會、清明的政治，相反，東方人走的却是”輕蔑人類的基本慾望“的路——「樂天」、「安命」、「知足」、「安貧“，這就必至於養成懶惰的社會。

爲了揭穿「東方精神文明，西方物質文明」觀點的荒謬，胡適對東西方的理智、情感、道德和宗教等精神方面進行了比較，揭示了東西方精神文明的特色：一邊是自暴自棄的不思不慮，一邊是繼續不斷的尋求眞理；一邊是安分、安命、樂天、不爭、認吃虧；一邊是不安分、不安貧、不肯吃虧、努力奮鬥以改善現成的境地。指出東西文化的某些區別，並不構成胡適與東方文化派的主要分歧，重要的是對這些區別給予怎樣的評價和說明，胡適從反對西方文明是「唯物文明」的觀點入手，對西方文明做了充分的肯定，對東方文明做了徹底的否定。

毫無疑問，胡適不贊成東方文化派的文化主張，但是，在某些根本問題上——例如東西文化差異本質問題，有時又表達了與東方文化派類似的思想，這也許是胡適自己沒有意識到的。這裏有必要敍述胡適在更早些時候發表的一篇文章中表達的觀點，然後再與前面胡適表達的觀點進行對照。

一九二三年，胡適發表了《讀梁漱溟先生的「東西文化及其哲學」》一文，在這篇文章中，他着重反駁了梁漱溟的文化三路向說，強調了文化的同一性。胡適認爲，梁漱溟把西方文化、中國文化、印度文化的性質，歸結成迥異的三條路，是籠統的「閉眼瞎說」，事實上，印度人也很有奮鬥的精神，歐洲文化、印度文化也都有「調和持中」一類的精神，中國人也不乏要求物質享受的事例，不能把人類文化分作各種不同路向的文化，他說：「文化是各民族生活的樣法，而民族生活的樣法是根本大同小異的。」⑮至於各民族文化表現出來的不同的文化特徵，不過是因爲環境與時間的關係所形成的歷史現象，「我們拿歷史的眼光去觀察文化，只看見各種民族都在那『生活本來的路』上走，不過環境有難易，問題有緩急，所以走的路有遲速的不同，有的時候有先後的不同」⑯。這就是說，各民族的文化走的是一條路，由於種種原因，歐洲走到前頭去了，東西文化的差異是時代的差異，中國和印度只有急起直追，也走這條路，這時，胡適與梁漱溟在思想上的區別是比較清楚的。

但是，胡適並沒有自始至終地堅持上述觀點。從前面他所列舉的東西文明的種種差別——東方人鄙視物質享受、西方人追求物質享受；東方人懶於求知，西方人熱心探求眞理……，等等，我們可以得出這樣的結論：胡適並沒有同梁漱溟的觀點劃清界限。難怪當時就有人指出，胡適的若干提法「很容易使人誤解他所謂東西文明仍然有『根本不同之點』」⑰，只是胡適對這些「根本不同之點」的取捨不同於梁漱溟罷了。

陳獨秀、梁漱溟、胡適思想中的困惑是耐人尋味的，從中不難引出一些有益的教訓，以作爲當今文化討論的借鑒。

「五四」時期，陳獨秀、胡適等人指出東西文化是時代差別，其進步意義是主要的，但是對文化的個性注意不夠，導致文化變革中的簡單化傾向，梁漱溟試圖揭示民族文化的獨特價值，但是脫離了文化的時代性，也不能正確揭示中國傳統文化的特性。

對東西文化差異本質的概括以對東西文化差異的正確認識爲基礎，陳獨秀、梁漱溟、胡適對東西文化差異的有關論斷，儘管包含着許多眞知灼見，但是，不能否認一些論斷又失於籠統，這一點梁漱溟表現得更明顯一些，他忽略文化的多樣傳統，把西方、中國、印度的文化裝入簡單的公式，視爲根本性質的不同；陳獨秀、胡適避免了像梁漱溟那樣一開始就抽象地劃定出文化的路向，但是他們又把文化的階段的界限絕對化了，套用胡適批評梁漱溟的話來說，陳獨秀、胡適爲了文化階段的整齊劃一，其它的傳統只好捨去不論了。

同對東西文化差異本質問題認識的混亂相比，陳獨秀、梁漱溟、胡適對東西文化差異（特別是思想觀念上的差異）的根源沒有提供深刻的答案，不論是視爲民族的，還是歸於意欲的不同。對思想觀念的差異，缺乏歷史的說明，同時制約了他們對東西文化差異本質的認識。無疑，要走出困惑，需要新的思想武器。「五四」後期，隨着馬克思主義在中國的傳播，一批知識分子開始運用唯物史觀研究文化問題，儘管一時還沒有系統地論述東西文化的特徵和根源，但是，從他們對儒家思想的經濟基礎、中國近代思想變動必然性等問題的說明，可以看到，他們把經濟視爲思想產生、存在的根源，思想觀念不再是神秘的、先驗的，爲正確研究文化問題開闢了新的道路——儘管在其後來的發展中也有若干曲折。

文化具有多種基礎、文化自身也包含許多成分，它們對文化的發展、特色的形成共同發揮着作用，一民族文化的特色也是不斷發展的，對文化特色形成的根源需要辯證地、歷史地進行分析，從文化中抽出一種成分，視爲永遠決定一切的根本，而忽視其它因素，是無法揭示文化特色形成的奧秘。

東西文化問題仍然是我們的時代課題之一，可以肯定，中國文化建設的方向既不能恪守傳統，也不能完全照搬照抄西方文化，而是把延續了一百多年的中西文化融合的歷程進一步推向前進，因此，幾十年前陳獨秀、梁漱溟、胡適等思想家探索的問題仍有待我們繼續努力。

註釋：

①②③④《陳獨秀著作選》(第一卷)，第一三〇頁、第一三六頁、第一三六頁、第一六五頁。

⑤　杜亞泉：《動的文明與靜的文明》，載《東方雜誌》第一三卷第一〇號。

⑥⑦⑧⑨⑩⑪《東西文化及其哲學》，第四八頁、第五三—五四頁、第六五頁、第一九九頁、第四二頁、第二四頁。

⑫⑬⑭《胡適文存》三集卷一，第四頁、第五頁、第五二頁。

⑮
⑯《胡適文化》二集卷二，第七八頁、第八二—八三頁。
⑰常燕生：《東西文化問題質胡適之先生——談〈我們對於西洋近代文明的態度〉》，載《現代評論》第四卷第九〇、九一期。

五四運動與西方邏輯在中國的傳入和傳播

中國社會科學院哲研所 周雲之

「五四」運動的爆發，雖然直接是由於美、英、法等國操縱巴黎和會，拒絕中國人民要求取消日本和各國列強在華的一切特權及其它不平等條約而引起的。但是，「五四」運動的發展，並不限於政治鬥爭的暫時勝利。在「五四」運動的推動下，以提倡民主和科學爲兩大旗幟的新文化運動，也在全國各地澎湃發展起來。「五四」運動的愛國、反帝精神與新文化運動的民主、科學精神合爲一體，「五四」運動也就成了新文化革命運動的繼續和發展，成了科學和民主精神的偉大體現者，這正是「五四」運動最有深遠影響的歷史功績。

「五四」運動在思想理論領域裏的最大功績，是使馬克思主義在中國得到了進一步的傳播。同時，也使西方的科學文化開始更加全面、廣泛地傳入了中國，守舊的中國文化界由此而大踏步地學習新知識、接受新文化，學術界進一步重新活躍起來。這一點，在邏輯科學領域和中國邏輯學界反映得甚爲突出和明顯。

一、現代數理邏輯開始了在中國的傳入和傳播時期

早在明朝末年，西方的邏輯著作就開始在中國被翻譯出版。但是，直到「五四」運動以前，儘管

翻譯和自著的邏輯著作已有十多本，却都僅限於傳統邏輯的範圍，作爲現代邏輯科學的數理邏輯還沒有人知道。隨着「五四」運動和新文化運動的結合，中國學術界積極要求介紹西方的科學文化。一九一九年，在胡適的鼓吹和推動下，美國學者杜威首先來中國講授實用主義和試驗論理學①。但試驗論理學並不是什麽現代的數理邏輯科學，而只是實用主義哲學和傳統邏輯的混合物。不過，杜威來華講學畢竟打開了外國學者親自來華講授西方邏輯的大門。一九二〇年，英國學者羅素也首次來中國講學，第一次在北京大學向中國學者介紹了數理邏輯中的命題演算和邏輯代數。這一演講曾以「數理邏輯」爲書名，於一九二一年在中國正式出版，這就是我國出版的第一本數理邏輯著作，從而開始了現代數理邏輯在中國的傳入時期。一九二二年又翻譯出版了羅素的《算理哲學》，書中通俗地介紹了數理邏輯的主要成果和他的數理哲學觀點。此書於一九二四年再版，一九三〇年又作爲世界名著重印。羅素的數理邏輯學說影響了我國一九四九年以前兩代人的數理邏輯觀點，當時我國學者發表的數理邏輯專論，幾乎沒有一本不是以介紹羅素《數學原理》一書中的系統爲內容的。

羅素是在「五四」運動以後來中國講學的。這個時期，具有比明朝末年傳統邏輯傳入初期要好得多的內部、外部條件。現代數理邏輯雖然內容深奥，難於普及，但很快就爲中國一批學者所接受和酷愛。在二十年代初期，就有俞大維、沈有乾、汪奠基等少數學者開始研究數理邏輯，更有金岳霖在國外深造，決心爲數理邏輯在中國的傳入、傳播和發展貢獻畢生。他們就是我國數理邏輯科學的第一代傳播者和開拓者。金岳霖一九二五年回國後，一直在清華大學、西南聯大講授數理邏輯，爲培養我國數理邏輯的第二代中堅骨幹作出了獨特的貢獻。今天我國數理邏輯界最知名的一批老專家王憲鈞、沈有影、胡世華等都是金岳霖最早的得意學生，並先後在三、四十年代出國深造，回國後即專門從事數理邏輯的教學、研究工作。無可否認，我國數理邏輯科學在一九四九年以前的傳播和發展，主要是金岳霖及其弟子們苦心奮鬥的結果。所以，在我國的邏輯學界，金岳霖被譽爲我國數理邏輯科學的奠基人。

數理邏輯在我國的傳入和傳播的另一個重要標誌是，數理邏輯的著作開始在中國出版。除了相繼出版了羅素的幾本名著外，一九二七年我國學者自著的第一本介紹數理邏輯的著作——汪奠基的《邏輯與數學邏輯論》出版。其第一部分名爲形式邏輯，介紹了形式邏輯的基本方法和邏輯問題的歷史研究。第二部分名爲數學邏輯原理，介紹了羅素的命題演算、類演算和關係演算，並且比較正確地從傳統邏輯的局限性和萊布尼茲數理邏輯的不足方面解釋了現代數理邏輯產生的原因。汪奠基於一九三七年還寫了《現代邏輯》一書，但因文學艱奧，有的全用文言文敍述，因而讀者很少，影響也不大。一九三三年沈有乾也寫了《現代邏輯》一書，並在他寫的高中、師範用的傳統邏輯教科書中介紹了數理邏輯的基礎知識。一九四〇年還出版了牟宗三的《邏輯典範》。但當時最有水平、最有影響的數理邏輯著作，還是一九三七年出版的金岳霖《邏輯》一書，這是金岳霖在清華大學時的教學用書。全書分爲四個部分：第一部分介紹了傳統的演繹邏輯；第二部分對傳統邏輯進行了批評；第三部分介紹了一個邏輯系統；第四部分是關於邏輯系統之種種。這本書代表了解放前我國數理邏輯和傳統邏輯理論的最高水平。在介紹傳統邏輯時，作者也站在現代邏輯的水平上，對傳統邏輯不討論空類、關係命題和主項存在等等的局限性作了透徹的批評。在數理邏輯部分，不僅全面介紹了羅素的邏輯演繹系統，而且精闢地討論了邏輯系統，第一次討論了邏輯系統的完全性、一致性和獨立性等。

尤爲可貴的是，在這一時期，一些學者已經就一些理論問題提出了自己的獨立見解。金岳霖的《邏輯》一書，在介紹羅素的邏輯演繹系統時還指出，羅素演繹系統的根本缺陷是沒有區分對象語言和元語言，因而沒有給出全部的語法規則；他還從一元論的觀點出發，把事實上已經出現的多值邏輯系統當作不同的邏輯系統來處理，這確實是最妥當的。此外，三十年代末，湯藻眞寫的《代數公設和路易士嚴格蘊涵演算的一個幾何解釋》一文，在開創模態邏輯研究的代數語義方面具有先驅的作用。四十年代，沈有影、王憲鈞、胡世華等都發表了帶有自己獨立見解的論文，特別是胡世華的《命題演算之所指》一文，建立了一個嚴格的演繹理論A系統，這是我國數理邏輯研究中的一個可喜成果。所有這些，不僅說明數理邏輯已經在我國眞正進入了傳入和傳播階段，而且已經在數理邏輯研究上取得了初步的進展。正是因爲在「五四」運動剛剛勝利之際，開始了我國數理邏輯的傳入和傳播階段，所以我們不能不把數理邏輯的傳入和傳播的功績，記在「五四」運動所繼承和高舉的科學與民主精神的旗幟上。正是這種歷史的原因，中國邏輯史界不少人都主張把「五四」時期開始的數理邏輯傳入階段作爲中國現代邏輯史的開端。

二、傳統邏輯的普及有了理想的環境

西方傳統形式邏輯的傳入，開始於明朝末年（一六三〇年）李之藻翻譯的《名理探》一書，由於該書內容陳舊、文字艱奧，而且僅限於演繹邏輯中的範疇論，當時幾乎沒有產生什麽影響。直到十九世紀末和二十世紀初，才開始了傳統邏輯的第二次傳入。特別是一九〇五年嚴復翻譯的《穆勒名學》一書的出版，不僅全面介紹了傳統的演繹邏輯和歸納邏輯，而且在中國文化界產生了積極的影響，西方的傳統邏輯開始越來越爲國內學者所接受和承認。實際上，這第二次傳入才眞正開始了傳統邏輯的傳入和傳播時期。

不過在「五四」運動以前，傳統邏輯雖然已在我國傳入和傳播，但還只限於少數學者中間。「五四」運動以後，在當時科學與民主精神的推動下，從二十年代至四十年代，繼續出版了更多的西方傳統邏輯的譯著，其中包括了好些西方的教材名著，如美國瓊斯的《邏輯》、奧圖爾的《邏輯學》、枯雷頓的《邏輯概論》、查普曼的《邏輯基本》等。應該說，傳統邏輯在中國的傳播，這時已進入了普及階段。其基本標誌至少有兩點：

一是國內學者自著的傳統邏輯專著大量出版。二十年代以前，我國學者自著的傳統邏輯著作雖有十多本，但發行量都很少。二十年代以後直至一九四九年，國內學者自著的傳統邏輯著作，據不完全統計，共出版了近八十種，而且不少著作出版了兩次以上，僅朱兆萃的《論理學ＡＢＣ》（一九二八年）就連續再版發行了九次，王振瑄的《論理學》（一九二五年）在五個月內再版了五次，范壽康的《論理學》（一九三一年）、陳高傭的《論理學》（一九三八年）等也都發行了四或五次。這反映了當時研究掌握傳統邏輯這一知識的學者越來越多，也反映了當時學習傳統邏輯知識的讀者越來越廣泛。

二是一些大學、師範和高中開始設置了邏輯課，系統講授傳統邏輯知識。雖然二十年代前也出版過幾本書名爲「教科書」、「講義」的邏輯著作，但無法查明當時是否在學校裏開設過邏輯課。而從二十年代以後出版的許多邏輯著作中，已經可以清楚地知道，在一些大學、師範、高中都曾先後開設了邏輯課。據初步統計，當時出版的教學用書近三十種，其中最早被用作大學教材的是屠孝實的《名學綱要》（一九二五年），江恒源的《論理學大意》（一九二八年）是作者在北京平民大學的講義，劉博敫的《論理學》（一九二九年）是作者在北京大學任教時的教本，王章煥的《論理學大全》（一九三〇年）是作者在浙江一些學校用的講稿，何兆清的《論理學大綱》（一九三二年）是何氏在中央大學的邏輯講稿，當時最有影響的金岳霖《邏輯》（一九三七年）一書是作者在清華大學的教學用書。除大學教本外，還有近二十種師範和高中的邏輯教本。像范壽康的《論理學》（一九三一年）就在「編輯大意」中註明：「本書系統依照教育部最近頒布高級中學師範科暫行課程標準編輯而成。」盧廣鎔的《論理學教科書》也註明是根據教育部規定的授課時數在直隸第二女子師範學校的教學用稿。這種教科書，單是一九三一年就出版了五、六本，有的連續發行了五次。這些都說明，當時中華民國的教育部確實已經把邏輯列爲某些大學、高中和師範學校的課程，說明傳統邏輯在我國二十年代以後開始進入了普及階段。

三、邏輯科學領域開展了廣泛的學術爭鳴

由「五四」運動繼承和發揚的科學與民主的精神，給我國的學術界帶來了新的活力，學術上的自由討論和相互爭鳴在傳統邏輯科學的領域第一次得到了積極的發揚。國內邏輯界開始對傳統邏輯的許多理論問題進行了較爲廣泛的探索和爭論，提出了一些至今仍然值得我們注意和重視的純屬邏輯的理論問題，其中有不少是我國學術界至今還在繼續爭論的問題。例如，關於邏輯科學的對象和範圍就有許多種不同的理解和提法。在承認邏輯學是研究思維形式及其規律的論點中，有的已十分明確地認爲：「論理學是研究思維形式的法則的學問。」②並進而強調「邏輯必爲形式的，非形式的不當視爲邏輯……邏輯之研究命題，却不注意命題之實質，而是注意命題的形式」，「主要目的是在獲得推理的正確形式」③等。而有的著作已模糊地把邏輯學定義爲"研究思維方法之學」④、「思考之學」⑤、「思維的科學」⑥、「思考法則之學」⑦等等。少數著作則認爲邏輯學不能只管形式的對錯，還必須管內容的眞假。「眞正研究論理學者，不特注重形式，並且要注重實質」⑧，「論理學的目的，……

為思考活動時，得自知所思的眞僞、是非與善惡」⑨等等。

在論及主謂項的周延和存在及直接推理的換位法時，分歧就更明顯。在承認特稱量項為不周延的論著中，有的說特稱量項只指數量上的部分（包括一個），不能指全部，即「特稱判斷是從主辭外延的一部分肯定之或否定之的判斷」，其形式為「某S是P」或「某S不是P」⑩。有的說：特稱量項可指數量上的一部分，又指不斷定數量的「存在」或「有」，即「僅論其所屬各分子的一部分，叫做特稱判斷，例如『有人研究論理學』……雖其數目多少不可得而知，但至少須有研究論理學的人在」。他的形式常為「有S為P」或「某S為P」。有的則明確認為：特稱量詞只指「存在」，不指數量上的一部分，即「有的a不是b」就是「$ab \neq o$」；「有的a不是b」就是「$a > b \neq o$」。此外，有的著作還認為當主賓詞在事實上全部一致（外延相等）時，主賓詞都應周延②，因此特稱量項有時也可以周延。有的則認為全稱主詞並非必然周延⑪。金岳霖著的《邏輯》一書更是全面、深刻地討論了主項存在問題，強調是否假設或肯定主項存在，其眞假性質是不同的，「全稱命題要不假設主詞存在，才能無疑地全稱；特稱命題要肯定主詞存在，才能無疑地特稱。」關於肯定命題的謂項周延問題，也有兩種針鋒相對的觀點。一種認為，有的肯定命題的謂項雖然在形式上是不周延的，但在事實上指的是全體，所以應當說有時是周延的。例如：「凡等邊三角形為等角三角形」、「上海為中國最大商埠⑬」等，所以「就形式而言，肯定命題的賓概念皆不周延」，「若論事實，肯定命題之賓概念有時亦周延」。⑦另一種認為，雖然有些肯定命題的謂項在事實上是包括着全體的，但在形式上不能（或沒有）斷定為周延⑧。有些著作正是根據所謂特稱命題的主項在事實上可以是全稱和肯定命題的謂項在事實上也可以為周延的論點，提出了A命題有時也可以直接換位為A命題⑫；I命題有時也可換位為A命題⑦；O命題則可以換位為O命題⑬……等等，這是與一般傳統邏輯明顯相反的論點。

關於邏輯基本規律的討論是當時傳統邏輯爭論中最激烈的一個領域。例如：基本規律中究竟包不包括充足理由律？有的明確認爲形式邏輯只有同一律、矛盾律和排中律三條④⑭⑮。而承認有充足理由律的人或者把充足理由律視爲與同一、矛盾、排中三律「性質迥然不相同」的規律⑰；或者把充足理由律視爲同一律的演變⑰。在論及同一律時也有各種不同的論述：有的把同一律理解爲概念所反映的事物屬性的同一，即「同一律者，爲考求事物之屬性彼此相同之原則也」⑯，有的把同一律理解爲反映事物的不變性，即同一律是「將其某種本質固執之，而承認其無變」⑪；有的把同一律理解爲肯定命題的基礎，即「一切肯定命題都由同一律生」⑱……等等。在論及矛盾律時，不少著作把矛盾律理解爲一切否定判斷的基礎⑩⑭。許多著作都把排中律理解爲矛盾命題的必有一是與必有一非⑫，因而排中律也被理解爲選言（不相容）命題的基礎⑩；有的則強調「排中律這個思維法則，否認中間狀態」⑲……等等。

在這場相當深入的學術討論和相互爭鳴中，還討論了概念的內涵與外延是否具有反比關係的問題；討論了主詞量項無定（不定）的特點和命題性質無定（不定）的問題；討論了假言命題和假言推理的種類與性質；討論了選言命題和選言推理的種類與性質；討論了歸納推理的性質和形式等等。儘管其中有不少觀點包含着明顯的誤解，但是發生在我國三十年代前後的這場學術討論，實際上一直延續到五十年代乃至八十年代，其中大多數論點至今還可以在一些邏輯論著中找到各自的代表。所以，這場開始於我國二、三十年代的學術討論，在我國的邏輯學界是有着極爲廣泛和深遠的影響的（儘管也包含有許多消極的影響）。這種學術上自由討論的空氣應當歸功於「五四」運動所繼承和發揚的民主與科學精神。

四、教條主義的批判對西方邏輯在我國的傳播與普及產生了惡劣的影響

「五四」運動是在一批具有初步共產主義思想的知識分子的領導下爆發的，「五四」之後，給中國帶來了更多的馬克思主義。但是，隨着馬克思主義的進一步傳入和傳播，同時也帶來或產生了對待馬克思主義的教條主義態度或「左」派幼稚病。這種教條主義或「左」派幼稚病不僅在革命和建設的實踐中造成了極大的危害和損失，而且在科學文化領域也帶來了嚴重的後果。應當承認，除了極少數投機分子以外，教條主義在多數人身上常常是不自覺的，他們信仰馬克思主義，甚至眞心實意地想保衞馬克思主義，但他們有時（或在某些方面）對待馬克思主義的態度却是教條主義的，特別是對他們並不眞正熟悉和理解的某些科學文化領域，就很容易用教條主義的態度橫加批判。發生在我國三十年代的一場對形式邏輯的錯誤批判，就是用教條主義鞭韃科學文化的一次沉痛教訓。

從思想、理論上說，這場對形式邏輯的錯誤批判就是把辯證法簡單化、絕對化、公式化，把形式和內容在事實上的辯證統一，誤解爲否認形式抽象的相對獨立性，否認思維形式作爲研究對象的相對獨立性；把事物運動、變化的絕對性誤解爲否認事物存在和運動的相對確定性（注意：確定性不等同於穩定性、固定性、不變性），進而否認思維形式和思維內容的相對確定性；把承認事物的辯證矛盾誤解爲必須承認思想上的自相矛盾（邏輯矛盾）等等。他們用辯證法的公式硬套形式邏輯的推理形式和三條基本規律，從而硬把專門研究思維形式和規律的形式邏輯科學等同爲哲學上的形而上學世界觀，這就是導致這場錯誤批判的理論根源和眞正實質。

根據現有資料，這場誤把形式邏輯當作形而上學的「批判」，開始於廿世紀二十年代末和三十年代

代初。一九二九年許興凱就在《演繹法、歸納法與辯證法唯物論》一文中認爲：「演繹法和歸納法有一個共同的錯誤，都是靜止的、固定的、獨立的、絕對的方法觀察一切自然和社會現象。」一九三〇年郭湛波在《辯證法研究》一書中也認爲：「形式邏輯是靜的、固定的觀察事物的關係及法則。」這就開始了對形式邏輯的全面批判。

從一九三三年到一九三六年，「批判」進入了高潮階段，參加這場「批判」的主要有王特夫、邱瑞五、艾思奇、范壽康、葉青、鄧雲特、張鳳閣、楊伯愷、王照公等，一九三三年王特夫的《論理學體系》一書尤爲具有代表性。他們把形式邏輯的主要「錯誤」歸結爲四個方面：其一，形式邏輯是哲學上與辯證法相對立的世界觀和方法論，「形式論理學和運動的邏輯⑳相反，……他們是反對矛盾統一律」的㉑等；其二，形式邏輯是一種主觀唯心主義的思維方法，亞氏邏輯就是「從主觀武斷中提出的」，「是觀念的論理觀點」和「主觀唯心主義的思維方法」㉒等；其三，形式邏輯是把事物當作孤立的、不變的形而上學思維方法，「形式邏輯只是在事物的靜態中、事物的表相中觀察事物，把一切事物看作不變的、形而上學的隔離着的」㉓等；其四，形式邏輯是一種沒落階級的意識形態，「形式邏輯的思維方法，是最適合於封建貴族制度時代的一種社會意識形態」㉒等。在批判的高潮時期，調子越來越高，有人提出「要豎出革命的旗子來打倒形式邏輯」㉔，要消滅形式邏輯㉕，艾思奇的《大衆哲學》則聲明：「我們早已宣布了形式論理學的死刑。」等等。

從一九三六年到一九三九年，「批判」進入了後期總結階段，當時有少數哲學家試圖對形式邏輯的批判以及形式邏輯和辯證法的關係從理論上進行較系統的概括和總結，其主要代表人物有葉青、潘梓年和李達。葉青在《論理學問題》（一九三七年）一書的《自序》中說：這本書「對於辯證邏輯與形式邏輯之對立的解決意見算是給了一個完全的和詳細的敍述」。潘梓年在他的《邏輯與邏輯學》（

一九三七年）一書的「弁言」中也說：「這本小册子，主要是想來解決辯證法與形式邏輯的關係問題。」李達在《社會學大綱》（一九三九年）中，專章討論了形式邏輯與辯證法的關係。他們都是站在批判形式邏輯的立場上，把邏輯學等同於哲學的辯證法，又把形式邏輯等同爲哲學的形而上學，並列舉了形式邏輯的五點或四點根本「錯誤」。但在具體對待形式邏輯的態度上却有所不同。葉青的綜合派觀點認爲：「我們對辯證邏輯與形式邏輯二者都應承認其眞理性」，因此「所謂辯證邏輯與形式邏輯的統一，就是說以辯證邏輯去吸收形式邏輯」。我國三十年代所謂「綜合邏輯」（即把辯證法、形式邏輯、試驗論理學等綜合在一個所謂「邏輯」的體系中）的興起，就是以這種綜合派觀點爲理論根據的。潘梓年的揚棄派觀點則認爲：「辯證邏輯學者如果根本抹煞了形式邏輯，當然不會是正確的」，「形式邏輯中所有現在還可以用得的那些部分」，「則全部收編過來，叫它們充當技師而列爲思維術」，並且提出了一個揚棄形式邏輯的具體方案。李達的否定派觀點強調：「形而上學思維體系的形式論理學……現在更被辯證法所否定了」，「在具體的現實的認識上，它不能成爲思維法則，並且也全無用處」，但又不得不承認其在常識範圍內的認識作用。這三種觀點代表了批判派對待形式邏輯的三種不同的具體態度，儘管他們都把形式邏輯當作形而上學批判，但又不得不在不同程度上承認形式邏輯的科學內容或實用價值，因而整個批判都包含着理論上、邏輯上的自相矛盾。這場誤把形式邏輯當作形而上學的批判到三十年代末算是基本結束了，雖然四十年代還有個別人在繼續批判，但批判的調子再也超不出三十年代。

我們揭開三十年代這場對形式邏輯的錯誤批判，是要人們客觀地承認，在科學與民主的旗幟下，並不是一切都是完全科學和民主的，其中夾雜着某些消極的內容或方法也是意料中的事。歷史已經充分證明，西方形式邏輯的傳入和傳播，儘管遇到了教條主義的非難和詆毀，形式邏輯作爲一門科學在發揚民主與科學精神的歷史年代，仍然得到了最充分的發展。更爲可喜的是，這場「批判」對數理邏輯的傳入和傳播幾乎沒有產生任何影響，而且大多數傳統邏輯工作者並沒有理會教條主義的批判，也沒有參與這場爭論，他們在民主與科學精神的保護下，爲普及形式邏輯知識作出了積極的貢獻。歷史的辯證法也常常證明，一時受到衝擊、批判的思想文化，只要它是（或包含）眞理和科學，往往會引起另一部分人更多的關注和重視。如果歷史再處在比較民主和科學的社會氣氛中，那麼反而會促使受到錯誤批判的思想文化得到更大的傳播和更多的信仰者。我國的形式邏輯科學雖然在三十年代受到了最嚴厲的錯誤批判，却也在三十年代得到了最大的傳播、普及和發展。這本身就說明，「五四」運動所倡導和發揚的科學與民主精神，確實對我國邏輯科學的發展起了保護和促進的作用。

以上從四個方面論述了「五四」運動曾對西方邏輯的傳入和傳播產生過非常重要的影響。儘管夾雜着某些消極的東西，但主流是積極的、健康的。我們今天紀念「五四」運動，正是要發揚「五四」運動所繼承和高擧的民主與科學精神，把一切眞正有用和眞正科學的西方科學文化吸收進來，以推動我國科學文化的發展，爲建設有中國特色的社會主義和實現四個現代化服務。同時，也必須學會辨別和排除夾雜在科學文化中的糟粕或屬於僞科學的東西，才能使眞正的科學與民主精神得到最充分的繼承和發展，才能使眞正的科學文化不受到詆毀和破壞，這正是發揚科學與民主精神的兩個不可分割的方面。在我們的邏輯科學領域，西方在現代邏輯科學方面已經有了迅猛的發展，而我國還處在相當落後的水平上。因此，吸收、掌握和普及現代數理邏輯的知識是當務之急，並且努力用現代數理邏輯知識來驗證、改造我們的傳統邏輯教學，糾正傳統邏輯中目前還存在的許多混亂思想和錯誤觀點，使眞正的邏輯科學得以在中國普及和發展，這才是我們紀念和發揚「五四」精神最好的目標。

註釋：

① 「邏輯」在解放前又名「論理學」、「理則學」，「形式邏輯」也僅限於傳統邏輯，本文也是在同一意義上使用這幾個概念的。

② 劉博敫：《論理學》。

③ 謝幼偉：《邏輯要義》。

④ 石明：《論理學常識》。

⑤ 章論清：《論理學問答》。

⑥ 范壽康：《論理學》。

⑦ 朱章寶、馮品蘭：《論理學綱要》。

⑧ 朱兆萃：《論理學》。

⑨ 宋子俊：《論理學概論》。

⑩ 朱兆萃：《論理學ＡＢＣ》。

⑪ 王振瑄：《論理學》。

⑫ 王章煥：《論理學大全》。

⑬ 雷香庭：《理則學綱要》。

⑭ 哲民：《論理學》。

⑮ 林仲達：《綜合邏輯》。

⑯ 屠孝實：《名學綱要》。
⑰ 常守義：《論理學》。
⑱ 陳高傭：《論理學》。
⑲ 張鳳閣：《形式邏輯與辯證法的比較》。
⑳ 「運動的邏輯」即「辯證邏輯」或「矛盾邏輯」，以前都把辯證邏輯等同爲辯證法。
㉑ 艾思奇：《抽象作用與辯證法》。
㉒ 王特夫：《論理學體系》。
㉓ 邱瑞五：《形式邏輯與辯證法的邏輯》。
㉔ 葉青：《新哲學的兩條戰綫》。
㉕ 繆南：《葉青〈形式邏輯與辯證法〉批判》。

試析「五四」與中國近代價值觀的變革

華東師範大學　丁禎彥

七十年前的「五四」運動是一場政治運動，也是一場思想文化領域中的革命，特別是價值觀的革命。當時運動的領導者鮮明地樹起了民主和科學的兩面旗幟，向傳統的價值觀念猛烈衝擊。他們要求承認和尊重個人的尊嚴、個人獨立自主的人格，反對「以己屬人」的封建倫理道德。他們認為要振興中國，必須提高每一個人的道德水平，使每一個人在價值觀念上意識到自己是人而不是奴隸，這才是「持續的治本的愛國主義」①。本文擬聯繫中國傳統哲學的價值觀，說明「五四」新文化運動在近代價值觀變革過程中的意義，請時賢指正。

「價值」「人的價值」等概念雖然是從西方引進的，而關於人的價值問題却早已為中國思想家們所關注。《孝經》引孔子的言論說：「天地之性人為貴。」這雖不一定是孔子的話，但把人看作是天地萬物中最有價值的，無疑是傳統儒家的基本觀點。孟子繼孔子之後也肯定了人的價值，他區別了「人之所貴」和「良貴」②，「人之所貴」指權勢者給予的祿位，是可以被剝奪的；「良貴」，即「人人有貴於己者」，即人的個體價值。不過，中國古代傳統的價值觀，按照馬克思關於人類社會發展可分為三種社會形態（三個階段）的觀點③，它是在人類社會形態的第一階段發生和發展起來的，它始終是以「人的依賴關係」和自然經濟為基礎。從原始的臍帶關係，演變為家長制、宗法制，以至後來的封建等級制度，反映在價值觀領域，就是以權威主義、獨斷論為其特徵的價值體系。孔子說：「君子有三畏：畏天命、畏大人、畏聖人之言。」④。大人就是社會的統治者，聖人之言就是經典裏的教訓，而大人和聖人都自稱是天命的代表。價值標準是由權威（大人、聖人）來掌握，權威則以天命爲根據。這種權威主義的價值觀又具體的體現在封建綱常教義之中，而正統派儒學是綱常教義的維護者，幾千年來儒學的權威（孔子的權威，孔孟之道的權威）是不容懷疑的。

到了近代，中國開始從以「人的依賴關係」爲基礎的自然經濟社會轉向以「物的依賴爲基礎的人的獨立性」爲特徵的社會（亦即以商品經濟爲主的社會，包括資本主義和社會主義的商品經濟在內）。這時傳統的權威主義和獨斷論的價值觀自然成了社會發展的阻礙，成爲價值領域裏革命的對象。

近代價值觀的變革主要表現在以下幾個方面：

第一，提倡自我的個體價值、個性解放，反對傳統觀念的束縛。

個體和社會的關係問題，歷來是價值觀中的重要問題。自然界的事物都有個性和共性，都是特殊與普遍性的統一，而共性寓於個性之中，類的本質即體現在作爲類的分子的個體之中。對無機界或一般生物的個體差別往往被人所忽視，但對人類本身來說情況則不同。人是一個個的個體，每一個人都有個性，每個人都應該看作目的，都有要求自由的本質。但人之個體又不能離社會關係而存在，人的本質是現實的社會關係的總和。社會關係制約着個性的發展。

中國傳統哲學由於權威主義的價值觀佔主導地位，對人的個體的價值的討論沒有充分展開，甚至沒有予以足夠的重視。儒家強調從人與人的社會關係（人的社會性）來考察人的價值，有合理因素，但儒學以爲人的社會關係主要是等級關係，等級關係是社會的本質，而個性依賴於權威，個人價值只有在維護這種等級制度時才有意義，這是十分片面的、錯誤的。到了近代這個問題更加突出了。龔自珍作爲近代人文主義的先驅，首先把「我」作爲第一原理提了出來，他說：「天地，人所造，衆人自造，非聖人所造。……衆人之宰，非道非極，自名曰我。」⑤龔自珍把作爲「衆人之宰」的「我」與「道」、「極」對立起來，以爲第一原理不是太極，而是「我」。人人都有一個「自我」，即主觀精神，世界就是無數「自我」的創造。這種說法雖有唯意志論的色彩，但如此強調「自我」的個體價值，在中國哲學發展中却是前所未有的。它是一個近代的命題，具有鮮明的反封建的意義，反映了與商品經濟相聯繫的人的獨立性，標誌着以個性自由爲內容的近代人文主義思潮的開端。龔自珍還力主發展個性，在其著名散文《病梅館記》中，以梅爲喩，曲折地表達了這個思想。他說，因「文人畫士」以爲梅「以曲爲美」，「以欹爲美」，「以疏爲美」，於是「鬻梅者」投其所好，對梅「斫其正，删其密，鋤其直，遏其生氣」，使之曲、欹、疏，結果「江浙之梅皆病」。他希望自己「多暇日，又多閑田」，購病梅植於土，解其束縛，「療之，縱之，順之」，使其恢復天然狀態，自由生長。梅要解其束縛，人也要掙脫枷鎖，在自由的天地中發展個性。

戊戌變法運動中的譚嗣同提出了「衝決網羅」的口號，並繼龔自珍之後高度頌揚個人「心力」的作用。他認爲當時是大刧將至，「亦惟以心解之。緣劫遠旣由心生，自可以心解之」⑥。還說：「心之力量雖天地不能比擬，雖天地之大可以由心成之，毁之，改造之，無不如意。」⑦

梁啓超也十分強調自我的意義。他以爲眞正的自由，可以歸結爲「我之自由」⑧，而「我」的含義有二：「昂昂七尺立於人間者」（指形體的我）；「瑩瑩一點存於靈臺者」（指心靈的我）。人應該以我役物，而不應爲物所役，並且認爲每個人精神上受奴役比身體上受奴役更爲可耻。因此，他提出「除心奴」的學說。所謂「除心奴」也就是要求承認個人的價值和自由獨立的精神是每個人神聖的權利。他認爲正是這種身體上和精神上的獨立自主精神，促進了西方政治學術的迅速發展，中國人缺乏這種精神，所以多少年來政治學術都沒有什麽長進。並且着重指出，如果中國人不培養這種獨立自主的精神，尊重個人的價值，那麽即使天天讀西書、講西語，也依然是「奴性自若」。他說：「嗚呼！有聞倍根笛卡爾之風而興者乎！第一，勿爲中國舊學之奴隸；第二，勿爲西人新學之奴隸。我有耳目，我物我格；我有心思，我理我窮。」⑨意思是說，理性（心）是每個人所固有，通過獨立思考把握理性，並把它作爲權衡的標準，不迷信古人和西洋人的書，這才是個人的獨立自主精神。在今天看來梁啓超的說法仍有合理因素。

到了「五四」時期，鼓吹個體價值，追求個性解放，在社會上成爲一種普遍思潮。李大釗、陳獨秀、魯迅、胡適等人都有許多精彩的論述。

李大釗當他還是個進化論者時，就用「我」去反對舊的權威，他甚至認爲宇宙就是「我」的擴大。我的不斷擴大、發展，「至無窮極，以達『宇宙即我，我即宇宙』之究竟」⑩。還說：「國家之成，由人創造，宇宙之大，自我主宰。」⑪說法有點像陸王的口吻，不過，李大釗的「自我」貫串着理性主義精神。在他看來，法國革命之所以成功，就是因爲啓蒙思想家們能「振其自我之權威，爲自我覺醒之絕叫」。於是把民衆從沉夢中喚醒，使人民認識了「自我之光明」（即理性），老百姓就再不願意做環境的奴隸，不願受命運的擺布，奮起革命。

李大釗轉變爲馬克思主義者後，仍然繼續宣傳個性解放。不過，這時他把個性解放和大同團結相結合，說：「一方面是個性解放，一方面是大同團結，這個性解放的運動，同時伴隨着一個大同團結運動。這兩種運動，似乎是相反，實在是相成。」⑫要求個性解放是人道主義和民主主義的實質，大同團結是社會主義的理想。近世各國的社會主義運動，都是開始於要求個性解放的反封建鬥爭，隨後又興起了社會主義運動，而其奮鬥的目標在於實現既有個性自由又有大同團結的新秩序。這也就是馬克思所說的人類社會發展的第三階段，即「建立在個人全面發展和他們的共同生產能力成爲他們的社會財富這一基礎的自由個性」。亦即《共產黨宣言》中所說的「每個人的自由發展是一切人的自由發展的條件」的那種社會。李大釗關於個性解放的思想今天仍是我們的寶貴的精神財富，對當前精神文明建設有重要的指導意義。

陳獨秀也講個體價值、個性解放，不過他與李大釗不同。如果說李大釗的個體價值學說與理性主義相聯繫的話，那麽，陳獨秀的個體價值學說則是與經驗主義、功利主義相聯繫。他說：「人之生也，求幸福而避痛苦，乃當然之天則。……幸福之爲物，既必準快樂與痛苦以爲度，又必兼個人與社會以爲量。」因此，從人生的歸宿來說，人的活動所要達到的目標是：「內圖個性之發展，外圖貢獻於群。」既要力求個人幸福、個性自由，又要力圖對社會作貢獻。一九二〇年當他轉變到馬克思主義立場上後，關於個體價值的理論又有新的發展。他在與無政府主義者的辯論中，特別強調個性的東西是社會的產物，批評了無政府主義者「反社會」的主張，認爲「個人不能夠自己自由解放，就是一切團體也不能夠自由解放」，切實的辦法是按唯物史觀來改造社會（實踐），在改造社會中來尋求團體、個人的自由發展。這個觀點是正確的。

胡適從「評判的態度」出發也竭力提倡個體價值、鼓吹個性解放。他認爲發展個性須有兩個條件：一是必須使個人有自由意志；二是須使個人擔干係、負責任。他以《娜拉》爲例，說戲中郝爾茂最大錯誤只在他把娜拉當着「玩意兒」看待，既不許她有自由意志，又不許她擔負家庭的責任，所以娜拉竟沒有發展個性的機會，等到娜拉一旦覺悟時，恨極她的丈夫，決意棄家遠走。接着胡適指出：「家庭如此，社會國家也如此。自治的社會，共和的國家，只是要個人有自由選擇之權，還要個人對於自己所行所爲都負責任。若不如此，絕不能造出獨立的人格。社會國家沒有自由獨立的人格，如同酒裏少了酒麯，麪包裏少了酵，人身上少了腦筋；那種社會國家絕沒有改良進步的希望。」⑬《易卜生主義》發表在一九一九年，當時的中國雖然推翻了清王朝，但社會並沒有確立民主制度，只是以封建軍閥的專制代替了君主專制。人民在共和政體之下，備受專制政治之苦。在思想領域，人們仍受到封建思想的束縛。在這種情況下，胡適要求發展個性，是對傳統價值觀的衝擊，有極大的反封建意義。

第二，猛烈抨擊封建綱常教義，力主自由平等。

中國傳統哲學中權威主義的價值觀是與綱常名教緊密聯在一起的，封建的君權（政權）、族權（宗法制度）、夫權和神權是最大的權威，長期以來阻碍了中國社會經濟的發展，「是束縛中國人民特別是農民的四條極大的繩索」。近代中國的先進思想家們，認爲要樹立新的價值標準，提出新的價值體係，必須徹底批判封建的綱常名教，破舊才能立新。康有爲就曾經把天賦人權說和封建的綱常教義尖銳地對立起來。他說：「君臣也，夫婦也，亂世人道所號爲大經也，此非天之所立，人之所爲也。」⑭他猛烈地抨擊了「君主專制其國，魚肉其臣民」，「夫之專制其家，魚肉其妻孥」的慘酷現象。並且認爲父母對子女雖有養育之勞，但「人，天所生也，托藉父母生體而爲人，非父母所得專也」。如果父母對子女實行專制，那也是「失人道獨立之義而損天賦人權之理者也」⑮。康有爲認爲只有破除「三綱」之說，使大家明白天賦人權之理，於是男女平等獨立，消除了家界，從而也消除了國界，就能達到世界大同。這雖然是天眞的幻想，但他強調「自去人之家始」，實際是要求首先破除封建宗法制度，却是有積極意義的。

譚嗣同對封建綱常倫理的攻擊尤爲激烈。他尖銳地指出封建的三綱五常是歷代統治者所賴以奴役人民的精神枷鎖，束縛人的網羅，造成了一系列的「慘禍烈毒」，危害國家，危害社會。他指出：三綱之害，「不唯關其口，使不敢昌言，乃並錮其心，使不敢涉想，……三綱攝人，足以破其膽而殺其靈魂」。他特別着力攻擊「五倫」中的君臣之倫。說：「二千年來君臣一倫尤爲黑暗否塞，無復人理，沿及今茲，方愈劇矣。」⑯並認爲從秦王朝開始二千多年來，封建君主專制一代比一代厲害，當時已達到了「無可復加，非生人所忍受」的地步。在他看來歷代專制的君主都是「獨夫民賊」、「盜國大盜」，而那些高唱「君爲臣綱」的儒者，則是「卑諂側媚、奴顏婢膝」的「鄉愿」。譚嗣同的這些言論，對傳統的價值觀念是極大的衝擊，正如恩格斯在評價西方資產階級啓蒙思想家時說：「他們不承認任何外界的權威，不管這種權威是什麽樣的。宗教、自然觀、社會、國家制度，一切都受到無情的批判。」「從今以後，迷信、偏私、特權和壓迫，必將爲永恒的眞理，爲永恒的正義，爲基於自然的平等和不可剝奪的人權所排擠。」（《反杜林論》）譚嗣同對綱常倫理的批判也有這樣的進步意義。

嚴復對綱常倫理的批判又有他的特點。他從比較中西學說的異同出發指出「中國最重三綱，而西人首明平等」；「夫自由一言，眞中國歷古聖賢之所深畏，而從未嘗立以爲教者也」⑰。他把中、西學的不同歸結爲資產階級自由平等同封建綱常的對立，學術和政治制度的差別，是由這根本對立所派生的。正是基於這種觀點，嚴復寫了《闢韓》一文，痛斥韓愈宣傳君主專制理論的《原道》，認爲韓愈的理論是「知有一人而不知有億兆」，韓愈心中沒有老百姓，只是一味替暴君作辯護。他還繼承了黃宗羲的思想和依據盧騷的社會契約說來解釋君主制度的起源，以爲君臣制度在人類社會的低級階段是必要的，但隨着社會的進步，人民的才能、力量、品德提高了，便應該用民主制度代替君主制度。在民主制度下人人都有獨立自主的人格，個人的意志得到尊重，但是，尊重個人意志並不是個人可以爲所欲爲，而是以互相尊重爲前提，「人得自由，而必以他人之自由爲界」⑱。這是嚴復在廢除了綱常倫理之後，處理人與人關係的基本準則。

「五四」新文化運動的領導者們對封建綱常教義的揭露和批判，其程度之猛烈，理論之深入，都超過了戊戌變法和辛亥革命時期。陳獨秀指出，儒者的綱常教義所規定的義務是「片面的義務」，所維護的制度是「階級尊卑的制度」，即封建等級制度，因此，它的根本特徵是「不平等」。他具體分析說：「君爲臣綱，則民於君爲附屬品，而無獨立自主之人格矣；父爲子綱，則子於父爲附屬品，而無獨立自主之人格矣；夫爲妻綱，則妻於夫爲附屬品，而無獨立自主之人格矣。率天下之男女，爲臣、爲子、爲妻，而不見有一獨立自主之人者，三綱之說也。」⑲在他看來，在三綱壓制下，臣、子、妻、卑、幼完全成了君、父、夫、尊、長的附屬品。由三綱派生的道德「曰忠、曰孝、曰節，皆非推己及人之主人道德，而爲以己屬人之奴隸道德」⑳。

魯迅在其名著《狂人日記》中，沉痛、憤怒、深刻地揭露了舊禮教的本質。他說：「我翻開歷史一查，這歷史沒有年代，歪歪斜斜的每頁上都寫着『仁義道德』幾個字。我橫豎睡不着，仔細看了半夜，才從字縫裏看出來，滿本都寫着兩個字是『吃人』!」同時，他指斥當時那些封建衞道士是「現在的屠殺者」，他們用「僵死的語言」來維護「腐朽的名教」，實是對「現在」的「屠殺」，而且「殺了現在，也便殺了『將來』——將來是子孫的時代」㉑。

胡適從實用主義眞理論出發指出「三綱五倫」並不是什麼絕對的「眞理」，而早已變成過時的「廢語」了。他寫道：「『三綱五倫』的話，古人認爲眞理，因爲這種話在古時宗法的社會很有點用處。但是現在時勢變了，國體變了，『三綱』便少了一綱，『五倫』便少了君臣一倫。還有『父爲子綱』『夫爲妻綱』兩條，也不能成立。古時的『天經地義』現在變成廢語了。有許多守舊的人覺得這是很可痛惜的。其實……這是平常的道理，有什麼可惜？『天圓地方』說不適用了，我們換上一個『地圓說』，有誰替『天圓地方』說開追悼會嗎？」㉒用不着去爲那些過時的、舊的事物「開追悼會」，顯然這是在用懷疑和批判的態度來對待中國傳統的封建文化，不承認封建倫理道德的權威，在一定程度上剝去了舊禮教的神聖外衣，在當時順應了歷史的潮流，有進步意義。

還特別值得一提的是四川學者吳虞，他繼魯迅《狂人日記》之後又寫了《吃人與禮教》一文，他寫道：「孔二先生的禮教講到極點，就非殺人、吃人不成功，眞是慘酷極了！」「我們如今，應該明白了，吃人的就是講禮教的，講禮教的就是吃人的。」同時吳虞對「孝」的分析也是十分深刻的。他指出封建統治者提倡「教孝」，「就是教一般人恭恭順順的聽他們一干在上人的愚弄，不要犯上作亂，把中國弄成一個『製造順民的大工廠』」㉓。他還指出孝與忠是「一氣相連」的，在封建時代有所謂「求忠臣必於孝子之門」的說法，這是因爲中國封建社會是建立在宗法家族制度之上，君主就是全國的封建大家長。正因爲如此，所以「君父並尊」，「孝之義不立，則忠之說無所附；家庭之專制既解，君主之壓力亦散」。他揭露說，中國封建的「家族制度與專制政治」歷來是「膠固而不可分析」的，而孝悌二字便是「二千年來專制政治與家族制度聯結之根幹」㉔。在新文化運動中，吳虞等人對包括孝道在內的封建綱常的批判和剖析，較之維新派和革命派是更爲深入了，爲新的價值標準提供了新思想。

第三，打倒孔家店，反對文化專制主義，要求思想之自由。

傳統哲學中的權威主義、獨斷論的價值體系，突出的表現爲定孔孟之道於一尊。孔孟之道、程朱理學是封建主義思想體系的核心。清康熙帝稱宋明理學爲「集大成而繼千百年絕傳之學，開愚蒙而立億萬世一定之規」。清代繼續推行八股取士的科擧制度，大興文字獄，實行文化專制主義的恐怖政策。清末地主階級改革派林則徐、龔自珍、魏源雖曾把粗淺的西學知識與傳統的「經世之學」結合起來，有力地衝擊了封建正統思想的壟斷和束縛，在中國思想史上開一代新風，但他們並未衝破封建思想的網羅；十九世紀末的維新派曾尖銳地批判過封建君主專制，反對倫理綱常，反對八股科擧，宣傳民權主義、進化思想等，但他們始終背着沉重的思想包袱，不敢觸動封建思想的代表孔子，而且還打着尊孔的旗號「託古改制」，向封建主義屈從、妥協；辛亥革命前後，資產階級革命派曾又一次掀起了思想解放的潮流，他們宣傳天賦人權、自由、平等，提出民主共和國的方案，對孔子也有過批判，但總的說來，他們注意的是政治思想的宣傳，沒有認眞地、有力地進行一場反對封建意識形態的文化革命和價值觀的變革，甚至同封建思想作了妥協。

「五四」新文化運動的領導者們敏銳地意識到要在中國建立一個名符其實的民主共和國，必須在意識形態尤其是價值觀的領域開展一場徹底的反對舊思想的思想啓蒙運動，擊退辛亥革命後社會上出現的尊孔、復古的反動逆流。

一九一六年，《新青年》連載了易白沙《孔子評議》一文，打出了反孔第一槍，易氏在這篇文章中指出，自西漢以來歷代帝王、野心家所以都要利用孔子，這不能不「歸咎孔子自身」，具體說，第一，「孔子尊君權漫無限制，易演成獨夫專制之弊」；第二，「孔子講學，不許問難，易演成思想專制之弊」；第三，「孔子少絕對之主張，易爲人所藉口」；第四，「孔子重作官不重謀食，易入民賊牢籠」。他又指出，「在中國歷史上尊孔典禮愈隆，表揚愈烈，國家之風俗、人心、學問愈見退落」。這篇論文雖分析不夠深刻，但由於點出了孔教的實質是爲封建專制服務，所以在當時有相當的影響。

陳獨秀等人闡明了反孔的必要性。他指出，孔教與帝制有着不可離散之因緣，而孔教與民主是絕對不可調和的。他說：「蓋共和立憲制，以獨立平等自由爲原則，以綱常階級制爲絕對不容之物，存其一，必廢其一。」㉕又說：「吾人倘以輸入之歐化爲是，則不得不以舊有之禮教爲非。倘以舊有之禮教爲是，則不得不以輸入之歐化爲非。新舊之間絕無調和兩存之餘地。」㉖這些說法不僅把歐化和禮教看作絕不能並存，而且把中和西、古和今看作絕對對立的，這顯然是把問題絕對化了，有形而上學傾向。不過，也應看到，在當時爲了衝擊數千年來孔教的權威，需要有這種鬥爭精神。

李大釗着重指出獨尊孔孟，導至了思想僵化、學術萎敗，死氣沉沉，全國上下毫無生機。他說：「豪強者出，乘時崛興，取之以盜術，脅之以淫威，繩以往聖前賢之經訓，遲之以宗國先君之制度。錮蔽其聰明，夭閼其思想，消沉其志氣，桎梏其靈能，示以株守之途，絕其邁進之路，而吾之群遂以陵替。」㉗不過，他對孔子也有分析。他說：「余之掊擊孔子，非掊擊孔子之本身，乃掊擊孔子爲歷代君主所雕塑之偶像的權威也；非掊擊孔子，乃掊擊專制政治之靈魂也。」㉘「五四」時期的先進人物之所以如此堅決地反對孔子、反對孔孟之道，提出「打倒孔家店」的口號，就是因爲孔子早已「非復個人之名稱」，而成了「專制政治之靈魂」，保護君主之偶像，所以反封建必須反對孔學。

爲了打破孔子獨尊的局面，當時的激進民主主義者們要求有「建全的輿論」，主張不同學術思想平等共存，反對以「社會言論武斷之力」，輕率地「對於異說加以距辟」，李大釗指出造成「社會言論武斷」惡劣風氣的原因，是由於「一國專制之積習，淪浹既深，民間持論之恣，每易昧於商權之旨，好爲抹殺之辭。未盡詢謀之誠，遽下豕定之語，此其流弊，以視偶語之禁，腹誹之罰，怖爲可布」㉙。這種見解是極有見地的。因爲他不是把「社會言論的武斷」僅僅歸之於「民間持論之態」，而是指出這是由於思想上政治上長期的專制統治所造成的，把批判的鋒芒直指封建專制主義。他還指出不搞言論自由，一聽到「異說」就武斷地加以「距闢」的做法流弊很大。他說：「對於異說加以距闢，無論其說之本非邪說淫辭，眞理以是而隱，不得與後世共見，其害滋甚。即令爲邪說矣，淫辭矣，其背理之實亦不能昭示天下後進，其害仍隱中無由逃。」㉚這是說，輕率地對待不同見解，正確的東西可能埋沒，謬誤也得不到及時的批判和糾正，危害很大。因此，李大釗呼籲對於「異說」要採取慎重態度，要有自由討論的風氣，「最後豕（斷）定之辭，勿得輕用，終極評判之語，勿得漫加」㉛，這樣才會有「健全的輿論」，而健全的輿論不僅有利於突破孔孟之道的獨尊地位，而且有利於整個學術文化的繁榮。

綜如上述，我們可以看到，近代中國經歷了一場價值觀的革命變革。正是在批判舊的價值觀的過程中，以自由勞動爲基礎的、個性解放與大同團結相結合（即社會主義與人道主義相統一）的新的價值原則逐步產生並得到了發展。但是，也應該看到這場價值領域裏的革命並沒有完成。傳統中腐朽的東西仍有影響。雖然馬克思主義者在批判舊的價值觀，創立新的價值體系方面做了許多工作，有經驗，也有教訓，但是由於歷史條件的限制，在這方面還有許多工作要做。我們要繼承「五四」的優良傳統，發揚革命的批判精神，充實和完善新的價值體系，以促進社會主義精神文明建設。

註釋：

① 陳獨秀：《我之愛國主義》。
② 《孟子・告子》。
③ 參見《馬克思恩格斯全集》第四十六卷，第一〇四頁。
④ 《論語・季氏》。
⑤ 《壬癸之際胎觀第一》。
⑥ 《仁學》四十二。
⑦ 《上歐陽中鵠》。
⑧ 《新民說・自由》。

⑨《近世文明初祖二大家之學說》。
⑩《今》。
⑪《厭世心與自覺心》。
⑫《平民主義》。
⑬《易卜生主義》。
⑭⑮《大同書・甲部，第五章》。
⑯《仁學》。
⑰《論世變之亟》。
⑱《群己權界論・譯凡例》。
⑲⑳《一九一六年》。
㉑《熱風・五十七》。
㉒《實驗主義》。
㉓《說孝》。
㉔《家族制度為專制主義之根據論》。
㉕《吾人之最後覺悟》。
㉖《答佩劍青年》。
㉗㉙㉚㉛《民彝與政治》。
㉘《自然之倫理觀與孔子》。

理智的了解與情感的滿足

吉林大學 陳慶坤

一、中國近代中西哲學融合的根據

中西哲學殊途，情趣各異，是否具有可比性，這是本文立論的前提。社會需要的理由是必要條件，但非充分條件。充分條件是理論上的。只有必要條件和充分條件都具備時，融合才不只能成立，而且能實行。

社會需要的理由是盡人皆知的。近代以來中國社會變革的客觀需要爲中西哲學的融合提供了必要條件。

由於西方列強入侵的刺激，中國的有識之士，無不爲國運擔憂，從而反思中國傳統文化（包括哲學）的得失，爲中國哲學的未來尋找出路。外國列強的入侵給中國人民帶來災難，也促進了中國人民的覺醒。戊戌維新、辛亥革命、五四運動都是這種覺醒的表現。

五四的旗幟是民主和科學，即德先生（Democracy）和賽先生（Science）。如果我們用歷史連續性的眼光看待五四運動，而不是把它看作孤立的突起現象，那麽歷史歸結到民主與科學，便是中華民族在教訓中濃縮出來的結晶，而不是哪些人一時興奮的結果。儘管這四個字可能第一次出現在某人的文章裏，也應該看作是歷史的歸結。而且至今仍有極大的現實感。「民主與科學」，將永遠按時代而起作用。

事實上，中西文化的融合，首先是從科學技術與政治思想領域開始的。雖然中國哲學歷來與政治同步，但畢竟是政治背後的冷靜沉思。一八四二年魏源在林則徐《四洲志》的基礎上編輯《海國圖志》，應是介紹西方科技和民主政治之始。認爲西方技藝，都是「有用之物，即奇技而非淫巧」①（當時桐城派文人管同作《禁用洋貨議》，攻擊西方技藝爲「奇技淫巧」，代表了頑固派的思想意識）。《海國圖志》五十卷本，對美國「議事聽訟，選官舉賢，皆自下始，衆可可之，衆否否之，衆好好之，衆戀戀之」的政治民主很爲稱道。在該書百卷本裏，更將瑞士的民主制譽爲「西土桃花源」。魏源和林則徐，既是洋務派的先驅，又是維新派的先導。洋務運動是清統治階級的自救運動，但洋務派終究和頑固派不同，他們不只認識到西方技藝「是奇技而非淫巧」，而且實踐了魏源的思想，客觀上對發展中國資本主義起了推動作用，儘管這也許不是他們的主觀願望。而早期的維新派人物，諸如馬建忠、馮桂芬、鄭觀應等，雖有些人還很難和洋務派區分開，但已基本上屬於資產階級範疇了。他們不只要求發展民族工商業和科學技術，而且要求政治改革與此同步，否則便沒有政治上的保證。因爲民主政治可以使「昏暴之君無所施其虐，跋扈之臣無所擅其權」②。以此限制君臣的權力，當然這是一個進步。維新派康、梁等人則把這些思想集中起來，歸結到民權上來，並推演成現實的政治運動。革命民主派的旗幟孫中山先生的民權主義，則是近代以來民主思想的最高結晶，並成爲辛亥革命的理論基礎。這些思想都是西方的舶來品，又是現實政治的必然結果。

沒有新興資產階級反封建的社會需要，西方學術很難在這具有幾千年深厚文化層的國家立足，所以新興資產階級便成了西學東來的物質承擔者。這是中西文化及其哲學融合的必要條件。

中西哲學各有自己的走向，人們往往注意它們之間的差別，却忽略了它們都是人類意識必定有它們的深層吻合點。上世紀末，本世紀初，美國社會學家吉丁斯（一八五五—一九三一）依據亞當·斯密的「同感」說，認爲人們對共同利益的反應，由於交通和聯想等使個體發生了相同的感情，發展了同心，由於認識到了這種相同性而產生「類群意識」（Consciousness of Kina）。由於這種「類群意識」的結果，使人們和自己的同類集聚在一起。這一學說同時導源於斯賓塞的普遍進化理論，斯賓塞的普遍進化理論又導源於達爾文的「同類相愛」理論。

吉丁斯的社會學著作，被同時代的中國人章太炎所注意，認爲「自貴其種而鳥獸殊族者，烝人之性所同也」③。章太炎根據「類群意識」理論，研究了人類種族以及社會的起源，得出「歷史民族」的結論。數十年來很少引起人們的注意。

按照「類群意識」的原理，人類意識雖各相殊，但本質都是一樣的，他們都有相通處，這就構成了中西哲學的可比性。

日本著名禪師鈴木大拙著《禪與生活》一書，刊有日本仙厓一畫，畫的是儒、道、釋三巨頭：孔子、老子、釋迦一起飲酒，品味各不同，而酒却是一樣的。意味深長。儒道釋三家各有不同情趣，然而本質都是相同的。這是中西哲學融合的充分條件。

二、中西哲學的差異

金岳霖先生說：「中國哲學的特點之一，是那種可以稱爲邏輯和認識論的意識不發達。……所以在表達思想時顯得蕪雜不連貫，這種情況會使習慣於系統思維的人得到一種哲學上料想不到的不確定感。」④如果以西方哲學爲參照系，的確，中國哲學沒有那些冷漠而嚴峻的邏輯推演，它的概念似乎也沒有明晰確定的嚴格界定。這就給體驗留下了餘地。往往一句格言，就可以使人受用無窮了，思想愈是這樣，內涵反而愈豐富，給體驗以無限的空間。這種體驗主體自然參與其間，主體自身的完善和主體對對象的把握是同一的。如果自身的完善，是人道的自我意識，那麼對自然和天道的把握，便是不可分的同一個過程。這個過程便是主客融一把握全體。這個全體，並非孤立的對象，而是包容主體自身在內，否則就不能稱爲全。中國哲學的最高範疇「天人合一」，就是主體融進自然中去，同時也是自然融進主體中來，這是同一方向的進程而不是可逆的往返。於是物我兩忘，渾然而入大化之境。這就是中國哲學的境界說。體認了自然之道，主體自身也便進入了自由的境界。這種境界只能體驗，不可言說，因爲任何言說總是有局限的，一無法說清楚，二無法窮盡。所以中國哲學往往不去界定，因爲它認識到了語言的缺欠。印度哲學「如如」說傳入中國，更加強了中國哲學的這種觀念。當然伴隨其間的，不無神秘處。

中國哲學的人性，在自身反躬中，包含着與自然的同一。莊子「天地與我並生，而萬物與我爲一」的命題，最能表達這一境界的體驗，「道通爲一」，道就是一，一就是全。

近年來，學術界多以眞、善、美的統一論證中國哲學的特徵。事實上，東西方哲學都可以歸結爲眞善美。眞、善、美是主體要素知、意、情對象化的結果。西方哲學自柏拉圖以來，就區分知、情、意，和知相對應的是眞，和意相對應的是善，和情相對應的是美。中國哲學沒有這樣明確的區分，但可找得到。中國哲學主體要素是性、情、欲、志、行，也是直覺的要素，直覺的結果就是一與全。馮友蘭先生稱之爲「負的方法」。沒有必要把性、情、欲、志、行分別對象化於什麼，中國哲學不講究這些，因爲中國哲學不重分析。性、情、欲、志、行是主體要素，也是道德過程本身。認識過程和倫理過程的統一是中國哲學的特徵。金岳霖先生說：「在他那裏知識和美德是不可分的一體。他的哲學要求他身體力行，他本人是實行他的哲學的工具。按照自己的哲學信念生活，是他的哲學的一部分。他的事業就是繼續不斷地把自己修養到進於無我的純淨境界，從而與宇宙合而爲一。」⑤

如果說中國哲學重體驗，那麼西方哲學則重分析。分析的方法，就是邏輯的方法、理智的方法。馮友蘭先生稱之爲「正的方法」。他說：「在中國哲學史中，正的方法從未得到充分發展；事實上，對它太忽視了。因此，中國哲學歷來缺乏清晰的思想，這也是中國哲學以單純爲特色的原因之一。」⑥相反，「在西方哲學史中從未見到充分發展的負的方法」⑦。而邏輯思維卻得到了長足的發展，致使在歐洲延續了理性主義的長河。金岳霖先生說：「歐洲人長期用慣的那些思維模式是希臘人的。希臘文化是十足的理智文化；這種文化的理智特色表現爲發展各種觀念，把這些觀念冷漠無情地搬到種種崇高偉大的事情上去，或者搬到荒誕不經的事情上去。歸謬法本身就是一種理智手段。這條原理推動了邏輯的早期發展，一方面給早期的科學提供了工具，另一方面使希臘哲學得到了那種使後世思想家羨慕不已的驚人明確。如果說這種邏輯、認識論意識的發達是科學在歐洲出現的一部分原因，那麼這種意識不發達就該是科學在中國不出現的一部分原因。」⑧概念的明晰、推證的嚴謹，似乎面前聳立了一座精心構造的威嚴大廈，然而給人的意義卻是直接當下的，不會再給人以無窮的聯想與回味，內涵就不顯得那麼豐富。可是它和科學的發展卻是互爲表裏的，如果說這種哲學支持了科學，那麼科學也支持了哲學。歐洲的哲學原始能夠如此，那麼歐洲近代哲學和近代科學的關係就更其如此。科學的定量和定性的分析，加強了科學的嚴密與確定性，也給哲學提供了如此這般的基礎。而在中國，如果說中國古代科學，根據李約瑟博士的研究，明代以前都是發達的，卻很少給哲學以重大影響，因爲中國哲人善於把人生和自然總體聯繫在一起思考，然後把人和自然一起送到神秘的玄想的殿堂裏去，忘記了細密的分析。雖然可以給人以無限的精神享受和情感的滿足，却減少了確信度。這不知能否歸到王國維的「可愛者不可信，可信者不可愛」裏面去。

企圖在一篇短文裏議論和確定中西哲學的短長是危險的，難免獨斷，可能招來求全者的批評和非難。可是爲了尋找我們的立論基礎，又不得不如此，因爲只有這樣我們才能夠在中西哲學中間找到相合點。也才如馮友蘭先生所說：「只有兩者結合才產生未來的哲學。」⑨德國古典哲學在理智的了解與情感的滿足方面做出了自己的努力，然而這種哲學的情感的滿足不是中國式的。因爲我們是中國人，所以對中國哲學總有一種無法避免的偏愛。我們希望能在理智的了解與情感的滿足之間的結合上爲中國哲學的未來尋找出路。

三、中國近代中西哲學融合的努力及其實質

中國近代思想家，在思想解放的過程中，爲中西哲學的融合做了有益的嘗試。康有爲說：「合經子之奥言，探儒佛之微旨，參中西之新理，窮天人之賾變。」⑩他們都認爲中國傳統文化已經不能適應時代變革的需要，必須對中國傳統文化加以改造，並融合新的思想內容，才會有生命力。雖然他們的努力還有很大的過渡性，但我們對近代哲學研究的深度還不夠，還難於準確估量它們的眞價值。

中國近代中西哲學融合的眞正開始是康有爲的哲學，康有爲對中國傳統文化有深厚的修養，對西方哲學的研究却很膚淺，所以他對中西哲學結合的探索，有很大的外在性。他也試圖建立自己的本體論，可是這種本體論，仍是舊瓶裝新酒，把元規定爲仁，把仁規定爲平等與博愛，不過是把仁提升爲本體的高度。所以他的弟子梁啓超說他的哲學是「博愛派哲學」，儘管深度還不夠，但他畢竟看到了

必須「參中西之新理」，所以他的哲學終究是中國近代資產階級哲學的第一個形態。

對西方哲學，特別對英國近代哲學眞正有研究的應首推嚴復，不能忘記我國介紹黑格爾哲學的第一篇文章《述黑格兒惟心論》，正是出於嚴復的手筆。

嚴復最有研究，對他影響也最大的哲學家是被稱爲英國思想泰斗的斯賓塞，嚴復恰正是在斯賓塞與佛老的相通處來建立自己的本體觀的。斯賓塞是實證主義者，用實證的方法研究本體，只能得出不可知的結論。但斯賓塞的不可知論，否定的不是本體的存在，而是關於本體的知識。所以他對本體的否定類同於康德，對本體的肯定也類同於康德。對本體的否定類同於康德的不可知，對本體的肯定類同於康德的物自體。對於他們，本體不可知是眞的，本體的存在也是眞的。斯賓塞以實證精神否定了關於本體的知識，但他肯定本體的存在，所以又遠背了實證精神。認爲本體不可知，又承認他存在，對實證主義來說，這是一個不可解的矛盾。

可是在東方，斯賓塞哲學的崇信者嚴復，却用典型的中國文字成功地表達了斯賓塞的不可知的本體觀，而且克服了上述矛盾，所以其恰當程度則高於斯賓塞，這是中西哲學融合互補的高明處。嚴復說：「談理見極時，乃必至『不可思議』之一境，既不可謂謬，而理又難知。」⑪經驗論爲嚴復論說本體確立了一個牢固的基石，而對「不可謂謬，而理又難知」的本體的總體把握，東方的直覺主義和神秘主義却又爲他奠定了思想基礎。從邏輯上說，實證原則既然對形而上學的思辯都排斥，那麽它與直覺就更爲矛盾了。從實證哲學的理論原則講，它是排斥直覺的。如果某一實證哲學中有直覺成份，那麽這樣的實證哲學就不合邏輯。斯賓塞的哲學就是這樣，他所承認的理論不應包含直覺，可是他却偷運直覺使其理論臻於完善，否則在他的理論裏就應缺少本體概念。

我們說斯賓塞偷運直覺，是說他承認本體的存在，康德也是如此。本體不可知，又爲什麽存在呢？本體的不可知，是從邏輯思維的角度講的，而從這個角度推出的當然的結論是本體不存在，這是康德和斯賓塞應有的邏輯，但他們自己的理論都未遵守這個邏輯，他們都承認了本體的存在，理性原則不應當承認的東西被承認了，那麽這個承認只能是非理性的產物。他們的物自體和本體，只能用直覺來確立，所以我們說他們偷運直覺。

而在嚴復這裏，他也不承認實證原則之外任何方法的科學性。但他生長在東方，深得東方文化的薰陶，也掌握東方哲學直覺的底蘊，所以借用佛學的「不可思議」來代替「不可知」，實在是絕妙的一轉。這樣，使他既沿襲斯賓塞，又不同於斯賓塞，輕而易舉地解決了斯賓塞哲學固存的矛盾。

在中國，道家和佛家所追求的是超驗的世界，是常理智所不能達到的。而超乎現象界的，則是不可思議的境界，就是「老謂之道，《周易》謂之太極，佛謂之自在，西哲謂之第一因，佛又謂之不二法門。可化所由起訖，而學問之歸墟也」⑫。又云：「其物本不可思議，人謂之道，非自名也。」⑬

在西方，哲學家把世界區分爲本體界和現象界。中國古代哲學也作出了同樣的區分，宇宙間的事物，一類是有對的（有待），一類是無對的（無待），有對是名相所把握的世界，無對則是直覺的世界。佛學從境界上區分爲世間和出世間，道家和佛家都認爲理性是有局限的，所以無對者，理性是無能爲力的。但他們承認直覺，在老有靜觀（致虛極，守靜篤），而佛則在「有分別智」之外設置了「無分別智」，無對者便成爲可以把握的了，它正是「無分別智」的對象。

所以，按照理性的原則，不可說且不可知，按照直覺的原則，不可說但可知。斯賓塞和佛老的差別是，斯賓塞承認本體存在但不可知，而佛老認爲本體既存在又可知。本體存在，但不可以理性論之，這是斯賓塞與佛老的相通處，而嚴復正是從他們的相通處，以佛老解斯賓塞的本體的。嚴復有佛老的現成知識，又通曉斯賓塞，那麽，他用「不可思議」解本體，是再順理成章不過的了。這樣，他既承認了理智的領域，又肯定了情感的領域；既肯定了邏輯，又承認了直覺。

承認這兩個領域和兩種方法，不見得承認它們的統一，而我們所追求的正是二者的統一。近代思想家們正是在這方面作出了有價值的探索。譚嗣同有「辨對待」和「破對待」之說，也有「轉業識成替慧」之說，就是對邏輯和直覺的探索。不過他有割裂二者的傾向。所謂「辨對待」，就是對現象界區分性的認識或辯析，他說：「有此則有彼，無獨有偶焉，不待問而知之，辨對待之說也。」⑭任何事物都從對立方面取得自身的界定，有了這種界定，便可以和其他事物區分開來，這便是雜多的現象界，因此「有此則有彼」。而這種區分性正是邏輯的對象，所以譚嗣同說：「辨對待者，西人所謂辨學也（即邏輯學——引者），公孫龍、惠施之徒時述之。」⑮客觀世界的分離物，只有在經驗的範圍內，才是理智的對象，超越了這個界限，理智便顯現了自身的局限性，因爲「眼、耳、鼻、舌、身所及接者，曰色、聲、香、味、觸五而已。以法界、虛空界、衆生界之無量，其間所有必不止五也，明矣」⑯。理智在現象界都是有局限的，對於本體界就更無能爲力了。所以譚嗣同把本體界留給了止觀法，而進入情感的世界。邏輯和直覺應是相輔相成的，但譚嗣同却說：「『一多相容』也，『三世一時』也，此下士所大笑不信也，烏知爲天地萬物自然而固然之理乎！眞理之不知，乃緣歷劫業力障翳深厚，執妄爲眞，認賊爲子，自擾自亂，自愚自惑，遂爲對待所瞞耳。」⑰「一多相容」，「三世一時」是直覺的對象，人們之所以認識不到它是眞理，乃因業力所障，單憑理智只能爲「對待所瞞」，所以譚嗣同不認爲達於「一多相容」，「三世一時」的無差別境界，理智是不可少的階段，反而認爲是一種障碍。正因爲如此，譚嗣同才力主破對待，於是他搬來了相對主義和莊子「萬物齊一」之法，以達「道通爲一」的境界去。「轉業識成智慧」，就是用止觀法向無差別境界的回歸。所以他說：「苟不以眼見，不以耳聞，不以鼻嗅，不以舌嘗，不以身觸，乃至不以心思，轉業識成智慧，然後『一多相容』，『三世一時』之眞理乃日漸乎前，任逝者之逝而我不逝，任我之逝而逝者卒未嘗逝。眞理出，斯對待不破以自破。」⑱其實一部《仁學》，撥開其蒙蔽的烏雲，所顯現的不外就是這一思想。

章太炎曾在一八九七年讀過譚嗣同的《仁學》稿，《自定年譜》說：「平子（宋恕）以瀏陽譚嗣同所著《仁學》見示，余怪其雜糅，不甚許也。」譚、章都是當時社會改革的中堅，論學問，譚自然無法和章相比，譚著書雖新潁，但確爲「雜糅」，隨處可見未經消化的新知識。而章太炎不論對西方哲學，還是對佛學的理解，都不膚淺，加上他對中國傳統文化的深厚素養，所以能加以融會貫通，見「雜糅」的《仁學》，當然「不甚許也」。然而他們的哲學趨向却又如此相似。所不同的是章太炎並不割裂理智和直覺。他以遍計所執性、依他起性、圓成實性構造了本體論；以眼、耳、鼻、舌、身、末那、阿賴耶、相分、見分、自證分、證自證分、有分別智、無分別智構造了認識論；以因明宗、因、喻三支比量爲基礎，試圖統一東西方三家邏輯（因明、墨辨、亞氏邏輯）。章太炎進行了大量而細密的概念（名相）分析，目的在於把握色空、自他、內外、能所、體用、一異、有無、生滅、斷常、來去、因果等雜多的區分性，這正是理智的功能。他說：「若色、若空、若自、若他、若內、若外、若能、若所、若體、若用、若一、若異、若有、若無、若生、若滅、若斷、若常、若來、若去、若因、若果，離於意識，則不得有此差別。」⑲此所謂「意識」，廣義而言，就是「見聞」與「書史」，也就是直接認識和間接認識，相當於我們所說的「理智」概念。在此「素所知見或往常已起此志願」⑳的前提下，發生「猝然念得」的直覺認識，以直接冥附本體眞如。可見本體眞如不是理智所能把握的，却不是和理智毫不相干的。如果說色空、自他、內外、能所、體用、一異、有無、生滅、斷常、來去、因果等區分性，是「有分別智」的對象，那麽眞如則是「無分別智」的對象。無分別智對眞如的認識，就是主客融一把握全體。這大概就是「轉俗成眞」的過程，在「俗界」認識雜多的區分性，需要進行「名相分析」，而在「眞界」對眞如的把握，却需要「排遣名相」，而讓位給「猝然念得」。「轉俗成眞」，就是向無差別境界的回歸。這樣，章太炎的「以分析名相始，以排遣名相終」的命題與譚嗣同的「轉業識成智慧」的命題便同一了。

但章太炎的哲學畢竟是「救時應務」之學，所以主張佛法不離世間，他說：「佛法本來稱出世法，但到底不能離世間法。」㉑達於無差別境界也是爲普渡衆生，使他們達於平等的美好的世界去。這大概就是「回眞向俗」的過程。

近代思想家對理智的領域與情感的領域，對邏輯與直覺都做了有益的探索。當代的思想家熊十力、馮友蘭、金岳霖則建立了各自不同的體系，如同儒、道、釋三巨頭共同飲酒一樣，品味不同，但酒却是一樣的。而尋求「理智的了解」與「情感的滿足」的統一，邏輯與直覺的統一，則是近代中西哲學融合的實質。

金岳霖先生說：「我不僅在研究底對象上求理智的了解，而且在研究底結果上求情感的滿足。」㉒「理智的了解」是西方哲學之所長（當然不是說西方哲學沒有情感的滿足），而「情感的滿足」則是中國哲學之所長（當然不是說中國哲學沒有理智的了解）。二者的結合，或許是中國未來哲學的出路。

我們所說的「理智」，指感性和理性。我們所說的「情感」，不簡單是心理學上的情感概念，而是「動我底心，怡我底情，養我底性」㉓。

註釋：

①《海國圖志》。

②《盛世危言》。

③《訄書・序種姓上》。

④⑤⑧《中國哲學》（《哲學研究》八五年九期）。

⑥⑦⑨《中國哲學簡史》。

⑩《康有爲自編年譜》。

⑪《天演論》論十案語。

⑫⑬《老子點評》。

⑭⑮⑯⑰⑱《仁學》。

⑲《建立宗教論》。

⑳《葑議微言》。

㉑《論佛法與宗教、哲學以及現實之關係》（《中國哲學》第六輯）。

㉒㉓《論道》。

「五四」時期的唯物史觀

中國社會科學院哲研所　于良華

辛亥革命，推翻了清朝政府，結束了中國二千多年封建王朝的統治，這是一次偉大的勝利。但是，由於革命不徹底，這一革命勝利的果實又落到了北洋軍閥手裏。要進一步變革中國社會的現狀，關鍵是必須要正確地認識中國的歷史和社會現實。爲此，人們希望早日尋求到這一認識社會的思想武器。到了五四運動時期，民主和科學的浪潮，激起了更多的人關心中華民族的命運。這時，尋求這一思想武器的人就更多了，有些到日本去，有些到法國去，有些到俄國去，他們從不同的渠道得到了認識和改造中國的思想武器，這就是唯物史觀。但是，唯物史觀來到中國後，有人贊成，有人反對，也有些人產生了一些誤解。儘管這樣，它還是逐步被許多人所理解、所接受，使中國人的思維方式發生了一場革命，民主的、科學的、開放式的觀察分析問題的思維方式佔了上風。由此，促進了中國社會科學的繁榮，推動了改造中國社會的革命運動的蓬勃發展。

一、在比較中把握唯物史觀

五四運動後，馬克思和恩格斯論述唯物史觀的有關著作不斷傳入中國，僅一九一九年這一年裏，中國學者就譯述了馬克思、恩格斯的下列著作中的唯物史觀部分內容，有《神聖的家族》、《哲學的貧困》、《共產黨宣言》（出版了中文本）、《雇佣勞動與資本》、《路易・波拿巴的霧月十八日》、《〈政治經濟學批判〉序言》、《資本論》第一卷附注、《資本論》第三卷、《反杜林論》，還有恩格斯一八八九年致布洛赫、一八九四年致瓦・博爾吉烏斯兩封有關唯物史觀的通信。這些論著，都爲研究唯物史觀提供了第一手資料。

接着，國外學者研究和解釋唯物史觀的論著也傳入中國，其中，日本著名學者河上肇博士的論著在中國的影響最大。中國學者除了翻譯介紹國外的唯物史觀論著外，還結合中國的歷史和現實研究撰寫了許多唯物史觀的論著。他們對唯物史觀內容的來歷，進行了考察，當時已經知道《哲學的貧困》和《共產黨宣言》中有了唯物史觀的綱要，《〈政治經濟學批判〉序言》裏發表了唯物史觀的「公式」、「精義」，而《資本論》則是以唯物史觀爲基礎論述了各種經濟現象歷史變動的理論。李大釗還考察了「唯物史觀」這一名稱本身提出的歷史。他指出，馬克思論述了唯物史觀的基本原理，但並沒有提出「唯物史觀」一名稱，這是由恩格斯一八七七年在《反杜林論》中開始用的。從歷史文獻考察，「唯物史觀」名稱，實際上是恩格斯一八五九年八月發表的《卡爾・馬克思〈政治經濟學批判〉》一文中提出來的。不管怎麼說，這一事實表明了李大釗當時對馬克思主義的研究已有相當的深度和廣度。

有些學者還對各種唯物史觀論著進行了比較研究，找到了國內外研究者對唯物史觀名稱的不同提法。這些不同的名稱，從不同的角度表述了唯物史觀的基本思想。這些不同的名稱有：唯物史觀、史的唯物論、歷史觀、經濟史觀、歷史的經濟解釋、經濟的決定論等。

李大釗對這些不同的提法進行了比較分析，認爲「唯物史觀」和「史的唯物論」中的「唯物」，都是泛稱「物質」。在社會領域，這一物質的概念，除了經濟生活外，由于水、土、氣候、動植物的影響所產生的社會變動，也應包括在物質的範圍之內。對於「經濟史觀」的提法，李大釗在《我的馬克思主義觀》中作了分析，具體指出，歷史的唯物論者觀察社會現象，以經濟現象爲最重要，因爲歷史上物質的要件中，變化發展最甚的，算是經濟現象，故經濟的要件是歷史發展的唯一的物質要件。由此，有些人主張將「唯物史觀」改稱爲「經濟史觀」。對於「經濟決定論」的提法，李大釗認爲這有「定命論」和「宿命論」的嫌疑，所以他說比較起來還是稱「經濟的歷史觀」妥當些。然而，由於「唯物史觀」一語在思想論壇上流行較廣，故李大釗在其著作中仍然使用「唯物史觀」，以避免人們在學習和研究中發生誤解。

二、對唯物史觀價值的認識

唯物史觀創立後，對歷史的研究、對社會的研究，起了什麽作用，中國的學者在「五四」運動時期，從比較中發現並認識了這種價值。李大釗指出，從前人們評判歷史進化的根本原因時，有的用偉人說或時代天才說解釋歷史。有的用宗教的思想感情解釋歷史，有的用政治上的原因解釋歷史。這些解釋歷史變化的原因，同經濟原因相比，都彷彿是把車放在馬前一樣的倒置。這些唯心的解釋歷史的企圖，都一一失敗後，人們不得不另闢新路，這就是歷史的唯物的解釋。這種歷史的解釋方法「不求其原因於心的努力，而求之於物的努力」，這就是說物質的經濟的要素的變動支配着精神的心的變動。

由於這樣的原因，在五四運動時期，不論是信仰馬克思主義的，還是反對馬克思主義的，大都在科學和事實面前，不得不承認創立唯物史觀學說是歷史上的一大功績，把從前許多人不能解釋的歷史問題，予以創建性的說明。

李大釗在《我的馬克思主義觀》中首先指出，「馬氏的學說，實在是一個時代的產物，在馬氏時代，實在是一個最大的發展。」這對於研究「這很複雜的社會生活全部的構造與進化，有莫大的價值」。他還把唯物史觀的創立同自然科學的新發現作了對比，一九二〇年在一篇《馬克思的歷史哲學與理愷爾的歷史哲學》的文章中說：「自有馬氏的唯物史觀，才把歷史學推到與自然科學同等的地位，此等功績，實爲史學界開一新紀元」。

後來反對馬克思主義的胡漢民，在當時也從多方面論述了唯物史觀的偉大意義。他於一九一九年十二月在《建設》雜誌上發表的《唯物史觀批評之批評》一文中說，唯物史觀出世後，社會學、經濟學、歷史學、社會主義同時有絕大的改革，差不多劃了一個「新紀元」，有許多人拿來比達爾文的進化論，確是有同等的價值，因而信仰它的極多，非難它的也不少。當時，有些人雖然不贊成馬克思主義，但也不得不承認唯物史觀的偉大意義，如顧兆熊於一九一九年五月在《馬克思學說》一文中說，唯物史觀在社會科學上的重大意義，是我們所承認的。馬克思的學說雖然包含許多的錯誤，他在歷史上的重大意義，却是終究不能磨滅的。他的功效，就是對於現代經濟制度的批評，自經他的批評，然後現代社會制度裏的弊病才暴露出來。社會科學自馬氏著作出現，得了許多新的探討途徑。社會裏有許多重要的事實和關係爲前人所未注意的，經馬氏的著作才發現無遺。

胡漢民當時還注意到了唯物史觀的階級性，認爲馬克思是站在平民階級的立場上創立了唯物史觀。他引述了考茨基的話說：「唯物史觀，是平民的哲學，勞動階級的哲學。」胡漢民在一九一九年就注意到這個問題，並寫到自己的著作中，歷史的看，可以說這是很有見識的。

唯物史觀對於人們正確理解社會發展有重要意義，它幫助中國學者找到了社會發展的根本原因，強調了經濟生活的中心地位和決定作用，爲歷史研究和認識社會開闢了一條新路，提供了新的方法，這在五四運動後，被愈來愈多的人所認識。

三、反駁對唯物史觀的各種非難

唯物史觀問世後，首先遭到了歐美資產階級和機會主義者的非難，他們不承認經濟發展決定歷史的進程。唯物史觀傳到中國後，國內也有些人橫加指責，其論點和西方的基本相同。中國學者首先站出來反駁非難者的是李大釗，他在《我的馬克思主義觀》一文中，反駁了對唯物史觀的四種「非難」：

第一，有些人認爲，唯物史觀一方面承認歷史的原動力是生產力，一方面又說從來的歷史是階級鬥爭的歷史，這兩種觀點是「矛盾衝突」的。對此，李大釗指出生產力的變動引起社會關係的變動，而在階級社會裏，經濟的構造都建立在階級對立之上，馬克思把階級的活動歸在經濟行程自然的變化以內，所以唯物史觀與階級鬥爭學說是一致的，不是矛盾衝突的。

第二，有些人把經濟對社會的決定作用，看成是經濟宿命論，認爲唯物史觀強調歷史發展的必然性是「定命」，是「坐等」社會進化。對此，李大釗指出《共產黨宣言》裏號召勞工階級聯合起來，用革命推動社會前進，這就說明了唯物史觀與那種所謂「坐等」社會進化的觀點毫不相干。

第三，所謂法律變更經濟的懷疑論。這種觀點認爲法律是決定社會一切的，可以變更經濟的行程。對此，李大釗明確指出，法律雖然可以影響經濟，但無論如何法律還是發生在經濟構造之上的現象，是隨着經濟的趨勢走的，而不是反着經濟的趨勢走的。

第四，所謂唯物史觀抹煞倫理觀念的說法。對此，李大釗主張既要改造人類精神，又要改造經濟組織，不改造經濟組織，單求改造人類精神，必致沒有效果；但不改造人類精神，單求改造經濟組織，恐怕也不能成功。

繼李大釗之後，胡漢民在《唯物史觀批評之批評》一文中，就歐美資產階級和機會主義者對唯物史觀的種種非難，概括了八個方面予以駁斥。我們僅從反駁中的幾個事例，可以看出胡漢民當時對唯物史觀理解的程度。德國法理學家施蒂納認爲，唯物史觀「簡單直截以經濟決定法律的見解」是不能成立的，經濟與法律不是因果關係，由經濟到法律，只是認識條件的錯誤。對此，胡漢民引證了司徒盧威對施蒂納的批評，說以經濟爲原因，以法律爲結果，這一點，唯物史觀雖是簡略，但已教給我們重大的眞理。胡漢民肯定了上述評論，而且還進一步指出「法律隨着經濟現象走」，這舉不勝擧的事實證明，施蒂納「駁不倒唯物史觀」。

巴拉奴威士奇反對經濟是社會發展的最強決定力，認爲隨着社會的進化，人類活動的重心也就逐漸「移於高等精神慾望」，在社會變化中經濟的重要性就減少了，並由「其它社會行動而決定」，由「科學而決定」。對此，胡漢民指出，這種修正唯物史觀的見解，是純屬主觀主義，用主觀想像補充唯物史觀。他以第一次世界大戰爲例，說明戰爭發生的動因，就是各列強爭奪市場，爲了各自的經濟利益，而不是什麽主義一類的門面話。現代社會生活的實際，也表明經濟佔居着中心地位，是決定一般行動的勢力，而其他社會行動都不是和經濟相互平行的勢力。

對非難唯物史觀的這些駁斥，雖然尚不夠全面，但却向人們解釋了唯物史觀的原意，使人們少受唯心史觀的影響，增進了人們對唯物史觀的信仰。

四、應用唯物史觀探討中國文化思想的變革

唯物史觀傳入中國以後，雖然由於人們理解不同，目的不同，產生了一些誤解，甚至遭到了反對，但同傳入中國的其他學說相比，却很快佔了上風，引起了文化界、思想界、教育界的極大反響。在高等教育機關裏的史學教授，不少人被唯物史觀所影響，希望創造一種社會的新生，因而唯物史觀就此登上了大學的講壇。有些人還應用唯物史觀清算了唯心史觀的思維方法，重新研究倫理思想、史學思想、中國哲學史等，並進而探求從根本上改造中國的道路和方法，提出了一些很有卓識的見解。

對於道德變動的眞正社會原因，幾千年來，中國的許多學者總是說不清楚。對此，李大釗的《物質變動與道德變動》一文，闡述了意識形態的變動同物質經濟的變動的關係，指出道德的要求是適應社會的要求而產生的，「物質若是開新，道德亦必跟着開新」，所以道德的變動是隨着經濟的變動而轉移的。舊道德是適應以前的社會生活，舊的社會生活變動了，舊道德也就失去了其存在的價值，而新道德是適應新社會生活的要求產生的，這些都是社會自身必然的變化，任何人是不能隨意抑制的。

既然精神的東西是隨着經濟的變動而變動，那麽二千多年來經濟已經發生了很大變化，爲何孔門倫理思想還一直在支配着中國人心？李大釗在《由經濟上解釋中國近代思想變動的原因》一文中，解答了人們長期困惑不解的問題。他提出孔門倫理之所以被稱爲「萬世師表」，這是由於它「是中國兩千餘年來未曾變動的農業經濟組織反映出來的產物」，中國學術思想長期「呈現出一種死寂的現象」，正是與「那靜沉沉的農村生活相映照」的。

把唯物史觀應用於史學思想的研究，李大釗也是站在最前列的。他研究史學思想的目的，不是爲

史而史，而是緊密結合着當時的社會實際，引導人們正確了解歷史變遷的眞實原因，號召人們團結起來共同奮鬥，創造新的歷史。爲此，他在《唯物史觀在現代史學上的價值》一文中寫道，過去的歷史，不是幾個偉人或聖人給我們創造的，也不是上帝賜給我們的，而是靠我們自己的力量創造的，將來的歷史也是如此。這種新的見解，就把中國傳統的歷史觀整個地翻了一個過兒，他批評了一些史書對歷史變遷原因的錯誤解釋，把思想感情和政治現象看成是歷史變遷的根本原因，就是把「結果的東西當作普遍的原因，彷彿是把車放在馬前一樣的倒置」。李大釗還揭露了唯心史觀給社會帶來的惡果，指出了由於唯心史觀的影響，使許多人在精神上被弄得痲木不仁，認定自己境遇的苦難是「天命」確定的，誰要是敢於起來擺脫這種境遇，就要遭到不幸。李大釗還論述了研究唯物史觀的目的，認爲唯物史觀「乃是一種社會進化的研究」，其目的是爲了得到全部歷史的眞實，以及對於人類精神的影響。因此，他提出號召：「現在已是我們世界的平民的時代了，我們應該自覺我們的勢力，趕快聯合起來，應我們生活上的需要，創造一種世界的平民的新歷史。」李大釗也是比較早的認識到宣傳社會自然發展的規律，要和宣傳人的自覺的能動性結合起來。宣傳社會歷史自然變化的規律，可以使人們看到變革社會現實，使社會進步，是歷史發展的必然性，而不是主觀幻想的，以此來增強人們變革社會必勝的決心和信心。

應用唯物史觀研究中國哲學史，探求哲學思想的產生與經濟變化的關係。中國是一個歷史悠久的文明古國，有豐富的哲學遺產，每一個時代的學者都用去了許多精力進行探索，以求繼承和發揚。胡適撰寫的《中國哲學史大綱》（上卷），對研究中國哲學史是一個很大的歷史貢獻。但是，他是應用實驗主義爲指導的體系，採取了「西洋哲學史」的形式，仍舊沒有找到哲學思想變動與時代變動的眞正關係。

胡漢民的《中國哲學史之唯物的研究》一文，突破了胡適的中國哲學史體系和研究方法，開拓了中國哲學史研究的新途徑。他認爲，一個時代的哲學思想，與那個時代的經濟生活有密切的關係。社會經濟組織的變動，會牽動整個社會的一切關係，使社會生活發生變動，於是包括哲學思想在內的精神生活也跟着變動。二千多年中國哲學思想發生變遷的原因，是由社會物質生活決定的，「偉大的人物，偉大的思想，都是時代的產物」。例如晚周戰國時期的諸子百家，儘管他們每個人有自己的特點，有自己的想法，有自己所好，但是在那個時代，他們能聞風而起，這不能完全歸結爲個人的才能、感情和性格，而是由於大變動時代的社會要求，諸子百家才會一個一個的相繼出來著書立說，發表對社會現實和對以往歷史事件的看法，由於人們存在着各種不同的見解，因而形成了百家爭鳴的新局面，其結果促進了文化科學的發展。

陳獨秀應用唯物史觀分析了國家的階級實質，一九二〇年九月，他在《談政治》一文中，批評了無政府主義的危害，指出不應籠統的反對一切國家和強權，「強權、國家、政治、法律是一件東西的四個名目」，都是階級專政的工具，而國家「就是征服者支配被征服者的主權，並且防禦內部的叛亂及外部的侵襲」的工具。

五四運動時期，中國有一大批知識分子赴法勤工儉學，許多人研究並接受了馬克思主義。其中蔡和森在法期間，「猛看猛譯」有關馬克思主義和俄國十月革命經驗的論著，並把自己的見解寫信告訴了毛澤東和湖南新民學會的諸會友，在一九二〇年九月十六日一封信中說：唯物史觀爲無產階級的思想，是人生哲學和社會哲學的出發點。毛澤東對此表示完全贊同，並指出「唯物史觀是吾黨哲學的根據」，這都是從更深一層解釋唯物史觀的階級性。

隨着社會矛盾的尖銳化，研究唯物史觀的人就更多了，其內容也更廣泛了，這不只是在理論上的探討，並且逐步應用於社會實際，成爲指導人們進行社會革命的思想武器。

「五四」時期思維方式的變革

中國社會科學院哲研所
鄺柏林

以整體直觀、循環變易思維爲主要特徵的傳統思維方式，是中國農業社會的產物，在中國古代數千年文明史中，一直爲人們所遵循，只是到了近代，才逐漸發生根本性的轉變。

鴉片戰爭以後，中國社會進入一個新時代。社會歷史發生了大變動。在資本主義列強的侵略下，中國逐步變爲半殖民地半封建社會。這一大變動有兩點對人們的思維方式會產生重大的影響。一是中國從一個孤立于世界歷史發展之外的農業大國，被捲入以工商業爲基礎的資本主義世界，長期關閉的國門被打開了，這是從古以來未有過的「大變局」。二是在西方文化的衝擊下，進來了聲光化電的近代科學技術以及西方的學術思想，中國人遇到了一種特異的思維方式的挑戰。這些都是促使中國傳統思維方式不得不發生變化的重要因素。況且，中國進入近代以後，面臨着新的歷史課題，這就是要把半殖民地半封建的貧窮落後國家，變爲獨立、民主、富強的國家。認識和解決這一新歷史課題，需要有新的思維。因此，轉換和更新中國古代傳統的思維方式，是歷史的必然。

十九世紀「感覺銳敏」的嚴復，首先覺悟到這一點。他對中西方的思維方式作了比較，注意了西方人求眞的「思理」，認爲這是中國人首先要學習的。爲此，他着意介紹了培根的重科學實證的經驗論方法、彌爾等人的邏輯理論和達爾文的進化論。這對于推動中國近代思維方式的變革，起了重要的作用。

在戊戌維新與辛亥革命時期，先進分子開始冲破傳統思維方式的束縛，不同程度地採用了西方近代的思維方式。「五四」新文化運動中，新派人物把近代思維方式的變革大大向前推進。他們不但以近代科學實證思維取代傳統的非實證性整體直觀思維，用進化論否定傳統的循環變易觀，並且開始接受馬克思主義的唯物辯證思維方式。

一、

「科學」是「五四」新文化運動中提出的一個基本口號，它的根本意義是指一種科學精神、科學方法。在「五四」時期，思維方式變革的一個主要內容，便是提倡科學實證方法，克服傳統的非實證性整體直觀思維。

(一)强調科學實證，否定傳統的非實證性思維

中國近代，從戊戌以來，進步思想家如嚴復等人，都注重向西方學習近代科學的實證方法。「五四」時期的新派人物高唱科學精神和科學方法，最根本的就是講求科學實證。新文化運動初期發表的一篇關于「科學方法論」的文章，其中就說到：「科學之精神，即科學方法之精神」，而「科學方法之唯一精神，曰『求眞』。……凡理說之合于事變者，皆得謂之科學的理說；凡理論之不根據于事實者，或根據于事實而未盡精切者，皆科學所欲去。概言之，曰『立眞去僞』。」①在「五四」時期，實用主義者胡適提倡實證科學方法最力，他强調眞理必須「是有憑據，是可以證實的」。他說：「我的唯一目的是要提倡一種新的思想方法，要提倡一種注重事實，服從證驗的思想方法」②。近代科學

實證方法對于中國來說，確實是一種新的思維方法。中國傳統思維方式不但沒有這種科學實證方法，而且有不少與此相反的非實證性思維方法，諸如以傳注聖賢的經書爲主要形式的教條主義經學方法；主張通過修養心性，去體認聖人的「德性之知」的內向直覺思維；迷信佛、道、鬼神的虛幻思想，等等。「五四」時期，新派對于這種種違背科學實證精神的思維方法進行了批判。他們指出：「科學的本質是事實，不是文字」③。傳統的經學方法根本違反了科學的精神，應予以拋棄，代之以「歸納論理之術，科學實證方法」④。那些主張修養心性的直覺方法，也是與科學實證方法背道而馳的，如王陽明派，「他的邏輯理論是與科學的程序和精神不兩立的」⑤。至于佛、道、鬼神迷信思想，那不過是一種神秘的幻覺，是反科學的。新派還指出：不講科學實證的那些人，往往是偶像崇拜者，他們的思想爲「奴性邏輯」所支配。提倡科學實證，便是要打破偶像崇拜，轉變他們思維的邏輯。

㈡注重分析方法，克服傳統的整體直觀思維

科學實證爲的是求眞。通過觀察、實驗，了解種種事實材料，這是求眞的重要步驟。但這些事實材料還是籠統模糊的。按照近代科學的要求，知識的眞實性應該是明晰、清楚的。要做到這一點，必須對事物進行分析解剖。因此他們認爲，分析解剖是科學實證方法的一個重要組成部分。研究科學方法論的王星拱說：「科學擅長于分析」，只有經過分析，才能得到「精密而確切」的知識，也只有經過分析，才可進行「簡約化」的綜合，取得規律性的知識，克服中國傳統的整體直觀的籠統模糊思維。

分析思維是西方近代思維方法的一個根本特點，它與中國傳統的整體直覺思維是相對立的。很顯然，中國要發展近代科學，就必須轉變傳統的整體直觀思維。陳獨秀說：「今後我們對于學術思想的

責任，只應該把人事物質一樣一樣地分析出不可動搖的事實來，我以爲這就是科學，也可以說是哲學。若離開人事物質底分析而空談什麽形而上的哲學，想用這種玄杳的速成法來解決什麽宇宙人生問題，簡直是過去的迷夢」⑥。這一意見，意味着否定形而上學的本體及人們對它的直覺認識，表明他的思想爲實證科學思維所局限，但他以科學實證分析否定中國傳統的整體直觀思維，是符合時代的要求，大方向是正確的。

㈢注重邏輯思維，克服傳統的形式邏輯思維不足的缺陷

由于中國傳統思維偏重于整體直觀，因而形式邏輯思維不夠發達。針對這一弱點，鼓吹「科學」的人認爲，要求得科學的眞實，還必須有一套邏輯方法。

在中國近代，自從嚴復翻譯介紹有關西方近代以歸納法爲主的邏輯學以來，已引起人們對邏輯學的重視。「五四」時期，有的人認爲，以歸納法爲核心內容的近代普通邏輯方法，「是科學方法根本所在」。當然，那時人們對于預測性的假設即演繹推理，也是看重的，王星拱說：「大凡科學中之知識，多半是由預測而後證實。預測是理論一方面的事，證實是試驗一方面的事。這兩樣相符，就是眞實。」⑦

在新文化運動中，人們反思中國傳統文化時，深感中國邏輯思維的不足。傅斯年說：「名家之學，中土絕少，魏晉以後，全無言者」，因此中國人的論說，往往是聯想多、想像多、比喻多，邏輯推理少。當時有識之士已認識到，中國傳統的形式邏輯思維不足，這對于中國科學的發展極爲不利。胡適講過：唐代以來，「中國哲學與科學的發展曾極大地受害于沒有適當的邏輯方法。」⑧因此，如何改變中國傳統的形式邏輯思維薄弱的狀況，是一個十分迫切的課題。在新文化運動中，新派已不滿足

于單純翻譯西方邏輯學著作，他們一方面是把西方的歸納和演繹的邏輯方法作爲科學方法的一個基本內容，大力加以宣傳（如王星拱的《科學方法論》等）；另一方面是力求從中國傳統思想中找尋「合適土壤」，把西方的邏輯思想和方法「移植」過來，使中國人易于接受（如胡適的《先秦名學史》、《中國哲學史大綱》等）。他們的這些努力，都是企圖用西方的邏輯學知識補救中國傳統的形式邏輯思維的不足。

二、

「五四」時期思維方式變革的第二個方面，是以近代競爭進化觀取代傳統的循環變易、矛盾和諧思想。

中國傳統思維方式長于辯證思維。但中國傳統的辯證思維有兩個顯著特點：一是把事物的變化看成是循環的變易，如說：「反者道之動也」，周則又始，窮則反本，一文一質，一治一亂，等等。二是強調矛盾的和諧，而不是矛盾的對立鬥爭。這種辯證思維，在中國古代延續了數千年，到了近代，便不適用了。嚴復看到了這一點，適時地把達爾文進化論介紹到中國來。嚴復認爲，達爾文的進化學說「一新耳目，更革心思」，對轉變人們的思想觀點有根本性的意義。嚴復對達爾文學說所看重的，是它所包含的哲學意義，是它的新思維方式。他在《原強》和《天演論》所介紹和發揮的進化論思想，主要是兩個方面：一是講宇宙萬物是不斷進化發展的，確信人類是「天演中之一境」，社會「世道日進，後勝于今」；二是講事物是通過「物競天擇」而進化的，強調只有積極競爭，才可求得生存。這與傳統的循環變易、矛盾和諧思想正相反對，是一種新思維（相對于中國傳統思維方式來說），比較符合當時中國社會發展的需要，因此受到中國人民廣泛的歡迎。有人認爲這一理論，「聳然當于人心」。這正是當時人們思維方式轉變的一個表徵。

在進化論指導下，開展了戊戌維新與辛亥革命，其目的是變革舊制度，而不是解決思想文化領域的問題。那時候，有不少人對于舊思想文化特別是舊倫理道德問題，依然受着傳統思維的束縛。如康有爲稱孔子爲「萬世師表」，認爲孔子之道永遠不會變。尤其在辛亥革命後，出現一股尊孔讀經逆流。在這股逆流中，連在中國首倡進化論的嚴復也主張講治舊學，「用以保持吾國四、五千載聖聖相傳之綱紀彝倫道德文章于不墮」。事實表明，對于思想文化領域的問題，也很有必要運用進化論新思維去思考和審察，作一番根本性的變革。

「新青年」領袖陳獨秀敏銳地看到這個問題的嚴重性，提出要在「盤踞吾人精神界根深蒂固之倫理、道德、文學、藝術諸端」進行一次眞正的革命。

「五四」時期的新派人物高舉批判旗幟，反對中庸調和。他們運用進化發展觀對舊思想文化進行了革命性的批判。他們批判了孔教迷信，認爲宇宙萬物都是進化無窮盡的，根本就不存在「萬世師表」的孔聖人，孔子的學說只能適用于封建時代。他們堅決地否定傳統的道德不變論，指出：道德應隨社會爲變遷，隨時爲新舊，乃進化的而非一成不變的，具體的說，「野蠻半開化時代，有野蠻半開化時代之道德（如封建時代之忠、孝、節、義等是）；文明大進時代，有文明大進時代之道德（如平等、博愛、公共心等是）」⑨，我們應當順進化之潮流，進行道德的革故更新。他們對于維護舊文學的觀點也作了批判，認爲「文學也隨時變遷，故一代有一代的文學」⑩。今天已到了一個新時代，進行文學革命是不可避免的。

「五四」時期，新派對舊思想文化的批判是多方面的，而其中最根本的是對舊倫常道德不變論的批判，陳獨秀講「倫理的覺悟，爲吾人最後覺悟之最後覺悟」，正表明這一點。我們知道，在中國傳統思想裏，體現封建綱常的「道」是「不易」的，循環變易往往是與「道」不變易合一的，即在時勢的循環變易中，保持着封建的統治秩序不變。「五四」時期猛烈地批判了舊倫理道德不變論，也便是以近代進化論從根本上否定了傳統的循環變易觀。在這個方面，它遠遠超過了戊戌維新與辛亥革命，反映了近代思維方式變革的深化。

三、

「五四」時期思維方式變革的第三個方面，是以創造性思維反對傳統的因循思想。

中國傳統思維注重過去經驗，崇尚古昔，因循傳統，偏于保守。孔子講「述而不作」便是典型代表。到了近代，傳統的因循思想已不合時宜。近代發生了新舊之爭，這當中就包含有思維方式上的創造性思維與因循保守思想的矛盾鬥爭。早在戊戌時期，嚴復就指出中西方在思維方式上存在這樣一個差異：西方人「貴自得而賤因人，喜善疑而慎信古」，中國人則反是，做學問「必求古訓」⑪。梁啓超也主張中國要學習西方的創新精神，反對依傍古人。但總的說來，在「五四」以前，革新派所提倡的新，主要是學習西學，以西方國家爲榜樣，進行制度上的革新，創造性的意識還不突出。到了新文化運動期間，新派激烈地反對舊傳統，呼喊要「創造新國民之新歷史」，「創造政治上、道德上、經濟上的新觀念」，創造新文學，創造「第三新文明」，等等。反映了他們自覺的創造意識是相當強烈的。

要創新，就必須反對傳統的因循保守思想，確立創造性思維。「五四」新人物對這一點有較清楚的認識。

首先，他們已覺悟到，創造要靠人的主觀能動性，因此需要有人的理性的自由解放。李大釗說：創造歷史是靠「民彝」即理性。但是在中國，歷史與經傳，積塵重壓，「障蔽民彝」，在這樣的情況下，人們「尊重史乘、崇奉聖哲之心既篤，依賴之性遂成」（《民彝與政治》）。對史乘和聖哲經傳的「依賴之性」，實是中國傳統的因循思想的一種主要表現。在他看來，只有打破對過去的這種迷信和依賴，解放思想，才會有活潑潑的創造。

其次，他們認爲，人們要發揮創造性，必須克服因循守舊和安于現狀的傳統思想。當時有人指出：中國歷史學術思想「全在理古，理古之外，更無取于開新；全在依人，依人之外，更無許乎獨斷，于是陳陳相因」⑫。所謂因循，即是因襲過去，遵循傳統，這是一種向後的、倚他性的思維，與向前的、獨立創造的思維恰恰是相反的。陳獨秀說：「然生斯世者，必昂頭自負爲二十世紀之人，創造二十世紀之新文明，不可因襲十九世紀以上之文明爲止境。」⑬另一個與創造性思維相對立的傳統思想是安于現狀。傅斯年對這一思想提出批評說：「中國人對于現狀往往是『安之若素』，他們 只懂得『好』、『最好』，不懂得『更好』……却不知道天地間其實並沒『最好』的，也不知道現在的『好』以外，還有未來的『更好』。」⑭這一批評生動地反映了創造性與保守性兩種思維的分野。他認爲，安于現狀的人是不懂得理想的眞義，其實，世界的進步，是要靠人有超過現世見解的理想的。安于現狀是一種保守思想，它同因循思想一樣，與創造性思維是不相容的。

第三，不爲過去的經驗所局限，注重理性直覺的飛躍。中國傳統的因循思想講究祖傳、師承，這本質上是一種經驗性思維。過去嚴復倡導的科學實證，也具有經驗論傾向。到「五四」時期，人們認識到：人的認識不能被過去的經驗所局限，而必須運用理性的直覺，才會有創新。他們講「科學方法論」，重視假設在科學發現中的作用。「假定是什麽呢？就是非由事實直接歸納而成的定律。」單純經驗事實的綜合（歸納），不會產生出新的定律。胡適說：「根據于經驗的暗示，從活經驗裏湧出來的直覺，是創造的智慧的主要成分。」⑮理性直覺是依據于經驗又超越經驗，具有重要的創造作用，是人類特有的創造思維。這裏要說明一點，中國傳統思維也重直覺，但傳統直覺思維的目標，主要是體認形而上的本體，或與神秘的本體冥合，沒有什麽創造的意義，不屬于創造性思維。

此外，有的新派人物思想開放，不爲民族界域所局限，主張按時代發展的需要，融會中外文化精華，創造一種新文明。這也是當時人們創造性思維的重要表現之一。我們知道，因循思想所主張的是因襲中國傳統的東西，具有明顯的民族偏執性，本質上是一種封閉性思維，它同主張融會中西文化、創造中國的新文明的創造性思維，顯然是矛盾的。因此李大釗提出要「竭力鏟除種族根性之偏執」，以「虛懷若谷」的態度去迎受西方文明，以彼之長，補我之短，把東西方文明調和起來，創造出「第三新文明」⑯。

誠然，「五四」新文化運動主要是對傳統舊文化進行革命性的批判。在運動中，新派人物實際上所做的，是破壞舊的多，創造性建設新的却不多。這是歷史事實。但是，他們當時思想十分活潑，迸發出不少創造性思維，堅決反對傳統的因循保守思想，在中國近代思維方式變革中頗具特色，是很可貴的。

四、「五四」時期思維方式變革的另一個重要內容，是向馬克思主義唯物辯證思維的轉變。

在二十世紀初年，中國就出現一些講及馬克思及其學說的文章。但在十月革命前，中國人對馬克思的學說並不眞正了解，更不懂得它是一種唯物辯證的新思維。

俄國十月革命勝利後，情況有了很大的變化，李大釗說：「自俄國革命以來，『馬克思主義』幾有風靡世界的架勢，馬克思主義「隨着這世界的大變動，惹動了世人的注意」⑰。在這種形勢下，馬克思主義自然也吸引了中國的一些先進分子。

那時候，嚮往馬克思主義的人們，從一開始就着重考究馬克思主義的方法是否更科學、更正確，從方法論上去領會馬克思主義。比如，中國最早接受馬克思主義的李大釗，在對馬克思主義作了一番研究後，得出這樣一個結論：有許多事實，可以證明馬克思的唯物史觀「這種觀察事物的方法是合理的」。瞿秋白接受馬克思的唯物史觀也是「從整頓思想方法入手」的。

「五四」時期，一批先進分子如李大釗、陳獨秀、蔡和森、毛澤東、瞿秋白、李達等人，或先或後地接受了馬克思的唯物史觀。他們對「唯物史觀」所領會的，主要是兩個方面：一是講社會生產力發展狀況決定生產關係，經濟基礎決定法律、政治、倫理及種種意識形態所組成的上層建築；社會是隨着經濟的發展而變遷，「物質的生產力爲最高動因」。二是講社會的階級鬥爭、革命和無產階級專政。由于當時的歷史環境和進行革命鬥爭的需要，他們對于後一個方面更爲強調。其中，瞿秋白按照自己在蘇聯所接受的馬克思主義，認爲馬克思主義的根本方法，除了唯物史觀，還有唯物辯證法。

其實，唯物史觀是基于人們的社會實踐，觀察問題既是徹底唯物的，又是辯證的，從思維方式上講，它也就是馬克思主義的唯物辯證思維方式。這是人類思維史上一種新的思維方式。按照這一思維方式去觀察、思考社會的各種問題，自然會得出與過去迥然不同的看法。例如李大釗在初步掌握馬克思的唯物史觀後，寫出《物質變動與道德變動》、《由經濟上解釋中國近代思想變動的原因》等文章，對于孔子的學說，舊的倫常道德等問題，便提出了與已往不同的嶄新的見解。陳獨秀原先迷信西方國家的民主制。當他學了唯物史觀後，思想上發生了一百八十度的大轉彎，撰寫了《國慶紀念底價值》等文，深刻地揭露了西方國家民主制的資產階級本質。這表明他們觀察問題的觀點和方法發生了根本性的變化。

在「五四」時期，從近代科學實證思維轉向唯物辯證思維，這一思維方式的變革，同樣存在矛盾和鬥爭。在新文化運動中，胡適站在實用主義立場上，大力鼓吹科學實證方法，強調眞理要有「證據」，這在當時來說是起了積極作用的。陳獨秀看到了這一點，曾認爲：實驗主義和辯證法的唯物史觀是近代兩個最重要的思想方法，「他希望這兩種方法能合作一條聯合戰綫」，共同反對中國封建社會傳統的舊方法。他的這個意見有一定的合理性，但却遭到胡適的拒絕。這說明實驗主義的「科學方法」與唯物辯證法之間的矛盾鬥爭是不可避免的，問題與主義之爭，從思維方式上講，便是實驗主義方法與「辯證法唯物史觀」的論爭。李大釗從唯物史觀出發，旗幟鮮明地批駁了胡適的實驗主義方法。新文化運動末期發生的科玄之爭，是思維方式變革中的一大事件。交戰雙方主要是科學派與玄學派。後來陳獨秀作爲馬克思主義者也參與了這場論爭。他運用唯物史觀批判了張君勱、梁啓超等人的玄學觀和科學派胡適等人的實驗主義觀點。在問題與主義之爭及科玄之爭中，「辯證法的唯物史觀」顯示了自己的正確性，在社會上產生了重大影響。

當然，「五四」時期，向唯物辯證思維的轉變僅僅是個開端，那時人們對唯物辯證思維方法的認識和掌握還不全面、不準確，比較幼稚。但是，由于這一新的思維方法具有嚴密的科學性，並且符合當時中國社會發展的需要，因此很快爲許多人所接受，唯物辯證思潮迅速地「風靡全國」了。中國人從近代科學實證思維轉向唯物辯證思維，是「五四」科學精神的發揚，是中國近代思維方式變革史上的一個大飛躍。

五、

「五四」新文化運動已經過去七十年了。中國和世界的歷史都已大大前進了。今天，我們對于那時在思維方式變革方面應如何看待呢？

首先，我們必須充分肯定，在「五四」時期，新派人物高擧「科學」旗幟，以科學實證分析方法，批判傳統的整體直觀思維和惟聖惟賢的教條主義經學方法，以近代的競爭進化觀取代傳統的循環變易觀，以創造性思維反對傳統的因循保守思想，都是符合當時的時代要求的。他們提倡的重證據、重驗證、重分析的科學求實精神，和主張進化發展、開拓創新的精神，都是可貴的，我們應當予以繼承和發揚。「五四」時期發生的向辯證法唯物史觀的轉變，是我們民族思維方式邁向現代唯物辯證思維的偉大開端，符合世界歷史潮流和中國社會實踐發展的需要。

但是，「五四」時期在思維方式變革方面，也存在明顯的缺陷。那時的新派人物對于中西方的思維方式，都缺乏具體的分析，而基本上是根據于當時的進化論觀點，認爲中國的傳統思維方式與西方相比，是處于較低發展階段，是落後的。而西方則進到發展的較高階段，是先進的。他們只看到世界不同民族思維方式發展的時代性，忽視了它的民族的特質。因此他們不了解中國傳統思維方式的特色和長處，也不了解西方思維方式的特色和短處。結果他們形成這樣一個錯誤觀點：中國傳統思維方式處處不如西方。因此，他們變革中國傳統思維方式，基本上就是簡單地以西方近代思維方式，取代中國傳統思維方式。誠然，他們對中國傳統思維方式並非全盤否定，如對先秦的邏輯思想（特別是墨辯邏輯）、清代的考據方法，等等，他們是重視的。不過，此類優秀遺產，究竟也還是落後于近代的西方。它們之所以被重視，是因爲它們與西方的思維方法有共同點，可以作爲「移植」西方思維方法「最佳成果的合適土壤」⑱。其目的還是爲了更好地把西方的方法「移植」過來。另外有的人如李大釗雖然也曾說過「東西文明互有長短」，我們應當把二者調和起來，取人之長，補己之短，實行創新。這見解很可貴，表明他已覺悟到，不能簡單地用西方的一套來取代中國傳統。但是他並不眞正了解中國傳統文化及其思維方式優長于西方之處。實際上，在他的思想裏，仍是以那時的帶機械性的進化論爲指導，認爲西方的總比中國的先進。因此他所提出的融會中西、實行創新的主張，還是空的。其實，人類思維方式的發展是多元的，不但有時代發展的高低，也有各民族自己的特點，比如中國傳統思維偏重于整體性，缺乏機械分割性，而西方則相反。中西方的思維方式各有短長，二者之間是一種互補關係。「五四」時期新派人物不懂這一點，因而在思維方式變革中，未能正確處理中西關係和合理解決傳統思維方式的轉換更新問題。

第二，「五四」時期所提倡的以科學實證分析爲主要特徵的近代思維方式，確實是比中國古代傳統思維方式高出一個階段，是中國近代所必需的。但是，這個基本上是從西方借取來的近代思維方式，本身存在種種局限性：一是它的機械性。它所講的分析是對事物進行機械的分割，區分異同，而後綜合相同的部分，找出「共相」。這種分析綜合明顯地是機械性的。二是它的進化觀主張事物是直綫發展，本質上是一種綫性思維。三是片面強調矛盾的鬥爭。對立面的絕對排斥，無論對待人與自然或人與人的關係，都是如此，否認矛盾的和諧、統一。四是片面強調實證科學的科學主義傾向。科學派公開鼓吹「科學的萬能、科學的普遍」，而忽視人文主義，人的價值和人的情感方面。這些思想局限，在中國近代造成了不良的影響。

今天已不是「五四」當年。時代大變了。現在我們正實行改革開放，建設一個偉大的社會主義現代化的中國。可是，我們許多人的思想觀念、思維方式，仍未擺脫傳統的束縛和近代機械思維的影響，不能適應新時代的要求。比如，我們一些決策上的失誤，歸根到底都是脫離了實際，從狹隘經驗或主觀想象出發，缺乏科學的求實精神；對于情況和問題的思考，往往是籠統模糊，沒有認眞作深入細緻的定性定量分析，等等，這些不都是思維方式上的不妥嗎？況且，我們的現代化建設事業，是一項巨大而複雜的系統工程，我們如果缺少了系統思維的頭腦，急功近利地偏于某些方面，那是決不會把事情辦好的。現實的種種教訓，都迫切要求我們實行觀念更新，其中最根本的是思維方式的轉換。我們應當依據當代的社會實踐，總結近代思維方式變革的歷史經驗，充分領會現代科學發展的成果，以新的思想高度去批判地吸取西方思維方式的長處，改造我們傳統的思維方式，進一步豐富和發展唯物辯證的系統思維，實現我們民族思維方式的現代化。

註釋：

① 胡明復：〈科學方法論之一：科學方法與精神之大概及其實用〉，《科學》第二卷第七期。
② 胡適：〈我的歧路〉，見《胡適文存》二集卷三，第一〇〇頁，上海亞東圖書館版。
③ 任鴻雋：〈何爲科學家〉，《新青年》6卷3號。
④ 陳獨秀：〈聖言與學術〉，《新青年》5卷2號。
⑤ 胡適：〈先秦名學史・導論〉。
⑥ 陳獨秀：〈答皆平〉，《新青年》9卷2號。

⑦ 王星拱：〈科學方法論〉第九章，第二三〇頁，北京大學出版部中華民國十年三月再版。
⑧ 胡適：〈先秦名學史・導論〉。
⑨ 陳獨秀：〈答淮山逸民〉，《新青年》3卷1號。
⑩ 胡適：〈文學進化觀念與戲劇改良〉，《新青年》5卷4號。
⑪ 嚴復：〈原強〉，《嚴復集》第一冊第二九、三〇頁，中華書局一九八六年版。
⑫ 傅斯年：〈中國學術思想界之基本誤謬〉，《新青年》4卷4號。
⑬ 陳獨秀：〈一九一六年〉，《新青年》1卷5號。
⑭ 傅斯年：〈再論戲劇改良〉，《新青年》5卷4號。
⑮ 胡適：〈五十年來之世界哲學〉，《胡適文存》二集卷二第二七六頁，上海亞東圖書館版。
⑯ 李大釗：〈東西文明根本之異點〉，《李大釗文集》上，第五六四、五六〇、五六一頁，人民出版社一九八四年版。
⑰ 李大釗：〈我的馬克思主義觀〉，《李大釗文集》下，第四六—四七頁，人民出版社一九八四年版。
⑱ 胡適：〈先秦名學史・導論〉。

五四運動與中國現代哲學

中國社會科學院哲研所　徐素華

發生在七十年前的偉大的五四運動，是一場以愛國主義爲中心的政治運動。但是，這場運動對中國社會發展的作用，以及它在中國思想文化理論界的影響，遠遠超過了它本身的意義。這一點，是五四運動七十年以來，衆多的研究者所一致公認的。就哲學這個領域來說，五四運動以前，西方哲學在中國雖有一些介紹，但由於種種原因，它們在中國哲學界的影響並沒有佔據上風，而中國傳統哲學仍然是「唯我獨尊」。正是偉大的五四運動，空前地解放了人們的思想，大量地引進了西方的各種新哲學、新思潮，這才從根本上動搖了中國傳統哲學在哲學界的統治地位，迫使它不得不從寶座上走下來，結束其一統天下的局面。五四運動在哲學領域的最偉大的歷史功績，就是去舊迎新，儘管去舊並不徹底，迎新也很龐雜，但這是歷史發展的必然趨勢。「五四」時期從西方引入的多種哲學思潮，成爲中國現代哲學形成和發展的基礎。正是在這個基礎上，不同程度地吸收和利用中國傳統哲學的某些成分，形成了在性質上完全不同於中國傳統哲學的新的哲學理論和體系，這表明中國哲學的發展進入了一個新的階段　即現代哲學階段。

「五四」時期所引進的西方哲學思想，大致可分爲資產階級哲學和無產階級哲學兩大類，由此也就決定了五四運動後中國現代哲學的主體由中國現代資產階級哲學和中國現代無產階級哲學（即馬克思主義哲學）兩大哲學派別構成。這兩大哲學派別的形成和發展，以及它們之間的矛盾、衝突，就是中國現代哲學運動的主要內容。五四運動後的中國哲學舞臺上，除上述兩大哲學派別的活動外，仍然時時有中國傳統哲學與之抗爭，但終未成爲中國現代哲學舞臺上的主角。因此，我想從中國現代哲學的兩大主要派別入手，具體探討一下五四運動與中國現代哲學形成、發展的內在聯繫。

一、五四運動與中國現代資產階級哲學的形成、發展

中國現代資產階級哲學的形成、發展，與「五四」時期西方資產階級哲學大量介紹到中國來是密不可分的。可以說，沒有「五四」時期西方資產階級哲學的大量傳入，就沒有中國現代資產階級哲學的形成和發展。「五四」前，西方的進化論和機械唯物論等，在中國雖有介紹，但較零散，尚未形成風潮。是「五四」這場偉大的思想解放運動，打開了通向世界的閘門，西方資產階級的各種哲學學說，如潮水般地湧入中國。其中杜威、羅素、柏格森等人的哲學思想更是風行一時。美國杜威的實用主義哲學，在「五四」前夕，由胡適介紹到中國來，杜威也應邀來華講學，在中國活動了兩年多時間，到過北京、天津、奉天、山東、上海、江蘇、浙江、福建、廣東、湖南等許多省市，發表了數百場演說，主要宣揚他的實用主義哲學。杜威的講演稿，各地報刊都以顯要的位置摘登，同時也被滙印成册，大量出版。北京《晨報》社編輯的《杜威五大講演》一書，在他一九二一年七月離開中國之前，就出了十版，超過了當時任何書刊讀物的發行量。由此可見，杜威的實用主義是「五四」時期影響最大的哲學流派之一，信奉它，受它影響的人並不少於當時也很流行的馬克思主義唯物史觀。

當杜威在中國的講學活動還未結束時，另一個有影響的英國哲學家羅素於一九二〇年九月也來到中國，同樣是以講學的形式，宣傳他的哲學思想和政治主張。在羅素來華前夕，《新青年》第八卷第

二號介紹了羅素的生平和著作，封面上刊登了羅素的照片，並注有「就快來到中國的世界的大哲學家羅素先生」，刊內載有張松年（張申府）寫的《羅素》，以及羅素著作的五篇譯文等。羅素來到中國後，直至一九二一年七月離開，先後在北京、江蘇、湖南等省市作過多次講演。隨着羅素來華講學活動的展開，相繼成立了「羅素研究會」，創辦了「羅素月刊」，出版了「羅素叢書」，因而在中國哲學界出現了一股不小的「羅素熱」。

「五四」時期在中國頗爲流行的西方資產階級哲學，除杜威和羅素以外，柏格森的哲學也是一個熱點。一九一九年九月，柏格森的主要哲學著作《創化論》（張東蓀譯）的中譯本，由商務印書館發行。一九二〇年一月，《少年中國》第一卷第七期發表了方珣的《柏格森的「生的哲學」》一文，文章在宣揚柏格森的神秘的直覺論、唯意志論的同時，還進一步提出要以柏格森哲學來指導改造中國的實踐。一九二一年十二月出版的《民鐸》第三卷第一號是「柏格森號」，發表了李石岑的《柏格森哲學之解釋與批判》、梁漱溟《唯識學與柏格森》等十幾篇文章，對柏格森哲學作了詳盡的介紹，並給予較高的評價。一九二一年以後，柏格森的著作《物質與記憶》、《心力》、《柏格森》等仍在不斷出版，擁有一批研究者和推崇者。

杜威、羅素、柏格森的哲學固然是「五四」時期西方資產階級哲學在中國傳播的重點，但愛因斯坦的相對論、尼采和叔本華的哲學、新康德主義、新黑格爾主義等在中國也都有介紹。「五四」時期西方資產階級哲學在中國一時成爲「熱門貨」，並不是偶然的現象，也不是少數人鼓吹的結果，而是有其深刻原因的，這可以從兩個方面來說明：首先是中國民族資產階級的經濟勢力在辛亥革命至「五四」這段時期內，由於帝國主義列強忙於歐戰，無暇東顧，而獲得了長足的發展。經濟的發展，必然要求政治上的地位和權力，同時也要求有爲其經濟和政治服務的理論。但是，中國資產階級的先天不足和後天失調，使得他們無力創造出自己的完備理論體系，只能從西方資產階級那裏借來理論武器爲自己服務。「五四」前後西方資產階級哲學大量介紹到中國來，正是這種歷史要求的反映。其次是西方資產階級哲學的大量輸入，是「五四」時期反封建鬥爭的需要。反對封建主義，是五四運動提出的主要歷史任務之一，是「五四」時期不同階級、階層（除少數封建頑固派）的共同要求。西方資產階級哲學，如杜威的實用主義，它所提出的「拿證據來」，以及「大膽懷疑，小心考證」等，對於打破傳統迷信，提倡科學，確是一種有效的方法。正因爲如此，它才能夠在「五四」時期風行一時，得到許多人的擁護，以至很有影響的進步刊物《新青年》、《每週評論》等都曾連篇累牘的登載過介紹研究杜威實用主義的文章。

「五四」時期西方資產階級哲學的大量輸入，爲中國現代資產階級哲學的形成和發展提供了主要的理論來源。正是在這個基礎上，結合中國傳統哲學，艱難地開始了中國現代資產階級哲學的創建工作。經過幾十年的努力，湧現出一批有影響的哲學家和一些各具特色的哲學體系。這批哲學家和他們的哲學體系雖然各不相同，但却有一個共同之處，即都與「五四」時期傳入的西方資產階級哲學有直接的理論繼承關係，有的是完全照搬，有的是東拼西湊，有的則是舊瓶裝上新酒，同時也都和中國傳統哲學有割不斷的聯繫。

二十年代，中國現代資產階級哲學的形成和發展，當以胡適、張東蓀爲代表。二十年代前半期，胡適的哲學理論曾紅極一時，不過他的哲學基本上是美國杜威實用主義哲學的搬用。他在哲學上的最大貢獻是開了用西方資產階級哲學方法來研究中國哲學歷史的先河，這典型地反映在他的《中國哲學史大綱》一書。在這本書中，胡適運用西方邏輯的歸納演繹方法，結合文字學文法學，對中國哲學的歷史資料進行眞僞的分析判斷，以弄清史料的作者及其思想產生的時代背景，然後再用西方資產階級的學術觀點與之作比較和估價。這種研究方法，固然是實用主義的，但也帶有西方資產階級啓蒙時期經驗唯物論的傾向。二十年代後半期，張東蓀哲學嶄露頭角，陸續出版了《新哲學論叢》、《人生觀ABC》、《道德哲學》、《認識論》等著作，總計約幾百萬字，被人稱之「中國近代哲學底系統建立人」。張東蓀在哲學上否認本體論，自稱他的哲學是沒有本體論的認識論。他的認識論由所謂多元論和普汎架構主義構成。張東蓀在構造自己的理論體系時，以新康德主義爲主體，同時也借用了柏拉圖、休謨、詹姆士、杜威、羅素等許多人的哲學思想和觀點。無怪乎當時就有人說張東蓀哲學實際是「五四」時期傳入的西方資產階級各派哲學的一個「拼盤」。

到了三、四十年代，雖然距「五四」時期越來越遠，但「五四」時期傳入的各種西方資產階級哲學，仍在影響、制約着中國現代資產階級哲學的發展。這一點具體地表現在這個時期比較有影響的幾種哲學體系中。首先是陳立夫的唯生論哲學，它是中國現代資產階級哲學的主要流派之一。唯生論認爲：「宇宙之本體的屬性是生，我們可名之曰生元。」所謂生元即「相當於《易經》的太極，太極是無形無象之本體，亦即《易》無體之體。」「宇宙一切皆由有生命的元子構成，所以宇宙一切皆生命。一切現象，都是生命的表徵，都是萬物求生活的結果」。「一方面不斷地打破宇宙間舊的元子均衡狀態，一方面不斷地創造宇宙間新的元子均衡狀態，這樣一個至誠無息的破壞與創造的過程就是生命。宇宙的實質，就是這個滔滔滾滾奔進不停的偉大的生命長流。」從上述幾段話中可以看出，唯生論的主要概念和解釋來自法國資產階級哲學家柏格森的生命哲學，同時也利用了中國傳統哲學中的某些古老概念。正如陳立夫自己所說，他的哲學「是一種兼綜中西哲學」。其次是賀麟的「新心學」和馮友蘭的「新理學」。這兩種哲學，是中國現代資產階級哲學發展到較高水平，具有較系統、完備的理論形態階段的標誌，他們兩人哲學體系的名稱中都有一個「新」字，這個「新」字實際是西方資產階級哲學思想、觀點和方法的代名詞，也就是用西方資產階級哲學的觀點和方法來解釋中國哲學的某些基本概念，這正如有人所說是在舊瓶子裏裝上新酒。例如馮友蘭的「新理學」，雖然是直接繼承了宋明程朱理學的固有範疇，但在闡述這些固有範疇時，則大量運用了西方新實在論，以及新唯物論的觀點和方法。這樣，「新理學」在形式上是中國傳統式的，但在內容上却是現代資產階級的。

中國現代資產階級哲學從二十年代開始形成，到四十年代初具規模，湧現出一批有代表性的哲學家。在這個歷史過程中，各個哲學家的理論創造活動，無不以「五四」時期傳入的西方資產階級哲學爲基礎、爲主幹，但同時又都無法擺脫中國傳統哲學的影響。哲學上的這種特殊狀況，實際是「五四」以後中國社會性質的特殊性和中國資產階級特殊性的反映，中國現代資產階級哲學的形成和發展，也從一個方面反映出「五四」以後，中國哲學的發展確實進入了一個新的階段。在這個階段，中國傳統哲學不再是人們的主要精神支柱，取而代之的是西方資產階級哲學和來自西方的馬克思主義哲學。中國哲學發展的西方化和現代化，是「五四」後中國哲學發展的明顯特徵。當然，這樣說並不是否認中國現代資產階級哲學在形成和發展的過程中，一直同中國傳統哲學保持着千絲萬縷的聯繫，也不否認它曾吸收利用了中國傳統哲學的部份內容，帶有封建的舊痕跡。但這些都已不是中國現代資產階級哲學的主要內容，也不能影響或否認「五四」以後中國哲學發展所具有的現代性質。

二、五四運動與中國現代無產階級哲學的形成和發展

中國現代無產階級哲學（即馬克思主義哲學）不是從批判繼承中國傳統哲學中產生的，而是直接從西方輸入的。這種輸入，開始於五四運動爆發之前。一九一七年俄國發生了震撼世界的「十月革命

」。中國的先進分子從「十月革命」的具體實踐中，看到了馬克思主義理論的力量和作用，並以滿腔的熱情把它介紹到中國來，從而促進了中國人民的覺醒。這些正是五四運動爆發的歷史原因之一。五四運動爆發後，如何改造中國社會，如何使中國走向繁榮富強，這許多實際問題更加突出地擺在人們面前。研究和解決這些問題需要新的理論指導，剛剛傳入不久的馬克思主義哲學（主要是唯物史觀）最直接地適應了這種歷史發展的客觀需要，這就是馬克思主義唯物史觀在「五四"時期爲許多人所研究、所宣傳的最主要原因。

「五四」時期馬克思主義哲學的傳播，爲五四運動中首次登上政治鬥爭舞臺的中國無產階級提供了最有力的鬥爭武器。五四運動中崛起的中國無產階級和他們所進行的偉大革命鬥爭，也正是馬克思主義哲學這種外來學說在中國生根、開花、結果，成爲中國無產階級的世界觀和方法論的階級，實踐基礎。馬克思主義哲學和中國無產階級在「五四」時期的結合，是中國無產階級哲學形成、發展的偉大開端。可以說，離開了「五四」時期馬克思主義哲學的傳播來談中國現代無產階級哲學的形成、發展，只能是無源之水，無本之木。

五四運動至今已有七十年，馬克思主義哲學傳入中國，中國現代無產階級哲學形成和發展也有七十年了，這兩個七十年在歷史發展的長河中是同步的。它們之間有必然的內在聯繫，歸納起來，主要的可以從三個方面來說明：

其一，「五四」思想解放運動造成的思想自由、學術自由的環境，有利於馬克思主義哲學的傳播，從而使中國現代無產階級獲得了最科學的世界觀和方法論。五四運動發生後，在其每一年的紀念日裏，人們總是要著文研究分析它、評價它。這些評價固然因時代需要的不同，以及研究者的立場、地位不同而各有差異，但有一點是共同的，即都肯定五四運動在中國思想文化理論界所引起的空前的啓蒙作用和解放思想的作用。正是在這種啓蒙、解放的作用下，中國思想文化界出現了空前自由活躍的局面，人們大膽地熱烈地去追求各種新思想、新學說。僅以五四運動後的第一年爲例，這一年中出現的以傳播介紹各種新思潮爲主要內容的報刊就達四百多種，以信奉研究新思想的各種進步團體也有三、四百之多。各種不同的甚至是對立的學說，可以在同一本雜誌上刊登（如《新青年》），不同觀點、不同信仰的人可以合作辦一刊物（如《每週評論》），對某一學說的贊成意見和批判意見可以公開發表，自由討論，這是中國思想文化史上第二個「諸子爭鳴」的時代。正是在這樣的環境和氣氛中，馬克思主義哲學才得以廣泛傳播，也才能在與各種新思潮的比較和競爭中，憑着自己的眞理性，獲得越來越多的信奉者。

其二，五四運動實際鬥爭的風雨，鍛鍊造就了一大批馬克思主義哲學的傳播者。正是通過他們，馬克思主義哲學在中國找到了物質承擔者——中國無產階級，中國無產階級找到了爭取翻身解放的精神武器。這批馬克思主義哲學的傳播者首推李大釗。是李大釗，幫助北京《晨報》副刊改版，並主持這個副刊，使它成爲傳播馬克思主義哲學的最早陣地。比較全面介紹馬克思唯物史觀的第一篇譯文《馬克思的唯物史觀》，就刊登在一九一九年五月五日北京《晨報》副刊的「馬克思研究」專欄內。這個專欄辦了六個多月，連續登載了馬克思的《雇用勞動與資本》、考茨基的《馬克思的經濟學說》，以及《馬氏唯物史觀概要》等。是李大釗主編《新青年》的「馬克思主義研究」專號，刊登了許多研究和介紹馬克思主義的文章，其中有李大釗寫的第一篇研究介紹馬克思主義唯物史觀的《我的馬克思主義觀》。不僅如此，李大釗還積極倡導並組織五四運動中湧現出的一批信仰馬克思主義的青年學生，到工人群衆中去開展宣傳活動，把馬克思主義傳播到工人群衆中去，使馬克思主義哲學與「五四」反帝反封建的鬥爭實際結合起來，從結合中獲得傳播和發展的動力。陳獨秀傳播馬克思主義哲學較之於李大釗，雖然是晚一些，但由於他在「五四」新文化運動中的崇高威望，使他接受和傳播馬克思主義哲學這一舉動所產生的影響和作用，並不亞於李大釗。因此，李大釗和陳獨秀被稱爲「五四」時期馬克思主義哲學傳播者中最有影響的一代導師。

在這同時，一批進步知識分子，在「五四」鬥爭的實際鍛鍊中，迅速成長起來，成爲馬克思主義哲學傳播的生力軍。這批人中的優秀代表有李達、毛澤東、周恩來、蔡和森、鄧中夏、惲代英、瞿秋白等。李達主編的《共產黨》月刊，毛澤東創辦的長沙「文化書社」和湖南自修大學，周恩來領導的「覺悟社」及其《覺悟》週刊，鄧中夏等人組織的「馬克思學說研究會」及該會的中國第一個收藏馬克思主義書籍的小型圖書館，惲代英創建的「利群書社」和「馬克思主義研究會」等，都是「五四」時期有影響的進步刊物和社團，傳播馬克思主義哲學的主要陣地。他們團結大批優秀青年，從事馬克思主義理論的學習和研究；他們面向廣大青年知識分子和工農群衆，積極推銷介紹馬克思主義宇宙觀和社會革命學說的進步書刊。正是通過他們的努力，進一步擴大了馬克思主義哲學的傳播範圍。他們自己也在學習、研究、傳播馬克思主義哲學的過程中，日益成熟起來，成爲革命的骨幹，國家的棟樑。時勢造英雄，偉大的時代孕育了偉大的人物，偉大的人物又推動了時代的發展，歷史的辯證法就是如此。

其三，五四運動提出的反帝反封建的歷史任務，爲馬克思主義哲學在中國的傳播和發展提供了實踐動力，馬克思主義哲學正是在解決這個歷史任務的過程中，與中國革命的具體實踐相結合，成爲中國無產階級政黨的世界觀和方法論。五四運動的中心任務是反帝反封建，爭取國家獨立富強、人民自由解放。爲了完成這一歷史任務，中國的先進分子從西方引進了許多學說和主義，其中有些學說比馬克思主義更風行一時，但它們却曇花一現，或只開花未結果。唯有馬克思主義哲學在中國紮下了根，成爲中國無產階級和廣大人民群衆進行反帝反封建鬥爭的思想武器，最終推翻了帝國主義和封建主義的統治，建立了人民的民主共和國。馬克思主義哲學之所以能在中國傳播發展，成爲中國無產階級的世界觀和方法論，根本原因是它能夠回答和解決「五四」所提出的反帝反封建的歷史任務，而這個歷史任務只能在中國無產階級政黨的領導下才能完成。馬克思主義哲學具有與其他哲學根本不同的特性，即鮮明的階級性和實踐性。鮮明的階級性使它成爲中國無產階級最理想的理論指南，中國無產階級掌握了它，就有了勝利的基礎和保證；鮮明的實踐性，使它能夠通過實踐，對中國特殊複雜的國情作出正確的反映和判斷，幫助中國無產階級找到符合中國實際的革命道路和方法。

總而言之，五四運動爲中國現代無產階級哲學的形成和發展提供了直接的理論來源，落脚的階級基礎，發展的實踐動力。

從中國現代哲學的兩大支柱——中國現代資產階級哲學和中國現代無產階級哲學與五四運動之間的聯繫中，可以看出五四運動催助了中國現代哲學的誕生，推動中國哲學的發展進入了新的階段。「五四」以後，中國現代哲學的發展分爲兩個主要部份：一是中國現代資產階級哲學，它以西方傳入的資產階級哲學爲主要內容，爲主幹，同時也吸收利用了中國傳統哲學，是一種帶有封建色彩的現代資產階級哲學。二是中國現代無產階級哲學，也就是中國馬克思主義哲學，它來自西方，爲中國無產階級所接受、運用和發展，最終成爲中國共產黨人的世界觀和方法論。中國傳統哲學在「五四」以後，失去了「獨尊」的統治地位，不再是中國人的主要精神支柱。它作爲一種歷史遺產，或是被吸收利用，或是改頭換面披上新的外衣，但終不能成爲中國現代哲學舞臺上的主角。因此，我們有理由說，「五四」以後中國哲學的發展進入了現代階段。所謂中國現代哲學，是相對於中國傳統哲學而言。「五四」後中國哲學的發展，無論在內容上還是在形式上，都與傳統哲學有了本質性的區別。內容上的本質區別主要是，現代哲學反映的是現代社會兩大主要階級的利益和願望，包含着對現代社會科學技術發展成果的總結，因而也就比樸素、直觀的中國傳統哲學更豐富、更科學。在形式上，現代哲學具有條理清晰的理論結構。完整獨立的理論形態，而不像傳統哲學那樣，把哲學、政治、社會倫理學說融爲一體。

人們常說，五四運動具有劃時代的意義，但這不是抽象的，而是具有豐富實際內容的。在政治領域，它是中國由舊民主主義革命轉入新民主主義革命階段的標誌；在哲學領域，它是中國哲學發展進入現代階段的開端。今天，中國現代哲學的研究正逐漸成爲人們重視的對象。人們在研究「五四」以後中國哲學的發展及其規律、特點時，不可忽視「五四」時期特有的社會歷史環境、思想文化背景對哲學發展的影響和制約。五四運動的成績和缺點都曲折地反映在中國現代哲學的形成和發展中。中國現代哲學形成和發展中的一些重大問題，都可以在「五四」時期尋求到根源或最初的萌芽。

「五四」以來的新儒家與中國哲學現代化

中國人民大學　宋志明

在五四新文化運動「打倒孔家店」的口號刺激下，出現一支思想流派，這就是中國現代哲學史上的「新儒家」思潮。梁漱溟、馮友蘭、熊十力、賀麟等先生是這一思潮的代表人物。他們的哲學思想與文化主張與陳獨秀、李大釗、魯迅、胡適等新文化運動的領袖人物不同。如果僅僅根據這一點就只把他們當成新文化運動的絆脚石看待，是不公允的。毋庸諱言，新儒家學者們的思想具有程度不同的保守色彩。儘管如此，他們的思想畢竟也是五四運動的產物。威爾・杜蘭說過：「反對改革的保守分子，與主張改革的激進分子同樣可貴，也許更可貴，一如樹根比樹枝更爲重要。新思想應能公開發展，因爲其中自有若干可取之處，但是新思想也應該經過反對及抗拒的考驗。改革必須通過這種預選，方能入圍參加人類的競賽。這是好的現象，老年人抵抗年輕人，年輕人刺激老年人。從這種緊張壓迫和爭鬥中，才能產生創造的力量。」①對於「新儒家」亦可作如是觀。他們作爲五四新文化運動的一翼，從另一個側面反映出中國哲學的新發展。本文僅就「新儒家」學者對於推動中國哲學的現代化所作的貢獻就談幾點看法。

一、對於西方學術的融會貫通

五四以來的新儒家之「新」，恐怕最突出地表現在，新儒家學者力圖以傳統的儒學爲基幹，儒化、華化已傳入中國的西方哲學。他們一方面將西方哲學引入中國，另一方面又將中國哲學推向世界，致力於二者的融會貫通。這是新儒家學者爲謀求中國哲學的現代化作出的第一點貢獻。

現代新儒學的奠基者梁漱溟曾以反對全盤西化著稱於世，但這沒有妨礙他努力向西方現代哲學尋求可資借鑒的思想材料。他很欣賞柏格森的生命哲學，稱贊柏格森「邁越古人，獨闢蹊徑」。他認爲以「似宗教非宗教、非藝術亦藝術」爲特點的中國儒學與生命哲學有相似之處，試圖把二者結合起來，創立新說。他用生命哲學的觀點概括儒家哲學的基本思想，他說：「在我的心目中，代表儒家道理的是生。」這種形而上學本來就是講『宇宙之生』的，所以說『生生之謂易』。」②在認識論方面，他從柏格森的直覺主義中得到啓發，認爲「儒家盡用直覺，絕少講理智」。他的這些說法不一定反映中國哲學的實際，但充分體現出梁漱溟融會中西哲學的致思趣向。他還借鑒西方的唯意志主義重新解釋傳統的「天理」觀念，強調天理不是「客觀的道理」而是「主觀的情理」。「此理出於良知直覺，與知識見解由後天得來者根本不同。」③經過這樣的解釋，他便把中國儒家注重「自覺」的傳統與西方倫理思想注重「自願」的傳統貫通了。

應當指出的是，梁漱溟當時對傳統儒學或柏格森哲學研究得都不夠深入，常常用他不甚了解的柏格森哲學去解說他不甚了解的儒學，難免牽強附會、隨意比附之處。例如，他用「生命衝動」比附「天理流行」，用直覺比附「致良知」等等。此外，他一方面提出東西方哲學發展路向不同的觀點，另一方面又強調儒學與柏格森哲學的相似性，這顯然是自相矛盾的。儘管梁漱溟對中西哲學的融會並不十分成功，但畢竟在這個方向邁出了第一步。

留學美國專攻哲學的馮友蘭在融會中西哲學方面取得了較大的成功。他不像梁漱溟那樣，按區域把世界哲學簡單地歸納爲鼎立的三大類：中國哲學、西洋哲學、印度哲學。他強調這三類哲學之間的共性。照他看來，無論那一民族的哲學都包含着「益道哲學」、「中道哲學」、「損道哲學」三種類型，並主張把中國的中道哲學——程朱理學同西方的中道哲學——新實在主義結合起來。這就是馮友蘭創立新理學的指導思想。他在處理中國哲學與外國哲學的關係時，努力尋求二者之間的共同點，試圖在此基礎上使二者互相解釋、互相參證、互相印合。他避開把中西哲學對立起來的傾向，與梁漱溟相比，表現出更大的開放度。

程朱理學與新實在主義在思想方法上有共同之處，都把一般看成脫離個別的單個存在物。馮友蘭在新理學中抓住了這一點。他把新實在主義兩個世界（共相世界、殊相世界）的理論同程朱理學的「理在事先」說結合起來，提出「理世界在邏輯上先於實際底世界」的本體論原則；用新實在主義的個體性原理分割程朱理學中渾淪一體的太極，提出「太極即是衆理之全」的構想。馮友蘭認爲，程朱理學屬於「純客觀論」，主張名詞和形容詞所代表者「離開一件一件底實際事物而獨有」④。其實，這是一種新實在主義的觀點，並不是程朱理學的觀點。不過，馮友蘭用這種新實在主義觀點解說程朱理學，的確把程朱理學的客觀唯心主義實質表達得更加清楚、明白。

程朱理學雖然提出「理在事先」的客觀唯心主義結論，但未作出理論上的詳盡證明。從現代哲學的角度看，未經證明的哲學是武斷的，不足以使人信服。馮友蘭試圖採用實在主義的邏輯分析方法彌補程朱理學的這一缺陷。新實在主義者強調，「哲學特別依賴於邏輯」，「哲學的對象恰恰是分析的結果」⑤。新實在主義者借助邏輯分析的方法，從整體中推論出潛存的獨立共相，復活古希臘柏拉圖和中世紀唯實論的哲學。馮友蘭復活程朱理學走的也是這條路。他把「如果——則」的蘊涵關係當成推理公式對「理在事先」的命題作了這樣的證明：如果有事，則必定有理。「如果有事」可視爲假定的前提，即便去掉它亦不影響「必定有理」，所以，「理」無論在何種情況下，都邏輯地先於「事」。當然，他的論證未必成立，但他爲促使中國哲學邏輯化所作的嘗試還是應當予以肯定的。

同馮友蘭一樣，賀麟也注意發現中西哲學的共同點。他認爲，無論中國哲學還是西方哲學，都是人性的最高表現，即所謂「東聖西聖，心同理同」。哲學只有一個，任何一種具體的哲學理論形態都是「人類的公共精神產業」的分支。對於各民族的哲學，「都應該以虛心客觀的態度去承受，去理會，去擷英咀華，去融會貫通，去發揚光大」，萬不可存厚此薄彼之想。他不否認中國哲學與西方哲學有區別，有差異，但「不能說中西哲學間有無法溝通的隔閡，有霄壤的差別」⑥。賀麟從「心同理同」的角度說明中西哲學的共性。這是一種唯心主義的文化觀，但他從文化哲學的角度論證了中西哲學互相融合的必然性。這種認識比前此的新儒家學者都深刻。

賀麟創立的「新心學」是他融會陸王心學與新黑格爾主義的產物。首先，賀麟運用新黑格爾主義的整體主義思想方法論證陸王「吾心即是宇宙，宇宙即是吾心」、「心外無物」等命題，確立了主觀唯心主義的本體論原則。新黑格爾主義強調內在關係、整體聯繫，把心物歸結爲意識關係，將心誇大爲「絕對實在」。賀麟認爲這種方法「大有中國吾心即天理乃至與天地參的意味。」他運用這種方法得出「心爲物之體，物爲心之用」、「心與物是不可分的整體」的結論。其次，賀麟用新黑格爾主義的政治倫理學說印證儒家的綱常名教,試圖確立符合現代社會生活要求的倫理規範。新黑格爾主義者魯一士鼓吹國家至上,宣揚「忠的哲學」，極力維護資產階級的利益。賀麟站在儒家的立場上領會魯一士的「忠的哲學」，他說：「魯一士在講忠道中附帶也涵含了恕道，……實則所盡忠的即是永恒的普遍的眞理，是上蒼或絕對的我所贊成的。那麽人人都可以能向它盡忠。在恕道中，人類得以尋到的一條逐漸調諧的途徑。」⑦他用「忠的哲學」印證倫常觀念，提出「對名分，對理念盡忠」的觀點。

由上述可見，新儒家學者都十分注意研究、吸收西方哲學，他們越來越深刻地認識到，只有援西學入儒，才能擺脫儒學的困境，推動儒學的新發展。他們各自以獨到的方針探索了西方哲學與儒學相結合的途徑，形成自己的思想體系。由於中國現代社會變化十分急劇，不可能爲新儒學的發展提供穩定的社會基礎，因此沒有形成這些學者企盼的「儒學復興」的結局。新儒學沒能像宋明理學那樣戰勝異端的挑戰，重新確立統治思想的地位。

二、對於哲學基本問題的自覺

中國傳統哲學雖然早已接觸到哲學基本問題，但古代哲人並未自覺地、清楚地意識到這一問題，更談不上明白地揭示這一問題。五四以來的新儒家學者受到西方哲學的啓發，抓住思維與存在的關係問題進行哲學思考，逐步達到對於哲學基本問題的自覺，從而完成古代哲學向現代哲學的過渡。這是新儒家學者爲謀求中國哲學現代化作出的第二點貢獻。

最早比較清楚地意識到哲學基本問題的新儒家學者是梁漱溟。他在概述自己的宇宙觀時說：「這個差不多成定局的宇宙——眞異熟果——是由我們前此的自己而成功這樣的；這個東西可以叫做『前此的我』或『已成的我』，而現在的意欲就是『現在的我』。……所謂『前此的我』或『已成的我』就是物質世界能爲我們所得到的。如白色、聲響、堅硬等皆感覺對他現出來的影子呈露我們之前者；而這時有一種看不見、聽不到、摸不着的非物質的東西，就是所謂『現在的我』，大家或謂之『心』或『精神』，就是當下的一活動，是與『已成的我』——物質——相對待的。」⑧在這裏，他緊緊抓住物質與精神的關係問題闡述他關於宇宙實象的看法：宇宙間一切事物都是「前此的我」與「現在的我」相互作用的結果；「前此的我」即物質，「現在的我」即精神；物質世界是精神活動留下的遺迹。他把精神與物質都直接地歸結爲「我」。這種理解無疑過於簡單，說明他還沒有眞正弄清哲學基本問題的複雜性。儘管如此，他把着眼點移到主體方面，則應當看作是對古代儒家哲學思維方式的改造。古代的儒家學者在沒有自覺地意識到哲學基本問題的情況下，往往偏重於客體自身規定性的探討，不大注意主體與客體的相互關係；梁漱溟把着眼點轉向主體方面，就其理論思維的深度來說，已超過了古代哲人。

梁漱溟的唯我論的宇宙觀無法解釋事物的相對穩定性或恒常性，很難爲人們接受。爲了擺脫唯我論的困難，馮友蘭從主體出發，進一步把着眼點轉向客體。一方面，他承襲梁漱溟的主觀唯心主義，把事物看成「我們經驗或可能底經驗中」的現象；另一方面，又虛構出思維中的客體——理，以此作爲事物所依照的根據。他用理的客觀實在性說明事物的常在性或相對穩定性：理是永恒不變的本體，依照理而形成的事物也不會隨生即滅，爲了維護「理」的絕對性，馮友蘭強調作爲共相的「理之有」同作爲殊相的「事物之有」截然不同，事物是「實際底有」，是於時空中存在的；理是「眞際中的有」是「不存在於時空又不能說是無者」。這樣一來，他就把世界二重化爲「實際」與「眞際」：實際是由事物組成的現象界；眞際是由理組成的本體界。「眞際與實際不同，眞際是指凡可稱爲有者，亦可名爲本然，實際是指有事實底存在者，亦可名爲自然，眞者，言其無妄，實者，言其不虛；本然者，本來即然，自然者，自己而然。」⑨

馮友蘭的客觀唯心主義宇宙觀是緊緊圍繞着「實際」與「眞際」的關係問題展開論證的。其實，眞際是指抽象的共相或一般概念，與平常所說的「思維」是同等程度的範疇；而「實際」與「存在」亦屬同義語。所以，眞際與實際的關係問題也就是思維與存在的關係問題。可見馮友蘭對哲學基本問題的認識比梁漱溟更清楚，他已發現主體與客體之間存在着矛盾。

但是，馮友蘭把眞際與實際看成截然不同的兩個世界，把思維與存在對立起來，無法說明二者的同一性。他產生「實際中的人何以能知道眞際中的理」的困惑，陷入不可知論的窘境。從新理學的理論思維教訓可以看出，無論是着眼於主體，還是着眼於客體，都不能解決思維與存在的關係問題，要解決這個問題，必須把主體與客體統一起來思考，全面地把握思維與存在既對立又統一的兩個方面。沿着這條思路，順理成章的形成了熊十力的「新唯識論」和賀麟的「新心學」。

熊十力直接了當地承認，心物關係問題「是哲學上的根本問題」⑩。爲解決這一問題，他提出「體用不二」的本體論。他在建立「體用不二」論時，作的第一步工作就是「掃相」。他分析說，僅着眼於客體，肯定「物相」（物質現象）的實在性，會走到唯物論，而僅着眼於主體，肯定「心相」（意識現象）的實在性，又會導致膚淺的唯我論。因此，必須從主體與客體統一的角度思考心物關係的問題。從這個角度看，心與物是不可分的整體關係，這種關係建立在「本心」的基礎之上。換言之，本心是使心物統一的本體，「心相」與「物相」都是這一本體的表現形式。這就是他的「體用不二」論的基本思想。在這裏，熊十力用「體用不二」論糾正了馮友蘭的「眞際與實際對立」的觀點。熊十力的「翕闢」說也貫徹了心與物不可分的原則。他說：「物和心是一個整體的不同的兩方面，現在可以明白了。因爲翕和闢不是可以剖析的兩片物事，所以說爲整體。」⑪由闢而見「心」，由翕而見「物」。但在心物的整體關係中，闢或心永遠處於主導地位。他的心物整體觀是建立在唯心主義基礎之上的。

賀麟在新心學中提出：「不批判地研究思想與存在的關係的問題，而直談本體，所得必爲武斷的玄學。」⑫這是對哲學基本問題的準確表達。他依據哲學基本問題把各種哲學劃分爲唯心論與唯物論兩大派別，並選擇了唯心論的哲學立場。他關於心物關係的看法是：「嚴格講來，心與物是不可分的整體。爲了方便計，分開來說，則靈明能思者爲心，延擴有形者爲物。據此界說，則心物永遠爲實體之兩面。心是主宰部分，物是工具部分，心爲物之體，物爲心之用。心爲物的本質，物爲心的表現。故所謂物者非他，即此心之用具，精神之表現也。」⑬他強調，這裏所說的心是「邏輯意義的心」。「邏輯意義的心，乃一理想的超經驗的精神原則，但爲經驗行爲知識及評價之主體。」這就是說，心不僅有主體的規定性，同時也有客體的規定性。可見，他的本體論思想也是從主體與客體相統一的角度入手，通過對心物關係的總體考察而形成的哲學結論。他從本體論出發，提出自然的知行合一論，力圖彌補新理學本體論與認識論不協調的缺陷。

由上述可見，新儒家學者都把思維與存在的關係問題當作進行哲學思考的基本問題，對於哲學的對象、性質有相當明確的認識。這樣，他們就把哲學同其他學科區別開來了，不再像古代哲學家那樣，把哲學同倫理學、政治學以及自然科學混在一起。囿于唯心主義的哲學立場，新儒家學者都未能正確地回答哲學基本問題，但他們對於這一問題的研究、探索，並發現主體與客體的統一是解決這一問題的突破口，提供了一些有價值的理論思維成果。這對於促進抽象思維能力的提高，無疑具有積極意義。新儒家學者對於哲學基本問題的自覺，標誌着中國哲學已脫離樸素哲學的範圍，達到了現代哲學的理論思維高度。

三、對於人學的新認識

傳統的儒家哲學將人看成各種倫理關係的總和，強調三綱五常對人的約束作用，這是一種封建主義的人學觀念，鑒於這種觀念在五四新文化運動中已受到嚴厲的批判，「新儒家」學者站在各自的哲學立場上，重新思考關於人的種種問題，尋求與現代社會生活相適應的人學觀念。這是他們爲謀求中國哲學現代化作出的第三點貢獻。

梁漱溟用生機主義和直覺主義的眼光看待人的問題，試圖突破宋明理學的「天理」觀念，確立新的人生指導準則。他批評程朱理學「取途窮理之外」「不甚得孔家之旨」。照他看來，「在孔子只有所謂人生，無所謂性理，性理乃宋人之言，孔子所不甚談者」。「自宋以來，種種偏激之思想、固執之教條，輾轉相傳而益厲，所加于社會人生的無理壓迫，益已多矣」⑭。他擡出孔子的權威否定宋明理學的正統地位，用「人生」觀念同宋儒的「天理」觀念抗衡，要求改變僵死的、禁錮人生的封建倫理規範。但他沒有完全放棄天理觀念，而是對之作出新的解釋。他指出，天理不是人生之外的某種神秘的必然性，而是蘊涵在人生中的自然而然形成的準則。「這自然流行的日用不知的法則就是『天理』，完全聽憑直覺活動自如，他自不失規矩，就謂之『合天理』。」⑮按照他的解釋，「合天理」不是被動的接受倫理規範的束縛、限制，而是發端於自由意志的主動選擇，是自由和必然的和諧統一。因此，合理的人生不是建立在外在規範的硬性束縛的基礎之上，而是建立在每個人對內在的「生命」本性的直覺的基礎之上。「這種直覺乃人所本有，並且原非常敏銳，除非有了雜染習慣的時節。你怎樣能復他本然敏銳，他就可以活動自如，不失規矩。」⑯簡言之，「一任直覺」就自然會收到「不失規矩」的效果，這原本是「存天理」的最好方法，比死板的道德說教更管用。梁漱溟的這種直覺主義人生觀儘管帶有神秘主義的色彩，但強調人的主體性原則，主張把人從僵化的封建倫理規範中解放出來，仍表現出資產階級倫理思想的特徵。

馮友蘭依據新理學的宇宙觀，提出頗具新意的人生境界說。他在《新原人》中寫道：「人對於宇宙人生底覺解程度，可有不同，因此，宇宙人生對於人底意義，亦有不同。人對於宇宙人生在某種程度上所有底覺解，因此宇宙人生對於人所有底某種不同底意義，即構成人所有底某種境界。」⑰他把理世界看成人生價値的源頭，而對理世界的覺解程度則成爲判定人生境界高低的尺子。他把人生中所有的境界由低而高分爲四種：自然境界最低，對理世界毫無覺解；功利境界略高於自然境界，僅覺解「生物之理」；道德境界較高，已覺解「人之理」；天地境界最高，在這種境界中的人「知人不但是社會的全的一部分，而並且是宇宙的全的一部分，不但對於社會，人應有貢獻，即對於宇宙，人亦應有貢獻」⑱。這種人同理世界融而爲一，「即世間而出世間」，「極高明而道中庸」，是馮友蘭心目中的理想人格。毫無疑問，馮化的人生境界理論是以唯心主義哲學信仰爲根據的，但他旨在倡導博愛、貢獻和進取的精神，修正了程朱理學家那種「窮理滅欲」「理者禮也」的觀念。新理學的「理世界」是抽象的，沒有強制性的約束力。新理學推崇的聖人，不怎麽講究忠孝，却十分看重「盡天倫、盡天職」，同傳統儒學中的聖人形象不同。這樣的聖人其實是按照資產階級要求塑造出來的理想人格。

曾參加過辛亥革命的熊十力儘管很欣賞儒家「內聖外王」的求己之學，却不同意以封建禮教爲基準的價値評判尺度。他說：「古代封建社會之言禮也，以別尊卑、定上下爲其中心思想。卑而下者，以安分爲志，絕對服從其尊而上者。雖其思想、行動等方面受天理之抑制，亦以爲分所當然，安之若素，而無所謂自由與獨立。及人類進化，脫出封建之餘習，則其制禮也，一本諸獨立、自由、平等諸原則。人人各盡其知能、才力，各得分願。雖爲父者，不得以非禮束縛其子，而論其他乎？」⑲他對儒家倫理思想的基本範疇——禮——加以改造，清除其中束縛個性、維護等級制的封建主義糟粕，注入「獨立、自由、平等」等新內容，借用傳統的觀念表達了資產階級的價値取向。例如，他對「獨立」作了這樣的解釋：獨立「乃無所倚賴之謂也。此獨立，即是盡己之謂忠，以實之謂信。唯盡己、唯以實，故無所依賴，而昂然獨立耳」。他的獨立觀念在形式上仍然保留着「忠」「信」等儒家倫理思想的色彩，但實質上所强調的則是「無所倚賴」的個性尊嚴。他的價值觀念摒棄了人身依附的封建主義思想，體現出順乎潮流的時代精神。熊十力一生以人格獨立自律，鄙視那些攀龍附鳳的「奴儒」，表示「不能與權勢接觸」，「絕不苟且周旋於勢利之途，爲枉尺直尋之計」。這在半封建半殖民地社會中是很可貴的性格。

賀麟根據現代社會生活的要求，重新塑造了「儒者」的形象。他指出，「凡有學問技能而又具有道德修養的人，即是儒者」，不一定專指「耕讀傳家」出身的人。他認爲，儒者不僅能在古代社會起到影響社會風氣的作用，即使在現代社會同樣也擔負着重要的職責。他主張：「在工業化的社會中，須有多數的儒商、儒工以作柱石。」⑳他批判了儒家「商人道德低下」的傳統觀念，表彰「商人於打破舊風俗習慣，改革舊禮教，促進新道德的產生，常有其特殊的貢獻」㉑。在天理與人欲的關係問題上，他認爲宋明理學「存天理滅人欲」的說教業已過時、陳腐。「近代倫理思想上有了一大的轉變，早已超出了中古僧侶式的滅人欲存天理，絕私濟公的道德信條，而趨向於一方面求人欲與天理的調和，求公與私的共濟。而一方面且更進一步去設法假人欲以行天理，假自私以濟大公。」㉒他主張實行「理欲調和」的「新功利主義」。不過，他並沒有完全放棄儒家「倫理本位」的思想傳統，强調「新功利主義」仍以「道德是體，功利是用」爲最高準則。顯然，他企圖在道德至上的前提下，把資產階級的功利觀念融會到儒家倫理思想體系中去。新心學的「儒者」觀念反映出中國半封建半殖民地社會中資本主義生產關係有所發展而又非常不足，封建主義生產關係仍佔主導地位的情況下，資產階級特有的心態。

五四以來新儒家學者的理論貢獻並不限於上述三點。僅從上述三點就足以說明：新儒家學者儘管缺乏同封建主義一刀兩斷的勇氣和決心，但絕不是冥頑不靈的封建主義衞之道士。他們「述」而且「作」，一方面繼承、維護傳統，另一方面又按照自己的意願改造、超越傳統。他們的哲學思想具有守舊與創新的兩重性。他們在儒家的傳統中增添了許多為前儒所不知的東西，為促進中國人思維方式的變革與價值觀念的轉變作了一些值得稱道的工作，理應在中國現代哲學發展史上佔有一定的地位。

註釋：

①轉引自韋政通著《中國的智慧》，吉林文史出版社一九八八年版，第四八頁。

②⑧⑭⑮⑯梁漱溟：《東西文化及其哲學》，商務印書館一九二二年版，第一二一、四九、一五〇、一二七、一二六頁。

③《漱溟卅前文錄》，商務印書館一九二三年版，第二三九頁。

④馮友蘭：《新理學》，商務印書館一九三九年版，第四五—四六頁。

⑤霍爾特等：《新實在論》，商務印書館一九八〇年版，第二八頁。

⑥賀麟：《中國哲學與西洋哲學》。

⑦賀麟：《現代西方哲學講演集》，上海人民出版社一九八四年版，第一七一頁。

⑨馮友蘭：《新理學》，第一〇頁。

⑩熊十力：《新唯識論》，中華書局一九八五年版，第三二三頁。

⑪熊十力：《新唯識論》，中華書局一九八五年版，第三二〇頁。

⑫⑬賀麟：《近代唯心論簡釋》，重慶獨立出版社一九四三年版，第五二頁。

⑰ 馮友蘭：《新原人》，商務印書館一九四三年版，第五七頁。
⑱ 馮友蘭：《新原人》，商務印書館一九四三年版，第六四頁。
⑲ 《十力語要》卷三，第二七頁。
⑳㉑㉒ 賀麟：《文化與人生》，商務印書館一九八八年版，第一一、三四、三六頁。

中國的傳統、西化與現代化

中國社會科學院哲研所　王樹人

一、引言

現代化這個概念的意義，是一個尚待追問的問題，而且很明顯，由於追問角度不同，對於其意義的理解也不同。從社會發展史來看，即使在原始時期，人類社會也不是單一化的，而是多種多樣的。這種多樣性，隨着人類社會由低到高的發展，也越來越豐富。因此，就社會的現代化而言，不同的民族和國家，必然是以不同的個性來體現現代化共性的。因此，現代化的現實世界是多種多樣的，現代化的未來世界更是多種多樣的，就是說，現代化的世界，是一個發展着的多樣性統一的世界。

從中國近代史看，中國上幾代人追求的現代化，基本上都是把近代西方社會當作中國實現現代化的目標。在一九四九年以後，雖然中國曾一度把這個目標掉換成蘇聯，但這只是中國追求現代化的一個短暫的轉向。

當代中國人追求現代化，提出要實現具有中國特色的現代化。但是，如果說現代化的意義是一個尚待追問的問題，那麼，中國特色的意義，則更是一個尚待追問的問題。也許，這裏最值得追問的問題就是：㈠衆所周知，中國特色就是中國的傳統（包括「五四」以來的傳統）。因而，所謂具有中國特色，是否意味着必須保持中國固有的傳統？㈡中國實現現代化，以西方近代社會爲目標，是否就意味着西化？

二、關於傳統

就傳統而言，無論它的存在形態或結構，還是它的存在意義或價值，都是多種多樣的。因此，科學研究要求，對於傳統的結構和價值的多樣性，必須窮根底蘊。但是，這種科學研究的多元取向是一回事，而社會現實的取向，例如選取傳統哪一種價值，則是另一回事。前者是科學本身發展的需要，後者則完全取決於社會發展的特定需要。一個健全發展的社會，對於傳統應當採取的正確態度是：不要用社會現實的某種取向壓抑科學研究的多元取向。

具體地說，任何民族的傳統，一方面是該民族文化，包括哲學、藝術、宗教、科學等等，賴以繁衍、發展和不斷開花結果所不可缺少的土壤。就是說，在傳統中存在着啓迪民族智慧的永恒酵母。另一方面，傳統又是一種保守的惰性力量。例如，傳統中的舊思維模式、舊道德規範、舊習慣等等，對於人們又具有遮蔽視野和束縛創造力等消極作用。此外，從傳統的整體結構上看，傳統不僅是歷史性的東西，而且是現實性的東西。在這種意義上，傳統是一種與民族共存亡的東西。傳統既存在於世代相傳的，顯示民族特徵的外物中，又存在於顯示民族性格特徵的人們的心態之中。因而，在民族繁衍的歷史中，傳統也以不同的形態，在人們的心靈及其對象化的外物中，被一代一代地繼承下來了。由此可見，傳統並不因其歷史性而變成一去不復返的歷史，相反，它經過某些新陳代謝，總是頑強地潛入現實之中。事實表明，對於傳統這塊土壤來說，人們可以在耕耘中加以改良，但絕不可能隨心所欲地拋棄掉。

但是，在歷史轉折的大變革時期，人們對於傳統的態度，往往容易陷入兩種極端。其一，完全維護傳統，認爲傳統是金科玉律，不允許有任何改動。其二，完全否定傳統，認爲傳統是萬惡之源，必須徹底拋棄。在中國近代史上，「國粹派」代表前一種極端；「全盤西化派」則代表後一種極端。不難看出，雖然這兩派各執一種極端，但又有一個明顯的共同點，即對於傳統的態度都是非批判的。前者表現爲，拒絕對於傳統作任何批判；後者則以簡單否定，同樣拒絕對於傳統作眞正的批判工作。此外，對於馬克思主義持教條主義態度的人對於傳統實際上也是非批判的。這種人以「同傳統徹底決裂」爲口號，實際上對於傳統也採取完全否定的態度。以致在一段時間裏，連中國當代著名哲學家馮友蘭所主張的「抽象繼承法」，即對於傳統文化的某些形式予以借用，或曰「舊瓶裝新酒」，都被視爲大逆不道。

然而，中國歷史演變的實際過程，對於上述各派，幾乎都出乎其所料，甚至與他們當初的主觀願望完全相反。「國粹派」想完全維護傳統，但在維護傳統時，却不能不直接或間接地借鑒某些西方思想，給傳統以不同於先前的解釋。「全盤西化派」流於烏托邦，因此在行不通之後，也不能不回到傳統的基地上，從完全拋棄傳統，回到對於傳統的重新反思。特別値得注意的是，當馬克思主義被僵化、歪曲爲「現代迷信」時，它所導致的，却是「文化大革命」。所謂「文化大革命」，不但未能與傳統徹底決裂，反而是以「革命的名義」重演了傳統中最落後、最野蠻、最反動的內容。

由此可知，傳統可以有所變革，但絕不可能完全拋棄，而且傳統作爲歷史性的東西，它還是任何現代人和現代社會立足的重要基礎。傳統對於個人來說，是不可逃避的，正如海德格爾所說：「無論是否明顯，此在（指個體人——引者注）總是它的過去，而這種情形不僅是說，它的過去彷彿『在後面』推着它，它還伴有過去的東西作爲有時在它身上還起作用的現成屬性。」① 從個人推廣到社會來看，實際情況也是如此。無論從積極意義還是從消極意義看，傳統都是任何社會所不能逃避的。在社會更替的歷史過程中，民族的傳統，一方面不斷有所變革，另一方面又不斷地以變化的形式把傳統的「本文」保存和延續下來。這種傳統的「本文」，就是規定民族特徵從而使其所以成爲該民族的文化「基因」。如果失去其傳統的「本文」，就失去該民族的文化「基因」，從而也就是一個民族在民族意義上的消亡。

那麼，中國傳統的「本文」何在？這是一個複雜而困難的大問題，也是一個尚待深入探索的問題。這裡，只能極其簡略地作一些說明。從文明發源來看，中國近代以來談得最多的，是中原文化即黃河流域的文化。但是，近年來的研究表明，中國文明的發源，並不是中原文化一元一系，而是多元多系的。除了中原文化，還有廣大江淮流域的楚文化與吳越文化。從文化的成熟形態看，儒家思想體系，是中原文化的發展與昇華；道家思想（含通法家、陰陽家、兵家等思想），則是楚文化、吳越文化的發展與昇華。

從春秋直至近代，在二千多年漫長的歷史中，正是儒家思想與道家思想，構成了中國文化主體的兩個基本方面，或者說成爲規定中國人的民族性格的「本文」或文化「基因」。其中，儒家思想的基本特徵是，重視「此岸」人生的現實事業，所謂「修身、齊家、治國、平天下」。而這種現實的人生，又是以"法先王"的祖先崇拜和血緣親族關係崇拜爲基礎的。因此，這種現實的人生，不論有多麼宏偉的抱負，實際上只能在循規蹈矩中作點滴的改良，即使在最激進的改革家那裡，如宋代的王安石，近代的康有爲等人，也只能在傳統的框框裏，以「代聖人立言」的形式，發表某些改革的新思想。可見，儒家思想，一方面規定了中國人重視此岸人生的性格，同時又規定了在創造這種人生事業時，必須「法先王」，必須與傳統的經典認同。這樣，儒家思想就爲中國人規定了一種自相矛盾的民族性格。事實上，無論對於個人，還是對於社會，創造人生的事業，都意味着某種革新，意味着對於傳統的某種叛逆。因而，當儒家要求人們創業的同時，又要求人們不能有任何違背傳統祖訓的行爲，這是不可能的。長期以來，正是這種自相矛盾的民族性格，形成了中國人的人生發展與社會發展的一個難以克服的基本悖論。事實上，從現實不斷被超越並轉化爲歷史的角度看，任何眞正重視人生事業的思想，其基本前提，都必須更加重視超越意識。唯有堅持超越意識，才能時時處處主動地把握住社會與人生的現實。從整體上看，儒家思想的嚴重缺陷恰恰表現爲，它在傳統崇拜的歷史主義包袱重壓之下，幾乎喪失了超越意識。

如果說儒家思想缺乏超越意識，那麽，道家思想則是以突出的超越意識爲基本特徵的，即要求超越現實的社會與人生的超越意識。但是，道家這種超越意識，只具有批判現實的積極意義，而不具有實際超越現實的積極意義。

首先，道家以「道法自然」、「無爲」和對自由的追求，深刻地揭示了人在文明發展中自身所遭受的異化。如老子所言：「大道廢，有仁義；智慧出，有大僞；六親不和，有孝慈；國家昏亂，有貞臣。」②。就是說，儒家所倡導的「禮儀」等社會政治制度和「忠孝」等倫理規範，在道家看來，都違背了作爲社會和人生的「本眞性」及其「自然之道」。因此，爲了克服這種異化，道家崇尚超越意識並提出了相應的理論。所謂「道法自然」，就是道家超越思想的總綱。自然，在這裡指的是「自然之道」，包括社會與人生的「本眞性」及其發展的必然性。就是說，「道法自然」乃是主張恢復社會與人生的「本眞性」以及按其發展的必然性行事。因此，道家所說的「無爲」，不過是指超越儒家所倡導的社會政治「禮儀」與倫理規範，按「自然之道」行事，絕不是說什麽事情都不做。至於說到自由，更是被道家規定爲人生最高的「本眞性」。因而追求自由，如莊周所倡導的「逍遙遊」，乃是從最高的層面上恢復人生在異化中所喪失的「本眞性」。不難理解，正是道家的這種超越意識，又在中國人的民族性格上陶鑄了一種永不滿足於現狀的叛逆精神，從而使中國人的活潑創造的心靈，沒有在祖先崇拜和血緣親族關係崇拜的桎梏中完全泯滅。

但是，除了上述理論批判的意義外，還必須指出，道家的超越意識並不是一種拋棄舊現實創造新現實的超越意識，而是一種追求腐敗現實之前的現實。這仍然是一種懷古之情，一種對所謂「黃金時代」眷戀的烏托邦。道家這種社會理想，在中國東晉大詩人陶淵明的名著《桃花源記》中，有其典型的藝術描寫。就個體人生而言，道家所追求的自由境界，雖然具有「出汚泥而不染」的高標傲世精神，但同時又具有濃厚的避世和單純追求心靈平靜的特點。因而，在這一方面，道家思想又給中國人的叛逆精神塗上一層消極避世的色彩，甚至是玩世不恭或藝術把玩的色彩。

不論當代中國人的意願如何，儒家思想與道家思想，不僅陶鑄了歷史上中國人的民族性格，而且當今仍然作爲深層次的意識影響着中國人的民族性格。近代以來，中國人在現代化問題上提出的許多主張，都反映了中國人這種民族性格的不同方面。例如，在「洋務運動」中提出的「中學爲體，西學爲用」的主張，就反映了中國人的民族性格受儒家思想陶鑄的一面。就現代化與傳統的關係而言，這個主張的實質就在於，現代化只能作爲維護傳統的手段，而不是相反。另外，「全盤西化」的主張，就超越現實的腐敗而言，也不難看出，其中反映了道家在中國人的民族性格中所陶鑄的超越意識和叛逆精神。

總之，現代化既是針對要超越現實也是要超越傳統而提出來的。完全保持傳統不變，當然談不上實現現代化。但是，超越傳統也不意味着簡單地拋棄傳統。因此，對於現代化來說，迄今需要研究的重要問題之一，仍然是現代化與傳統關係如何的問題。

三、關於西化

如前所述，從近代以來，幾代中國人，差不多都是以近代西方社會爲中國實現現代化的目標。因此，西化一直構成中國現代化的重要內容。但是，如何理解西化在中國現代化中的意義，是首先需要追問的問題。其中，西化與中國傳統的關係，則是需要特別加以追問的問題。

在淸代末年興起的「洋務運動」中，西化的意義被概括爲「中學爲體，西學爲用」，即以完全保持中國傳統的前提下，引進西方先進的科學技術。首先，試圖使軍事裝備西化，以防外敵入侵。在「康梁變法」和孫中山領導的「辛亥革命」中，則試圖使政治制度西化，前者志在實現「君主立憲」，後者則志在建立「共和」。在後來的「五四」運動中，則進一步試圖在意識形態和文化領域推進西化，例如推動個性解放，倡導科學、民主、自由、平等、博愛等等。一九四九年以後，臺灣在國民黨領導下，先在經濟上，後在政治思想上，繼續西化。大陸在共產黨領導下，正在總結以往的經驗教訓，探索和建設具有中國特色的現代化。

從上述中國近代把西化作爲實現現代化的歷史過程來看，無論哪一時期，西化受到最嚴重的挑戰，歸根結底，都是構成中國人的民族性格的傳統意識，主要是構成「本文」或「文化『基因』」的儒家思想與道家思想。

那麽，總觀中國近代史，西化與中國傳統的關係如何？可以說，「中學爲體，西學爲用」，或者說實行西化爲手段，維護傳統爲目的，儘管表現形式不同，卻在某些時期往往構成人們處理西化與中國傳統關係的基本模式③。爲什麽會如此？這其中的原因，不僅在於人們對於中國傳統都缺乏眞正的批判精神，而且還在於對於近代西方文明也缺乏眞正的批判精神。

就對於傳統的批判而言，從「五四」運動以來，一直到「文化大革命」，雖然對於中國傳統作過多次批判，但都停留於外在的批判層次，即只是揭露傳統的弊病及危害，停留於對這些弊病及危害的憤慨上，甚至由於憤慨而走向完全否定傳統。這種批判沒有注意到傳統自身的矛盾；沒有注意到傳統作爲民族文化的巨大積澱，其中還有精華或創造新文化的起點和萌芽。因此，這類批判的缺陷，除了有外在政治左右的因素外，就理論本身的發展層面看，還在於這類批判沒有同新文化的創造聯繫起來，破壞的多，建設的少，特別是始終沒有創造出與傳統又相聯繫又相區別的新文化。事實上，只有在中國創造出有民族傳統根基的新文化，才能從根本上克服傳統的弊病。否則，傳統的弊病不僅不能克服，而且批判一次，重犯一次，造成惡性循環。由此可見，所謂眞正的批判精神，其目的不在於批判本身，而是在於通過批判能創造出具有民族傳統根基的新思想、新理論和新文化。

所謂對於近代西方文明缺乏批判，則表現爲，其一，崇尚「拿來主義」態度。就是說，堅持要把西方近代的政治、經濟制度和思想文化，直接拿來取代中國已有的政治、經濟制度和思想文化。不可否認，近代西方文明中的許多方面，對於中國來說都是新的。但是，對於一個民族，特別是對於中華民族，任何新思想、新理論和新文化，如果不能植根於民族傳統的基礎上，不能與民族傳統的思想、理論和文化融合，那麽，這種新思想、新理論和新文化，就只能無根地游離在該民族之外，而不可能發揮其作用。例如，從歷史上看，印度的佛教思想，自東漢就傳入中國。但是，佛教只是到魏晉南北朝時，由於與中國傳統文化融合，即與儒家思想、道家思想融合，創立了獨具中國的佛教——禪宗，才在中國有了根基，發揮了作用。其二，缺乏批判的態度，還表現爲「偷樑換柱」。就是說，借使西方思想（包括馬克思主義）中國化之名，閹割掉其內容，代之以中國傳統思想的內容。在這裡，不是

「舊瓶裝新酒」，而是「金玉其外，敗絮其中」。這是換一種方式排拒西方的新思想、新理論和新文化。

由於長期堅持對於中國傳統和近代西方文明的非批判的態度，所以中國傳統思想與近代西方文明，沒有多少眞正的融合，甚至處於「井水不犯河水」的狀態。可以證明這種情況的是，在中國近代，一直到今天，還沒有創造出像中國古代儒家、道家等至今發生影響的學派。特別是，當今世界提到中國的思想、理論和文化，注意的中心，仍然是中國傳統的方面。這也從一個方面說明，中國當代的理論、思想和文化尚沒有完全擺脫傳統的陰影，或者說，還沒有眞正創造出它的現代形態。

在總結思想理論及其歷史影響的經驗時，如果說中國歷史發展緩慢，封建社會長達二千年之久，這是與儒家思想自漢武帝被"定於一尊"有關係；那麽，這還只是說出了儒家思想歷史作用的一個方面。此外，儒家思想對於維繫中華民族的統一和長久延續，是有歷史功績的。即使就理論自身發展而言，儒學從來不是一個封閉的體系，因而在這方面儒學也提供了有益的經驗。例如，儒家思想的「致中和」與「和爲貴」的特點，使它具有很強的吸收其他思想的融合力。從漢代的董仲舒，到宋代的程顥、程頤、朱熹，明代的王陽明……等等，儒學在自身發展中，不斷地融合了道家、陰陽家、法家、佛家等思想。這或許可以說，儒學雖然被「定於一尊」，但在中國歷史上却能保持長久不衰的理論原因吧。與此不同的是，對於馬克思主義持教條主義態度的人，則在「與傳統徹底決裂」和「鬬爭哲學」的口號下，不僅在意識形態上排拒了其它思想、理論，而且也在理論自身發展中排拒了吸收其它思想、理論的可能性。這樣，最終就必然導致馬克思主義的僵化，甚至把馬克思主義變成神學教條一樣的東西。這種思想理論的僵化，也必然影響到現實。例如，導致現代中國在一段時間裏與世界現代化隔離等等。

勿庸諱言，中國當今社會所具有的一些現代化成份，無論在物質方面，還是在精神方面，究其根源，確乎都是近代以來西化的產物。事實上，西化確實是當今世界現代化發展的共性和總趨勢。但是，作爲一個民族，特別是像中華民族這樣的民族，必須以發展自己的民族個性來體現這種共性，必須在傳統的基礎上，以融合近代西方文明而創造出的新文明，來加入和推進這個總趨勢。就是說，脫離西化共性和總趨勢的民族現代化是空想。同樣，完全取消民族個性的西化，如「全盤西化」，也是空想。不過，對於西化本身即西方近代文明本身，還必須追問：難道西化在各個層面所體現的現代化都是理想的嗎？也不盡然。

四、關於現代化

追求現代化，是人類的一種本性，即表現了各民族對於先進的新社會的永恒追求。這種追求，包括物質的不同層面和精神的不同層面。但是，歸根到底，這是對於人類自身進化與發展的永恒追求。

正是在人類自身進化發展這個根本問題上，中國現代化以之爲目標的近代西方文明，早在上個世紀末，就由尼采在關於「上帝死了」的吶喊中，顯露出危機的苗頭。對於任何民族來說，嚴重的精神危機都源於最高信仰的破滅。本世紀以來，存在主義學派，從海德格爾到薩特；法蘭克福學派，從阿爾多諾到哈貝馬斯，在尼采之後，又選取人的存在意義和人的社會異化等不同角度，進一步揭露了現代西方文明的危機。隨着西方社會工業化的高度發展，作爲西方人的個人，不僅在精神內涵上沒有得到豐富發展，而且像一個個游離的原子，由於過份強調獨立性而導致人際關係的嚴重封閉與隔離，以致如海德格爾所描述那樣，孤獨、煩惱、恐懼等等心態，不能不始終伴隨着人們。或者，如法蘭克福學派所揭示的那樣，在人們生產方式和生活方式日益現代化的同時，即在生產中機器代替人和控制人的強化，以及在生活中人們的消費越來越受超級市場的安排和控制，其結果是，在輕便和舒適中人的主動性和選擇自由卻日益被剝奪。

可見，在西方社會工業高度發展的今天，或者如有人所說的「後工業社會」，人們並不感到自己的精神充實，甚至感到空虛。人們越來越討厭集中體現現代化的都市，而願意躲進多一點自然野趣的山村。這些都說明，西方現今所實現的現代化，從人的自身進化與發展的角度看，也絕不是理想完滿的現代化。

中國今日追求的現代化，首先還是西方十九世紀末到二十世紀中葉實現的工業化。中國今日的發展，距離西方今天所謂的「後工業社會」還相當之遠。特別是，中國今日實際推行的現代化，還偏重於解決物質的層面，例如現在中國大陸提出的四個現代化，還主要限於工業、農業、國防和科技。

衆所周知，伴隨西方工業化發展的，是資本主義意識形態，其主流一直是文藝復興以來的人道主義思潮。這個具有生命力的思潮，一方面崇尚個性解放，倡導民主、自由、平等、博愛；另一方面則崇尚科學的思維理性。顯然，這個在反對封建主義意識形態中誕生的人道主義，受到中國傳統的封建主義意識形態的抵制和反對，是毫不奇怪的。此外，由於馬克思主義在誕生中曾尖銳地批判過人道主義思潮，所以，後來在中國大陸，曾長期以堅持馬克思主義爲由，也抵制和反對人道主義思潮。

現在的問題是，中國的現代化既然包括追求西方工業化的現代化，那麼，伴隨西方工業化的人道主義，其中是否也有中國值得吸取和借鑒的方面？實際上，這正是目前中國改革面臨的關鍵問題之一。不消說，中國自開放以來已傳入許多現代思潮，諸如存在主義、法蘭克福學派，以及弗洛伊德主義、分析哲學等等，並在學術界產生了影響。但是，眞正在中國當今思想領域中構成挑戰的西方思想，並不是上述現代的西方思潮，而是在此之前的西方思潮，即仍然是西方文藝復興以來的人道主義思潮。正是這個具有強大生命力的人道主義思潮，在「五四」時期，就喚起了中國人的覺醒，震動着中國傳統的民族靈魂。

此外，就實現中國特色的現代化而言，其中涉及的根本問題是如何保存和發展中國傳統。然而，如何把保存和發展中國傳統同實現中國的現代化統一起來？在傳統的保存和發展中，傳統僅僅是「舊瓶裝新酒」的「舊瓶」嗎？在這個問題上最有趣的是，正當中國以「破四舊」的「文化大革命」徹底否定傳統時，即連「舊瓶」可以「裝新酒」也予以否定時，西方却以發展的勢頭，在深入研究、借鑒、吸收、融合包括中國傳統文化在內的東方文化。例如中國道家的思想受到許多西方自然科學家的重視並從中得到啓發，而儒家思想則受到許多西方社會科學家的重視。特別是東亞地區的日本、南朝鮮、新加坡等國和地區，更是比任何時期都舉起了高揚中國傳統文化的旗幟，並認爲二十一世紀將是儒家復興並影響世界的世紀。如此等等。儘管西方、東亞日本等國，在研究、借鑒、吸收、融合中國傳統文化方面，其背景、出發點均與中國大陸不同，但是，這却不能不促使大陸的中國人對中國傳統文化進行重新思考。

上述中國大陸現代化中面臨的兩個問題，無論是借鑒和吸收西方人道主義思潮，還是保存和發展中國傳統，似乎都必須在解決中西文化融合這個根本問題中，求得各自的解決。從全球各方面的發展看，都既在實行「多樣性的統一」，又「在統一中發展多樣性」。經濟、政治、軍事如此，思想和文化也是如此。這裏所說的「統一」就是「融合」。而所謂「融合」，既不是你吃掉我，也不是我吃掉你，而是在統一中促進各自的發展和創新。因而，各自發展和創新所顯示的多樣性，乃是統一或融合的動力與生命。可見，中西思想文化的融合，乃至任何不同民族思想文化的融合，都不是消除各自的傳統特色，相反，而是豐富和發展各自的傳統特色，從而使在動態發展中的統一或融合更加豐富多彩，更加富於生命的活力。

事實上，從近代以來，東西方思想和文化的融合一直在進行。在西方，從萊布尼茲到伏爾泰；從德國的浪漫派到叔本華；從愛因斯坦到波爾，一直到當代西方許多自然科學家，都曾從東方思想和文化中吸收過營養或接受過啓迪。特別是，從西方十九世紀末以來的思維轉向來看，一些重要的哲學派別，諸如尼采的意志主義；胡塞爾的現象學；海德格爾、雅斯帕斯、薩特的存在主義；加達默爾的解釋學……等等，在保持西方傳統的同時，也吸收了東方的思想，從而具有濃厚的非理性主義情調。不能不說，正是這種融合，給西方思想和文化的現代化創新注入了活力。

同西方相比，中國近代以來，雖然陸續傳入許多西方近代與現代思潮，但是，就使之與中國傳統思想融合而言，至今沒有取得可觀的成績。最明顯的標誌就是，中國至今沒有創造出既保持傳統又能與現代世界諸思潮溝通的現代學派。這除了存在有清代「文字獄」到「四人幫」文化專制的外在壓迫原因外，理論層面的原因則在於，以中國傳統思想爲主與西方思想文化的融合，尚停留在淺層次上。在深層次上，例如就思想文化的「本文」或「基因」而言，則根本沒有融合，還處於「井水不犯河水」的狀態。因此，中國還沒有在傳統根基上，通過融合西方的思想文化，創造出具有世界先進水平的民族新思想和新文化。

值得反思的是，中國近代以來，對于中西思想文化的融合論，一直採取排拒的態度。如前所述，在中西思想文化的關係上，不是採取「代替論」，就是採取使之「傳統化論」。就是說，或者是，對西方思想文化採取「拿來主義」，實行「全盤西化」，甚至主張廢除作爲中華民族文化主要載體的漢字。或者是，使傳入的西方思想文化，失去本來的意義，注入中國傳統的意義。不難理解，這種「代替論」與「傳統化論」，不僅與當今世界東西方思想文化融合的大趨勢相背離，甚至也背離了值得借鑒的儒家某種傳統，即儒家融合別家思想以發展自身的傳統，從理論層面看，「代替論」與「傳統化論」，其實質都是堅持思想文化的「單一化」，反對「百花齊放」和「百家爭鳴」，反對「多樣性的統一」。具體地說，這種「單一化」，就是把西方的思想文化與中國的傳統，看成「非此即彼」，水火不相容。事實表明，這種「單一化」，使中國大陸的思想文化一度,例如「文化大革命」時期，幾乎變成了一種可怕的單顏色。這種單顏色的思想文化之特徵，不僅表現在它與傳統的大斷裂，而且表現在它與多彩的現代世界思想文化的隔絕。其結果是，在「文化大革命」時期，「現代迷信」猖獗，民族思維創造力僵化，以蒙昧與野蠻爲榮，從而使民族的思想文化一度陷入空前的萎縮。有鑒於此，爲使中國的思想文化早日實現現代化，則必須吸取「單一化」封閉模式的經驗教訓，採取開放和揚棄的模式；必須打破中西思想文化的隔離狀態，而借助積極融合走向新的創造和發展。

註　釋：

① 海德格爾：《存在與時間》，中譯本，第二六頁。

② 《老子》第十八章。

③ 就傳統的歷史性而言，這裏所說的傳統不僅指中國兩千多年的封建社會傳統，而且也指近代的傳統（一般指一八四〇——一九四九），以及一九四九年以來的傳統。從始終擺脫不了把維護傳統作爲目的這一點，可以看出，傳統是一種巨大的保守力量。

論傳統文化

北京大學　樓宇烈

「五四」新文化運動迄今七十年來，在文化問題上，從理論到實踐，傳統文化這個問題一直困擾着人們的頭腦。無論是持否定意見者還是持肯定意見者，無不在傳統文化問題上大做文章，以論證其否定或肯定的理由。同時，「五四」以後儘管對吸收西方文化問題還存在著種種分歧的意見，但已很難找到根本否定或完全拒絕吸收西方文化的觀點了，相反，徹底否定我國傳統文化的論調倒是不絕於文。因此，從這一角度來看，「五四」以來關於東西（或中西）文化之爭，傳統文化與現代化之爭，其關鍵似乎更在於如何對待傳統文化。傳統文化問題已成了新文化建設過程中的一個癥結。這樣，從如何對待傳統文化的角度探討一下「五四」以來新文化運動的歷史，也就很有必要了。

一、

四十九年前，毛澤東在其名著《新民主主義論》中，對「五四」新文化運動做過如下的論述：「五四運動所進行的文化革命則是徹底地反對封建文化的運動，自有中國歷史以來，還沒有過這樣偉大而徹底的文化革命。當時以反對舊道德提倡新道德，反對舊文學提倡新文學，爲文化革命的兩大旗幟，立下了偉大的功勞。」如今也有的學者說：「五四」精神就是徹底的「反傳統」。然而，在七十年後的當今中國社會現實中，人們在許多方面却仍然感受到封建主義和傳統文化的深刻影響。面對這一社會現實，有人就認爲「五四」以來在文化領域裏的反封建，或者說對傳統的清算（在一些人的心目中封建文化與傳統之間往往是劃等號的）還遠不夠徹底。於是他們說，中國許多事情，似乎都必須從「五四」重新開始。一些人甚至斷言，中國的傳統文化從其發生的根源上，就決定了它不可能生長出或（經過調整而）適應於現代工業社會。因此，近年來伴同文化論上的「全盤西化」而來的徹底否定傳統文化的調子也越唱越高了。我認爲，這些看法是值得商榷的。

我們討論文化問題不能離開所處的歷史環境。「五四」時期面對的歷史環境是：辛亥革命後封建勢力在政治上的復辟、封建生產方式還是社會經濟的主體，封建的舊道德舊文學是社會文化的主流。而七十年後的今天，儘管在現實的社會政治、經濟、文化生活中還殘留着不少封建的東西，但從整個歷史環境來講，已與「五四」時期有了根本的不同，封建的東西不再是社會政治、經濟、文化的主體和主流了。而且我們還應當看到，某些封建的東西之所以得以殘留至今，是由於它已與「五四」以來輸入的西方文化中的那些腐朽東西結合在一起的緣故。因此，無視「五四」以後七十年來，特別是中華人民共和國成立後，我國在政治、經濟、文化等方面的巨大變化，而籠統地提出「必須從『五四』重新開始」是不甚恰當的。

同時，傳統是一個歷史的概念，它是在歷史的延續中積澱起來的，又是隨着歷史的發展而變遷的。沒有延續和積澱就談不上傳統，同樣沒有發展和變遷也就沒有傳統。因此，不同歷史時期的傳統，其內容是有發展變化的。如果我們對傳統作一歷史考察的話，那麼將會看到，隨著歷史的發展，一些傳統會成爲歷史的陳迹而被送進博物館，另一些傳統則在經過調整（批判舊義，闡發新意）以後，與新生的文化因素和社會環境相結合而被承繼下來，並發展爲新的傳統。因此，從今天的社會現實來檢討傳統的話，那麽我們的眼光主要應當放在「五四」以後，甚至新中國成立以來四十年中所形成的某些傳統上。正如同四十年代初，中國共產黨人在整風運動中把注意力主要集中於檢討「五四」以後新出現的「洋八股」、「洋教條」那樣，而不是把眼光繼續停留在「五四」時期已經檢討過的老傳統上面。那時，毛澤東在《反對黨八股》的講演中說：「『五四』時期的生動活潑的、前進的、革命的、反對封建主義的老八股、老教條的運動，後來被一些人發展到了它的反對方面，產生了新八股、新教條。」「這種新八股、新教條，在我們許多同志的頭腦中弄得根深蒂固，使我們今天要進行改造工作還要費很大氣力。」又說：「如果我們今天不反對新八股和新教條主義，則中國人民的思想又將受另一個形式主義的束縛。」這些論述，在我們今天檢討傳統問題時，也還是有其一定的參考價値的。同樣，如果說有某種傳統的東西在阻碍着我國當前的現代化，那麼它也主要是在近七十年，以至近四十年來所形成的某種新八股、新教條傳統，而主要不是「五四」以前的老八股、老教條傳統，當然更無需遠責之於鴻蒙初創時期的先民文化傳統了。

「五四」以來七十年間，從某些方面講，確實也存在著對於傳統文化的檢討不夠徹底的情況，但我認爲，更不夠的倒可能是對於傳統文化缺乏全面科學的研究、理智的分析，以及在現實生活中對它做實際的轉換工作等。總觀「五四」時期直至八十年代有關文化問題論爭的文章，其中議及傳統文化處（無論其持否定觀點還是持肯定觀點），可以說絕大部分的論述是感情用事勝過於理智分析，並以各取所需代替了全面的科學研究。在一部分人中，「五四」時期那種好就一切皆好，壞就一切皆壞的形式主義遺風仍甚盛行。今天，我們如果尙不能擺脫這種思維模式的話，那麼再過七十年，問題也依然如故。傳統文化的問題既是一個理論問題，更是一個實際問題。日本一位馬克思主義史學家永田廣志在其《日本哲學思想史》一書的序中說：「過去的文化既不可一概否定，也不應一味地讚美。不論我們如何想唾棄它，而它也是同現代有着血肉的聯繫；另一方面，不論我們如何想讚美它，而它已經不能按照原來的樣子復活。」我是很贊同他的意見的。

有一些人總是把傳統文化與現代化截然對立起來，認爲不斬斷與傳統的聯繫，就無法實現現代化。我認爲，這種說法在理論上是沒有說服力的，而在實際上則不僅是行不通，而且很可能是有害的。目前，從理論上論證傳統文化與現代化不可協調的論文，當以《河殤》解說詞最有代表性。它追根溯源，縱論古今，横比中外，對中華文化弊端之揭示不乏醒世之筆。然而，我覺得該文對於傳統文化與現代化不可協調，因而必須徹底拋棄傳統文化的論證，仍然缺乏足夠的說服力。如果說傳統文化與現代化是對立的、不可協調的話，那麽該文在論證中國傳統文化與現代工業文明不可協調的同時，却又在竭力論證西方傳統文化與現代工業文明的必然聯繫，證明現代工業文明是在西方傳統文化中發生發展起來的，這不是同樣在肯定現代與傳統文化有着血肉的聯繫嗎？如果說只有中國傳統文化與現代工業文明不可協調的話，那麽我認爲，在今天做這樣肯定的結論也似乎還爲時過早。一則，近代中國存在着接受現代工業文明的事實。儘管這種接受在很大程度上是被動的，是有限的，是不徹底的，或者如有人所說那樣是嚴重走了樣的，然而它畢竟是接受的。而且，正因爲有這種新因素的進入，才發生了文化上、觀念上中外古今的矛盾衝突，這完全是一種正常的現象。不管此種矛盾衝突尖銳到什麽程度，也只能說明我們暫時沒有調整好，而無法直接推斷出中國傳統文化不可能與現代工業文明協調的結論。再則，結合臺灣以及亞洲其他一批與中國有相同傳統文化的現代工業國家的現實狀況，更得不出中國傳統文化一定不可能與現代工業文明協調的結論。看來，「換血」說也好，「換色」說也好，無論是在理論上還是在實際上，其根據都是不夠充足的，實難令人信服。

既然傳統與現代的血肉聯繫是不依人們主觀意願而客觀存在着的，那麽對於傳統文化就不能是只有否定的一面，而還應當有肯定的一面。需要說明的是，這裏所說的否定和肯定，既不是指簡單的拋棄，也不是指原封不動的保存，而是從現代社會的實際出發，按照需要和可能，對傳統文化擇其善者而調整之，使其適應新的社會機制，爲現代社會服務。關於有沒有必要對傳統文化進行適應現代社會機制的調整，以及傳統文化有沒有可能實現向現代社會的轉變，人們是有不同看法的。如持上述傳統文化與現代化根本對立觀點的人，當然認爲傳統文化根本不可能實現向現代的轉變，因而也就根本不需要對傳統文化進行什麼調整。此外，也有一些人由於過分強調文化的所謂整體性，認爲對傳統文化要拋棄就只能全部拋棄（同樣，他們認爲對西方文化要接受也只能全盤接受），從而否定了傳統文化有繼承的可能性和必要性。其實，傳統文化既有其整體性的一面，也有其可分解的一面；既有其固定性的一面，也有其可再塑造的一面。正因爲傳統文化有這樣一些共存的兩面特性，才表現爲歷史過程中傳統的階段性和連續性。如果只能整體接受或整體拋棄，那麼歷史就只有跳躍而沒有連續，還有什麼傳統可言？

我認爲，中國傳統文化是有可能實現向現代社會轉變的，而且對傳統文化進行適應現代社會機制的調整也是十分必要的。這裏，現代人對於傳統文化的自覺和主動的擇善調整是問題的關鍵。然而，在這個問題上，由於長期以來理論上的混亂，致使人們在實踐上無所適從。而在現實社會生活中，我們如果不能主動地用優秀傳統文化去迎接和吸收外來的優秀文化，並從中調整和發展傳統文化，建設新文化，那麼，傳統文化中腐朽落後的東西却有可能在吸收外來文化招牌的掩蓋下沉渣泛起，或者與外來文化中的糟粕結合起來，影響社會。因此，只是一味地否定傳統、批判傳統，而不去發展傳統、利用傳統，不僅在理論上是偏激的，而且對社會也是不負責任的。文化大革命時期有一個「最高指示」在社會上十分流行，即所謂：「破字當頭，立也就在其中了。」於是一些人認爲，只要破了舊的，新的就會自動地立起來，然而其結果却往往是只有破而沒有立。其實，所謂「不破不立」的說法，只是說破是立的前題和條件，如果在破的同時或是破了以後，人們不去做踏踏實實的立的工作，那是不會有什麼東西自動地立起來的。而在立的工作中除了創造和吸收新文化、外來文化外，調整和發展傳統文化也是重要的方面之一。從這一點來講，做立的工作也許比做破的工作要艱鉅得多，而不會像說的那樣輕鬆。

二、

馬克思主義傳入我國後，它作爲一種外來文化，同樣遇到如何對待中國傳統文化的問題。在民主革命時期，由於歷史環境的影響，我國一些早期馬克思主義者和共產黨領導人，對於傳統文化也是持全盤否定態度的。陳獨秀主張徹底否定傳統文化的觀點是人們所熟知的。如「五四」時期他在《今日中國之政治問題》一文中曾十分明確地說：「無論政治、學術、道德、文章，西洋的法子和中國的法子，絕對是兩樣，斷斷不可調和牽就的。」「若是決計革新，一切都應該採用西洋的新法子，不必拿什麼國粹，什麼國情的鬼話來搗亂。」其後，王明等人的教條主義，一切照搬外國經驗，言必稱希臘，其否定傳統文化尤爲激烈。抗日戰爭時期，在清算王明等教條主義時，毛澤東等提出了必須將馬克思主義的普遍眞理和中國革命的具體實踐相結合的觀點，注意到正確對待民族傳統文化的重要性。一九四〇年他在《新民主主義論》一文中總結說：「所謂『全盤西化』的主張，乃是一種錯誤的觀點。形式主義地吸收外國的東西，在中國過去是吃過大虧的。」「中國文化應有自己的形式，這就是民族的形式。」「中國的長期封建社會中，創造了燦爛的古代文化。清理古代文化的發展過程，剔除其封建性的糟粕，吸收其民主性的精華，是發展民族新文化提高民族自信心的必要條件。」「中國現時的新政治新經濟是從古代的舊政治舊經濟發展而來的，中國現時的新文化也是從古代的舊文化發展而來，因此，我們必須尊重自己的歷史，絕不能割斷歷史。」一九四五年他在《論聯合政府》一文中又一次強調說：「對於外國文化，排外主義的方針是錯誤的，應當盡量吸收進步的外國文化，以爲發展中國新文化的借鏡；盲目搬用的方針也是錯誤的，應當以中國人民的實際需要爲基礎，批判地吸收外國文化。……對於中國古代文化，同樣，既不是一概排斥，也不是盲目搬用，而是批判地接收它，以利於推進中國的新文化。」這些對民族傳統文化的認識和理論，在當時發生了廣泛的社會影響，它對於中國共產黨領導民主主義革命取得勝利，起了不可忽視與低估的作用。這個歷史經驗是值得我們記取的。

中華人民共和國成立後，我們在對待傳統文化問題上也走了很大的彎路。五十年代全盤照搬蘇聯模式，無視我國的歷史傳統和現實，使我們又一次吃了很大的虧，其教訓人們至今記憶猶新。同時，從五十年代初的知識分子思想改造開始到六十年代初，接連不斷地開展了對電影《武訓傳》的批判，對梁漱溟的批判，對胡風的批判，對胡適的批判，對所謂「抽象繼承法」的批判，對「歷史主義方法」的批判等運動。在這一系列思想文化批判運動中，一些人把所謂的馬克思主義階級分析方法絕對化，並用它去判定傳統思想文化的性質，決定其取捨。由於以往的歷史，除原始社會外都是階級社會，都是剝削階級統治的社會，因此，在歷史傳統思想文化中，佔主導地位的當然也是剝削階級的思想文化。這種剝削階級的傳統思想文化，經所謂的馬克思主義階級分析方法一分析，除了把它徹底拋棄外，還能有什麼別的選擇呢？這樣，儘管我們也還是不斷地堅持說，對於歷史文化遺產不應當抱虛無主義的態度，而應當批判地繼承等等，但往往經過「階級分析」方法一過濾，所謂批判地繼承也就完全成了一句空話。又如，在這一時期也曾提出過「古爲今用」、「洋爲中用」的原則，然而另一方面却又大張旗鼓地批判「封、資、修」和「大、洋、古」。而且在實際中，把許多歷史論文和文藝作品，按某些人的好惡或某種政治需要，任意地判之爲所謂的「厚古薄今」、「借古諷今」、「頌古非今」等，然後加以嚴厲地批判，甚至扣上沉重的政治帽子。在這種情況下，弄得人們無所適從，當然也就談不上正常地去研究傳統文化，正確地做到「古爲今用」了。到了史無前例的文化大革命時期，「四人幫」一夥一方面竭力鼓吹大破「四舊」，徹底否定一切傳統文化；另一方面則隨心所欲地裁剪歷史、歪曲傳統文化，炮製所謂的「儒法鬥爭史」，大肆吹捧主要爲中國封建社會專制獨裁主義論證的法家理論。這種集歷史虛無主義與實用主義于一體的怪現象，正是長期以來人們未能正確對待傳統文化所導致的結果。這也證明，人們如果不能及時地去調整傳統文化的機制，主動地吸收優秀傳統文化，那麽歷史的沉渣就會泛起，傳統的糟粕就會流播。

如果說，馬克思主義在我國民主主義革命時期所以能夠取得勝利的主要原因之一，是由於中國共產黨人經過多次生死挫折後，從思想上認識到了只有將馬克思主義的普遍眞理和中國革命的具體實踐相結合這樣一個道理，那麽，馬克思主義要在我國社會主義建設時期取得勝利，同樣也離不開和中國社會具體實踐相結合這一基本的認識。今天，我們提出要建設具有中國特色的社會主義，同樣也是在經歷了相當的坎坷之後，才取得這一認識的。然而，怎樣才算是具有中國特色的社會主義呢？對此，誰也一下子說不清，而有待于從理論和實踐兩個方面作進一步的探討。但既叫做中國特色，則當然不能是與中國的傳統毫無聯繫的。因此，要建設具有中國特色的社會主義，其中正確對待和積極吸收傳統文化，顯然是一個極其重要的方面。有人認爲，中國傳統文化的同化力十分強大，什麽文化傳入中國都會被同化，或者被染汚而變味、走樣。由是認爲，馬克思主義傳入中國後也變了樣，染上了嚴重的封建主義色彩等等。我認爲，這種說法是不全面的。首先，兩種不同文化相遇後，必然會互相影響，因此，任何一種文化傳入其它文化地區後，發生走樣的現象是完全正常的，原封不動反倒是不正常的。其次，不能把一部分共產黨員頭腦中殘存的封建主義意識，簡單地上升爲馬克思主義的被封建化，也不能把馬克思主義受傳統文化的影響，籠統歸結爲封建主義的影響。再次，所謂同化只是一個相對的概念，正當你說某種文化被你同化了的同時，你也正在被你同化的某種文化所同化，而且從另一個角度看，所謂的被同化，又何嘗不可以說是一種適應環境的變更和發展呢？例如，印度佛教傳入中國後發展爲中國佛教，從一個角度講，也可以說佛教被中國傳統文化所同化了，但從另一個角度講，更應當說是佛教爲適應中國的環境而進行的變更和發展。人們所以稱之爲中國佛教，是因爲其理論中具有了中國的特色，而其理論的主體則依然保持着佛教的基調。因此，佛教還是佛教，並沒有因其吸收了中國傳統文化，就改稱它爲儒家或道教。同時，也正是由於中國佛教的融入中國傳統文化之中，促進了儒家和道教的發展，產生了宋明時期的新儒家。

我認爲，馬克思主義如果不能積極融合、吸收中國傳統文化的精華，要想眞正在中國紮下根也是不可能的。我們需要的是中國的馬克思主義，而不是在中國的外國馬克思主義（或教條主義的馬克思主義）。然而，如上所述，長期以來由於理論上的不明確和多變，以及理論與現實之間的矛盾，我們並沒有能夠正確處理好馬克思主義與我國傳統文化之間的關係。而今天，在文化大革命中由「四人幫」煽動起來的那股新的反傳統的思潮，在社會上似乎也還有相當的影響。一些人從否定「封建主義」傳統發展到了否定「馬克思主義」傳統，從而使一部分人完全喪失了對中國民族傳統文化的信念，精神失去了依托，思想出現了空白；而另一部分人則認爲，既然「封建主義」傳統與「馬克思主義」傳統都不靈了，那就理所當然地只有現代西方資本主義的傳統和文化才能救今日之中國。上述情況充分表明，由於人們盲目地反傳統，致使一些人喪失了民族的自我主體意識，失去了對民族文化自新自強能力的根本信心。這一社會思潮的蔓延，是應當引起中國馬克思主義者的深刻反省的。我們必須加緊社會主義新文化的建設，以充實人們的精神世界，增強人們的民族自我主體意識。人們很難期望一個徹底鄙棄自己民族傳統文化的人，能爲民族的興旺和發展作出什麼貢獻。因此，在新文化的建設中，人們要以博大的胸懷，深遠的眼光，認眞吸收全人類創造的一切有價值的文化遺產，包括外國的和中國的優秀傳統文化遺產，以充實和發展中國的馬克思主義。此事早就該做，於今再也不能延誤了。

在馬克思主義的指導下，實現傳統文化的向現代化轉化，其方法和途徑應當是多樣的。除了爲馬克思主義所吸收和發揚者外，也應當允許傳統文化在某種舊形式下的自我更新。這也就是說，在不違背憲法的前提下，在實現四個現代化的共同目標下，應當允許不同形式、不同理論的學派的存在，爲建設和豐富社會主義精神文明做出各自的貢獻。因而，我認爲，包括像儒家有沒有可能自我更新，實現向現代化轉化，爲現代社會服務這樣的問題也是可以探討的。比如，對於海外一些華裔學者所探討的「儒家第三期發展」問題，儘管有許多提法是我們不能同意的（如「儒學復興」等），但也應當看到其中包含着某些合理的方面，而不應當簡單地加以否定。有人認爲，現在在中國來談論儒家文化問題是不合社會潮流的，是對「五四」新文化運動方向的否定。其實不然。「五四」時期的批儒批孔，是把儒家作爲封建專制主義、吃人禮教的代表者來加以否定的，這是完全正確的。然而，儒家文化是不是僅僅只有這否定的一面呢？七十年的社會實踐證明，顯然不是這樣的。這麽說，我們今天在一些西方發達國家由於高度工業化後帶來的社會問題，轉而向東方文化尋求某種思想理論（其中包括儒家的理想理論）這一大環境下，來探討一下儒家文化有沒有可能實現向現代化的變化，爲現代社會服務的問題，正是時機。它不僅不是對「五四」新文化運動方向的否定，反而是對「五四」新文化運動的補充和發展。如果某些儒家的思想理論經過調整和轉化後，在某些領域或某些人的行為規範中，為現代社會的發展起了積極的推動作用，那我們為什麽一定要拒絕它呢？對於我國豐富傳統文化中的一切優秀的東西，只要經過認眞地發掘整理，賦予了新的意義，能在今天社會中起積極作用的，我們都應該歡迎。我們應當從「五四」以來七十年的歷史經驗中認識到，正確地對待傳統文化遺產，做傳統文化的轉化工作，是新文化建設中不可或缺的一個關鍵部分。

反傳統與文化心理惰性

北京大學　孫玉石

五四新文化運動是中國近百年歷史上產生的最大規模的思想啓蒙運動。全面的反傳統成爲這一思想啓蒙運動的主要精神特徵。然而，具有悲劇意味的事實是：新文化先驅者們在反傳統中批判的許多東西，在當時未能蕩滌甚深，在經過四分之三世紀之後的今天，又沉渣泛起，愈演愈烈，以至成爲游蕩於中國大地上的陰影，阻擋着社會現代化進程的脚步。

原因當然很多，也很複雜。許多是非文字的力量所能解決的。我所關注的是啓蒙者自身的文化心理素質與思維方式存在的矛盾和弱點，或者稱爲反傳統者自身存在的傳統文化心理惰性問題。如果不解決這個問題，即對啓蒙的先覺者進行自身的反思，那麽新的啓蒙思想運動實踐就無法走出這一"怪圈"，完成徹底改造民族精神而使中華民族躋身於世界先進民族之林的歷史使命。

一、

反對偶像崇拜，這幾乎是揭櫫於新文化運動中的科學與民主兩大旗幟上的特號大字鐫刻的文化命題。爲此，敢於宣布「上帝死了」這一口號的偶像破壞者尼采，成了新文化運動中的寵兒。多少啓蒙思想家從世界新思潮和尼采的思想中汲取反對偶像崇拜的精神力量，對傳統中一切奉爲神聖不可侵犯的東西進行價値的重估。中國傳統的專制政體、人治觀念、特權法律、孔子儒教、倫理道德、文化習俗……都受到了猛烈的批判與衝擊，一直被尊爲這一切傳統文化最高精神代表的孔教可以視爲草芥，視爲最大的吃人的淵藪，進入新思潮的掃蕩之列。「打倒孔家店」的口號變成了當時喊出的反對偶像崇拜最激烈的呼聲。在當時覺醒者的眼裏，孔教乃是「失靈之偶像，過去之化石」①。至於其它盤踞於人們頭腦中的傳統文化的大大小小之偶像與冥頑，也就都不在話下了。「我們目下的當務之急，是：一要生存，二要溫飽，三要發展。苟有阻碍這前途者，無論是古是今，是人是鬼，是《三墳》、《五典》，百宋千元，天球河圖，金人玉佛，祖傳丸散，秘製膏丹，全都踏倒他。」②

新文化運動的先驅者不只提出反對偶像崇拜，樹立民主政治的理想，對於中國人民產生偶像崇拜的思想根源也做了深刻的解析。章行嚴曾說：「中國人之思想，動欲爲聖賢，爲主者，爲天吏，作君，作師，不肯自降自身，僅爲社會之一分子，盡我一分子之義務，與其餘分子同心戮力，共齊其家，共治其國，共平天下。」陳獨秀引述這段話後，認爲這種「偏枯專制」而沒有「人己平等」的思想是舊道德所造成的陳腐的觀念③。陳獨秀還把古人「希冀聖君賢相施行仁政」與今人之「希冀偉人大老建設共和憲政」，都視爲是一種缺乏政治覺悟「卑屈陋劣」思想的表現④。魯迅也在一則雜文中，講到劉邦和項羽看見秦始皇的「闊氣」，分別說了：「嗟乎！大丈夫當如此也！」「彼可取而代之！」然後魯迅指出：「被取的是『彼』，取的是『丈夫』。所有『彼』與『丈夫』的中心，便都是『聖武』的產生所、受納所。」⑤這「聖武」就是皇權的代名詞。中國人民在封建制度與封建道德禁錮下生活太久了。他們對於神權與皇權的偶像崇拜已經到了深入骨髓的地步。歷史制造偶像崇拜的同時也製造了崇拜偶像的心理。這種心理上的精神負累清除起來遠比打倒那些偶像本身更加艱難。五四新文化運動的啓蒙家們遠遠沒有完成這一艱難的啓蒙任務。

可悲哀的是，一些啓蒙者們自身就負載着這種心理上的陰影。或者是在新舊兩種觀念矛盾形態中依舊時時透露出一些陳腐道德觀念的氣息。他們以民主與科學的精神反對一切偶像崇拜，主張在教育以至人們的思想觀念中「應該棄神而立人」⑥。但是他們又追求在人們心中樹立一種新的偶像。他們誇大一些新的領袖或典範人物在改造國民道德與社會風尚中的作用，在人民的意識中製造「賢豪耆宿」解放愚蒙的精神幻影。他們認爲「近代賢豪，當時耆宿，其感化社會之力，至爲強大，吾民之德弊治汚，其最大原因，即在耳目頭腦中無高尙純潔之人物爲模範，社會失其中樞，萬物循之退化」⑦。這種思想，是企圖以少數「賢豪耆宿」作爲社會之中樞典範，來取代「教界偉人」的作用，挽救「人心風俗之漓薄」，醫治人民之「德弊治汚」。在不改變人民所處貧困不堪的政治經濟地位的情況之下，渴望以少數幾位老少傑出的歷史人物的思想教誨和「模範」行爲來轉變人心，構成社會的精神「中樞」。這不僅在實踐上是一種理論家天眞的幻想，就思想根源上看，仍是一種偶像崇拜的非科學心理在作怪。陳獨秀這一觀點，以法國社會學家孔特的「英雄碩學」爲人類「模仿之中樞」的理論爲依據，本身就是一種心理尋求的非科學化的表現。

啓蒙者在啓蒙過程中自覺地流露出蒙昧思想的殘留。這是非常值得我們注意的現象。他們反對一種偶像崇拜，卻又向人們推出另一種偶像崇拜。有的人在文章中明確地向人們宣告：「二十世紀的世界根本不能有君主的偶像存在上面！」但是，却又主張以平民的偶像崇拜來代替貴族的偶像崇拜：「我們與其崇拜大彼得，不如崇拜華盛頓，與其崇拜俾斯麥，不如崇拜佛蘭克林，與其崇拜雷刼奴 **Richelieu** 的理財，不如崇拜馬克思 **Karl Marx** 的經濟，與其崇拜克虜伯的製造，不如崇拜愛狄生的發明。」⑧周作人甚至把「人的文學」推崇到「圖騰」的地步，說：「這新時代的文學家，是『偶像的破壞者』，但他還有他的新的宗教，——人道主義的理想是他們的信仰，人類的意志便是他的神。」⑨看起來這些話並沒有什麼不對的地方。反對貴族的偶像崇拜，代之以平民的偶像崇拜；反對神的圖騰，代之以人的圖騰，要使以後的中國人民「絲毫不帶貴族彩色」，使文學以人類的意志爲「神聖」，這些思想的用心都是正確的。但在這些積極的思想背後掩藏的傳統的偶像崇拜心理本身，却是與二十世紀的世界新潮所張揚的科學與民主思想相悖逆的。

正是這樣的一種心理，驅使有的啓蒙思想家在反對虛僞的宗教偶像崇拜的同時，又去尋求眞誠的宗教偶像崇拜。在一九一九至一九二〇年前後，陳獨秀對基督教會發表了許多言論。有的文章裏他明確說包括基督教在內的一切宗教所尊重的神佛仙鬼，都是「無用的騙人的偶像」⑩，基督教是一種拜神的「迷信」⑪，對「堆積如山」的基督教會罪惡表示「悲憤」與「戰慄」⑫。同一個陳獨秀，在一九二〇年所寫的另一篇文章中，却又高揚基督教的「根本教義」——「信與愛」，認爲中國的文化源泉裏「缺少美的，宗教的純情感」，主張「要把耶穌崇高的、偉大的人格，和熱烈的、深厚的情感，培養在我們的血裏，將我們從墮落的冷酷、黑暗、汚濁坑中救起」。要中國人培養「宗教情感」，將耶穌崇高的「偉大的人格」和「熱烈的、深厚的情感」做爲中華民族的「新信仰」⑬。破壞了舊有的偶像崇拜，又引導人們尋求新的偶像崇拜，把一種宗教教義做爲拯救民族墮落的精神支柱，做爲深入精神與血液的偉大的崇高的「信仰」，且不論啓蒙者對基督教的評價如何，也不論啓蒙者內心是多麽眞誠，這種主張與提倡本身就反映了啓蒙者心理上存在的偶像崇拜的孽根還沒有根除。偶像破壞論者不都是偶像崇拜心理的破壞者。「反宗教的鬥爭間接地也就是反對以宗教爲精神慰藉的那個世界的鬥爭」⑭。啓蒙思想家忘記了以「神化」和「神聖化」了的東西來重點做爲人們「精神慰藉」的「新信仰」，這已經走向自己提倡的科學思想的反面了。一種宗教的精神和教義又成爲新的偶像，成爲救民于火坑的「恩典」理論。理論上的矛盾透映了文化心理上的病根。

對優秀賢明政治人物的敬仰、推崇，引以爲楷模，甚至具有一種眞誠崇敬的情感，與反科學的偶像崇拜論並不是一回事。偶像崇拜是一種反歷史主義的封建宗法觀念，是原始愚昧的「圖騰」觀念的遺留，與科學精神是背道而馳的。敬仰模範賢豪人物還是把這些人物當成人，而沒有把他們當成「神」來加以頂禮膜拜。正常的信仰中有現代科學精神的洗禮，不存在把人「神化」的心理因素。五四新文化運動的啓蒙家，恰恰忽略了對被啓蒙者，也包括自己在內，這種心理因素的注視和掃蕩。偶像崇拜與個人迷信思想在以後半個多世紀中愈加橫行。反對了錯誤的個人迷信又來建造「正確」的個人迷信，以致長期的造神運動終於使偶像崇拜發展到新的頂峯，釀造出民族歷史的空前災難。沒有反科學的封建蒙昧觀念的氛圍，沒有人們偶像崇拜的心理因素爲土壤，這些歷史悲劇的發生與發展是無法加以解釋的。

二、

把視綫轉入啓蒙者的內心，我們又會發現一種對外來文化恐懼的心態。

五四新文化運動先驅者反傳統的自覺意識，表現於他們對西方先進文化的輸入與民族文化心理惰性之間的關係有一定的清醒的理解。陳獨秀在一篇文章中，從東西文化衝突的角度來觀察中國民族精神的惰性問題，曾經寫到：「歐洲輸入之文化，與吾華固有之文化，其根本性質極端相反。數百年來，吾國擾攘不安之象，其由此而兩種文化相接觸相衝突者，蓋十居八九。凡經一次衝突，國民即受一次覺悟。惟吾人惰性過強，旋覺旋迷，甚至愈覺愈迷，昏瞶糊塗，至於今日。」⑮稍加思索這一沉痛的呼聲就不難悟出一個道理：傳統文化具有的巨大惰性並不可怕，最可怕的是傳統文化中的惰性力量與反傳統者本身文化心理的惰性二者凝成的合力，構成眞正輸入先進文化、實現思想革新的強大障碍。上世紀末到本世紀初那種「旋覺旋迷，甚至愈覺愈迷，昏聵糊塗」的不堪收拾的局面，正是這兩種文化惰性強大合力作用的結果。

值得我們今天反思的是，在五四時期一些思想啓蒙家，或受過進步文化熏陶的知識階層中，這種文化心理惰性以不同形態的存在，並沒有引起啓蒙者自身足夠的自覺，以至後來還當作正確的東西加以肯定和頌揚。這是我們現代文化思想發展中的一個綿延未絕的悲劇。

在東西文化激烈撞擊中，這種反傳統的革新者文化心理惰性的最突出的表現，是一種歐化恐懼的心理。魯迅先生的思想是深刻的，他以清醒的啓蒙思想家的敏銳揭示了一些缺乏不爲異族文化奴隸的自信心的人們，對外來文化神經「衰弱過敏」，推拒、惶恐、退縮，以至逃避的心理，「這麽做即違了祖宗，那麽做又像了夷狄，終生惴惴如在薄冰上」⑯。然而這裏講的仍然都是守舊的國粹派。他對啓蒙者本身却未加更多的注意。魯迅五四以後寫了《在酒樓上》、《孤獨者》、《傷逝》等小說，通過五四前後覺醒過來的知識分子們衝破舊的傳統思想樊籬轉而又頹然回歸的趨向，深刻揭示了傳統與惰性合力的強大作用的問題。但是這些小說同樣並未涉及歐化恐懼病這個反文化的心理惰性問題。他的目光主要審視的是國粹派和社會現實帶給覺醒者的心理陰影。新文化倡導者自身歐化恐懼的心理重荷，還沒有引起他的關注。

正當有些新文化運動和新文化運動的反對者非難新文學的創造爲「輸進歐化」之「糟粕」，是以「僞歐化」來「鼓起學力淺薄血氣未定之少年」⑰的時候，新文學的積極倡導者中也有些頗具現代眼光的有識之士，對新文化運動的歐化現象表現出深重但又是多餘的憂慮。他們以嚴肅的態度批評中國一般新詩人的創作出現了「一種歐化的狂癖」。他們認爲這些作者「一味的時髦是騖」，似乎把「此地」即民族兩字忘得「踪影不見」。文學和詩裏充滿了西洋的典故和名詞，而古代文化的中國與四千年的華胄却找不到了。這樣過分「醉心」於同我國文化「背道而馳」的西方文化，似乎必然會導致民族文化的滅亡。「我國前途之危險，不獨政治、經濟有被人征服之慮，且有文化被人征服之禍患。」⑱對於中國文學這種歐化的恐懼感，不是來自復古派而是來自新文學的最積極的倡導者，他們產生這一思想的複雜心態就更値得我們深思。

他們矛盾的心態表現爲對中國新文化道路的思考時，可以提出相當富有卓識遠見的命題，如主張新詩不但要新于中國傳統的詩，也要新于西方傳統的詩，要把保持民族色彩與吸收外來長處結合起來，創造一種「中西藝術結婚產生的寧馨兒」；要在中國傳統詩歌的「興」與西方詩歌「象徵」的手法的「融合」中重建中國詩歌的道路，等等。這些主張表現了在關注東西文化融合中尋找中國新文化發展之路的探求精神。它們同那些所謂的「古今中外派」的「昌明國粹，融化新知」以期文明的「再造」的新文化反對者的主張是完全不同的。這些「融合論」的主張者本身就以西方文化爲參照系統感到了中國文化的缺陷。如認爲幻想力在中國文學裏的薄弱，濫用叠字造成詩歌「幻想自身的虧缺」，中國文字裏形容詞「沒有西文裏用得精密」，新文化不能依靠「舊文學裏那一套老存蓄」來完成自身的創造，要在吸收歐洲文化的優點中來完成「改良的責任……」等等。但是，這些富於革新思想的啓蒙者爲什麽面對新文化最初的實績會發出了反對「歐化狂癖」的呼聲，甚至會有民族文化滅亡的憂慮感產生呢？令人關注的不是他們的一些看去無可非議的命題，而是產生他們這種思想的心理根源。雖然在當時革新者之中這種主張並非多數，但它形成了一股思潮，又與正確的主張混在一起，就更需要我們以認眞的思考來進行辨析。

「歐化的狂癖」在當時新文化發展中只是一種心造的幻影。即以被批評得最厲害的郭沫若的《女神》也還是民族的新詩輝煌的實踐。一些人所以產生這種恐懼症，其根源在於他們對於自己的民族文化過於沉迷與崇拜的心理。這些人害怕新文化的反傳統會導致對整個文學傳統的否定。因而一方面主張「恢復」對於「舊文學的信仰」，另一方面缺乏分析地推崇東方文化。他們認爲「東方的文化是絕對的美的，是韵雅的」。東方的文化是「人類所有的最徹底的文化」，做爲中國文化的革新者，應該固守這「絕對的美」和「徹底的美」，而千萬「不要被叫囂曠野的西人嚇倒了」！他們甚至視東方文化爲「東方之魂」，以詩的形式表達了對失去東方文化之魂的悵惘之情。這是梁實秋的詩中的片斷：

東方的魂喲！
雍容溫厚的東方的魂喲！
不在檀香爐上裊裊的青煙裏了，
虔禱的人們還膜拜些什麼？

東方的魂喲！
通靈潔澈的東方的魂喲！
不在幽篁的疏影裏了，
虔禱的人們還供奉着些什麼？

在民族傳統文化受到西方文化潮流的衝擊下產生裂變、蟬蛻與新生的時候，完全否定傳統文化的價值，以全盤西方的理論代替對傳統文化的科學意義上的改造，這顯然是偏狹的主張。但是，現代精神與現代文化有密不可分的關係。傳統文化中的強大惰性首先是通過拒絕外來文化而排斥現代的科學精神的。尊重傳統文化中某些優秀的東西是民族文化再造的必要前提，而過分地誇大這種傳統文化的「至美」和「徹底」，唯恐在外來先進文化的吸收中失去自己傳統文化固有的特色，由此而產生了一種歐化的恐懼心理。這種歐化恐懼心理與文化改造中的心理惰性糾結在一起，往往就成了一個民族文化和文學以更大度量吸收外來文化的阻力。五四以後的東方文化派、國家主義派所代表的文化思潮，恰好成爲以愛國主義爲旗號固守傳統文化的一種歷史倒退性的潮流。在恐懼與憂慮中面對外來文化思潮的衝擊，只能最終走入固守傳統的老路。有些新文化的倡導者把自己的「融合論」自認不諱地說成近似張之洞的「中學爲體，西學爲用」的主張，這種文化心理自白本身就很值得我們深思。

其實，五四新文化運動中根本不存在一個系統的「全盤西化」的潮流。即以文學爲例，一直被視爲主張全盤西化的關於「歐化的文學」的主張，不過是爲建立中國現代的新文學構思的一種途徑。其主要的思路即多借鑒歐洲文學語言表達方法的豐富性與複雜性，並未曾主張從思想內容到技巧把中國新文學改變爲西洋的文學。即使中國人用西文寫的小說，譯過來仍是中國民族式的作品。林語堂在國外寫的一些作品就是例證。這是因爲吸收外來文化的主體是人，而這人具有選擇力與同化力的，絕非一個被動的接受者。人的心理機制是外來文化吸收轉化爲民族文化的變壓器或過濾機。接受外來文化影響而不被它所同化，這裏有一個民族文化再生創造的力量在起着作用，也就是民族心理的文化消化力的機制。一個具有創造力強大心理的民族，其文化永遠不可能被吞沒。經過近二十年的思考，觀察了幾千年中國文化的歷史動向，曾具有歐化恐懼心態者自身的心理也發生了變化，從而看到了民族文化對外來文化吸收而又不會被消滅的歷史必然性。這些話說得很好：「本土形式的花開到極盛，必歸於衰謝，那是一些生命的規律，而兩個文化波輪由擴大而接觸而交織，以致新的異國形式必然要闖進來，也是早經歷史命運注定了的。異國形式也許早就來到了，早到起碼是漢朝佛教初輸入的時候，你可以在幾百年中不注意它，等到注意了之後，還可以延宕，躊躇個又一度幾百年，直到最後，萬不得已的，這才死心塌地，接受了吧！但那只是遲早問題。反正自己的花無法再開，那命數你得承認。新的種子從外面來到，給你一個再生的機會，那是你的福分。你有勇氣接受它，是你的聰明，肯細心培植它，是有出息，結果居然開出很不寒傖的花朵來，更足以使你自豪。」⑲這段話接觸到了克服汲收外來文化過程中民族的心理惰性問題。打破了這種心理惰性才可以使新的種子在自己的土壤上開花結果。歷史證明，特別是二十世紀中國文化開放以來東西兩個文化「波輪」接觸與交織的歷史證明，我們民族文化心理的自創力和自信心是很強大的。不僅有接受的勇氣信心，而且有消化再生的能力。郭沫若在五四時期唱出的《鳳凰涅槃》之歌很值得玩味。不妨從民族文化角度來看這一象徵性詩劇的意義。鳳凰在烈火中更生是靠鳳凰自身銜木煽火，鳳凰並沒有被火吞沒而永劫無生的恐懼。鳳凰自我更生了。火中新生鳳凰的形象，很大程度上象徵了我們民族再造自己文化的信心與自豪。

存有恐懼的心理實際上必然頑固地守衞着自己民族文化那一點所謂的特色。可能導致民族文化現代化危機的不是「歐化」的趨向，而是對這種「歐化」趨向恐懼的心理本身。要改變此種心態，就必須以落後的危機感來取代這種吞滅的恐懼感。掃蕩這狹隘，走出大恐懼，中國民族的文化與民族精神才有完全自立於世界先進民族之林的大希望。

三、

偶像崇拜與歐化恐懼，是與五四新文化運動倡導的科學與民主的精神相背謬的文化心態。它們是封建意識的兩大殘留，是中華民族走向現代化的兩大障碍。

值得進一步探討的是：爲什麼這種文化心態會在新文化運動倡導者自身中發生，而且以潛在的形式於幾十年來的文化變革中反複起着作用，以至在民族文化現代化的歷史進程中形成一種強大的惰性力量？爲什麼五四時期有些先進的啓蒙思想家沒過多久就發生了思想的逆轉？爲什麼五四新文化運動先驅者曾經反對的舊思想弊病綿延至今而不已？

這首先涉及到了接受外來思潮影響過程中民族的文化變形問題。

在引進與吸收西方文化思想的時候，五四的啓蒙思想家運用了比較批評的思維方法。「欲揚宗邦之眞大，首在審己，亦必知人，比較既周，爰生自覺」⑳。「近世學問，競尚比較的研究方法，以求取精用宏」，「取長補短」㉑。由此，他們取西方二十世紀之學說思想文化，對於幾千年來之傳統文化，進行比較批評，以求「眞理之發現，學術之擴張」。就是在這種思維方法的觀察下，他們發現了中國民族在文化變形中的惰性力量。魯迅稱中國是一個「大染缸」，什麽先進的新思想傳進之後，都被扭曲變形了。他爲此沉痛地說：「我們中國本不是發生新主義的地方，也沒有容納新主義的處所，即使偶然有些外來思想，也立刻變了顏色，而且許多論者反要以此自豪。」㉒當時一些有識之士也認識到，由於民族傳統習慣勢力的強大，「凡是一種新東西到中國來，沒有不加上一層中國舊式的色彩，弄到「四不像」而後已」㉓。中國人過分蔽於積習成見，無論什麽新學說新事體，「總要拿他舊日的見解去穿鑿附會爲之曲說」，這種空氣中談「改造」的事業，「再加上一百年，都得不到好的結果」㉔。

一個民族文化接受外來文化思潮過程中必然要產生一種文化變形的現象。民族的心理素質與世界知識的高低，決定了會出現導向不同的兩種文化變形。一種是，維護舊有，消磨或扼殺新的生機，這是一種由高向低的消極的文化變形；一種是，破壞舊有，尋求和創造新的生路，這是一種由低向高的積極的文化變形。傳統文化心理惰性的「大染缸」把一切新東西都變了顏色，把一切新的東西弄成「四不像」，就是一種消極的文化變形的表現。

五四新文化啓蒙者認識到了這種文化發展現象，並且注意挖掘造成這種現象的思想與心理根源。

啓蒙者們把中國民族精神與心理上的弊病稱爲「二重思想」。魯迅說：「中國社會上的狀態，簡直是將幾十世紀縮在一時：自松油片以至電燈，自獨輪車以至飛機，自鏢槍以至機關炮，自不許『妄談理法』以至護法，自『食肉寢皮』的吃人思想以至人道主義，自迎尸拜蛇以至美育代宗教，都摩肩挨背的存在。」魯迅借用了黃郛《歐戰之教訓與中國之將來》一文中揭示改革中弊病使用的概念，認定這些奇特的現象背後都是因爲人們頭腦中有一種「二重思想」在作怪。其要義就是在新生與陳舊之間矛盾彷徨：又思革新，又想戀舊。中國「要想進步，要想太平，總得連根拔去了『二重思想』。因爲世界雖然不小，但彷徨的人種，是終究尋不出位置的」㉕。

這種「二重思想」是民族文化傳統惰性和個人泥守舊習的文化心理惰性合力的產物。啓蒙者認識了「二重思想」的危害性，却又無法「拔去」這「二重思想」的根子。不僅不能「拔去」別人的「二重思想」，而且自身也存在這種「二重思想」。一些啓蒙思想家自身所以仍保留有前面論述的偶像崇拜和歐化恐懼的心理，最終的根源也就在於這一原因。也即他們心理上深潛的存在的對舊文化傳統的眷戀性與保守性，這是舊文化傳統染給他們的「毒氣和鬼氣」。

有些啓蒙思想家，比較容易看到表層的或一般的守舊思想，却難於分清更深層的新舊的差別。如對人所共知的那種「口共和而腦專制」的現象，許多的文章中都有批評。陳獨秀說：「我們中國多數國民口裏雖然不反對共和，腦子裏實在裝滿了帝制時代的思想，歐美社會國家的文明制度，連影兒也沒有，所以口一張，手一伸，不知不覺都帶君主政體臭味。」多數無論矣，即使一些「創造共和再造共和的人物」，腦子裏也滿「裝着帝制時代的舊思想。」㉖但是陳獨秀自己對一些舊思想又是怎樣呢？他反對儒家與孔教代表的封建倫理道德，可是在鼓勵青年投身社會改革的時候，又乞靈於被自己否定了的儒家思想，說「吾願青年之爲孔墨，而不願其爲巢由」。在他的腦子裏孔子又成了現代青年入世的榜樣。他痛斥儒家提倡的忠孝節義這一整套封建倫理道德對中國人民精神造成的嚴重摧殘，但是，他又認爲儒家學說「其教忠、教孝、教從，倘係施者自動的行爲，在今世雖非善制，亦非惡行」㉗。中國女子的節孝牌坊做爲一種罪績固然應當破壞，但是這一節孝如果是「出於自身主觀的自動的行爲」，却是「有價値的」行動而不應反對㉘。陳獨秀甚至肯定出於「情感衝動」而非出於「理性衝動」的「忠孝節」，是「內有的，自然而然的，純眞的」行爲，而應該加以肯定。基督教義中佈道的話：「勿敵惡人：有人打你的右邊臉，你再把左邊向他。有人到官告你，取去你的上衣，再把外套給他」，也被當成「偉大的寬恕精神」加以頌揚，且要培養至「我們的血裏」㉙。破壞出于虛榮心僞道德的忠孝節，却要保存眞誠的自動的忠孝節，「破壞虛僞的偶像」崇拜，又要建立「眞實的合理的」偶像崇拜，提倡人道主義思想，却又視奴隸式的「寬恕」爲偉大的人格。這些都是十分荒謬的。反對調和論者自身滑入了調和論的矛盾境地。此種現象產生的原因在於，對於這些啓蒙者來說，一部分舊的道德觀念在他們頭腦中還有很深的吸引力。他們情感深處還自覺於自覺地依戀一些陳舊的傳統，把某些醜惡的東西視爲一種高尙的美德加以固守與頌揚。新與舊兩種倫理道德觀念以二重或多重的形式存在於他們的文化心理中。他們充滿矛盾的理論不過是這種文化上的「二重思想」與心理的外化而已。

文化上「二重思想」使一些五四新文化啓蒙運動的革新派人物對於吸收西方文化表現出一種複雜的心態。一方面接受「勞工神聖」思潮的影響，信仰崇拜工農的思想，努力挖掘覺醒的知識分子在時代回潮中悲劇性的弱點，一方面又表現出對尼采鼓吹的天才的「獨異」者的崇拜，以爲一切新的思想和改革都由一二「超人」而「發端」。一方面高度讚揚新文學作品富有嶄新的時代精神，另一方面又對其中少用了中國的物象，多用了一些外來的名詞，而認爲是作者不愛中國民族文化的表現。一方面倡導人性的解放，婚姻的自主，不讓女子再做封建禮教的犧牲品，另一方面自己却爲對長輩恪守孝道，接受他們「送給自己的禮物」——包辦婚姻，從而讓無愛的婚姻犧牲了別人的一世，自己也咀嚼着生活的苦汁，去另求新的所愛。一方面反對閉關鎖國，主張吸收西方先進思想文化潮流，一方面又迷戀文化上的國家主義，在西方文化的影響與浸潤面前，表現出一種滅亡的惶恐感。一方面高倡人道主義理論，極力鼓動社會尊重「人的價值」，一方面有人又視婦女爲玩物，以他人的痛苦換取自己的享樂……這種矛盾的情形，並不是發生在那些抱殘守缺的衞道先生們身上，而是發生在「號爲『今日的中國』思想極新或在新文化運動潮流中行過洗禮的先生們」身上，就更增強了我們對歷史反思時的嚴肅性與悲劇感。難怪當時就有人感嘆說：「說到中國今日的思想界，眞是一言難盡，舊偶像未去，新偶像又來。」要實現眞正的社會改造，必須在批判舊文化輸入新文化的啓蒙者自身灌輸一種「智識的誠實」，即「科學研究態度」的「眞精神」㉚。

魯迅在解剖自己思想存在的舊文化遺毒的時候，提出了改革者對自身所處位置的審視問題。他認爲「一切事物，在轉變中，是總有多少中間物的。動植之間，無脊椎和脊椎動物之間，都有中間物；或者簡直可以說，在進化的鏈子上，一切都是中間物」。魯迅是從進化論思想出發，反省五四前後自己的思想特徵說這番話的。他承認任何變革的先覺者自身都是一種過渡形態的存在。魯迅這一觀念替我們揭示了啓蒙者們本體存在的「二重思想」的更深層的根源。事實是，在歷史發展的整個鏈條中，包括先覺的啓蒙者在內的一切人物，都不過是歷史的中間物。世間沒有天生的神仙和聖人。新文化運動浪潮中造就了一批先覺的啓蒙者，同時也在反傳統中暴露了他們自身的文化心理惰性。變革的推動者自身就存在有變革阻力的因素。由於先覺的啓蒙者所居的地位使這種心理惰性在改革中阻力因素的消極的作用自然地放大了，但是因爲他們所居的地位，這種心理因素又常常被另一種自居先進的思想所掩蓋，不易被他們自身所覺察。人們的心裏還都殘留着神化自己和神化別人的惰性力量。由於這種惰性力量起作用，加上外在的種種因素，使一些新文化運動的啓蒙者明於察人，却昧於審己，終於走上或是高升、或是退隱、或是蛻變、或是轉向的道路。當然也有許多人也前進了。「中間物」說表明任何人都不是完人，不是救世主。魯迅把自己視爲一個「中間物」，經過長期的反思，努力在自己思想深處尋找舊傳統的遺留。他於新文化運動十年之後的一九二六年，更加清醒地認識到一個事實：「古人寫在書上的可惡的思想，我的心裏也常有。」「我常常咀咒我的這思想，也希望不再見於後來的青年。」

反傳統本身就應該包括反傳統者對自身文化心理惰性的清算。對於過去的自己，啓蒙者的回答是：修一個小小的丘隴，埋葬掉那「曾經活過的軀殼」。這條愼於審己知人的自身反思的道路，應該成爲一切革新的啓蒙者的心靈之路。

註釋：

①陳獨秀：《憲法與孔教》。
②魯迅：《忽然想到》。
③陳獨秀：《調和論與舊道德》。
④陳獨秀：《吾人最後之覺悟》。
⑤魯迅：《隨感錄五十九〈聖武〉》。
⑥陳獨秀：《近代西洋教育》。
⑦陳獨秀：《駁康有爲致總統總理書》。
⑧羅家倫：《今日之世界新潮》。

⑨ 周作人：《新文學的要求》。
⑩ 陳獨秀：《偶像破壞論》。
⑪ 陳獨秀：《基督教與迷信鬼神》。
⑫ 陳獨秀：《基督教與基督會》。
⑬ 陳獨秀：《基督教與中國人》。
⑭ 馬克思：《〈黑格爾法哲學批判〉導言》。
⑮ 陳獨秀：《吾人最後之覺悟》。
⑯ 魯迅：《看鏡有感》。
⑰ 梅光迪：《評提倡新文化者》。
⑱ 聞一多：《女神之地方色彩》、《致實秋》。
⑲ 聞一多：《文學的歷史動向》。
⑳ 魯迅：《摩羅詩力說》。
㉑ 陳獨秀：《答佩劍青年》。
㉒ 魯迅：《隨感錄五十九〈聖武〉》。
㉓ 羅家倫：《近代中國文學思想之變遷》。
㉔ 吳康：《從思想改造到社會改造》。
㉕ 魯迅：《隨感錄五十四》。
㉖ 陳獨秀：《舊思想與舊國體》。
㉗ 陳獨秀：《調和論與舊道德》。

㉘ 陳獨秀：《偶像破壞論》。
㉙ 陳獨秀：《基督教與中國人》。
㉚ 吳康：《從思想改造到社會改造》。

對反傳統思潮的一點反思

清華大學　錢遜

提起「五四」，人們常常把它和反傳統聯繫起來。贊成「五四」的人是這樣，反對「五四」的人也是這樣。贊成「五四」的人說，「五四」的精神就是反傳統，今天紀念「五四」，就要更徹底地反傳統；反對「五四」的人則說，「五四」的錯誤，「五四」之所以應該受到反對和否定，就是因爲它反傳統，造成了我國文化的斷層。因此，在紀念「五四」的時候，對於反傳統的問題作一番反思，就不是一件毫無意義的事。

「五四」精神是徹底地反傳統嗎？

最近重讀了陳獨秀在五四時期的文章書信，得到一個印象，陳獨秀其實並不像一些人所理解的那樣全盤地、徹底地反對傳統文化。的確，對於傳統文化，陳獨秀曾經說過一些十分激烈的言詞。如說：「歐洲輸入之文化，與吾華固有之文化，其根本性質極端相反。」①「新舊之間，絕無調和兩存之餘地。」②「乃絕對兩不相容之物，存其一必廢其一。」③但仔細看來，陳獨秀這些話的含義，與後來許多人所理解的全盤徹底反傳統，是有很大差別的。

陳獨秀明確聲明：「本誌詆孔，以爲宗法社會之道德，不適於現代生活，未嘗過此以立論也。」④他所反對的，是爲那種「別尊卑明貴賤制度」服務的綱常名教，而不是儒家學說的全體，更非中國傳統文化的全體。他說：「就歷史上評論中國之文明，固屬世界文明之一部份，而非其全體。儒學又屬中國文明之一部份，而非其全體，謂君道臣節，名教綱常，不過儒家之主要部份，而亦非其全體。此種過去之事實，無論何人，均難加以否定也。」⑤

陳獨秀也肯定地指出，在儒家思想中有着世界通用的普通性的內容。他說：「記者之非孔，非謂其溫良恭儉讓信義廉恥諸德及忠恕之道不足取，不過謂此等道德名詞，乃世界普通實踐道德，不認爲孔教自矜獨存者耳。」⑥他肯定了溫良恭儉讓信義廉恥及忠恕之道有其可取之處，而且認爲這些都是世界人類普遍遵行的道德要求。

陳獨秀也肯定了在新文化的建設中中國傳統文化以至孔教，都可以有其一定的地位。他說：「若夫廢棄孔教，將何以代之？則國民教育尚焉。中外學說衆矣，何者無益於吾群？即孔教亦非絕無可取之點，唯未可以其倫理學說統一中國人心耳。」⑦對於個人來說，「士若私淑孔子，立身行己，忠恕有耻，罔不失爲一鄉之善士，記者敢不敬其爲人」⑧？

陳獨秀的這種態度，顯然不能說是全盤徹底反傳統，而且也難以用理智和情感的矛盾來解釋，即如有些人所說的「五四」的一些代表人物，在理智上要全盤徹底反傳統，而在情感上却難以割捨。陳獨秀對綱常名教的否定和對傳統文化包括儒家思想的可取部份的肯定，都是理智的，是出於對傳統文化和孔教的全面的分析。「五四」的一些代表人物，一方面激烈地反對綱常名教，一方面在自己的立身處事上又恪守某些傳統道德。這種矛盾的現象，應當從這裏得到解釋。

陳獨秀對傳統文化的態度，包括了否定和肯定兩個方面，但主要的方面是否定，是非孔、詆孔、廢棄孔教，而對肯定的方面，則主要只是在答覆人們的提問時作了一些解釋，沒有發揮。其所以如此，有兩方面的原因：從客觀環境來說，當時的主要問題，是衝破封建禮教的束縛，來一個思想解放，以便爲共和制的建立和完善奠定基礎。從這點來說，陳獨秀把注意力集中在這方面，是合理的。從主觀的認識來說，則可以看到，陳獨秀強調了文化的時代性，却忽視了文化的民族性，這也導致了他對繼承民族文化優秀傳統的忽視。陳獨秀說：「人類文化是整個的，只有時間上進化遲速，沒有空間上地域異同（許多人所論到的中國、印度、歐洲文化之異同，多半是民族性之異同，不盡是文化之異同）。」⑨把民族性和文化隔裂了，否定了文化的民族性。從此出發，他不把中國傳統美德看作中國文化特點，而只看作是「世界普通實踐道德」，也是從此出發，他認爲從傳統文化中去繼承優秀可取的成分是捨近求遠。「披沙求金」⑩，「辛辛苦苦的研究墨經與名學，所得仍爲兩洋邏輯所有，眞是何苦」⑪！應該說，這是陳獨秀認識上的片面和不足之處。

一、中國爲什麼會出現强大的反傳統思潮？

如果單純從思想上來看，或者可以說，這與中國傳統文化中存在的借思想文化以解決問題的傾向有關。這種傾向源於孔子的德治思想和儒家內聖外王的思維模式，直到現在也還可以看到它的影響。「大躍進」、「窮過渡」以至「文化大革命」都與這種傾向有關。當前文化討論中，一些人把一切都歸於思想文化，無論考察歷史，針砭時事，還是展望未來，都只從思想文化上着眼，也與這種傾向有關。這當然是一個值得注意的問題。

然而，我們畢竟不能停留在單純從思想上去找原因。單純從思想上找原因，其結果恰恰是會邏輯地導致借思想文化解決問題的結論。因此，有必要進一步探尋反傳統思潮的根源。

重要的問題是中國近代以來所處的內外環境。中國是在一種非常特殊的環境條件下走向近代的。在中國的先進分子開始探索走向近代的道路時，中國社會內部還沒有準備好走向近代的基礎和條件。

一方面是在列強侵略下亡國滅種的危險迫在眉睫。一方面是經濟社會還停留在中世紀。擺脫落後的緊迫性和客觀基礎的嚴重不足，是一個尖銳的矛盾。人們急切地尋找改變落後面貌、救亡圖存的道路，而中國社會經濟的發展又沒有指示出這種道路，於是只得把眼光轉向外面，向西方學習。而以西方先進國家爲參照系來審視中國的現實和傳統，又自然地使一些人把中國落後的根源統統歸於傳統，把中西文化的差別簡單歸之爲古今之別，傾向於對傳統的全盤否定。同時，守舊頑固勢力總是竭力維護和利用舊傳統以抵制變革，維護和復辟封建專制，這種倒行逆施又大大加強了這種傾向。這是反傳統思潮產生和流行的客觀基礎。

反傳統思潮也帶有相當濃厚的感情色彩。對於錢玄同先生廢漢文的主張，陳獨秀有過一段評論：「錢先生是中國文字音韻學的專家，豈不知道語言文字自然進化的道理？（我們以爲只有這一個理由可以反對錢先生。）他只因爲自古以來漢文的書籍，幾乎每本每頁每行，都帶着反對德、賽兩先生的臭味，又碰着許多老少漢學大家，開口一個國粹，閉口一個古說，不啻聲明漢學是德、賽兩先生天造地設的對頭；他憤極了才發出這種激切的議論。」⑫這裏我們看到了理智和情感的矛盾。但和上述一些人所說的相反，不是理智上全盤徹底反傳統而情感上難以割捨，而是相反，理智上清楚地認識到漢字不可廢，却因爲「憤極了」而提出了廢漢字的主張。對於這種主張，陳獨秀也是僅從理智上指出其不可行，並且強調「只有這一個理由可以反對錢先生」，而在情感上則抱着同情和理解的態度，這同樣表現了理智和情感的矛盾。因此可以說，這段話是反映了五四時期激進分子的共同心態。陳獨秀的一些激烈言詞，也是出於這種心態。

所以，反傳統思潮反映了在國內看不到出路而轉向西方尋找救國之途的要求，也反映了由於救亡圖存，振興中華的迫切心情而產生的憤激之情。不僅五四時期如此，五四以後反傳統思潮高漲的幾個時期，大抵也是如此。在六〇年代臺灣以李敖爲代表的全盤西化思潮和八〇年代大陸的反傳統思潮中，都可以感受到對現實的強烈不滿和失望，以及對民族前途的迷惘和缺乏信心。而在六〇年代後期以至七〇年代，臺灣經濟起飛以後，經濟的成就使人們恢復了自信，人們也就轉而比較冷靜地對待傳統，全盤西化思潮也就漸趨銷聲匿迹了。

這裏，我們可以得到一些教訓。荀子說過：「凡萬物異則莫不相爲蔽，此心術之公患也。」⑬反傳統思潮的流行，正是再一次向我們昭示了這「心術之公患」。過去，國人以天朝大國自居，是一種蔽：蔽於我們悠久的文明，於是虛驕自大，閉目塞聽；近代以來，徹底反傳統，又是一種蔽：蔽於我們的落後，於是喪失信心，以爲老祖宗留下的遺產一無是處，中國一切不如人。現在，是該解蔽的時候了。當然，我們可以相信，只要中國的改革得到成功，經濟得到發展，反傳統思潮也就會逐漸失去其基礎，中華文化的價值終究會爲人們所認識。然而我們不能只是相信和等待，而是要自覺地解蔽，以我們的努力去加速這一進程。

批判繼承，綜合創新實現創造性的轉化

反對反傳統主義，並非就是要全盤接受和繼承傳統文化。全盤繼承，又是一種蔽。蔽於只見其優，不見其劣；只見其民族傳統的一面，不見其時代局限之一面。對傳統文化，要批判繼承，綜合創新，實現創造性的轉化。批判繼承，是要批判、剔除傳統中一切因時代局限而形成的封建的落後的成分，繼承、吸取其中蘊含的超越時代的普遍性的因素。綜合創新，是要吸取各民族文化的優秀成果，特別是吸取西方近代文化中反映現代社會要求的普遍性因素，與中國文化的積極成分加以綜合，創造出中國的現代新文化。創造性的轉化，是批判繼承、綜合創新的目標和結果。只有經過批判繼承、綜合創新，才能實現中國傳統文化的創造性轉化，使中國文化適應於現代社會的需要，獲得新的生命，弘揚、發展，爲人類文化作出更大的貢獻。

實際上，這種創造性轉化的過程，近代以來已經在學術思想和實際生活兩個方面進行着。在學術思想方面，最早的努力是戊戌時期康有爲、譚嗣同等人做出的。梁啓超曾經說，他們是「欲以構成一種不中不西即中即西之新學派」⑭，這個「不中不西即中即西”，也就含有綜合創新的意思。「五四」以後直至今天，一批被稱爲現代新儒家的學者，繼續在這方面努力，做了大量工作，取得了傑出的成果。前後幾代學者，積一百年的努力，爲我們留下了極寶貴的財富。儘管他們之間思想、立場有着很大的差異，達到的結論見仁見智各有所好，取得的成果大小也不同，但他們的努力應該得到肯定，他們的工作、他們的成果以及其成敗得失，都需要我們認眞重視，研究總結。

在實際生活中，傳統文化的創造性轉化，也在發生着。社會的發展、變革，西學的傳入，都影響着人們的思想，人們的價値觀念、思維方式都已經發生了巨大而深刻的變化。這種變化並不總是採取與傳統徹底決裂的形式；相反，在許多情形下往往是採取了賦予傳統以新的意義、新的內容，即傳統的創造性轉化的形式。在近代中國人民爭取民族獨立解放的鬥爭中，這種情形表現得最爲鮮明，五四愛國運動之始，消息傳到清華園所激起的最初反映，是聞一多在飯廳門口貼出一張揭貼，上面抄錄了岳飛的《滿江紅》詞；抗日名將吉鴻昌在他的就義詩中寫道：「恨不抗日死，留作今日羞。國破尚如此，我何惜此頭？」老舍的名著《四世同堂》引用宋儒「餓死事小，失節事大」的話來表達中國民衆誓死不當亡國奴的浩然正氣，著名文學家、教授朱自清儘管貧病交加，但堅決抗議美國扶植日本，拒絕在領取「美援」麪粉的宣言上簽名，寧可餓死，不領美國救濟糧。顯然，這些仁人志士的道德觀念，理想追求，已經與傳統有了根本的變化。聞一多抄錄《滿江紅》來表達自己的愛國情懷，絕不能等同於岳飛的「精忠報國」；老舍引用「餓死事小，失節事大」，其「節」的內容更不是理學家所指的綱常名教。然而他們又確實繼承了中國傳統的文化精神。在這裏，表現了中華民族崇高的民族氣節，中華民族重視道德價值，重視氣節，「殺身成仁」，「捨生取義」、「富貴不能淫，貧賤不能移，威武不能屈」的浩然正氣，昇華到了新的高度，得到了發揚、光大。也就是說，在這裏中國傳統的文化精神實現了它的創造性的轉化。

這兩個方面的轉化過程，都還遠沒有完成。並且時代的前進又提出了新的要求，有待於我們這一代至下一代，下二代……去完成。但重要的是，先輩們在學術上的艱苦探索和在生活中身體力行的實踐，已經指示了前進的途徑。循此前進，經過幾代人的努力，困擾了中國的先進分子一百多年的中西文化衝突問題，將得到解決，人們將會看到，中國文化以新的面貌、新的生命力出現在世界，爲人類文化作出自己的貢獻。

註釋：

①陳獨秀：《吾人最後之覺悟》。
②④陳獨秀：《答佩劍青年》。
③陳獨秀：《復辟與尊孔》。
⑤陳獨秀：《再質問〈東方〉雜誌記者》。
⑥⑧陳獨秀：《答〈新青年〉愛讀者》。
⑦陳獨秀：《答俞頌華》。
⑨陳獨秀：《精神生活、東方文化》。

⑩ 陳獨秀：《學術與國粹》。

⑪ 陳獨秀：《國學》。

⑫ 陳獨秀：《〈新青年〉罪案之答辯書》。

⑬ 《荀子·解蔽》。

⑭ 梁啓超：《清代學術概論》。

改革與傳統文化模式的轉換

北京大學　張文儒

在改革中遇到許多複雜問題，問題之一是關於傳統文化模式的轉換。

談到文化模式的轉換，不妨把視野放寬些，先把文化問題討論一下。

文化是一個含義十分寬泛的概念。廣義說：凡人類不是憑生物本能，而是憑自己的體力和智力通過勞動建樹的一切，都屬文化之列。社會學家和人類學家們把文化現象歸屬於三個層次，即物質層次（主要指器物技術）、制度層次（包括社會類型以及相應的多方面組織機構）、思想觀念和心理層次（指由一定的思想、態度、價值觀念和信仰等等構成的心態結構）；也有的學者把整個文化看作是由三個部份組成爲一個有機系統，這三個部份是物質文化、規範文化和認知文化，又稱文化三要素，兩種說法相差無幾。

相比而言，在三層次（或三部份）中，物質與制度尙屬於文化的表層結構，或稱硬件；思想觀念和心理則屬於文化的深層結構，或稱軟件。在某一社會向前發展中，前兩者由於其色調的鮮明與功力的顯見性，容易引起人們重視；第三者是一種緩慢生長的無形力量，並採取潛移默化的滲透方式，往往容易被忽視。但是，從本質上看，從長遠看，屬於硬件的東西總是最終爲屬於軟件的東西所制約。軟件系統中，傳統思維模式又是它的核心部分，它作爲某一社會中人們普遍的心理狀態，不僅制約着人們的行爲模式，影響到人們對器物技術和社會制度的運用，還直接關係到內外文化的交流。一句話，一定的思想觀念和心態結構將從宏觀上決定社會變遷的速度以及對變遷結果的評價與理解。

愈是容易被人忽視的東西往往就愈重要，這是規律。從當前改革的現實說，改革的目標是振興中華和實現四個現代化，但是，假若一個國家、一個民族，單是引進科學技術、管理經驗等等，絕不能實現完全的現代化，只有逐步培養起與之相適應的新的思想觀念及心理素質，並經過長時期的痛苦的文化轉型，才可能最終地實現眞正的完全現代化。

提出改革傳統文化模式非自今日始。在我國「五四」時期，甚至以前，許多有識之士已唱爲發聲。當時有不少人以其博學多識和宏大氣魄對中國傳統文化的積弊作了深刻的揭露。所謂西化派、國故派和馬列派之爭，焦點之一是對於中國傳統文化的不同估價及對其出路的選擇所作的探索。然而也應當指出：那個時候提出對舊傳統文化的批判與今日提出傳統文化模式的變革，其背景與含義已大不相同：其一、當時提出新舊文化之爭，其社會作用和最終歸宿，是爲整個社會的政治變革作輿論準備，還談不上一下子使文化自身根本變革；其二、時代條件也迥然不同，那時尚處在革命和戰爭的暴風雨年代，當務之急是救亡圖存；而今天面對的是改革和調整的潮流，中心議題是和平與發展。

提到時代的特徵，我們應當有足夠的估計。由於新技術革命的前導作用帶來了整個世界格局的飛躍式的改變，它將從三個方面突破：一是生命科學和遺傳工程，二是人工智能，三是人類素質，包括政治、文化、技術和道德等素質。它的縱向時間跨度將從二十世紀八十年代至下世紀中葉，它的橫向空間跨度，將囊括全球東西南北、五大洲的每一地區和國家。適應於這個時代，必然要出現新戰略、新思維和新觀念，許多學者的這一估計不無道理①。我們正是應從這樣時代的高度來審視我國傳統文化模式的轉換問題。

拿我國當前的情況說，把科技進步作爲總攬經濟全局的關鍵，並逐步推行與經濟體制改革相適應的政治體制改革，這是十分正確的。但科技進步不單指科學技術水平和教育，還有科學觀念和科學意識的養成等等；而建立社會主義民主政治，也不僅僅着眼於完善基本制度，還有健全法制觀念逐步破除人治觀念和樹立民主意識等等。無論是科學意識、法制意識和民主意識，都同文化模式的轉換有直接關係。

這裏說的文化模式轉換，是改革的衍生物。改革必然除舊，對過時了的東西加以革除或變換。既要變革，必定累及傳統。什麽是傳統？傳爲承前啓後，統爲一以貫之，都是指沿襲規範化了的舊的章法，它的最明顯的標記是帶特徵性的前後一致性。因此又可以叫作程式化的延續和自然主義的延伸。

傳統，作爲人們活動的背景或起點，具有兩重性：一方面，從發展的眼光看，它本身確實有許多落後的、僵化的、不適應新的發展的條件和因素，就這層意思說，傳統與保守（或守舊）只一步之差；另一方面，它又含有某些經過實踐檢驗的、科學的、合理的、進步的東西，從這方面說，同時又構成新的發展中的環節和要素。

改革不是與傳統隔絕，是對傳統的辯證否定，本質上是一種發展；照辯證法的術語，是一種揚棄，即有揚有棄，吸收合理的東西，排除無用的東西，依據新的歷史條件增加更有益的東西，是揚棄中包含的兩個側面。只揚不棄，否認了歷史的前進性，是對傳統的全盤肯定；棄而不揚，否認了歷史的連續性，則是對傳統的全盤否定，這是經常碰到的兩種偏向。

指出傳統本身有二重性，並不是說傳統是凝固不變的，是一個靜止的死去的東西。既承認運動是物質的根本屬性，靜止是運動的特殊形態，變是絕對的，不變是相對的，那麽，也應當承認，傳統作爲一個歷史範疇，是永恒地處在延續不斷的發展過程中。它不但代表過去，體現於現在，還不斷地指向未來。現在不斷地成爲過去，未來又不斷地變成現在。傳統是在這種過去——現在——未來的連續運轉中得以延綿和發展。事實上，今天置身於人們面前的各種具體形態的傳統都不是最原始傳統的原型，而是變異了的傳統。時間愈久，距離愈遠，由變異形成的差別就愈明顯。如果再考慮到社會穩步發展的時間性概念與社會變動時期的時間性概念不可同日而語，那麽，因歷史變遷而帶來的傳統的巨變就更易於爲人們理解了。

改革也不能離開傳統來了解。改革，說到底是對現有東西的合乎規律的改造或變革，因此，它不能憑空進行，只能建立在承認傳統的基礎上。換言之，改革不是否認和割裂傳統，而是發揚和改造傳統。有人無視這一點，一說到文化模式轉換，就津津樂道於中國傳統文化的諸種弊端，把傳統中國文化罵得狗彘不如，將外國文化捧上了天，把文化模式轉換誤解爲是從自身的文化母體之外照搬另一種文化模式，全部取代傳統文化；甚至提出全盤西化，美其名曰「換血」，根本不懂得我國改革正是在自己文化母體內進行的。這是在改革與傳統關係上的又一種形而上學觀點。

不能否認，中華民族是世界上少有的文明古國之一，華夏文化也是世界總文化中的重要組成部分。中國人民勤勞、樸實、注重禮儀、自強不息，有不屈不撓的鬥爭精神，爲世界所讚譽。然而，無論以發展的眼光看，還是從改革與開放的現實，傳統思維模式中確實有許多是不能適應或不能完全適應當前變革要求的東西，尤其是由於它植根於久遠的封建文化與半封建文化，帶有強烈的封建性、狹隘性和保守性，早已不能適應資本主義社會發展的要求，更不必說社會主義社會了。

主要表現在：

一、重人事、輕科學。人事，指人與人的關係；科學，指人與自然的關係。中國傳統觀念裏，對人與人關係的處理遠勝於對人與自然關係的重視程度。出現這一情況，固然同中國封建社會裏，生產規模狹小，生產力落後的狀況有關，但封建倫理思想的薰陶起了直接的作用。封建制度的特徵是等級制，中國的封建制度更是在嚴格等級制度上面塗上了一層重重的油彩，把政治制度倫理化、人性化。比如，儒家認爲：判別一個社會成員是否合格，首先看對於封建倫理綱常持何種態度。他只有能處理好父子、夫妻、長幼、朋輩等人際關係，踏上仕途之後，才有可能處理好同級、上下級乃至君臣關係。儒家學說認爲，個人的修養，人格的鍛造，協調人事關係的能力，是某種社會制度得以延續的根基和保證。治家與治國，存在着一種邏輯的和先天的一致。於是，科學和技術，則被擺在了無足輕重的位置上。中國四大文化：兵、醫、農、藝，藝排在最末，就是明證，韓愈的《師說》中稱：「巫醫、樂師、百工之人，君子不恥。」也間接地說明了這一點。至於勞動人民在戰勝自然活動中迸發出的聰明智慧，天才的發明，精湛的技藝，則被當作「奇技淫巧」，中國歷來有「毋聽淫詞，毋作滛巧」之說②。即便是魯班再世，也難以登大雅之堂，更不要說能同中國治國之本的綱常名教相提並論。

二、重善惡、輕功利。這是從重人事、輕科學直接演化而來。善惡是道德評價，功利指功效和利益。兩者屬不同範疇。重人事必定重善惡，輕科學必定輕功利，這是二而一的東西。

中國歷來有揚義貶利之說。荀子評論過「隆勢詐、尚功利」③。《史記》中亦有「公孫弘以漢相，布被，粂不重味，爲天下先……」的記載，都說明對善行的重視。從另一方面說，既然傳統中國文化中，將「一臣不事二主，一女不嫁二夫」，作爲人的終身不渝的信條，那麼，修身養性則被視爲最高品德。有人說：中國人追求人格至善，甚至比康德追求彼岸世界毫無遜色。差別在於：後者可望而不可及，前者則是現實的人的實踐，這種說法不無道理。儒家文化之所以在長時期內獲得過震懾人心的魅力，原因之一，便在於將個人安身立命的準則同整個社會的組織原則統一在一起。換言之，止于至善，既是個人人格鍛造的理想境界，也是社會所要求的，並且是所有人嚮往的最佳目標。

輕功利的結果，勢必大大地縮小了人的社會實踐的範圍，把人的社會實踐僅僅限於或主要地限於個人品格修養和道德實踐的狹隘領域，輕易地排除了其它社會實踐形式的位置，遲滯社會發展。用董仲舒的話說，叫「正其誼而不謀其利，明其道而不計其功」。同時，義利分割，又可能導致兩者的畸形結合，使得一些精於此道的人以僞善面孔出現，故意裝出對一切世俗利益都漠然處之的樣子來掩蓋自己的七情六慾。口頭上視功利爲草芥的人，實踐上往往又是急功近利，貪圖私慾的最大功利主義者。聲稱百分之百不要個人功利的人，却掩蓋着百分之百的縱慾主義和利己主義。理想和現實陷入了不可解脫的自相矛盾的狀態。

三、重經驗、輕理性。經驗是人的認識的低層次階段，理性是認識的高層次階段，兩者互相銜接。就是說，經驗爲理性之母，無經驗便無理性；反過來說，經驗又需要理性方法的參與才可能變得條理化和系統化，失去理性的指導，更高水平的經驗也難以誕生。這些道理，很易於了解。但是，在中國的傳統社會裏，由於生產力水平低下和經濟結構極其簡單，一家一戶的自然經濟長期把人們編織在一種隔離或半隔離的狀態裏，人們的視野難以開闊，生活節奏如農作物的春生、夏長、秋收、冬藏一樣，呈現一種單循環的樣式。前一代人的經驗，也像前一代人的勞動格式那樣幾乎不加任何修改地運用於後一代人。加上在傳統的思維方式裏，所謂「理性」被解釋爲「格物致知」，知的中心不在於外部的現實世界，而是人自身的良知良能，不求於外而求於內。這樣，理性也在相當大的程度上被降低到感性的水平。輕視理性的結果，造成了中國傳統思維模式中一個極壞的毛病，凡事只求大略、籠統，不求精確，不作嚴格推理，不重視事物間的數量關係，嚴重缺乏時效觀念。曾經有一位叫佩克的美國作家在三、四十年前寫了一本題爲《兩種時間》的書，他比較了當時中國和西方時間觀念的差異，認爲中國的時間觀念是非常慢的，一百年也不在話下，而美國人却把每一分鐘都看成非常重要。這也許是極而言之，但也有相當大的眞實性。另外，中國的傳統文化裏大多不肯承認思辨的功能，也嚴重地忽視理性思維能力的鍛鍊。愛因斯坦說：西方科學的發展是以兩個偉大的成就作基礎的，即是希臘哲學家發明的形式邏輯體系，以及通過系統實驗發現有可能找出的因果關係。他認爲中國的聖賢沒有走上這條路。這一觀察是有道理的。

四、重結構、輕個體。這裏說的結構不是指自然結構，而是指社會結構，包括以生產關係爲骨幹組成的一切社會關係以及由此產生的某一社會特有的層次結構。這裏說的個體是指社會結構中的一份子，即一個個現實的個人的存在。本來，結構與個體是相互依存、相互制約，離開了結構的個體乃是孤立的個體，離開了個體的結構只是虛幻的結構。然而，由於我國沒有經歷過完整的資本主義發展階段，沒有經歷過以人性反對神性的革命浪潮的洗禮，因而對個人自由、人權至上以及個人獨立自主的意識都十分淡薄。反而屈服於中國傳統文化裏關於人際關係的古老格局，把結構看得過重，把背景假設刻板化、凝固化。在長期的等級制度的統治，使每一個體都無例外地被統轄在等級制的社會網絡裏，拳拳服膺於維護網絡系統的要求。這種境遇下面，每個個體都被賦予了無窮的義務，個體存在的意義在於他人或整體。個體行動的動力在於自身的使命感。相形之下，自身的權利和追求，甚至某一個體存在與否，則變得無足輕重。這種重結構輕個體的思維模式既限制了個人的正當要求的滿足，又養成了人們自我克制和與世無爭的心理狀態。因而對培養人們的自主意識、競爭意識和創造意識極爲不利。

以上所說，是中國傳統文化模式中作爲核心部位的思維模式的一些基本特點。它們之間有着不可分割的內在聯繫，如貴義賤利和重道輕器即緊密相關。如果把上面這些集中於一起，就是把人與人之間的關係，尤其是人們之間的倫理道德關係放到了第一位。

對於中國傳統思維模式，既不可肯定一切，也不可否定一切，應採取辯證分析的態度。

不能否認，中國傳統的文化模式，有許多獨具的優點不容抹煞。例如，它極爲重視於社會網狀結構的維持，對於一個社會政治的穩定、社會的和諧、企業的發展和經濟的繁榮不無益處。它強調人與人之間依據行爲背景和角色的不同，應採取特有的社會行爲模式和具備相應的心理特點，對於調整當今社會上各部分成員之間相互關係，增強凝聚力，亦有助益。即使是「王道」和「仁政」這些本來是用以調整封建時代統治者與被統治者之間矛盾的準則，如果賦予它以新的含義，對現代社會裏協調領導被領導的關係，發揚人民性、民主性也依然適用。更不要說，中國歷來提倡「先天下之憂而憂，後天下之樂而樂」的崇高的道德情操和品格，對於激發人們的獻身精神、制止個人主義的蔓延，杜絕以權謀私，正是不可多得的寶貴的精神力量。但是，也必須承認，其中有許多內容確實已成爲精神的牢籠，既束縛個人的思想解放和觀念模式的更新，也妨礙整個社會的進步和新的精神風貌的建設。因而，對於它不可不在總體上作一番鑒別、篩選和改制的工作。

應當指出：從根本上說，中國舊有文化的模式是植根於一種家長制爲主的隔絕、閉塞的小生產的環境裏，延續兩千年的封建社會使之強化。它帶着強烈的保守性逐代流傳，與變革着的現實格格不入。例如，重人事的結果造成了在一切領域重人品、輕能力，重人治、輕法治，人們孜孜以求的是「上有明君，下有良民」而不在乎若干中間環節的缺失。由於家長制與倫理關係合而爲一，鼓勵了人們靠後臺、聯家族、拉關係、結團伙，甘願委身他人，不願自強自立。又由於重善惡、輕功利，促使人們養成安於現狀，甘居下游，不恥落後的變態心理；分配的平均化暢行無阻，超群出衆反受撻伐；長此以往，窒息人們的創造性和進取心，也延緩了整個社會的發展。因爲，在事實上，誰都不是不食人間煙火的天外來客，都生活在柴米油鹽現實之中，但又都不承認它的重要性和緊迫性，中國社會發展得如此緩慢，與這種思維模式存在有絕大的關係。還有重經驗、輕理性，導致了對書本知識無興趣，對知識分子有偏見，對數量計量不重視，對邏輯推導不習慣，甚至對一切由理性知識得來的成果不信任。一切滿足於憑經驗、套慣例、想當然、大約模，給經驗主義思想方法的傳播留下了可乘之隙，有人每每以個人資歷深淺與「經驗」多少論短長，「我過的橋比你走的路多，我吃的鹽比你吃的飯多」便是適例。最後，重結構、輕個體，招致人們對個人幸福、個人愛好、個人福利以及一切個人正當的合理要求均擺在了從屬的位置上，主體意識極差；反過來，又使得一些人動輒以「組織」名義、「集體」要求給那些軟弱無力的個人以懲罰，這樣，實際上爲許多違反人性甚至摧殘人才的行爲開了方便之門。

從上可知，中國傳統文化模式中的消極方面是相當嚴重和相當突出的，如果不能充分地估計中國傳統文化模式的這一致命弊端，將會使它成爲一種難以克服的阻力，給我國社會主義現代化建設設置一道無形的心理障礙。

社會現代化取決於人的現代化，而人的現代化又首先是人的文化心理素質的現代化，包括人的思維方式、價值尺度、行爲模式和感情類型等。反之，人們文化心理素質的適時轉換又必定會反轉來作爲強大的動力推動新的生產力的發展與社會進步。列寧說：「歐洲的思想和情感方式，對於順利使用機器，是和蒸汽、煤炭和技術同樣必需的。」④對於今天的亞洲人說，同樣如此。還應當看到，今日中國所處的世界，已成爲一個鷄犬相聞、異類雜處的世界村，幾個世紀前的文化隔膜和文化探險及對異域文明極難「介入」的狀況已不復存在，儘管人們對「郁郁乎文哉」的周代文化，乃至整個華夏文化懷有深深的眷戀之情，儘管也有人提出第三期儒家文化復興等等的召喚，但是，由上述的分析已經證明，主要靠復興舊文化模式構建現代中國新文化以及按照某種學術派別來規定人們的心理素質已不合時宜。

當然，我無意於說明，人的文化心理素質的現代化即等於西方化，當然不是。前面說過，中國文化傳統中儘管有某些保守、陳舊和落後成分，但畢竟還有許多合理、進步和合乎科學的東西。對待文化傳統的態度不應全盤否定，而是推陳出新。當今的世界，無論哪個民族，只要在數千年的漫長生活裏，已經形成了文化模式與心理特徵的差別，成爲歷史積澱，便絕非一個時代的風風雨雨所能分解。況且，今日之西方文化也並不是人們印象中的一個模式，而是變成了多元模式。如盎格魯——美利堅文化、日爾曼文化、法蘭西文化、拉丁美洲文化、非洲文化等。《大趨勢》的作者奈斯比特的話不無道理。他說：「各國經濟的全球化將伴隨產生語言的復興和強調文化特點。……簡而言之，瑞典人會更瑞典化、中國人會更中國化，而法國人也會更法國化。」⑤人們有理由預言：古老的民族風神琴在新的改革、開放步伐的推動和科學技術革命的敲擊下，必將奏出嶄新樂章。

不過，就當前說，我們對待文化傳統，強調的重點是變革而不是守舊，是模式的轉換而非簡單沿襲。假如說秦磚漢瓦難以蓋成現代化大廈；那麽，原封不動地搬用舊文化模式與思維模式，也絕難完全適合於社會主義建設的需要。況且，即使是繼承和吸收，也是結合着改革實踐逐步進行。這特別是由於下述兩方面情況：一是科學技術的迅猛發展，二是國際交流的日益頻繁。

我們早已不是生活在刀耕火種時代，也不再是火藥、印刷術和指南針時代，而是進入了電子計算機、生物技術和人工智能的時代。電子計算機使一個人一生幾萬工作小時縮短到幾點鐘甚至幾分鐘，工作節奏之快前所未有。整個世界在激烈的震盪中前進，技術進步改變了外部世界，也改變了人們理解世界的方式和能力，改變着人們的綜合現實、思考現實和預測未來的習慣。因此，傳統思維模式的轉換是不可避免的。

從國家與民族的界限說，自從資本主義出世之後，世界聯成了一個整體。近幾十年來的事變更加證明：國與國之間不僅有頻繁的技術交流，也有日益增多的文化交流。思想和文化，只有通過交流才能不斷地豐富和發展。人們看到：日本在全力引進西方工業社會的模式時，又能把本民族傳統文化中的積極因素摻了進去，使自己的企業具有濃厚的群體性特色，加上開明的政治領導、家族觀念賦予企業的一種穩定性和高資本積累率，從而造就了以和諧的人際關係爲特徵的「東方企業精神」，不失爲一個好的先例。這方面，我國也不應自甘落後。

那麽，可否將我國目前文化心理模式的轉換內容作一些粗淺的探討呢？

在我看來，首先是將人倫型轉變爲事業與人倫並重的特殊類型。

歷史屢次證明，維持一個興旺發達的社會制度，社會主義制度也在內，固然要求有一種使每個人樂於生活其中的和諧的人際關係，但單靠禮儀不能推動社會進步，反而會導致社會滅亡。從我國古代說，戰國時秦國素稱有蠻族之勇而蔑視禮儀，一舉滅掉了其餘六國，三晉號稱聖賢之國却難以自救；就近代說，中國本位文化敵不過列強的船堅炮利，反而使自己逐步落入到殖民地、半殖民地的可悲境地。二次大戰後，日本之所以扶搖直上，除了有利的國際條件外，首功當歸於它的科學立國和教育立國的國策。在此前提下，也仰仗於它的"混合"（或合金）文化、東方企業精神和相應的管理模式。當今的日本變成了僅次於美國的第二經濟大國。絕非偶然。現在，日本型的現代化管理模式反而爲西方人所稱道。上述這些給人以啓迪，必須把科學技術置於前沿，必須以事業與人倫並舉而以事業爲先，才是興國之道。中國的民主主義者嚴復在《原強》裏所說的「鼓民力、開民智、新民德」的口號並未過時，魯迅先生在《墳·文化偏至論》裏說的「人立而後凡事擧」也正切合時宜。適時轉換文化模式，革除「政教風俗之弊」，掃除重道輕器的民族之劣根性，才可能使全體人民以新的姿態、新的觀念和新的意識爲前導，一心不二和頗有章法地去建設自己的國家。

其次，在決策類型上由經驗型轉爲科學型。

經驗是可貴的，經驗性的認識是一切理論產生並成立的客觀前提，經驗決策在一定範圍內也有其實用價值。但是，切不能以現有經驗爲滿足，尤其在科學技術日新月異而人的實踐範圍又極端多樣的狀況下，應付變化無端的信息環境，在震盪中求平衡，在螺旋中得生存，從全局和總體上看，必須由經驗型決策過渡到科學型決策。我國目前的現代化建設，牽涉面廣、系統複雜、變化急速又影響深遠，往往差之毫厘，失之千里，更需要有科學論證和系統決策。爲此，就要提倡從自我切身經驗中走出來，使之帶有條理性，同時又大力吸收外域知識特別是新知識，更新知識結構，發掘和培養人才，進一步調動知識分子積極性，下大力反對在吸收知識過程中的保守、抗變、排外和簡單模仿等不良習氣，並逐步建立起一套吸收新知識的意識和組織結構，造成一些適應於不同層次、不同領域任務的科學決策群和科學決策系統。

再次，是在處事方式上由家長型轉變爲民主型。

與經驗決策型直接聯繫的是家長制觀念的盛行。按照家長制管理方式，擧凡一切事宜，家長一人說了算。這種處事方式的立論基礎是家族成員對家族首長的效忠、服從和無條件信賴。它最初同小生產相聯繫，後經過長期的封建社會的延續，已變成獨處尊位的正統管理方式。在重人倫、輕功利的中國傳統社會，家長制被戴上了神聖的花環，觸犯不得。一方面是家長們的絕對權威，另一方面是下屬成員們的喪失個性，形成了極不合理的反差。然而，在現代生產和現代文明的社會裏，家長權威已不再具有那種激動人心的魅力。領導者的品格的概念也應發生變化。一個好的領導人的威信和才能不在於專橫獨斷，而在於博採民意；不在於剛愎自用，而在於從善如流；不在於包攬一切，而在於富於想像；更不在於權迷心竅，而是能在旣定的崗位上不斷地爲全體民衆效力。同樣，作爲一個稱職的被領導者，他的優秀品質也不再是表現對領導者的唯唯諾諾、必恭必敬，而是在敢於探索、勇於負責、多才多藝，不盲從權威、自力更生、辦事靈活。唯其如此，民主空氣才能增張，科學意識才能發揚，民主集中制的原則才能牢固地確立。

以上所說的文化模式的轉換只是攝其大要。不過，透過這幾點，也可以窺一斑而見全豹。

應當說，傳統文化模式（尤其是思維模式）的轉換，不是一件容易的事。這是因爲凡屬意識形態領域的東西，都有相當大的惰性，並表現爲特殊的滯後性。雖然有可能局部地超前，但難以在短期內變成人們普遍的心態結構。因此，在我國具體情況下，這種轉換只能伴隨着經濟、政治體制的改革緩緩而行。列寧說，千百萬人的習慣勢力是一種最可怕的努力。高爾基也說，「習慣」是一個殘酷的主宰，而舊的生活的堅固的網，又完全是由習慣編織而成的，人們編織成這個網已經有很多世紀了，許多人在沒有明白必須把網繩撕開之前，一輩子都纏在這面網裏。因此，雖然在洶湧澎湃的改革浪潮裏，中國舊有文化傳統的一部份已越來越成爲一種歷史的戒尺在丈量着炎黃子孫前進的脚步，又不斷敲打着他們的脊背，使人們感觸良深，但文化模式的轉換仍將遵循自己的規律，須假以時日。

註釋：

① 參見：《世界經濟導報》一九八七年十月五日，第一三版。
② 《管子・五輔》。
③ 《荀子・議兵》，意指重視欺詐、崇尚功利，荀子認爲是下策。
④ 《列寧選集》第一卷，第一五五頁。
⑤ 奈斯比特：《大趨勢——改變我們生活的十個新方向》，第七五頁。

簡論陳獨秀對中國傳統文化之批判

北京大學　許全興

如何認識與評價五四新文化運動，是當前文化討論中的一個重要問題。陳獨秀是五四新文化運動的領袖。本文試圖通過剖析陳獨秀對中國傳統文化的批判，對當前爭論中的某些問題發表一點看法。今年是五四運動七十週年，陳獨秀誕辰一百一十週年，本文也算是一種紀念。

一、陳獨秀對中國傳統文化的激烈批判

陳獨秀從小誦讀「四書」、「五經」，受的是傳統的封建教育。他十七歲中秀才，後受康有爲、梁啓超維新思想的影響，由「選學妖孽」變爲「康黨」。後又受資產階級革命派的影響，積極參加反清鬥爭，由「康黨」變爲「亂黨」。辛亥革命推翻了滿清王朝的統治，結束了二千餘年的君主專制制度，建立了中華民國。由於資產階級的軟弱，這個革命並沒有完成反帝反封的歷史任務。辛亥革命後中國依然外迫於強敵，內逼於獨夫，面臨着亡國滅種的危險。陳獨秀認爲，出現這種情況的根本原因是舊思想遍佈國中，國民思想未根本覺悟。因此，要救亡圖存，要鞏固共和，實現眞正的民主政治，首要的是將國民頭腦中的舊思想洗刷得乾乾淨淨，改善國民性質行爲。基於這種認識，他創辦《新青年》，猛烈地批判封建的舊政治、舊道德、舊文學，不遺餘力地介紹西方的新思想，提倡民主與科學

，領導了新文化運動。

陳獨秀對舊政治、舊道德的攻擊集中在以孔子爲代表的儒家的綱常名教上。他說：「儒者三綱之說，爲一切道德政治之大原。君爲臣綱，則民於君爲附屬品，而無獨立自主之人格矣；父爲子綱，則子於父爲附屬品，而無獨立自主之人格矣；夫爲妻綱，則妻於夫爲附屬品，而無獨立自主之人格矣。」①又說：「儒者三綱之說，爲吾倫理政治之大原，共貫同條，莫可偏廢。三綱之根本義。階級制度是也。所謂名教，所謂禮教，皆以擁護此別尊卑、明貴賤制度者也。近世西洋之道德，乃以自由、平等、獨立之說爲大原，與階級制度極端相反。」②

陳獨秀對儒教孔道取堅決否定的態度。他說：「儒教孔道不大破壞，中國一切政治、道德、倫理、社會、風俗、學術、思想，均無有救治之法。」③「孔學優點，僕未嘗不服膺，惟自漢武以來，學尚一尊，百家廢黜，吾族聰明，因之錮蔽，流毒至今，未之能解；又孔子祖述儒說階級綱常之倫理，封鎖神州。斯二者，於近世自由平等之新思潮，顯相背馳，不於根本上詞而闢之，則人智不張，國力浸削，吾恐其敝將只有孔子而無中國。」④

他對辛亥革命出現的尊孔復古逆流更是深惡痛絕，大加鞭撻。他對尊孔復古派的批判大致可歸結爲以下四點：

第一，三綱爲孔教根本之教義。因此，主張尊孔，勢必立君；主張立君，勢必復辟。孔教與帝制有不可離散之因緣，尊孔派是復辟黨。

第二，孔子不事鬼，不知死，文行忠信，皆人世之教。所謂性與天道，乃哲學，非宗教。孔教絕無宗教之實質與儀式，是教化之教，非宗教之教。康有爲等人把孔子打扮成教主，把孔教變爲宗教之教，是平地生波，惑民誣孔。

第三，人間萬事，恒以相競而興，專佔而萎敗，把孔子定爲一尊，不獨神州學術不放光輝，即孔學亦以獨尊之故，而日形衰落。把孔教列入憲法，搞學術思想專制，阻碍思想文化之自由發展。把孔教列入憲法，違反信仰自由，容易引起宗教與民族紛爭。

第四，宇宙間精神物質無時不在變遷之途。「道與世更」的原理，古今中外，概莫能外。所以空間上沒有人人必由之道，時間上沒有萬代不易之宗。孔子之道是封建時代的產物，所提倡的是封建時代之道德、禮教、政治，現在時代變了，經濟組織變了，社會組織變了，孔子之道已不適於現代社會生活，成了文明進化的大阻力。

陳獨秀不獨批判孔教，而且批判一切宗教迷信。經揚仁山的提倡，康有爲、梁啓超、章太炎等人的讚美，本世紀初，中國的思想界佛教頗爲流行，在社會上則邪說橫行，妖氣充塞。針對這種情況，陳獨秀在自己的文章與通信中屢次批評佛教。他指出：佛教以現象世界爲妄覺，以梵天眞如爲本體，薄現實而趨空觀，結果厭倦偷安，人治退化，民族衰微⑤。又說：魏、晉以還，佛法流入，生事日毁，民性益偷，由厭世而灰心，由灰心而消極，由消極而墮落，一切向上有爲，字曰妄想，出世無期，而世法大壞。他還揭露佛教徒不惜獻媚貴人，倒行逆施，以求富貴。他對基督教亦有所批判。他還同有鬼論者進行論戰。總之，他認爲，宗教是民族衰弱之大原，文明進步之障碍，一切宗教皆在廢棄之列。他主張以科學代宗教。

陳獨秀批評老子尚雌退。他認爲，中國亡國滅種之病根在於國民抵抗力之薄弱。而造成國民抵抗力薄弱的原因之一是學說之爲害。他說：「老尚雌退，儒崇禮讓，佛說空無。義俠偉人，稱以大盜；貞直之士，謂爲粗横。充塞吾民精神界者，無一強梁敢進之思。惟抵抗之力，從根斷矣。」⑥又說：「吾國舊說，最尊莫如孔、老。一則崇封建之禮教，尚謙讓以弱民性；一則以雌退柔弱爲效，不爲天下先。吾民冒險勇敢之風，於焉以斬。」⑦

陳獨秀認爲，舊文學、舊政治、舊倫理，本是一家眷屬，不得去此取彼。因此，他在提倡思想革命、政治革命的同時還大力提倡文學革命。如果說胡適的文學革命論偏重於提倡白話文、白話詩，偏重於表達的形式，那麼陳獨秀則偏重於文學的內容，反對舊文學宣揚封建舊思想。他說：「今欲革新政治，勢不得不革新盤踞於運用此政治者精神界之文學。」⑧他認爲，舊文學，其形體則陳陳相因，有肉無骨，有形無神，乃裝飾品非實用品；其內容則目光不越帝王權貴，神仙鬼怪，及其個人之窮通利達。舊文學與阿諛、誇張、虛僞、迂闊之國民性，互爲因果。他旗幟鮮明地提出文學革命的三大主張：「推倒雕琢的阿諛的貴族文學，建設平易的抒情的國民文學」；「推倒陳腐的鋪張的古典文學，建設新鮮的立誠的寫實文學」；「推倒迂晦的艱澀的山林文學，建設明瞭的通俗的社會文學」，並願爲文學革命之前驅。胡適在文學革命上的態度較爲溫和。陳獨秀則不然。他說：改良中國文學，當以白話文爲文學正宗之論。其是非甚明，必不容反對者討論之餘地，必以吾輩所主張者爲絕對之是，而不容他人之匡正也⑨。胡適認爲，陳獨秀對文學革命有三個大貢獻：「一、由我們的玩意兒變成了文學革命，變成三大主義。二、由他才把倫理道德政治的革命與文學合成一個大運動。三、由他一往直前的精神，使得文學革命有了很大的收獲。」⑩

作爲革命民主主義者啓蒙思想家的陳獨秀，尊現實，薄虛文，大膽地向一切舊的傳統宣戰。他說：物之不切於實用者，雖金玉圭璋，不如布粟糞土。若事之無利於個人或社會現實生活者，皆虛文也，誑人之事，雖祖宗之所遺留，聖賢之所垂教，政府之所提倡，社會之所崇尚，皆一文不値也！他認爲，吾國固有之倫理、法律、學術、禮俗，無一非封建制度之遺，無一不與社會生活背道而馳。倘不改弦更張之，則國力將莫由昭蘇，社會永無寧日。針對守舊復古的頑固派，他激憤地說：吾寧忍過去國粹之消亡，而不忍現在及將來之民族不適世界之生存而歸消滅也⑪。

陳獨秀一面激烈地批判中國傳統的舊思想，一面盡心極力地輸入西方以民主和科學爲主要內容的新思想。他主編的《新青年》的唯一宗旨就是「介紹西方學說，改造社會」，該刊「出版以來，一字一句，皆此物此志也」⑫。在新文化運動中，各種調和論蜂起。他堅決反對調和論，認爲新舊之間絕無調和之餘地。他說：「欲建設西洋式之新國家，組織西洋式之新社會，以求適今世之生存，則根本問題，不可不首先輸入西洋式社會國家之基礎，所謂平等人權之新信仰，對於與此新社會新國家新信仰不可相容之孔教，不可不有徹底之覺悟，猛勇之決心；否則不塞不流，不止不行。」⑬

新文化運動是新舊思潮之大激戰。陳獨秀及其主編的《新青年》受到守舊頑固派的非難與攻擊。爲此，陳獨秀寫了《〈新青年〉罪案之答辯書》。他寫道：「他們所非難本誌的，無非是破壞孔教，破壞禮法，破壞國粹，破壞貞節，破壞舊倫理（忠、孝、節），破壞舊藝術（中國戲），破壞舊宗教（鬼神），破壞舊文學，破壞舊政治，這幾條罪案。這幾條罪案，本社同人當然直認不諱。但是追本溯源，本誌同仁本來無罪，只因爲擁護那德莫克拉西和賽因斯兩位先生，才犯了這幾條滔天大罪。要擁護那德先生，便不得不反對孔教、禮法、貞節、舊倫理、舊政治。要擁護那賽先生，便不得不反對舊藝術、舊宗教。要擁護德先生又要擁護賽先生，便不得不反對國粹和舊文學。」他堅定地宣稱：「我們現在認定只有這兩位先生，可以救治中國政治上、道德上、學術上、思想上一切的黑暗。若因爲擁護這兩位先生，一切政府的壓迫，社會的攻擊笑罵，就是斷頭流血，都不推辭。」⑭

陳獨秀對封建舊政治、舊思想、舊道德、舊文學的激烈的、不妥協的批判和對民主與科學的熱情的、殫精竭力的鼓吹，是時代的需要，是他思想光輝之所在，是他對中國歷史所作的重大貢獻之一。正是這種批判與鼓吹，使他贏得了極大的聲譽，被視爲學術界的重鎭，思想界的明星。他和由他主編的《新青年》吸引和影響了整整一代青年人。毛澤東在一九四五年稱陳獨秀是「五四運動時期的總司令」，認爲「整個運動實際上是他領導的」⑮。毛澤東的這一評價是符合歷史實情的，並不過譽。

二、陳獨秀並不全盤否定中國文化的歷史價值

「矯枉過正」，這是自然界、人類社會和思想界普遍存在的一種現象。陳獨秀對中國傳統文化的批判有過火、偏激之處，這是無須隱諱的。要羅列這方面的材料也不難。但我認爲，陳獨秀並沒有全盤否定中國傳統文化的歷史價值。

尊孔論者視孔學、儒家爲中國唯一的國粹、中國文化的正宗，因而攻擊新文化運動否定國粹，否定中國文化。對此，陳獨秀指出：即使孔教是中華之國粹，「然舊教九流，儒居其一耳。陰陽家明歷萬象，法家非人治，名家辨名實，墨家有兼愛、節葬、非命諸說，制器敢戰之風，農家之井耕食力，此皆國粹之優於儒家孔子者也」⑯。這並非陳獨秀一時之語。他又說：「墨氏兼愛，莊子在宥，許行井耕，此三者誠人類最高之理想，而吾國之國粹也。」⑰他認爲，儒家只不過是中國文明之一部份，而非其全體。批判孔道儒學並不是否定全體中國文明。

以陳獨秀爲代表的新青年派喊出了「打倒孔家店」的口號，於是有人便以爲他們全盤否定孔子。爲了消除誤解，陳獨秀在文章與通信中反複申說，孔子學說在歷史上屬名產，有其價值。他說：「本誌(《新青年》)詆孔，以爲宗法社會之道德，不適於現代生活，未嘗過此以立論也。……記者非謂孔教一無可取，惟以其根本的倫理道德適與歐化背道而馳，勢難並行不悖。」⑱又說：孔子「倫理學說，雖不可行之今世，而在宗法社會封建時代，誠屬名產。吾人所不滿意者，以其爲不適於現代社會

之倫理學說，然猶支配今日之人心，以爲文明改進之大阻力耳。且其說已成完全之系統，未可枝枝節節以圖改良，故不得不起而根本排斥之」⑲。他甚至更爲明確地說過：「我們反對孔教，並不是反對孔子個人，也不是說他在古代社會無價值。不過因爲他不能支配現代人心，適合現代潮流，成了我們社會進化的最大障礙。」⑳

陳獨秀認爲：綱常名教雖然是儒家的主要部份，但非其全體。他非孔只是非綱常名教，並非非孔子的全部學說，更非非中國傳統的美德。他說：「記者之非孔，非謂其溫良恭儉讓、信義廉耻諸德及忠恕之道不足取；不過謂此等道德名詞，乃世界普通實踐道德，不認爲孔教自矜獨有者耳。士或私淑孔子，立身行己，忠恕有耻，固不失爲一鄉之善士，記者敢不敬其爲人？」㉑他的這一番話，不啻承認孔子學說中包含有人類普遍適用的道德原則。他在《我之愛國主義》一文中將「勤」、「儉」、「廉」、「潔」、「誠」、「信」諸德，作爲救國之要道，愛國主義之內容。當然，他對諸德作了新的解釋。陳獨秀在文章中還一再談到，孔子生於古代宗教未衰之時代，但他多言人事，罕語鬼神。這正是孔子之特識。他在一九三七年更明確地認爲：「孔子的第一價值是非宗教迷信的態度」，這種態度是近於科學的㉒。

承認孔子在歷史上有其價值，這是新文化運動時期絕大多數批孔者的共同觀點。「打倒孔家店」的老英雄吳虞在給陳獨秀的信中說：「不佞常謂孔子自是當時之偉人，然欲堅執其學，以籠罩天下後世，阻礙文化之發展，以揚專制之餘焰，則不得不攻之者，勢也。」㉓所以胡適在《吳虞文錄》序中說：吳先生和我的朋友陳獨秀是近年來攻擊孔教最有力的兩位健將。他們非孔的文章注重「孔子之道不適合現代生活」的這一主要觀念。李大釗在批孔的文章中也一再說：「孔子於其生存時代之社會，確足爲其社會之中樞，確足爲其時代之聖哲，其說亦確足以代表其社會時代之道德。」孔子學說已不適於今日之時代。「余之掊擊孔子，非掊擊孔子之本身，乃掊擊孔子爲歷代君主所雕塑之偶像的權威也；非掊擊孔子，乃掊擊專制政治之靈魂也。」㉔

可見，新文化運動時期的批孔，與其說是批歷史上的孔子，不如說是批現存的封建禮教，批當時的尊孔派。以爲新文化運動全盤否定孔子，實在是一大誤解。

陳獨秀對中國舊學很有根底。他癖好文字學。當讀者致信，詢問「讀何書，獲益可期最多，進步可期最速」時，他答覆道：「具有中學之國文程度者，應讀《馬氏文通》、《助字辨略》、《文字蒙求》、《經傳釋詞》、《古書疑義舉例》等書，庶幾於用字造句之法，稍有根底。具有高等大學國文程度者，倘志在文學，研究名家詩文集，自不待言。而《爾雅》、《楊氏方言》、《許氏說文》、《論衡》、《廣雅》、《文心雕龍》、《史通》、《藝苑卮言》、《文史通義》，亦不可不精讀也。西洋文學史及現代文學潮流，亦宜研究以觀其通，庶免閉門造車之誚。中學校應略習文字學，惟不宜過深，若《文字蒙求》之類足矣。大學文科自應以小學爲主要科目。……」㉕陳獨秀的這一封信很少爲人注意。這封信表明，他雖然提倡白話文，反對文言文，但仍十分注重弄通古文，十分注重研究中國古代文化。他對舊文學也很有研究。他雖然激烈抨擊舊文學，稱明清兩代十八位仿古擬古的文學家爲「十八妖魔」，但他充分肯定元明劇本、明清小說，讚揚馬致遠、施耐庵、曹雪芹諸文學大家。

總之，我認爲：陳獨秀並不全盤否定中國傳統文化。他並不是一位全盤性反傳統主義者。

林毓生教授在《中國意識的危機——五四時期激烈的反傳統主義》一書中認爲：五四時期的全盤反傳統「在近代與現代世界史上也許是獨一無二的」。「在西方啓蒙運動時期，法國一些哲學家曾譴責『舊秩序』是一切罪惡的化身。然而他們對於教會和國家的激烈譴責，却不包括對整個西方傳統文化遺產的譴責」㉖。我認爲，若將我國五四新文化運動同法國十八世紀啓蒙運動相比較，很難得出林教授的結論。事實上，有些法國啓蒙思想家對中世紀「傳統文化遺產」的批判就比陳獨秀們對孔教的批判激烈得多。伏爾泰斥責基督教教義是「最卑鄙的混蛋作出的各種最卑劣的欺騙」的產物；教會的歷史是「一連串胡作非爲、搶劫謀殺的歷史」。他將教皇、教主等斥之爲「文明的惡棍」，「兩足的禽獸」、「卑鄙的流氓」㉗。霍爾巴赫則揭露：基督教「所依靠的是欺騙、無知和輕信」；「它從不間斷地爲各個民族造成最大的災難，它根本不能給他們帶來它答應給他們的幸福。而只足以使人耽於狂暴，使人流血，使人陷入瘋狂和罪行，使人不認識自己眞正的利益和最神聖的義務」㉘。如恩格斯在分析十八世紀機械唯物主義的非歷史觀點時所指出的那樣，反對中世紀殘餘的鬥爭限制了人們的視野。中世紀被看做是由千年來普遍野蠻狀態所引起的歷史的簡單中斷；中世紀的巨大進步却沒有被人看到㉙。有些啓蒙思想家（甚至後來的史學家）把歐洲的中世紀稱之謂「黑暗的中世紀」。相比之下，陳獨秀們對孔教及中國傳統文化的批判要比法國啓蒙思想家溫和一些，並多少具有一些歷史觀點。

三、陳獨秀對中國傳統文化批判的缺點與不足

如前所說，陳獨秀對中國傳統文化的批判有過激、偏頗之處，有「矯枉過正」的毛病。但我認爲，這並不是他的主要缺點與不足。他的主要缺點與不足在於：

第一，不懂得新舊文化之間有繼承關係。

陳獨秀強調新舊文化之間的對立與不可調和，強調不破不立，不塞不流，不止不行，強調中國傳統的文化已屬過時的舊文化，不適於現代生活。這在當時是非常必要的。不這樣不可能冲破層層網羅，使國民從沉睡中驚醒。但他沒有看到新舊文化之間除了互相對立的一面之外，還有互相同一的一面

，聯繫、繼承的一面。他不了解新文化固然是對舊文化的否定，但這種否定不是簡單的、形而上學的否定，而是辯證的揚棄，在否定中包含有肯定。他正確地認識到政治、道德、科學、藝術、教育、宗教等都應以現在及將來的社會生活的進步的實際需要爲中心，不符合現實需要的都要吐棄。但他不了解適應現實需要的新文化的建設離不開原有舊文化的基礎，他只看到資產階級新文明與封建舊文明的對立，沒有認識到資產階級文明是在封建文明的基礎上建立起來的。資產階級文明必須充分吸取封建文明，才能高於封建文明，戰勝封建文明。正因爲如此，他雖然承認孔子之道在歷史上有其價值，但不認爲它可以批判地加以繼承。當然，陳獨秀在新文化運動的後期認識上有所變化。他在一九一九年十二月一日發表的《〈新青年〉宣言》中說：「我們想求社會進化，不得不打破『天經地義』、『自古如斯』的成見，決計一面抛棄此等舊觀念，一面綜合前代賢哲、當代賢哲和我們自己所想的，創造政治上、道德上、經濟上的新觀念，樹立新時代的精神，適應新社會的環境。」㉚不過，從總體來看，陳獨秀因反對封建舊文化的鬥爭限制了他對中國傳統文化的吸取與繼承。

陳獨秀對新舊文化的上述認識帶有時代的特徵。即使是提倡「整理國故」的胡適也沒有正確認識新舊文化之間有繼承關係。胡適說：「新思潮對於舊文化的態度，在消極一方面是反對盲從，是反對調和；在積極一方面，是用科學的方法來做整理的工夫。」他認爲，整理國故的目的在於「還他一個本來眞面目」，「還他一個眞價值」㉛。他在一九二七年又說：陳年的爛紙堆裏有無數能吃人的能迷人的老鬼，整理國故是爲了「捉妖」與「打鬼」，是爲了「化神奇爲臭腐，化玄妙爲平常，化神聖爲平庸」，讓人明白，國故這東西，「原來不過如此」，這樣可以「解放人心」，「可以保護人們不受鬼怪迷惑」㉜。可見，胡適對整理國故的意義的理解是片面的。他沒有認識到整理國故除了「捉妖」與「打鬼」之外，更重要的是發掘和繼承其中有價值的珍品。胡適只注意到西洋的科學方法對整理國故的指導作用，沒有認識到中國古代文化中的珍品可以反過來豐富西洋文化。

第二，不懂得外來西洋文化要與中國傳統文化相結合

在進行東西文明比較時，陳獨秀正確指出，東西文明的差別是時代的差別，中國文明未脫離古代文明的窠臼，是封建文明，而西洋文明是近世文明，中國要生存於世，必須大力輸入西洋文明。他認爲：東西文明若水火冰炭之不相容；若是決計革新，一切都應採用西洋新法子，不必拿什麽國粹、什麽國情的鬼話來搗亂。他大力闡揚西洋文明的優點，較少揭露西洋文明的弊端；而在猛烈攻擊中國舊有文明時，則較少指出中國文明的優點。他這樣做的目的是爲了喚醒國民的覺悟，趕上世界先進國家，以適應世界之潮流。事實上，也確是起了這樣的作用。但他沒有注意到，一個民族倘若把自己說得一無是處，描寫得一團漆黑，那就會喪失民族的自信力，陷入民族的悲觀主義。東方文化派在一定程度上看到了陳獨秀們的這一不足。他們推崇中國傳統文化的動機之一是要提高民族自信力。當然，他們盲目尊國粹，一味維護早已過時的舊倫理，又是不足取的。一個民族的復興，主要靠自己，應揚其所長，去其所短，以積極因素去克服消極因素，化消極因素爲積極因素。盲目自大，低估數千年舊的傳統文化對現代化建設所起的負作用是錯誤的。一味自卑，只見傳統文化消極的負面，不見其積極的正面，同樣也是錯誤的。

陳獨秀在東西文化比較時只看到文化有其時代性的一面，忽視了文化還有其民族性的一面，只看到東西文明對立的一面，沒有看到它們之間有可互補的一面，融合的一面。他不了解，從西方輸入的新文化要在中國生根、開花、結果，除了它要適合中國社會的現實需要外，還必須與中國傳統文化相結合，使之中國化，具有民族的形式。在他看來，中國的新文化完全可由外國輸入。

第三，未能建立起新的理論體系

陳獨秀面臨的主要任務是衝決網羅，掃蕩遍布國中的舊思想，掀起從舊教條束縛之下解放出來的思想解放運動。因此他注重破是很自然的。他對儒家綱常名教及尊孔復古逆流的批判是切中要害的。但也應承認，他的批判是大刀闊斧式的，激烈有餘而深入分析不足，他更多地是着眼從政治上揭露封建禮教的危害，而較少從學術上對儒家進行細密的解剖。他只注意到不破不立的一面，而沒有注意到，沒有立也不可能有眞正的破。不能說陳獨秀不注重新思想的宣傳和建設。但他對資產階級革命時期的英國、法國和德國的哲學知之甚少。他的哲學武器是粗陋的進化唯物論。他對民主與科學的介紹也是口號式的。他只是一般地提倡民主精神和科學精神，而未能對民主的內容、形式，實現民主的方法和步驟，對科學態度和科學方法作出系統的說明。作爲啓蒙思想家，他未能像歐洲資產階級革命時期的思想家那樣寫出宏篇鉅著，構建起完整的具有自己特色的理論體系。陳獨秀的這一不足，同樣也帶有時代的特徵，不能簡單歸結於他個人。這是半殖民地半封建中國資產階級幼稚性在理論上的反映。應當看到，中國資產階級在理論上的幼稚和不成熟，既直接影響到資產階級民主主義在中國廣泛而深入的傳播，又影響到中國先進分子對馬克思主義理論的理解與接受。五四新文化運動爲馬克思主義在中國的傳播作了必要的理論準備，但這種準備又是不充分的。

第四，過分誇大思想批判的作用

陳獨秀雖然受到唯物史觀的影響，在一定程度上認識到社會生活、經濟制度決定着思想道德的變遷。他甚至還說過：道德的進步並非單純靠高談道德可以辦到，必須依賴社會經濟制度的改良。但是，從總體上看，他的歷史觀依然是唯心的，片面誇大了思想的作用。他以爲只須通過思想批判，就可消滅舊思想，實現眞正的民主政治。他只看到中國傳統的舊思想已不適於共和政體，不適於當今世界潮流的一面，而沒有認識到，這種舊思想在中國社會裏有着廣泛而深厚的經濟基礎和階級根源。他不懂得要革除舊文化，離不開革除舊政治、舊經濟，要建立新文化，離不開建設新政治、新經濟。他不了解，僅靠思想批判是不可能徹底掃除舊思想的。他認為通過思想批判就可以改變人心，變化民質，同舊思想決裂，防止復辟。因此，他的批判僅局限於思想政治領域，而未能深入社會的經濟基礎。我們不是庸俗唯物論者，我們反對低估思想批判的意義。但我們必須清醒地認識到：根除舊思想的最有力武器不是思想批判，而是新的生產力，是物質的力量。

五四新文化運動是中國有史以來的一次思想解放運動。中國現代社會的一切進步和學術思想的發展，都同它有密切的關聯。本文論到陳獨秀在批判中國傳統文化方面的缺點與不足，無意苛求前人，而旨在從中得到借鑒，以便更好地繼承和發揚五四的民主精神、科學精神和批判精神。

註釋：

①《一九一六年》，《陳獨秀文章選編》（上），第一〇三頁。
②《吾人最後之覺悟》，同右第，第一〇八頁。
③《答孔昭銘》，同右，第一七〇頁。
④《答常乃德》，同右，第一七七頁。
⑤《今日之教育方針》，同右，第八六頁。
⑥《抵抗力》，同右，第九一頁。
⑦《答李大槐》，同右，第九五頁。
⑧《文學革命論》，同右，第一七四頁。

⑨《答胡適之》，同右，第二〇八頁。
⑩胡適：《陳獨秀與文學革命》，引自《陳獨秀評論選編》（下），第二九三頁。
⑪《敬告青年》，《陳獨秀文章選編》（上），第七五、七七頁。
⑫《答孔昭銘》，同右，第一六五頁。
⑬《憲法與孔教》，同右，第一四八頁。
⑭《〈新青年〉罪案之答辯書》，同右，第三一七、三一八頁。
⑮毛澤東：《〈七大〉工作方針》，見《光明日報》，一九八七年七月十六日。
⑯《憲法與孔教》，《陳獨秀文章選編》（上），第一四五頁。
⑰《答李杰》，同右，第二一五頁。
⑱《答佩劍青年》，同右，第一八六頁。
⑲《答俞頌華》，同右，第二一一頁。
⑳《孔教研究》，同右，第三九二頁。
㉑《答〈新青年〉愛讀者》，同右，第二二二頁。
㉒《孔子與中國》，《陳獨秀文章選編》（下），第五二四、五三二頁。
㉓《新青年》第二卷第五號，一九一七年一月一日。
㉔李大釗：《自然的倫理觀與孔子》，《李大釗文集》（上），第二六三—二六四頁。
㉕《答馮維鈞》，《新青年》第三卷第六號，一九一七年八月一日。
㉖林毓生：《中國意識的危機》，貴州人氏出版社一九八六年版，第五、一一頁。
㉗引自朱德生、李眞：《簡明歐洲哲學史》，第一五二頁。

㉘北京大學哲學系外國哲學史教研室編譯：《西方哲學原著選讀》下卷，第一九七——一九八頁。

㉙《馬克思恩格斯選集》第四卷，第二二五頁。

㉚《〈新青年〉宣言》，《陳獨秀文章選編》（上），第四二七頁。

㉛胡適：《新思潮的意義》，《胡適哲學思想資料選》上卷，第一三二、一三三頁。

㉜胡適：《整理國故與打鬼》，《胡適文存》三集卷二。

胡適的治學方法

中國社會科學院世界宗教研究所
孔繁

一、

胡適說：「我治中國思想史與中國歷史的各種著作，都是圍繞着『方法』這一觀念打轉的。『方法』實在主宰了我四十多年來所有的著述。從基本上說，我這一點實在得益於杜威的影響。」①

胡適所說的「方法」，他又稱爲「科學方法論」。來源於實用主義（Pragmatism）。胡適稱實用主義爲實驗主義（Experimetnalism）。胡適認爲「實驗」比「實用」更能概括這一哲學的本質。實驗主義有兩個根本的觀念，第一是「科學實驗室的態度」；第二是「歷史的態度」。這兩個根本觀念和近代西方特別是十九世紀注重實驗的科學方法有密切關係。胡適認爲：「實驗主義不過是科學方法論在哲學上的應用。」②胡適便是用了這種方法論來研究中國思想史和中國歷史。

下面，我們便從實驗主義的兩個根本觀念加以分析。

一、關於「科學實驗室的態度」：實驗主義強調它的方法，也就是科學家在實驗室裏用的方法。胡適引用實用主義發起人皮耳士（C.S.Peirce）的話說：「你對一個科學實驗家無論講什麽，他總以爲你的意思是說某種實驗法若實行時定有某種效果。若不如此，你所說的話他就不懂得了。」又說：「一個觀念的意義完全在於那觀念在人生行爲上所發生的效果。凡試驗不出什麼效果來的東西，必定不能影響人生的行爲。所以我們如果能完全求出承認某種觀念時有那些效果，不承認他時又有那些效果，如此我們就有這個觀念的完全意義了。除掉這些效果之外，更無別種意義。這就是我所主張的實驗主義。」③這是認爲一切有意義的思想都會發生實際上的效果，可以經由實驗或實踐加以證實，如同科學律例經過實驗室得到證實一樣。胡適說：「實驗的方法至少注重三件事：㈠從具體的事實與境地下手；㈡一切學說理想，一切知識，都只是待證的假設，並非天經地義；㈢一切學說與理想都須用實行來試驗過；實驗是眞理的唯一試金石。」④從這裏可以看到，胡適認爲「假設」（思想、學說）的提出要有事實的根據，「假設」必須經過實驗來證明。「假設」自身並非天經地義，要由實驗來檢驗。他又說：「實驗主義告訴我，一切理論都不過是一些假設而已；只有實踐證明才是檢驗眞理的唯一標準。」⑤胡適所說「實驗」或「實踐」與我們今天所說的社會實踐不同，但是他強調「假設」（思想、理論）必須經過實驗或實踐的證明才能成爲眞理，這個見解是合理的。

胡適將實驗主義的方法論概括爲「大膽的假設，小心的求證」。他所說「假設」係指科學的預見性。「假設」不是主觀臆測，而是求得眞正的知識。故實驗證明十分重要。他說：「近代科學家的方法進步，實驗的方法一面教人怎樣求知識，一面教人怎樣證明所得知識是眞知識。」⑥凡眞知識都是可以實驗出效果來的，試驗不出什麼效果來的觀念，便不能算是眞知識。他所說的「大膽的假設」和「小心的求證」是辯證統一關係。「假設」的提出及其被實驗所證實是統一的認識過程。用這個方法總結中國傳統文化思想，是具有科學精神的。過去批判胡適，將胡適說的「大膽的假設，小心的求證」歸結爲囈語、胡猜、詭辯，徹頭徹尾的主觀唯心論，甚至譏諷爲毫無根據的主觀妄想，這恐怕是曲解了胡適的治學精神。

胡適表示他極爲贊同杜威關於思想的理論。杜威認爲：「思想是用已知的事物作根據，由此推出別種事物或眞理的作用。」⑦他還說：「經驗就是生活；生活不是在虛空裏面的，乃是在一個環境裏面的，乃是由於這個環境。」⑧這說明，杜威將經驗和思想看作一件事。他認爲這樣便可以超越經驗派和理性派的爭論，而將二者結合得很好。這裏，經驗和思想均是能動的，而不是被動的。因爲經驗和思想處在具體的環境之中，而又要對付環境，故它們是積極的。杜威認爲思想就是運用從前的經驗，來幫助現在的生活，更預備將來的生活。生活要靠經驗，又能創造經驗。不斷地積累經驗，便能開闢新天地，創造未來。故杜威稱思想爲「創造的智慧」。胡適認爲杜威這種思想甚爲重要，因爲思想和經驗結合，重視實驗的作用，這樣的思想便非是空洞的抽象。而經驗和思想結合，則經驗也就不再是靜止的不變的。照胡適的說法：「經驗不是一本老帳簿；經驗乃是一個有孕的婦人。」⑨胡適強調「假設」的作用，強調敢於大膽地提出「假設」，便是發揮思想的動態的意義。胡適指出杜威所說「思想」有兩大特性：一是須先有一種疑惑困難的情境做起點。二是須有尋思搜索的作用，要尋出新事物或新知識來解決這種疑惑困難。首先要有懷疑的精神，提出疑難，然後從所有的經驗、知識、學問裏面，提出種種解決辦法。「假設」的解決，都是從經驗學問上生出來的。沒有經驗學問，決沒有種種假定的解決。而疑難的解決，也意味着新知識的增加。

胡適認爲實驗主義之所以是科學的方法，還是由於它對歸納法和演繹法同時並重，他認爲杜威所謂「思想」不單是演繹法，也不單是歸納法；不單是從普通的定理裏面演出個體的斷案，也不單是從個體的事物裏面抽出一個普遍的通則。胡適認爲科學的方法，必須對歸納法和演繹法交互爲用，因爲假設和證驗都是科學方法所不可少的主要成分：忽而歸納，忽而演繹，忽而又歸納；時而由個體事物到全稱的通則，時而由全稱的假設到個體的事物，這對科學方法都是不可少的。胡適認爲：「哲學家沒有科學的經驗，絕不能講圓滿的科學方法論。科學家沒有哲學的興趣，也絕不能講圓滿的科學方法論。」⑩實驗主義則克服了這兩方面的局限，將科學實驗的方法應用於哲學，於是提出了它的科學方法論。

二、關於「歷史的態度」：胡適認爲實驗主義受達爾文進化論影響，它的「歷史的態度」和達爾文「物種的由來」的觀念十分接近。達爾文的生物進化學說對近代各種學問都發生重要影響。實驗主義正是將物種進化思想運用到哲學上，提出它的「歷史的態度」。這種「歷史的態度」包涵這樣一些意義：㈠，眞理的變化與物種變化同一原理，都是適應環境的結果。在生物領域，物競天擇，適者生存，種的保存和變化適應了環境的變遷。而思想、眞理也是人對付環境的一種工具，杜威說：「現在我們受了生物學的教訓，就該老實承認經驗就是生活，生活就是人與環境的交互行爲，就是思想的作用指揮一切能力，利用環境，征服他，約束他，支配他，使生活的內容外域永遠增加，使生活的能力格外自由，使生活的意味格外濃厚。」⑪人類適應環境是能動的，因爲人有智慧思想，而思想即是經驗，經驗即是生活，生活即是應付環境。因此，知識思想都是人生應付環境的工具。㈡，既然物種要適應環境的變遷而發生變化，沒有一成不變的種；眞理也要隨着環境的變化而變化，沒有一成不變的眞理。這樣，天地萬物的變遷都是自然而然的，不受意志安排的。自然界萬物的變化都是從極簡單變成極複雜的；眞理也是由低級向高級變化的。因此，歷史便是進化，是由簡單到複雜，由低級向高級進化的。㈢，歷史既然是不斷地進化，「歷史的態度」就是要研究事物如何發生，怎樣來的，怎樣變成現在的樣子。胡適稱杜威的歷史的方法是「祖孫的方法」，杜威從來不把一個制度或學說看作一個孤立的東西，總把他看作一個中段：一頭是他所以發生的原因，一頭是他自己發生的效果；上頭有他的祖父，下面有他的子孫。捉住了這兩頭，他再也逃不出去了⑫。以上三點便是實驗主義對歷史的看法，從總的方面說，歷史是一發展的長河，是不會停滯的；從各個具體的方面或事物來說，也沒有一成不變的事物。歷史總是要發展、進化、進步。因此，這種「歷史的態度」也是積極的。

二、

胡適將實驗主義方法應用於考據學時，他主要是吸收實驗主義對歸納法和演繹法同時並用的思想。如他對杜威論思想的五步：「㈠疑難的境地；㈡指定疑難之點究竟在什麼地方；㈢假定種種解決疑難的方法；㈣把每種假定所涵的結果，一一想出來，看那一個假定能夠解決這個困難；㈤證實這種解決使人信用；或證明這種解決的謬誤，使人不信用。」⑬這裏所說的疑難的境地，是指人類應付環境時，隨時遇到人生的環境常有更換，常有不測的變遷。然而習慣的生活方法不適用於環境時，便發生種種疑難。故疑難是思想的第一步。而找出疑難之點，這是思想的第二步。找到了疑難之點所在，便要提出種種假定解決的方法，便進入思想的第三步，這第三步便是提出「假設」，即從所有的經驗、知識、學問裏面提出種種的解決方法。思想的第四步是決定那一種假定是適用的解決方法，從各種假定中確定出一種最適宜的方法。然後思想進入第五步，即運用證據來證明這種假定是否眞實可靠，使人信服。胡適認爲以上思想的五步：「從第一步到第三步，是偏向歸納法的，是先考察眼前的特別事實和情形，然後發生一些假定的通則；但是從第三步到第五步，是偏向演繹法的，是先有了通則，再把這些通則所涵的意義一一演出來，有了某種前提，必然要有某種結果：更用直接或間接的方法，證明某種前提是否眞能發生某種效果。」⑭這裏說明，「假設」的提出，離不開歸納法，是由歸納進入演繹，而在演繹時，仍然是歸納法和演繹法交互並用。胡適用這種方法總結清代的「樸學」，認爲「

樸學」的方法即是歸納和演繹並重。他說：「中國舊有的學術，只有清代的『樸學』確有『科學』的精神。」⑮「樸學」又稱「漢學」，是專門的訓詁考據的學問。「漢學」家最重視「證據」，而證據即是「例證」，舉例作證即屬歸納的方法。但是漢學家重視歸納法的同時亦重視演繹法。他說：「漢學家的歸納手續不是完全被動的，是很能用『假設』的。這是他們和朱子不大相同之處。他們所以能舉例作證，正因爲他們觀察了一些個體的例之後，腦中先已有了一種假設的通則，然後用這通則所包涵的例來證同類的例。他們實際上是用個體的例來證個體的例，精神上實在是把這些個體的例所代表的通則，演繹出來。故他們的方法是歸納和演繹同時並用的科學方法。」⑯漢學家所用的這種方法，和杜威所說的思想的五步是相符合的。這種方法是先蒐集許多同類的例，比較參看，尋出一個大的法則，即提出「假設」，這樣便由歸納進入演繹。胡適認爲，清代學者由於歸納法和演繹法並重，故他們既能提出「假設」，同時又能使用「證據」。他概括漢學家的方法說：「他們用的方法，總括起來，只是兩點。(1)大膽的假設，(2)小心的求證。假設不大膽，不能有新發明。證據不充足，不能使人信仰。」⑰胡適強調「假設」的提出及其證實，是一個推理的過程，是由已知的事物去推到未知的事物。他說：「如果一個假設是站在很充分的理由上面的，即使沒有旁證，也不失爲一個很好的假設。但他終究只是一個假設，不能成爲眞理。後來有了充分的旁證，這個假設便升上去變成一個眞理了。」⑱這表明，胡適所說「大膽的假設，小心的求證」，乃是一種實事求是的態度。這也是清代樸學大師所倡導的因懷疑而實事求是的態度。胡適稱「樸學」爲「有證據的探討」，漢學家在校勘、考證、音韵、訓詁各方面，每提出一種「假設」，自始至終都貫穿着重視證據的實事求是的態度。胡適在考據學上獲得成就，與他繼承發揚清代漢學家的治學方法有密切的關係。胡適認爲他對歸納法的重視，最初是由於「樸學」的啓發，「樸學」「以經解經，參考互證」的方法，便是西方的歸納法。他說他著

《詩三百篇言字解》，便是採用歸納法，他把《詩經》上所有「言」字的用法，歸納在一起，即是運用「以經解經」的辦法。把這些「言」字在不同的辭句裏的用法比較、印證之後，便可找出更自然、更近情理，也更能被人接受的意義了。胡適說：「就在一九一一年五月十一日那一天，我忽然靈機一動，體會出『言』字在《詩經》上多半是夾在兩個動詞之間使用，發生一個『連接詞』（Conjun-ction）（嚴復譯爲『挈合詞』，馬建忠譯爲『連字』）的作用，頗像古文中的『而』字。『言』字是個『連接詞』便是我那篇文章的結論。因此，（古籍中的）『醉言舞』、『醉言歸』的眞正意思，便是簡單的『醉而舞』、『醉而歸』了。」⑲胡適青年時代還受《馬氏文通》影響，以中國文法與外語文法作比較研究。《馬氏文通》便是首先歸納相似的例句，分析比較，然後再求其有概括性的結論。這種中外文法比較研究法，在清代乾嘉大儒時代，是不可能有的。

胡適吸取實驗主義的「歷史的態度」，提出中國哲學史研究的三個目的，即：明變，求因和評判。明變是求出古今思想沿革變遷的綫索；求因是尋出這些沿革變遷的原因；評判是評出各家學說的價值。⑳胡適將哲學史擺到一定的社會歷史環境中去考察。由於歷史是發展變遷的，不同歷史時代的思想之間各有它不同的特點和內容；由於歷史是發展的長河，是連續性的進化，各不同時代的思想又因其具有繼承性而有着相同的所在。胡適認爲，古今哲學思想的變遷原因，有三個方面的因素，一是由於個人才性不同；二是由於所處的時勢不同；三是由於所受的思想學術不同。這三方面包含了主客觀雙方面的因素，而這三種因素則都是環境的產物。因此，在評判的問題上，胡適反對「主觀的」評判，主張「客觀的」評判。即是說，評判並不是把做哲學史的人自己的眼光來批評古人的是非得失。而是要評判出每一家學說所發生的效果。這些效果的價值便是那種學說的價值。這些效果表現在：「（甲）要看一家學說在同時的思想和後來的思想上發生何種影響。（乙）要看一家學說在風俗政治上發生何種影響。（丙）要看一家學說的結果可造出什麼樣的人格來。」㉑可見這種評判主要是從一家學說的社會作用和影響上着眼，這是具有科學精神的歷史主義觀點。胡適說：「做歷史的人，千萬不可存一毫主觀的成見。」㉒這一點，清代乾嘉時代的儒者做出榜樣，這就是他們的考據、校勘、訓詁的工夫。到了近代又有西方科學方法的輸入，於是科學地評判歷史，更具備了條件。胡適又說：「我們今日的學術思想，有這兩大源頭：一方面是漢學家傳給我們的古書；一方面是西洋的新舊學說。這兩大潮流滙合以後，中國若不能產生一種中國的新哲學，那就眞是辜負了這個好機會了。」㉓胡適的學問，正是由這兩大學術源頭所造就的，他之學貫中西，便是這兩大學術潮流滙合的結果。

三、

胡適信奉實驗主義，但是他主要的是吸取了實驗主義的方法論。正如他所自述，他四十年的學術活動都是在「方法」上打轉。他認爲方法的問題比世界觀的問題還要重要，故他介紹實驗主義主要的也是着重於方法論。他本人一生並沒有創造任何哲學體系。他將實驗主義重視實驗、效果的方法和清代學者的實事求是的治學方法相結合，從方法論的角度將實驗、實踐提到相當高的地步。可以認爲，胡適的實驗主義方法打上了濃厚的「樸學」方法的印記。胡適強調「樸學」是「有證據的探討」，正是因爲「樸學」最忌諱無根據的穿鑿附會。胡適認爲，凡是不能由實驗證明的觀念，都不是眞正的知識，都不是眞理。因此，他批評了詹姆士的「宗教經驗」的觀念。他批評詹姆士懷有宗教偏見，「不能老老實實的用實驗主義的標準來批評那些宗教的觀念是否眞的」㉔。胡適認爲，宗教假定一個有意志的上帝，這個假設是無法經由實驗來證明的。其實這正是由於胡適過分地強調方法論的意義，而違背了實驗主義的思想宗旨。照詹姆士說：「依實驗主義的道理看來，如果「上帝」那個假設有滿意的功用（此所謂「滿意」乃廣義的），那假設便是眞的。」㉕詹姆士這種說法是符合實驗主義的邏輯的，因爲實驗主義強調觀念由效果來證實，凡有效果的觀念都是眞的，那麽「上帝」這一觀念會對人們發生信仰的效果，故「上帝」也是眞的。胡適却說詹姆士由於宗教成見，他提出「上帝」的觀念，是把他的實驗主義的方法用錯了。胡適的這種觀點是對實驗主義的一種修正。他受清代考據學影響，重視「物觀的證據」。例如他批評程朱理學時說：「科學所求的知識正是這物那物的道理，並不妄想那最後的無上智慧。丟了具體的物理，去求那『一旦豁然貫通』的大徹大悟，絕沒有科學。」㉖強調「理」存於具體事物之中，否認有超越於萬物之上的絕對的「理」，不僅切中理學要害，也與實驗主義關於「觀念」的見解有出入。胡適還說：「清代的訓詁學，所以超過前代，正因爲戴震以下的漢學家，注釋古書，都有法度，都用客觀的佐證，不用主觀的猜測。」㉗胡適說這些話時是毫不含糊的，這表明他於清代「樸學」所繼承的乃是實事求是的態度。他立足於這種態度去吸取實驗主義的方法，自然會有所側重，他對待實驗主義，在理論和方法之間發生某種矛盾，也是很自然的。因爲胡適重視「方法」，本文的宗旨亦是介紹胡適的治學方法，因此，對於胡適所信奉的實驗主義哲學體系，本文未作評價。

註釋：

①⑤⑲　唐德剛譯：《胡適的自傳》。

②③⑥⑦⑧⑨⑪⑬⑭㉔㉕　胡適：《實驗主義》。

④⑫ 胡適：《杜威先生與中國》。

⑩⑮⑯⑰⑱㉖ 胡適：《清代學者的治學方法》。

⑳㉑㉒㉓㉗ 胡適《中國哲學史大綱卷上》。

㉑ 胡適《中國哲學史大綱卷上》。

㉒ 胡適《中國哲學史大綱卷上》。

㉓ 胡適《中國哲學史大綱卷上》。

㉔ 胡適《實驗主義》。

㉕ 胡適《實驗主義》。

㉖ 胡適《清代學者的治學方法》。

㉗ 胡適《中國哲學史大綱卷上》。

梁啓超與五四運動

中國社會科學院哲研所 劉邦富

梁啓超是中國近代史上著名的政治家和思想家。他雖然沒有直接參加「五四」運動。但是，他對「五四」運動是同情和支持的。他的思想和行動同「五四」運動的精神在許多方面是一致的和相通的。

一、對「五四」運動的支持和讚揚

梁啓超在一九一八年底赴歐旅遊，「五四」運動暴發時，他在巴黎。這似乎表明，他同「五四」運動沒有關係。其實不然，他的思想和行動同「五四」運動是相通的。梁啓超不是中國出席巴黎和會的代表，但他却對和會關於中國主權的問題非常關心，並同國內民間組織有多次電文往來。如一九一九年三月中旬，梁啓超由巴黎致電國內國際聯盟同志會的負責人，報告和會上關於青島問題的消息說：

交還青島，中日對德同此要求，而孰為主體，實為目下競爭之點，查自日本佔據膠濟鐵路，數年以來，中國純取抗議方針，以不承認日本承繼德國權利為限。本去年九月間，德軍垂敗，政府究用何意，乃於此時對日換文訂約以自縛，此種密約，有背威爾遜十四條宗旨，可望取消。

尚乞政府勿再授人口實，不然千載一時良會，不啻為一二訂約人所敗壞，實堪惋惜。①

梁啓超在這裏既注意到日本的侵略動向，也注意到同日本鬥爭的有利條件，還注意到國內賣國賊可能造成的危害，充分表現了他熱切希望收回青島主權的愛國之心。隨後，國民外交協會致書梁氏，請他作爲該會代表，主持向巴黎和會請願，並對梁的愛國言行加以讚揚。如說：「我公鼓吹輿論，扶助實多，凡我國人，同深傾慕。」②這表明，梁啓超在巴黎的言論和行動，同國內是互應的。他「除襄助鼓吹外」，及時把所了解的動向向國內反映。如五月四日《申報》載梁啓超致國民外交協會負責人電文說：

對德國事，聞將以青島直接交還，因日使力爭，結果英、法為所動，吾若認此，不啻加繩自縛，請警告政府及國民嚴責各全權，萬勿署名，以示決心。③

這既反映了日、英、法互相勾結的動向，也表明了自己的態度。

梁啓超的愛國立場還表現在一九一九年三月二十三日《申報》發表他《向友發表魯案意見》一文中。如他說：

余意山東問題在和會失敗之原因，固甚複雜，而英、法之敷衍日本，實為其主因之一。……今吾國若盡廢拒絕簽約之前功，竟允日本之要求，而有直接交涉之事，而國家人格因此失墜，……總之，為國家人格計，余以為今日不可不先有拒絕直接交涉之決心耳。④

他堅持「拒絕直接交涉」，既反對日本的侵略，也反對賣國賊賣國，表明同中國人民站在一起，同「五四」運動的精神是一致的。他旅遊回京後，隨即要求釋放因「五四」運動被捕的學生，更表明他對「五四」運動的支持。

可是，在「五四」運動前不久，曾發生梁啓超「受嫌」和爲梁啓超「辯誣」的事。約在一九一九年三、四月間，上海報界接到中國出席巴黎和會專使的來電，其中提到「吾國人中有因私利而讓步者，其事與商人違法販賣者無異，此實賣國之徒也」⑤。這個消息在報界披露以後，群情憤怒。有人以爲此賣國賊必指在巴黎之華人掣專使之肘者，於是對梁氏產生了惑疑。上海商業公團合會致電政府云：「聞梁啓超在歐干預和議，傾軋專使，難保不受某國運動。並請巴黎公使轉告對梁的「忠告」，要梁離開巴黎」，勿再留連」⑥。一時間各報轉載，疑惑四起。同時爲梁氏辯誣者也不少，其中以蔡元培等人的通電最爲有力。他們說：「梁赴歐後，迭次來電報告並主張山東問題爲國家保衞主權，語至激昂，聞其著書演說極動各國視聽，何至有此無根之謠？願我國人熟察，不可自相驚擾。元培等……深知梁先生爲國之誠，不能嘿爾，特爲申說。」⑦通過「受嫌」與「辯誣」的插曲，反而證明了梁啓超的愛國之誠。從梁啓超對待「受嫌」的態度，也可以表現出他的愛國之心。如他在一九一九年六月九日《與仲弟書》中說：

> 製造謠言只此一處，即巴黎專使團中之一人是也，……彼當三、四月間興高彩烈，以為大功告成在即，欲攘他人之功，又恐功轉為人所攘，故排亭林排象山；……一紙電報，滿城風雨，……最可惜者，以極寶貴之光陰，日消磨於內訌中，……嗚呼！中國人此等性質，將何以自立於大地耶？⑧

不報「受嫌」之怨，而擔立國之憂，愛國之心可敬可贊。

梁啓超對「五四」運動還從理論上作了很高的評價。他在《五十年中國進化概論》一文中，把「五四」運動評爲「劃出一個新時期」的標誌。他說：

> 古語說得好：「學然後知不足」。近五十年來，中國人漸漸知道自己的不足了。……第一期，先從器物上感覺不足。……第二期，是從制度上感覺不足。……第三期，便是從文化根本上感

覺不足。⑨

「第一期」，從鴉片戰爭到中日甲午戰爭時期，以「洋務運動」爲標誌。「第二期」，從甲午戰爭到「五四」運動之前，以「變法維新」和「辛亥革命」爲標誌。「第三期」，則是以「五四」運動爲標誌的「新時期」。他說：

這二十年間，都是覺得我們政治、法律等等，遠不如人，恨不得把人家的組織形式，一件件搬進來，以為但能夠這樣，萬事都有辦法了。革命成功將近十年，所希望的件件都落空，漸漸有點廢然思返，覺得社會文化是整套的，要拿舊心理運用新制度，決計不可能，漸漸要求全人格的覺悟。⑩

從「器物上」認識「不足」，到從「制度上」認識「不足」，進到從整個「社會文化」上反思，發現「拿舊心理運用新制度，決計不可能」，「要求全人格的覺悟」。這是改造舊中國，建設新中國更深一層的覺悟。「五四」運動正是這個「新時期」到來的標誌。他說：

恰值歐洲大戰告終，全世界思潮都添許多活氣，新近回國的留學生，又很出了幾位人物，鼓起勇氣做全部解放的運動。所以最近兩三年間，算是劃出一個新時期了。⑪

把「五四」運動看成是一個「新時期」到來的「全部解放的運動」這是對「五四」運動比較深刻的理解和恰當評價，反映了梁啓超的思想同「五四」運動開創的新時期的精神有相當深的內在聯繫和一致。

二、梁啓超的思想與「五四」精神一致

梁啓超對如何向西方學習，如何放造中國的問題，不僅注重從理論上認眞研究，而且在實踐上進行了反覆的考察和體驗。有許多是同以「五四」運動爲標誌的「新時期」的精神相一致的。

㈠「民族自覺」、「民主自覺」同反帝反封建精神的一致

梁啓超在《辛亥革命之意義與十年雙十節之樂觀》一文中談到中國人的「自覺」時說：

第一，覺得凡不是中國人，都沒有權來管中國的事。第二，覺得凡是中國人，都有權來管中國的事。第一件叫做民族精神的自覺，第二件叫做民主精神的自覺。⑫

「民族自覺」和「民主自覺」，是「現代中國人自覺的結果」和「將來中國人自覺的憑藉」，對以後中國的發展都有重要的意義。

「凡不是中國人，都沒有權來管中國的事」，就叫「民族精神的自覺」。實現起來，不是那麽容易。鴉片戰爭、維新變法運動、辛亥革命、「五四」運動等等，都是「民族自覺」的表現。梁啓超從物競天擇思想出發，強調「群術」、「合群」，強調「民族主義」、「國家思想」、「主權」思想，都體現了反對帝國主義侵略，強調「民族自覺」的精神。如他在〈國家思想變遷異同論〉一文中，提出以「民族主義」反對帝國主義的主張。他說：

知他人以帝國主義來侵之可畏，而速養成我國有之民族主義以抵制之，斯今日我國民所當汲汲者也！⑬

他提倡的「民族主義」具有反對帝國主義的意義。他在《新民說》一書中，特別強調「國家思想」，認爲「國家思想」最重要的是「主權」觀念。他說：

故真愛國者，雖有外國之神聖大哲，而必不願服從於其主權之下，寧使全國之人流血粉身靡有

子遺，而必不肯以絲毫之權利讓於他族。蓋非是則其所以為國之具先亡也。⑭

堅決維護國家「主權」，反對賣國求榮，與「五四」運動「外爭國權，內懲國賊」的精神是一致的。

「凡是中國人，都有權來管中國的事」，就叫「民主精神的自覺」。實現起來也是不那麽容易。「民主自覺」是現代中國人自覺的結果，維新變法、辛亥革命、「五四」運動，都在不同程度上反映了一定的「民主自覺」的要求，同時又爲進一步眞正實現「民主」創造了條件。

梁啓超爲中國人民的「民主自覺」做了許多工作。他積極論證和宣傳「國民」是「國家之主人」的思想。他說：

國也者，積民而成，國家之主人為誰？即國之民是也。故西國恒言，謂君也，官也，國民之公僕也。⑮

「國家」是「國民」的國家，而不是「君主」、「官吏」的私物；「國家之主人」是「國民」而不是「君主」、「官吏」，「君主」、「官吏」只是「國民之公僕」。

梁啓超還用「股東」與「掌櫃」的比喻來說明「民主」問題。他在《辛亥革命之意義與十年雙十節之樂觀》一文中說：

拿一個舖子打譬，人民是股東，皇帝是掌櫃；股東固然有時懶得管事，到他高興管起事來，把那不妥當的掌櫃攆開，却是認為天經地義。⑯

「股東」有「舖子」的主權，「掌櫃」受「股東」的委托管理「舖子」而無「舖子」的主權；「不妥當的掌櫃」被「股東」攆開，是「股東」行使主權的表現，是「天經地義」的。這說明他要把中國的社會生活建築在「民主」精神的基礎上。

但是，封建專制主義同「民主」精神是完全相反的。徹底反對封建專制主義，是養成「民主自覺」的基礎和必要條件。梁啓超在〈擬討專制政體檄〉一文中說：

> 天之生人，權利平等。……專制者必曰：某也貴，某也賤，……是曰逆天理。人之意志，各有自由。……專制者必曰：……我之所惡，汝不可不惡之。是曰拂人性。……有治人者，有治于人者，此國法也。……專制者必曰：惟我治汝，惟汝治于我。是藐國法。⑰

封建專制主義「逆天理」、「拂人性」、「藐國法」，是「民主」和「法制」的大敵。

梁啓超認爲，要體現「民主」原則，一方面要求「公僕」尊重「主人」的權利，更重要的是「主人」自覺實施和維護自已的權利。如他在《國民十大元氣論·愛國論》一文中說：

> 國者何？積民而成也。國政者何？民自治其事也。愛國者何？民自愛其身也。故民權興則國權立，民權滅則國權亡。為君相者而務壓民之權，是之謂自棄其國，為民者而不務各伸其權，是之謂自棄其身。故言愛國必自興民權始。⑱

他要求「君相」不要「壓民之權」，而要尊民權，反映了他的「君主立憲」思想。更重要的是他強調「爲民者」應當自覺到「各伸其權」的重要。這對於「民主自覺」具有重要的意義。

梁啓超強調「民族自覺」和「民主自覺」，反映了自鴉片戰爭以來的時代需要。「五四」時期的陳獨秀從不同的立場提出和論證了梁啓超所體驗和論證的上述問題。如一九一九年五月二十六日，陳獨秀在《山東問題與國民覺悟》一文中說：

> 我們因為山東問題，應該發生對外、對內兩種徹底的覺悟，由這徹底的覺悟，應該抱定兩大宗旨，就是：強力擁護公理！平民征服政府！⑲

第一種「覺悟」，主要是對外的。應當覺悟：「我們不可主張用強力蔑棄公理，却不可不主張用強力抵抗被人所壓。」⑳第二種「覺悟」，主要是對內的。應當覺悟「政府」是「平民」的。「平民征服政府」，把「少數人壟斷」變成平民的民主。這兩種「覺悟」，也就是梁啓超論述的「民族自覺」和「民主自覺」。

㈡强調「發展個性」，注重國民素質

梁啓超認爲，「發展個性」，注重提高國民素質，這是改造舊中國，建設新中國的必備條件和基礎。這同在「五四」新時期，「要求全人格的覺悟」，改變「舊心理運用新制度」的時代要求相符合。

梁啓超從「個體」與「群體」、「國民」與「國家」、「私德」與「公德」等相互關係，論證「個性」和國民素質的作用、地位。在他看來，「群體」是積「個體」而成；「國家是積「國民」而成；「公德」是積「私德」而成。因此，「個體」的素質好而發展正常，「群體」的發展也必然蒸蒸日上；「國民」的素質好而發展正常，「國家」一定會繁榮富強；國民的「私德」高尚，國家的「公德」自然完美。「苟有新民，何患無新制度，無新政府，無新國家？」㉑依據的就是這個道理。這是從正面說的。「聚群盲不能成一離婁，聚群聾不能成一師曠，聚群怯不能成一烏獲，以若是之民，得若是之政府官吏，正所謂種瓜得瓜，種豆得豆，其又奚尤？」㉒，這是從反面說的。從中國的實際情況來說，救亡圖存的形勢非常嚴重，當時的中國最重要的是「發展個性」，培養國民的優秀素質，才能置身於世界民族之林。所以梁啓超說：

吾以為不患中國不為獨立之國，特患中國今無獨立之民。故今日欲言獨立，當先言個人之獨立，乃能言全體之獨立；先言道德上之獨立，乃能言形勢上之獨立。㉓

梁啓超強調「發展個性」，注重提高國民素質，包括強調「個體」利益與「群體」利益的一致，「國民」利益與「國家」利益的一致，甚至包括在一定條件下，爲了「群體」的利益而暫時犧牲「個體」的利益，爲了「國家」的利益而暫時犧牲「國民」個人的利益。如他說：

> 合群之德者，以一身對於一群，常肯絀身而就群；以小群對於大群，常肯絀小群而就大群。夫然後能合內部固有之群，以敵外部來侵之群。㉔

承認「群體」的利益高於「個體」的利益，必要時犧牲「個體」的利益，保全和發展「群體」的利益，這是有積極意義的。

梁啓超認爲，「個性」解放和「個性」發展的主力是「自力」，而不是「他力」，是自求解放而不是靠少數聖賢的恩賜。他在《新民說》一書中反覆強調了這種精神。如他說：

> 新民云者，非新者一人，而新之者又一人也，則在吾民之各自新而已。㉕

梁啓超認爲，國民有無「自新」、「自強」、「自存」的素質，對國家的興亡起決定作用。如他在《論中國人種之將來》一文中說：

> 凡一國之存亡，必由其國民自存自亡，而非他國能存之能亡之也。苟其國民無自存之性質，雖有萬鈞之他力以存之，猶將亡也。㉖

強調盛衰存亡的原因在內部，即國民「自存」，這是很有啓迪意義的。

(三) 提倡思想解放，注重科學精神

梁啓超認爲，「思想解放」的基本要求就是用科學的態度和科學的方法來認識問題和處理問題。他在《歐遊心影錄（節錄）》一書中說：

> 要個性發展，必須從思想解放入手。……無論甚麼人向我說甚麼道理，我總要窮原竟委想過一

番，求出個真知灼見；……覺得對，我便信從，覺得不對，我便反抗。㉗開動腦筋，「求出個眞知灼見」，是要把認識和判斷是非眞僞之權掌握在自己的手中。梁啓超認爲，人們想問題和做事情，首先要注重「擇」，就是要有分析和批判的精神，才會有「眞知灼見」。他接着說：

孔子教人擇善而從，……只這個「擇」字，便是思想解放的關目。歐洲現代文化，不論物質方面、精神方面，都是從「自由批評」產生出來，對於社會上有力的學說，不管出自何人，或今或古，總許人憑自己見地所及，痛下批評。㉘

「擇」是應當無條件的。對「古人」的言行應當「擇」，對「今人」的言行也要「擇」；對中國人的言行應當「擇」，對外國人的言行也要「擇」。無論什麽人的言行，都要用自己的頭腦加以思考，依據具體的情況加以分析。這種精神是十分可貴的。

梁啓超提倡「思想解放」，還特別注重「德性」的高尚，即要求人們有崇高的生活理想和道德品質。他注重學習西方先進的科學知識，又注重解決「精神飢荒」，要人們樹立安身立命的基礎。他說：

德性不堅定，做人先自做不成，……所以坐在家裏頭也要奮鬥，出來到一切人事交際社會也要奮鬥。㉙

這是說：「五官四肢」與外界交往，有可能「干涉我」，「誘惑我」，「把我變成他的奴隸」㉚，從而使我失去德性的堅定性，做出於我和社會都有害無益的事情。因此，增強自覺性，克服盲目性是很重要的。

㈣提倡中西文化"化合"論，反對兩種片面性

梁啓超在《歐遊心影錄（節錄）》一書中，講到「中國人對於世界文明之大責任」時說：

我們的國家，有一個絕大責任横在前途。什麼責任呢？是拿西洋的文明來擴充我的文明，又拿我的文明去補助西洋的文明，叫他化合起來成一種新文明。㉛

「化合」論，要求把中國和西方的文明都放在適當的地位。首先，「是拿西洋的文明來擴充我的文明」。這「一則因爲他們的研究方法確屬精密，我們應該採用他；二則因爲他們思想解放已經很久，思潮內容豐富，種種方面可供參考」㉜。這是擴充、深化中國古代文化的基礎。其次，「拿我的文明補助西洋的文明，叫他們化合」，「用那西洋人研究學問的方法去研究他，得他的眞相」，再「把這新系統往外擴充，叫人類全體都得到他的好處」㉝。這種觀點，對於研究中西文化和中西哲學的關係，有一定的啓迪意義。

梁啓超的中西文化「化合」論是反對把中國古代哲學和古代文化絕對化的。他認爲，把中國古代哲學和古代文化看成絕對的好，就會導至「國粹主義」的錯誤，否定了向西方學習的必要；如果把中國古代哲學和古代文化看成絕對的壞，就會導至「文化虛無主義」的錯誤，否定了繼承和發展中國優秀文化的必要。要眞正完成中國哲學和文化的近代化、現代化的任務，是不能完全拋開中國古代優秀文化傳統這個堅實基礎的。關鍵的問題是用「民主」和「科學」的精神，進行具體分析，吸收和發展那些有益的東西。

梁啓超的中西文化「化合」論也是反對把西方文化絕對化的。西方文化不僅有古今之別，而且有是非好壞之分。資本主義制度和文化，包含着內在的矛盾和危機。對資本主義社會的消極的壞的東西

，應當注意識別和避免；對於資本主義社會中積極的好的東西，也不應機械的照搬，應當根據中國的實際情況，注意正確的應用和發展。既反對用全盤肯定或全盤否定的態度對待中國古代文化，也反對用全盤肯定或全盤否定的態度對待西方近現代的文化。

梁啓超的思想有許多同「五四」精神一致和相似的東西，對中國的改造和建設，有一定的積極作用；也有不少同「五四」精神不一致，甚至對立的東西，對中國的改造和建設也有一定的消極作用，應當從中認眞吸取應有的經驗和教訓。

註釋：

①《梁啓超年譜長編》，上海人民出版社一九八三年版，第八七九頁，以下簡稱《長編》。

②《長編》，第八七九頁。

③《長編》，第八八〇頁。

④《長編》，第九〇三頁。

⑤⑥⑦《五四愛國運動》上，中國社會科學出版社一九七九年版，第四五〇頁。

⑧《長編》，第八八三—八八四頁。

⑨《梁啓超選集》，上海人民出版社一九八四年版，第八八三—八八四頁，以下簡稱《選集》。

⑩⑪《選集》，第八三四頁。

⑫《選集》，第七六二—七六三頁。

⑬《選集》，第一九二—一九三頁。
⑭《選集》，第二一九頁。
⑮《中國積弱溯源論》，《飲冰室合集·文集》之五，第一六頁，中華書局一九三二年出版、林誌鈞編。
⑯《選集》，第七六四頁。
⑰《選集》，第三八〇—三八一頁。
⑱《飲冰室合集·文集》之三，第七三頁。
⑲⑳《五四運動回憶錄》上，中國社會科學出版社，一九七九年版，第一三二頁。
㉑㉒《新民說》，《選集》，第二〇七頁。
㉓《十種德性相反相成義》，《梁啓超哲學思想論文選》，北京大學出版社一九八四年版第四九頁，以下簡稱《文選》。
㉔《文選》，第四九頁。
㉕《新民說》，《選集》，第二〇九頁。
㉖《論中國人種之將來》，《飲冰室合集·文集》之三，第四八頁。
㉗《歐遊心影錄（節錄）》，《選集》，第七二六頁。
㉘《選集》，第七二六—七二七頁。
㉙《歐遊中之一般觀察及一般感想》，《文選》，第二七七頁。
㉚同上書。
㉛《選集》，第七三一頁。

㉜《文選》，第二七七頁。
㉝《選集》，第七三三頁。

楊昌濟的中西文化觀

湖南省社會科學院　王興國

楊昌濟（一八七一—一九二〇），又名懷中，字華生。湖南長沙人。清末秀才。曾參加戊戌變法活動。一九〇三年至一九一三年，他先後在日本、英國、德國留學和考察達十年之久。歸國後，曾執教於湖南高等師範學校、湖南省立第四師範、第一師範、湖南商業專科學校，講授修身、教育學等課程。一九一八年，應蔡元培之聘，主北京大學文科倫理學和倫理學史講席。當時正值五四運動前夕，以民主和科學爲主題的新文化運動正在北大校園內外如火如荼地蓬勃開展，楊氏對此積極支持，他不但和馬敍倫、梁漱溟、陳公博、陶履恭等聯合發起成立了北京大學哲學研究會，而且發表文章，宣傳新思想。由於楊氏出國時已三十二歲，對國學已有很深的造詣，在國外留學的時間又長達十年，對西方近代社會科學，如哲學、倫理學、教育學等的歷史和現狀也有透徹的理解，因此他的中西文化觀在當時來說是頗有特色的。本文擬對此略作評介。

一、西學的熱烈追求者

楊昌濟的青年時代，和封建時代許多士人一樣，是在科學的道路上艱難地攀登過來的。儘管楊昌濟爲了參加科舉考試不得不埋首窮經，但另一方面由魏源、曾國藩等人開創的近代湖南學人重經世致用的學風也深深地影響着他，使他密切地關注着國家大事。特別是甲午戰爭中國的慘敗，給他以極大的震動，喚起了他的民族覺醒。他逐步認識了清政府的腐敗無能，所以積極投入了譚嗣同等人在湖南領導的戊戌維新運動。楊氏在當時寫的一篇文章說：「東事（指甲午戰爭——引者）既平之後，中國積弱之情形曉然大著於天下，於是上而九重，下迄韋布，皆務爲變法自強之計。二三年來，內而京師，外而直省，新政新學紛紛見告矣。」①這段話既是對當時社會思潮，也是對楊氏自己思想新轉向的眞實寫照。

戊戌維新運動的發生，是西學傳入中國後在政治方面結出的第一個不成熟的果實。這次運動儘管它以失敗告終，但是在青年學子中却留下了極爲深刻的影響，使他們認識到，要救國，只有向西方學習。一九〇三年以後，在向日本派遣留學生的高潮中，湖南人非常多，就是與戊戌變法在湖南影響特別深入這一歷史背景分不開的。楊昌濟也是在這一背景下去日本的。他後來在回顧自己這一段經歷時說：「余自弱冠，即有志於教育。值世局大變，萬國交通，國內人士，爭倡變法自強之議，採用東西洋各國成法，創興學校，以圖教育之普及。余以爲處此時勢，非有世界之智識，不足以任指導社會之責，於是出洋求學，留於日本者六年，復至英國居留三年有餘，又往德國留居九月。」②由此可見，楊氏之出國留學絕非一時興趣所致的趕時髦，而是以他對西學重要性的認識爲基礎的，即企圖以「世界之智識」「任指導社會之責」。

正因爲楊氏對西學有這種自覺，所以他對國人缺乏這種自覺便深表憂慮。一九一三年底，當袁世凱的專制主義已初露端倪，而社會上一些人還爲之鼓吹之時，楊氏在一篇文章中指出：「現在讀書識字知古今，能文章之人尙多，獨惜無世界之知識，或以爲吾國共和不如專制，或雖知當除專制，而不知共和建設下手之方法。前者固爲國民進步之鯁，後者雖知共和之必要，而不知建設下手之方法，束手坐觀，而不能參加改進之運動，此眞吾國之大憂也。」③一九一九年正當五四運動即將到來的前夕，他在一篇面向全國學生的文章中，提倡「通今」。他指出：「士不通今，終鮮實用。識時務者在乎俊傑。廣游歷，多讀外人所著之書，多閱新出之報章、雜誌，務求有世界之智識，與日新之世界同時併進，庶于此大世界之生存競爭不至以懵於時勢，自居劣敵，此通今之義所為不可少也。」④楊昌濟反覆強調要有「世界之智識」，這正好抓住了當時國人最缺乏的東西。

既然"世界之智識」，如此重要，那麽向西方學習應着重學習什麽呢？楊氏認為，必須物質科學與精神科學並重。他在回顧我國近代學習西方的歷程時指出：「吾國輸入西洋之文明，有其進步之次第焉。其始也以為吾宜師其鐵船、巨炮，但取敵之而已，他非所宜用也；既乃學其製造，謂工業可以致富也；終乃師其政治、法律。吾則謂吾人不可不研究其精神之科學也。康南海先生著《物質救國論》，與余之首重科學大意相同，而或人之論，則謂康氏此書若誤解之，亦足為中國前途之障，蓋吾人今日不當徒置重於物質科學也。」⑤這段話雖然主要是強調精神科學的重要性，但它同時也說明，楊氏的這種強調是以「首重」物質科學為前提的。而他這種重物質科學的思想也是一貫的。他曾經指出：「立國之本何在乎？非政治家，非學者，而實業家也。」⑥所以戊戌變法時他在南學會所寫的課卷的名稱就是《論湖南遵旨設立商務局宜先振興農工之學》，文中有云：「西人之立國也以商，其困我也亦以商，我而不大興商學以與之力爭，將何以自立於強大之間乎？」⑦在《新青年》上，他發表的《治生篇》就主要是對《大學》「生財有大道：生之者衆，食之者寡，為之者疾，用之者舒，則財恒足矣」一段話進行發揮，他認為「以程功之敏速而言，吾國較之西洋各國迥不相及。鐵路尚未開通，則交通遲滯；機器尚未廣用，則製造緩慢；此皆大有悖於『為之者疾』之義者也」⑧。所以楊氏指出：「欲躋中國於富強之列，非奬勵科學不為功也。……夫科學為白人所發明，彼既着我先鞭，吾輩自不得不師其長技。」⑨從重學習西方物質科學這方面來看，楊昌濟是繼承了林則徐和魏源開創的「師夷長技」的傳統。

但是楊昌濟認爲，光學習西方物質科學還不夠，還必須學習其精神科學。他說：「清之末造，獎勵西洋學生之學理科、工科、農科、醫科者，而輕視西洋學者之習文科、法科者，前者補給官費，後者則否，蓋亦崇尚物質科學之意。而不知前數科者固爲重要，文科、法科其影響則更有大焉者……個人必有主義，國家必有時代精神。哲學者，社會進化之原動力也。一時代有一時代之哲學思想，欲改造現在之時代爲較爲進步之時代，必先改造其哲學思想。吾國近來之變革雖甚爲急激，而爲國民之根本思想者，其實尚未有何等之變化。正如海面波濤洶湧，而海中之水依然平靜。欲喚起國民之自覺，不得不有待於哲學之昌明。」⑩楊昌濟一九一四年十月講的這段話與他一九一三年講的「中國近年可謂大變矣……蓋所變者政法之粗迹，所未變者民族之精神」⑪是完全一致的，這反映了他對辛亥革命只趕走了一個皇帝，而未能從思想文化上對廣大人民群衆進行一次深入的啓蒙教育這個教訓，已有較清醒的認識。而他之所以能有這樣的認識，又是與他長期在西方研究精神科學，深知精神科學對社會發展的重大能動作用分不開的。所以楊昌濟說：「近世人士鑒於中國之貧弱，由於物質科學之不發達，遂發憤而倡物質救國之論。其救時之苦心，固吾人所同感，然若忽視精神之修養，則物質科學亦終無發達之期。故近人又有著精神救國論者。此等問題皆關係國家生存發達之大問題也，畸輕畸重則社會將受其不良之影響。通天人之際、究古今之變者，固當高瞻遠矚，通盤籌畫，未可漫然以意軒輊其間也。」⑫楊氏對精神科學與物質科學關係的看法是完全正確的。

由於楊昌濟對西學的重要性有着透徹的認識，所以他在學習時態度也就特別認眞。他在國外十年，主要是研究教育學、倫理學和哲學。我們從他回國後發表的有關論著可以看出，他對這些學科的發展歷史和當時存在的主要流派都能瞭如指掌。在國外時，他不只是停留在書本學習之中，同時十分注重社會調查，舉凡西方的教育制度、教育方法、社會風俗、生活習慣，無不一一詳加訪問，並與中國的有關情況相比較。回國之後，在繁忙的教學和社會活動之餘，仍然孜孜不倦地繼續學習和研究。這一點，只要隨便翻翻他的《達化齋日記》便可以看得十分清楚。楊氏對清末民初不少留學生把留學資格當敲門磚，撈到一官半職之後便再也不去研究西學和宣傳西學的做法頗不以為然。他說：「吾觀東西各國留學諸君，大都淺嘗輒止，鮮有於歸國之後再為繼續之研究者。……留學外國者，固負有輸入文明，指導社會之義務，乃怠於前進，使內地人士絕其求學之來源，此不得不為吾同學諸君惜也！吾願留學外洋者，堅忍刻苦，務求其學有成；而自海外歸來者，仍不廢其專門之研究。」⑬楊昌濟自己就是留學生中「堅忍刻苦」，始終「不廢其專門之研究」的典範。

二、學習西方的切身體會

在長期向西方學習的過程中，由于楊昌濟對中國和外國的國情都相當了解，對東西方精神科學不同流派的利弊有較為清醒的認識，所以當他談到如何處理本國傳統文化與外來文化的關係，使向西方的學習更富成效時，其議論也就比較平實和近乎情理。

首先，楊昌濟認為學習西方必須從本國的實際情況出發，以我為主，為我所用。他說：「夫一國有一國之民族精神，猶一人有一人之個性也。一國之文明，不能全體移植於他國。國家為一有機體，猶人身之為一有機體也，非如機械然，可以拆卸之而更裝置之也，拆卸之則死矣。善治病者，必察病人身體之狀態，善治國者，必審國家特異之情形。吾人求學海外，欲歸國而致之於用，不可不就吾國之情形深加研究，何者當因，何者當革，何者宜取，何者宜捨，了然於心，確有把握而後可以適合本國之情形，而善應宇宙之大勢。故吾願留學生之歸國者，於繼續其專門研究之外，更能於國內之事情有所考察。」⑭儘管楊昌濟的「國家爲一有機體」的說法是受了孔德和斯賓塞的「社會有機體論」的影響，但是只要我們通觀楊氏的全文，就可以知道他的目的並不是宣傳這種社會有機體論，而只不過是借助「有機體」這一概念說明民族精神之不可少。當一個民族喪失了自尊心，完全被另一個民族征服和同化之後，這個民族的民族精神也就不復存在，這也就等並它喪失了自我。楊昌濟在談到國學、國文學習對培養這種精神的重要性時，說過這樣一段話：「余觀檳榔嶼華僑幼童之在英國滬北淀（楊氏曾在此地留學——引者）受英國學校教育者，匪特不識中國之文字，並不通中國之言語，將來學成歸國，乃全然一外國人，將不能有中國人完全之資格。國文、國學關係之重要有如此者。深於本國之文學，則知本國有固有之文明，起自尊之心，強愛國之念，且對於國內之風俗習慣均能知其起源、悉其意義，對于祖國既不至發生厭薄之感情，對于國俗亦不至主張激急之變革，此眞國家存立之基礎，不可不善爲培養者也。」⑮楊氏的這段話是十分耐人尋味的。試觀近一個世紀以來，我們國家曾出現過多次「全盤西化」的主張。這種論調之所以屢起屢消，在實踐中總是碰壁，就是因爲它的鼓吹者不懂得一個國家的民族精神是「化」不掉的。

楊昌濟雖然不主張全盤西化，但也不主張抱殘守闕，提倡國粹主義。這一態度，在上節我們分析他對「世界之智識」的重視已經可以看得很清楚。這裏我們還可以引證他對中國傳統文化的直接論述加以補充。楊氏曾經說過：「余嘗謂東西各新興之國，皆新自野蠻進於文明，故有朝氣；中國文化深而腐敗甚，反末由力自振拔，正如老世家之子弟氣象衰微，反不如拔起孤寒者精神百倍也。」⑯正是基於這樣的認識，所以他才極力主張向西方學習，企圖用西方的先進思想文化改造中國那些腐朽落後的東西；也是基於這樣的認識，他極力號召那些對國學有造詣者出洋留學：「吾國非無好學深思之士，於本國之學問素有研究，惜其無世界之智識，其所學尚不足應當世之急需。如此之人，若能馳域外之觀，則其所學較新學小生必更有深且切者。」這一說法，還是從楊昌濟關於學習西方必須從國情出發的觀點中引申出來的。因爲在他看來，「大凡遊歷外國，非通其語言之難，而通其學問之難。僅熟於西人之語言文字，非必可語於西人之學。同一居留外國也，學有素養者，其所視察必有獨到之處，其所考究必非敷淺之事。觀國之識，在於夙儲。」⑰沒有比較就談不上眞正的學習，不了解本國的國情，學習西方就無所適從，就會失去主見，楊昌濟反覆強調學習西方要從國情出發，以我爲主，無疑是合理的。

其次，楊昌濟認爲，無論對中國的傳統文化，還是對西方的傳統文化，均要站在現代的立場，採取分析批判的態度，有利者則取之，無利者則捨之。楊氏這一認識的理論基礎，是一種進化論的歷史觀。他說：「無論何種之社會，莫不有公衆承認之法則焉。其來甚古，信之者衆。如斯之法則，果宜悉從之乎？曰：否，不然。法則必與時勢相宜，始有存在之價值。時勢既變，則法則亦從之而變。法則爲人生而存，非人生爲法則而存也。古人有古人之時勢，今人有今人之時勢，古人所立之法則必不能盡合於今人，故不可盲從古人。凡古人所立之法則，不可不按照今人之時勢而判斷之。何者宜因，何者宜革，古人往矣，不復與聞之矣，此法則之宜行於今日與否，乃今人利害切身之問題。士不通今，終鮮實用」⑱。這裏講的「法則」，主要指制度、規則、習慣之類。楊昌濟這段話，雖然主要是講如何對待中國的傳統文化，但實際上也包括了如何對待西方的傳統文化。因爲不論是中國文化還是西方文化，均有一個歷史發展的過程。當然由於西方一些發達國家進入現代化的時間要早，而中國却遲遲不能進入現代化，爲了促使中國早日進入現代化，所以楊昌濟和許多先進的中國人一樣，極力呼籲向西方學習。但楊昌濟認爲，西方現代化也有一個發展的過程，在其現代化之前，也曾有過黑暗的過去。在這個黑暗時期發生的一些暴行與中國封建社會有相似之處。例如楊氏指出，在中國封建社會，「姑鞭婦至死而減論，婦人放蕩者沉之江，子毆母而死於杖下，此昔過重倫理而輕視民命，不可爲典要者也。西人迷信宗教，焚殺異教徒，亦同此弊」⑲。這就是說，向西方學習是要學那些有利於我們自己實現現代化的東西，而不是要將其歷史上的落後東西也統統接收過來。不僅如此，楊昌濟還認爲，即使是西方現代流行的某些習俗，如果不適合中國國情，而中國古代的某些習俗反而更適合自己當前需要，那麽就必須繼承自己的傳統，而不必捨己而循人。例如，楊昌濟說，西方人兒子結婚之後，則另租一套房子與父母分居，而中國人講孝道，兒子結婚之後要與父母住在一起，以便侍奉父母。西方這種做法的好處是可以避免婆媳之間的矛盾，其弊端是使老年父母常有寂寞之感；中國方法的好處是有利於孝敬父母，弊端則是容易發生婆媳矛盾。楊昌濟認爲，孝敬父母這個中國的傳統美俗應該繼承，但孝敬父母並不一定要與父母住在一起。所以他說：「子婦孝事翁姑，乃吾國特有之美風，固不必悉改從西俗；然若姑婦不和，時起衝突，則亦不必勉強同居，以終年吵鬧，全無好處也。⑳」又如，西方人信仰上帝，相信天國的存在，特別是還有一些人像我國的和尚尼姑一樣出家，棄絕人事，專一敬神。楊昌濟認爲這種作法是有悖於中庸之道的。他認爲在這方面，我國儒家態度比較現實，因爲儒家主張「未能事人，焉能事鬼」，即重視現實的此岸生活，而不去考慮死後的彼岸世界生活，所以在這方面他主張繼承我國固有傳統。他說：「以人言人，在生言生，吾人之所得者如斯而已矣。」㉑

通過以上分析可以看到，楊昌濟把「今人利害」作爲選擇和繼承東西方文化的標準，是一種現實的、實用的態度。這一標準實際上也是我們前面指出的「以我爲主」的標準的具體化。因爲"以我爲主」中的所謂「民族精神」、「個性」，畢竟還是比較抽象的東西，難以把握，而「利害」問題則比較具體和現實。人們也許會說，單純地從利害關係着眼，難免導致文化繼承上的實用主義傾向。我認爲這種擔心是不必要的。因爲楊氏講的利害標準與發揚民族精神是相輔相成的，而不是對立的，所謂利害歸根到底要看是對繼承和發揚民族精神是有利還是有害。正因爲楊氏始終是站在維繫和發揚民族精神的高度，權衡中西文化的利弊，所以他在處理繼承與批判問題時，胸懷比較廣大，態度比較寬容。在楊氏看來，不論是中國的傳統還是西方的傳統，也不論是哪個階級、哪家哪派所說的東西，只要它仍適合我們今天的需要，都不妨把它拿來爲我所用。這就是他所說的「合東西兩洋之文明一爐而治之」㉒。所以他經常引用子思的「萬物並育而不相害，道並行而不相悖」；莊子的「魚相忘於江湖，人相忘於道術」；約翰·穆勒的「言論自由，眞理乃出」等話來說明這個道理。楊氏對待東西方文化的這種博大胸懷是令人欽佩的，它與蔡元培「兼容并包」的主張也是完全一致的。

最後，楊昌濟認爲，東西方文化的融合本身並不是目的，目的還是在於創新。楊氏曾經根據王國維的觀點，說明我國古代學術的發展，曾經歷這樣幾個階段：戰國之時，諸子並起，是爲能動的發達時期；六朝隋唐之間，佛學大倡，是爲受動的發達時期；宋儒受佛學的影響，反而求之六經，創立了道學，是爲受動而兼能動的發達時期。楊氏接着說：「今吾國第二之佛教來矣，西學是也。乃環觀國人，不特未嘗能動，而且未嘗受動，言之有餘慨焉。吾之所望者，在吾國人能輸入西洋之文明以自益，後輸出吾國之文明以益天下，既廣求世界之智識，復繼承吾國先民自古遺傳之學說，發揮而光大之。」楊氏認爲這樣做是完全有可能的：「吾國有固有之文明，經、史、子、集義蘊閎深，正如遍地寶藏，萬年採掘而曾無盡時，前此之所以未能大放光明者，尚未諳取之之法耳。今以新時代之眼光，研究吾國之舊學，其所發明，蓋有非前代之人所能夢見也。吾人處此萬國交通之時代，親睹東西兩大文明之接觸，將來渾融化合，其產生之結果，蓋非吾人今日所能預知。吾人處此千載難逢之機會，對於世界人類之前途，當努力爲一大貢獻。」㉓可見，楊昌濟對祖國文化發展的光明前途充滿了樂觀，而對自身肩負的巨大歷史使命也有高度的自覺。楊氏的這種學習與創新相結合的意識在他和黎錦熙的談話中，講得更加明白。據黎氏一九一五年十二月十四日日記記載：”懷中嘗言：『有宋道學其能別開生面，爲我國學術界闢新紀元者，實緣講合印度哲學之故，今歐學東漸，誰則能如宋賢融鑄之而確立一新學派者？』」㉔楊氏自己雖然未能實現這一理想，但他能那麽早就提出這一要求就已經是了不起的了。今天，我們又面臨着一次西學東漸的新高潮，在向西方學習的過程中，如何結合我們民族特點，給予創新，不同樣是令人深思的嗎？

三、深遠的歷史影響

楊昌濟在長沙執教期間，由於他品德高尚，學識宏富，身邊團結了一大批崇拜他的學生。因此，他的思想觀點，包括他的中西文化觀，給學生以深刻的影響，也是很自然的。李肖聃在楊昌濟逝世後寫過一篇悼念文章，說楊氏「在長沙五年，弟子著錄以千百計，尤心賞毛澤東、蔡林彬（和森——引者）」㉕。我們就以毛澤東、蔡和森爲例來說明這種影響吧。

首先，他們都繼承了楊昌濟關於對待東西方文化必須採取分析態度的思想。一九一七年八月二十三日毛澤東在一封信中說：「懷中先生言，日本某君以東方思想，均不切於實際生活，誠哉其言。吾意即西方思想，亦未必盡是，幾多之部分，亦應與東方思想同時改造也。」㉖同年十一月二十三日張昆弟在記載他與蔡和森一次談話內容時寫道：「余與蔡君主張多讀新書，而舊書亦必研究。中國文化及一切制度，不必盡然，而西洋文化用之于我，不必盡是。斟酌國情，古之善者存之，其不善者改之，而西制之可採者取之，其不可採者去之。折中至當，兩無所偏。此吾輩讀新書、讀舊書應知之事也。」㉗必須指出，張昆弟也是楊昌濟的得意弟子之一。這篇日記表明，在對待中西文化態度上，他與蔡和森的觀點是完全一致的。而張、蔡與毛的觀點的這種一致，又是來自楊昌濟。

其二，他們都像楊昌濟一樣，注重學習西方的精神科學，特別是哲學和倫理學。例如，一九一五年春，在楊昌濟指導下，毛澤東、蔡和森、張昆弟等人組成了一個哲學研究小組，專門研讀東西方哲學著作。毛澤東爲了學習方便，曾將楊昌濟翻譯出來而尚未出版的《西洋倫理學史》整整抄了七大本。而楊昌濟的另一個學生羅學瓚在一九一七年將此手錄本借去認眞讀了三個月。不僅楊昌濟重精神科學的思想被他的學生們所繼承，而且楊氏過於誇大精神能動性的一些觀點也爲他的學生所繼承。例如，楊氏把哲學視爲社會進化之原動力，而毛澤東則認爲只要通過哲學研究把握了宇宙的「大本大源」，就可以動員天下之人心。他說：「今吾以大本大源爲號召，天下之心其有不動者乎？天下之心皆動，天下之事有不能爲者乎？天下之事可爲，國家有不富強幸福者乎？」㉘蔡和森在一九一八年說：「只恐心量不大，……心智旁通，則仁不可勝用。」㉙不過必須說明的是，如前所述，楊昌濟強調精神科學的重要性，是以「首重」物質科學爲前提的，而毛澤東和蔡和森在青年時代却都不太重視物質科學。師生間對物質科學態度的這種差異看來似乎是細微的，但對後來實踐的影響却是深遠的。

其三，楊昌濟關於出國留學必須先有國學基礎和對本國國情的了解，才可以資比較的觀點，對毛澤東的影響是深刻的，而對蔡和森的影響則似乎不是那麼深。所以當新民學會許多成員在一九一九年赴法勤工儉學時，毛澤東就不去。他的理由是：”世界文明分東西兩流，東方文明在世界文明內，要佔個半壁的地位。然東方文明可以說就是中國文明。吾人似應先研究過吾國古今學說制度的大要，再到西洋留學才有可資比較的東西。」「吾人如果要在現今的世界稍爲盡一點力，當然脫不開『中國』

這個地盤，關於這個地盤內的情形，似不可不加以實地的調查及研究。這層工夫，如果留在出洋回來的時候做，因人事及生活的關係，恐怕有些困難。不如在現在做了，一來無方才所說的困難；二來又可携帶些經驗到西洋去，考察時可以借資比較。」㉚毛澤東關於留學的這些觀點顯然都是從楊昌濟那裏繼承的。蔡和森則與毛澤東不同，他不僅於一九一九年底自己去法勤工儉學，而且明確表示不同意楊昌濟、毛澤東關於留學必先打好國學基礎的觀點。他認爲，到西洋進大學專門研究學問並無什麽好處，只不過是一種「隨俗的迷夢」，「此如楊師東奔西走，走了十年，仍不過是能讀其書而已，其他究何所得！故苟有方法能免去隨俗迷夢如勤工自學者，吾人必慫恿而力贊之。弟覺立己立人，劃分先後之階段者，謬也！爲學爲事，劃分先後之階段者，尤謬也！謬之實例，就在前輩之空疏無用；謬之影響，竟使小人盡進，處於有權，蓋事不素練，情不熟悉，徒恃其空疏無用之學，以自逸自喜，捨却山林僻隅，安有容其立足存在之地哉」㉛！過去，人們常說蔡和森是新民學會的理論家，毛澤東則是其實踐家，但是在對待出國勤工儉學這個問題上，他們却表現出一種相反的氣質，毛更躭於理想，而蔡則趨於務實。毛蔡的這種不同，似乎是屬於個人氣質方面的區別，但它却在現代中國的歷史上留下了某種歷史的烙印。

註釋：

①⑦《論湖南遵旨設立商務局宜先振興農工之學》，《楊昌濟文集》，湖南教育出版社一九八三年版，第一六頁。

②⑫⑮⑯《余歸國後對于教育之所感》，同上書，第五二、五七、五七—五八頁。

③《記英國之教育情形》，同上書，第四〇頁。
④⑱《告學生》，同上書，第三六四—三六五頁。
⑤⑨⑩⑬⑭⑰㉒㉓《勸學篇》，同上書，第一九八—二〇四頁。
⑥《教育上當注意之點》，同上書，第五一頁。
⑧《治生篇》，同上書，第二二九頁。
⑪《教育與政治》，同上書，第四四頁。
⑯⑲⑳《達化齋日記》湖南人民出版社一九八一年修訂版，第八六、九一、七〇頁。
㉑《論語類鈔》，《楊昌濟文集》，第七九頁。
㉔黎錦熙：《瑟僩齋日記》，未刊稿。
㉕李肖聃：《本校故教授楊懷中先生事迹》，原載一九二〇年一月廿八日《北京大學日刊》，參見《楊昌濟文集・附錄》，第三七五頁。
㉖㉘毛澤東一九一七年八月廿四日致黎錦熙的信。
㉗《張昆弟日記》，未刊稿。
㉙㉛《蔡和森文集》(上)，湖南人民出版社一九七九年版，第三、八頁。
㉚毛澤東一九二〇年三月十四日給周世釗的信，《新民學會資料》，第六三—六四頁。

編後記

一九八九年五月十日至十二日，由淡江大學中文系、北京大學哲學系和中國社會科學院哲學研究所于北京大學校園，聯合舉行了「海峽兩岸紀念五四運動七十週年學術討論會」。這是海峽兩岸學術機構在大陸共同舉辦的首次學術會議。與會的學者計六十餘人，提交了五十餘篇論文。會上，與會者就「五四運動及其人物評價」、「五四新文學運動評估」、「中西文化問題」、「傳統文化與現代化」等四個問題進行了熱烈討論，相互切磋，氣氛融洽，增進了兩岸學者的相互了解，加強了兩岸學者的學術聯繫，促進了兩岸學術交流，在海內外引起了較好的反響。

本書所收論文，均經作者修改後編輯而成；提交給會議的少數論文。尊重作者本人意願未列入。文章的學術和理論觀點相同、切近、或相異以至相反者都有，編者只作了技術上的處理，滙編成册，僅供學界同仁鑒賞。

在編輯中，臺灣學者的論文由龔鵬程先生編輯，大陸學者的論文則由馬振鋒、徐遠和、馮增銓、樓宇烈、蕭萬源諸位先生編輯。

編　者

一九八九年十二月

國立中央圖書館出版品預行編目資料

五四精神的解咒與重塑：海峽兩岸紀念五四七十年論文集／淡江大學中文系主編.--初版.--臺北市：臺灣學生，民81

面；　　公分.

ISBN 957-15-0349-5（精裝）.--ISBN 957-15-0350-9（平裝）

1.中國-文化-論文，講詞等 I.

541.262　　　　81001020

五四精神的解咒與重塑（全一冊）

主編者：淡江大學中文系
出版者：臺灣學生書局
發行人：丁文治
發行所：臺灣學生書局
台北市和平東路一段一九八號
郵政劃撥帳號〇〇〇二四六六八號
電話：三六三四一五六
FAX：三六三六三三四
本書局登記證字號：行政院新聞局局版臺業字第一一〇〇號
印刷所：淵明印刷廠
地址：永和市成功路一段43巷五號
電話：九二八七一四五
香港總經銷：藝文圖書公司
地址：九龍偉業街九十九號連順大廈五字樓及七字樓
電話：七九五九五九五
定價　精裝新臺幣四六〇元　平裝新臺幣四〇〇元
中華民國八十一年三月初版

11909

ISBN 957-15-0349-5（精裝）
ISBN 957-15-0350-9（平裝）

國立中央圖書館出版品預行編目資料

[illegible]

ISBN [illegible]
ISBN [illegible]